“十三五”高等职业教育规划教材
国家示范性高职院校建设项目规划教材

商业银行信贷实务

SHANGYE YINHANG XINDAI SHIWU

(第3版)

贾芳琳 主编

中国财经出版传媒集团
中国财政经济出版社

图书在版编目（CIP）数据

商业银行信贷实务／贾芳琳主编．--3 版．--北京：中国财政经济出版社，2020.8（2024.8 重印）

“十三五”高等职业教育规划教材　国家示范性高职院校建设项目规划教材

ISBN 978-7-5095-9496-4

Ⅰ．①商…　Ⅱ．①贾…　Ⅲ．①商业银行-信贷管理-高等职业教育-教材　Ⅳ．①F830.5

中国版本图书馆 CIP 数据核字（2019）第 264704 号

责任编辑：李　媛　　　　责任校对：张　凡

封面设计：陈宇琰

中国财政经济出版社 出版

URL：http：//www.cfeph.cn

E-mail：cfeph@cfeph.cn

社址：北京市海淀区阜成路甲 28 号　邮政编码：100142

营销中心电话：010-88191522

天猫网店：中国财政经济出版社旗舰店

网址：https：//zgczjjcbs.tmall.com

北京中兴印刷有限公司印刷　各地新华书店经销

成品尺寸：185mm×260mm　16 开　24.25 印张　569 000 字

2021 年 1 月第 3 版　2024 年 8 月北京第 6 次印刷

定价：49.00 元

ISBN 978-7-5095-9496-4

（图书出现印装问题，本社负责调换，电话：010-88190548）

本社质量投诉电话：010-88190744

（第3版）前 言

0－1 课程资源介绍

本书是财政部、教育部重点支持的“十三五”高等职业教育规划教材，国家示范性高职院校建设项目规划教材。适用于高等职业技术院校金融管理、国际金融、保险实务、投资与理财、会计等专业，也可供在职人员学习参考。本书于2009年3月出版了第一版，2014年8月出版了第二版，在对教材体系框架和内容进行进一步优化升级后，再次修订出版第三版。

本教材具有以下特色：

1. 以最新的法律法规解释银行信贷实务

2020年5月28日，第十三届全国人大三次会议审议通过新中国首部《中华人民共和国民法典》（以下简称《民法典》），自2021年1月1日起施行。《民法典》内容丰富，其中很多内容尤其是担保物权、合同法、保证合同、婚姻继承等部分内容会对银行信贷业务产生很大的影响。我们将其中涉及的相关内容，以二维码形式嵌入教材，便于读者对比、领会新法、旧法的差异。

0－2 学习指南

2. 对接银行从业资格考证要求

教材以银行从业资格考核标准组织教学内容，以银行从业资格考证2019年新版的“公司信贷”及“个人信贷”大纲为导向，根据最新大纲内容更新教材内容，对接银行从业资格考证要求。

3. 充分体现以银行信贷客户经理岗位工作任务做引领、以工作过程为导向的设计思想

本教材按照业务处理的工作顺序将信贷业务工作分解成10个典型的工作项目，按完成工作项目的需要和现行岗位操作规程。将现行银行信贷涉及的新业务、新方法和新工具及时地纳入其中。其中很多业务非常新颖，如法人账户透支业务、国内保理业务及商业承兑汇票保贴业务、等等，教材非常贴近银行业发展的实际需要。

4. 配备大量教学资源，方便“教学做”一体化的实施

本教材包含的配套教学资源主要有：课程标准、授课计划、教学设计、电子课件（PPT）、学习指南、操作手册、课程实训、习题作业、教学案例、模拟试卷、业务平台软件、教学辅助软件、动画和视频等，可供读者学习时使用。

本书由广州番禺职业技术学院贾芳琳副教授主编，在教材开发过程中负责制定课程标准、设计教学项目方案、确定教材项目模块、设计教材体例和最后修改定稿。具体编写分工为：项目一、项目二、项目三（模块一中的业务一及业务三、模块二）、项目四、项目五、项目六（模块一、模块二及模块四）及项目七由贾芳琳开发编写；项目三（模块一中的业

0－3 业务实训平台说明

务二）由杨丽开发编写，项目六（模块三）由任新立开发编写，项目八、项目九及项目十由郭立国开发编写。深圳市智盛信息技术公司负责软件开发，以及与此相关的视频动画设计、操作手册的编写。

相关教学资源可扫描封底”中财资源库“二维码获取；也可登录在线教育平台 https：//edu. cfemg. cn//，注册后，凭激活码获取。

本课程开发和教材编写得益于多位职业教育专家和金融行业专家的帮助，广州番禺职业技术学院财经学院院长杨则文教授给予了大力支持和帮助，广州市多家商业银行的领导和一线业务人员参加了岗位工作任务和职业能力分析，中国财政经济出版社对教材出版给予了重要的支持，在此一并致谢！

编　者

2020 年 8 月

目 录

1 项目一 信贷从业准备

学习目标

1. 领悟银行信贷的基本概念。
2. 了解信贷业务内部机构设置及其职责。
3. 掌握信贷客户经理的职业操守。

工作任务

应完成的工作任务：

根据客户经理的职业操守，说明自己能够胜任该项工作的理由。

完成工作任务应提交的标志性成果：

制作 PPT，展示自己的特长和优势，说明自己是否能够胜任信贷客户经理。

模块一
认知信贷工作

任务描述

1. 了解银行信贷的基本概念。
2. 掌握银行信贷的操作流程。

PPT：认知信贷工作

想一想

商业银行的含义是什么？其主要经营哪些业务？

解析

一、银行信贷业务的含义

银行信贷是指以银行等金融机构为中介、以社会公众为服务对象，向客户直接提供资金支持，或对客户在有关经济活动中的信用向第三方做出保证的行为。

（1）以银行为中介，界定了信用形式，有别于商业信用、国家信用、民间信用、消费信用、高利贷信用。

（2）以偿还计息为条件，是指借贷必须是有条件的，必须设定还本付息的前提。

（3）货币借贷指借贷的标的是货币，而不是实物。

（4）信贷不仅仅包括商业银行向非金融机构客户直接提供的资金支持，还包括对客户在有关经济活动中可能产生的赔偿、支付责任做出的保证。

二、贷款利率或费率

（1）贷款利率是授信资金的价格，是一定时期投入本金数额与同期所获得利息数额的比率。利率计算的方式主要有单利和复利两种。

单利计算公式为：利息 = 本金 × 利率 × 期限

复利计算公式为：利息 = 本金 × $(1+\text{利率})^n$ − 本金

（2）费率是针对表外授信业务而言，是一定时期收取费用数额与同期所提供的担保、承诺或服务金额的比率。

三、借款人的基本条件、权利和义务

（一）基本条件

借款人申请贷款，应当具备产品有市场，生产经营有效益，不挤占挪用信贷资金，恪守信用等基本条件，并且应当符合以下要求：

（1）有按期还本付息的能力，原应付贷款利息和到期贷款已清偿；没有清偿的，已经做了贷款人认可的偿还计划。

（2）除自然人和不需要经工商部门核准登记的事业法人外，应当经过工商部门办理年检手续。

（3）已开立基本账户或一般存款账户。

（4）除国务院规定外，有限责任公司和股份有限公司对外股本权益性投资累计额未超过其净资产总额的50%。

（5）借款人的资产负债率符合贷款人的要求。

（6）申请中期、长期贷款的，新建项目的企业法人所有者权益与项目所需总投资的比例不低于国家规定的投资项目的资本金比例。

（二）限制性条件

借款人有下列情形之一者，不得对其发放贷款：

（1）向银行提供虚假或隐瞒重要事实的财务报告的。

（2）生产、经营或投资国家明文禁止或严重有损于社会公益和道德的产品或项目的。

（3）违反国家外汇管理规定的。

（4）建设项目按国家规定应当报有关部门批准而未取得批准文件的。

（5）项目建设或生产经营未取得土地、环保、规划等有权部门批准的。

（6）在实行承包、租赁、联营、合并（兼并）、合作、分立、产权有偿转让、股份制改造等体制变更过程中，未清偿原有贷款债务、落实原有贷款债务或提供相应担保的。

（7）列入银行不良信用记录的。

（8）违反国家规定用银行信用从事股本权益性投资，或从事股票、期货、金融衍生产品等投资的。

（9）有其他严重违法经营行为的。

（三）借款人的权利

（1）可以自主向主办银行或者其他银行的经办机构申请贷款并依条件取得贷款。

（2）有权按合同约定提取和使用全部贷款。

（3）有权拒绝借款合同以外的附加条件。

（4）有权向贷款人的上级和中国人民银行反映、举报有关情况。

（5）在征得贷款人同意后，有权向第三人转让债务。

（四）借款人的义务

（1）应当如实提供贷款人要求的资料（法律规定不能提供者除外），应当向贷款人如实提供所有开户行、账号及存贷款余额情况，配合贷款人的调查、审查和检查。

（2）应当接受贷款人对其使用信贷资金情况和有关生产经营、财务活动的监督。

（3）应当按借款合同约定用途使用贷款。

（4）应当按借款合同的约定及时清偿贷款本息。

（5）将债务全部或部分转让给第三人的，应当取得贷款人的同意。

（6）有危及贷款人债权安全情况时，应当及时通知贷款人，同时采取保全措施。

四、贷款人的权利和义务

（一）贷款人的权利

根据贷款条件和贷款程序自主审查和决定贷款，除国务院批准的特定贷款外，有权拒绝任何单位和个人强令其发放贷款或者提供担保。

（1）要求借款人提供与借款有关的资料。

（2）根据借款人的条件，决定贷与不贷、贷款金额、期限和利率等。

（3）了解借款人的生产经营活动和财务活动。

（4）依合同约定从借款人账户上划收贷款本金和利息。

（5）借款人未能履行借款合同规定义务的，贷款人有权依合同约定要求借款人提前归还贷款或停止支付借款人尚未使用的贷款。

（6）在贷款将受或已受损失时，可依据合同规定，采取使贷款免受损失的措施。

（二）贷款人的义务

（1）应当公布所经营的贷款的种类、期限和利率，并向借款人提供咨询。

（2）应当公开贷款审查的资信内容和发放贷款的条件。

（3）贷款人应当审议借款人的借款申请，并及时答复贷与不贷。短期贷款答复时间不得超过1个月，中期、长期贷款答复时间不得超过6个月；国家另有规定者除外。

（4）应当对借款人的债务、财务、生产、经营情况保密，但对依法查询者除外。

五、信贷的基本原则

信贷业务的基本原则是三性原则，即安全性、流动性和营利性。

解析

想一想

三性原则的含义分别是什么？三性原则之间是什么关系？

六、信贷业务操作流程（见图 1－1）

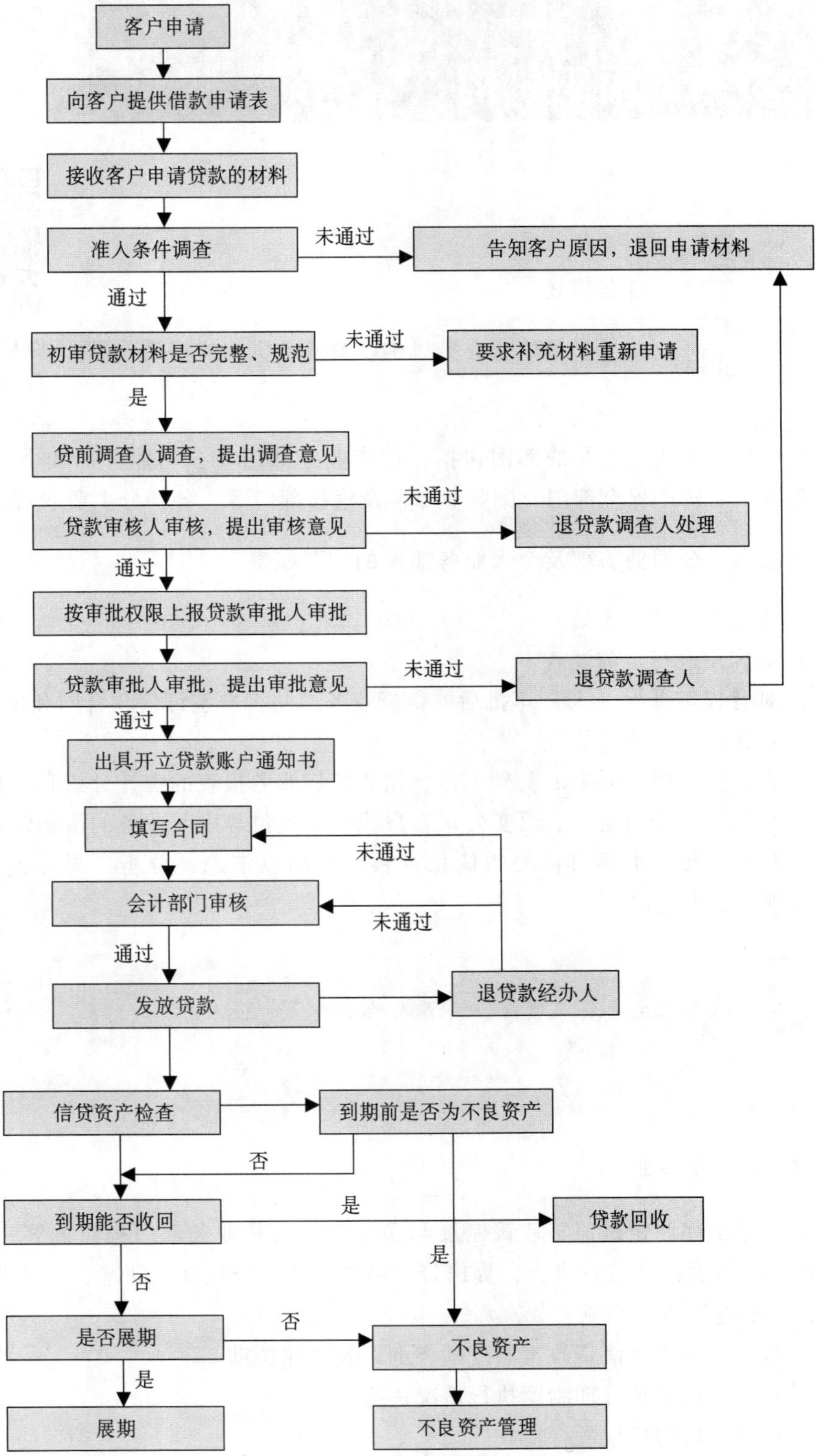

图 1－1　信贷业务操作流程

模块二 了解信贷内部组织机构

任务描述

了解信贷业务机构设置及各机构的相关职责。

PPT：了解信贷内部组织机构

商业银行信贷业务涉及的部门包括：信贷业务部门（公司业务部和个人业务部）、信贷管理部门、资产保全部门、国际业务部及稽核部门等。各部分主要职责如下所述。

一、信贷业务部门（公司业务部及个人业务部）的主要职责

（1）受理客户贷款申请。

（2）对客户进行贷前调查。

（3）对有权审批行（人）审批后的信贷业务，同客户签订借款合同和担保合同。

（4）对客户进行贷后管理。

（5）负责贷款风险分类的基础工作、相关信贷业务报表的统计分析和上报。

（6）会同有关部门组织、落实公司客户代收、代付等中间业务的市场营销。

（7）负责收集与本部门相关的信息资料，并加以汇总、分析，与有关部门共享，并及时向领导提出建议。

> 小贴士
>
> 信贷业务部门建立主责任人制度，负责人为调查主责任人。

二、信贷管理部门的主要职责

（1）依据法律和银行信贷政策制度与条件，对信贷业务部门提供的客户调查材料的完整性、合规合法性进行审查，提出贷与不贷以及信贷额度、利率、还款期限、还款方式及保全措施等审查意见。

（2）对客户部提供信贷政策制度的咨询以及法律援助。

（3）对信贷政策和管理制度执行情况进行检查。

（4）对发放后的贷款进行检查。

（5）负责辖内贷款风险分类及认定。

（6）负责信贷资产质量监测考核、金融债权的管理和风险资产的处置。

（7）负责相关信贷业务报表的统计分析和上报。

小贴士

信贷管理部负责人为审查主责任人；行长或经授权的副行长为审批主责任人。

三、资产保全部门的主要职责

（1）负责对正常贷款情况的检查，提出预警措施，帮助信贷业务部门做好风险防范工作。

（2）对风险贷款进行逐笔检查，分析原因，与信贷业务部门共同研究，提出转化风险的具体措施，报主管行长审定。

（3）负责不良贷款的核销申报工作及核销后的贷款追索工作。

四、会计部门的主要职责

（1）配合信贷、财会等部门，做好信贷资金的管理、运作和收息、收贷、财务、费用开支及现金管理工作。

（2）负责收集与本部门相关的信息资料，并加以汇总、分析，与有关部门共享，并及时向领导提出建议。

五、国际业务部门的主要职责

受理国际信贷业务申请，负责国际结算项下技术条款的审查、外汇管理政策的审查及国外代理行风险的认定等。

例如，在信用证业务中，国际业务部门主要工作是根据信贷业务部门客户经理提出的调查意见，审核客户是否具备开证资格、开证条件及信用证条款等。

六、稽核部门的职责

（1）对会计、出纳、信贷等业务的执行情况和业务办理情况进行稽核。

（2）对有价证券、印章、密押、重要空白凭证的保管、领用、使用销号、交接情况进行稽核。

以上海银行内部组织机构为例（见图1-2）。

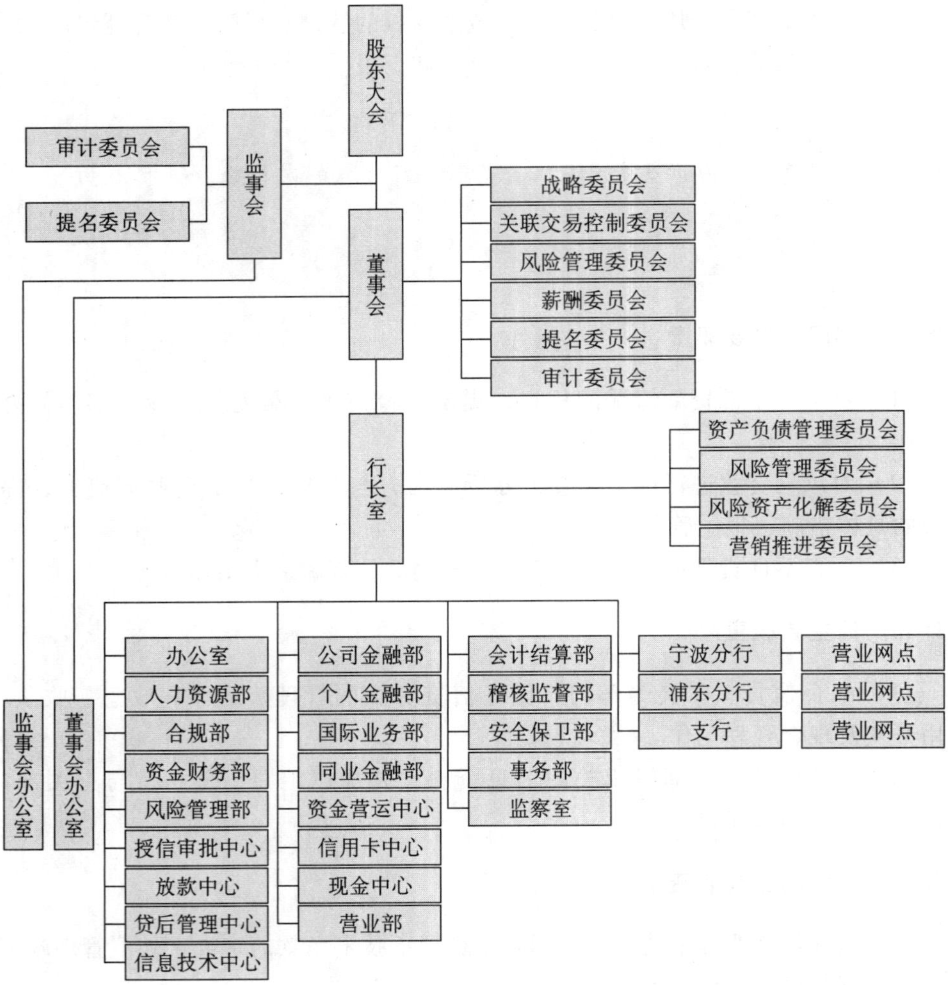

图 1－2　上海银行内部组织机构

模块三
掌握信贷客户经理的职业操守

任务描述

掌握信贷客户经理的职业操守。

PPT：掌握信贷客户经理的职业操守

☞ **业务描述**

根据客户经理的职业操守，说明自己能够胜任该项工作的理由。

一、客户经理含义

客户经理制下的客户经理是指岗位职务，区别于行政职务和技术职称，专用于在商业银行客户部门和客户岗位工作的人员。其中，信贷业务部门客户经理的工作目标是：以优质、高效的金融服务为手段，利用各种有效资源，促进贷款业务健康、协调发展，实现综合收益的最大化。

二、从业基本准则

作为银行从业人员，每一个人都应该遵守银行业最基本的行为准则。公司客户经理是银行中最为特殊的岗位，在整个银行公司业务经营体系中处于最前沿，是银行与客户之间重要的桥梁和纽带，常常面临操作风险、信用风险、道德风险的考验。因此，公司客户经理在提高自身职业素质和营销服务能力之前，首先要重视并严格遵守银行职业操守，正确处理好与客户之间的关系，树立起诚信、合规、尽职的职业价值理念，在此基础上才能真正发挥出银行公司金融业务市场营销与风险防范的核心渠道作用。

（一）诚实信用

诚实信用是任何行业规范所必须遵循的原则，也是公司客户经理的立身之本和基本要求。公司客户经理作为全行对公客户的营销主体和信用风险防范的第一道关口，具有较强的外部性，应更加注重诚实信用，以高标准的职业道德规范行事，品行正直，工作实事求是，客观真实、拒绝作假，恪守诚实信用的原则，切身维护良好的银行声誉和信誉。

（二）守法合规

公司客户经理应知法守法，维护国家利益和金融安全。这里的“法”包括：一是法律法规，由立法机关即全国人民代表大会及其常务委员会制定的法律，国务院制定的行政法规，国务院各部委制定的规章，地方性法规和单行条例等；二是自律规范，即由银行业协会经过其章程规定的程序通过的对全体会员具有一定约束力的行业规范及公约；三是规章制度，即各行制定的各项政策、操作程序和工作规范。

（三）专业胜任

公司客户经理应具备岗位所需的专业知识、资格与能力。“专业胜任”包括三个层面：一是公司客户经理必须具备岗位相应的专业知识和技能，如掌握必要的经济理论知识、宏观经济、行业等信息，熟知银行公司金融业务制度、产品、流程，了解相关法律法规等专业知识；二是具备从事公司客户经理所需要的能力，具备一定的市场分析和开拓能力，具有较好的心理素质，有较强的人际关系沟通能力；三是具备岗位所需的资格，即取得岗位相关的资格证书，聘任程序完整。

（四）作风端正

公司客户经理应热心公益，奉献爱心，公私分明，勤俭节约。严禁公司客户经理从事赌博、吸毒及其他任何违法违纪行为。

（五）勤勉尽职

公司客户经理不仅要具备岗位所需的专业知识和能力，也要有一个勤勉谨慎的良好工作态度。认真履行岗位职责，勤勉谨慎，勤于营销，积极开拓市场，在日常工作中仔细认真，避免差错，做一名称职的公司客户经理。

（六）严格保密

商业秘密指不为公众所知悉、能为权利人带来经济利益，具有实用性并经权利人采取保密措施的技术信息和经营信息。保守商业秘密、信息和隐私，既是国家法律法规的强制性规定，也是避免客户损失、维护银行声誉的必然要求。公司客户经理岗位严格保密包括两个方面：一是严禁泄漏本行商业秘密，窥视、窃取不应由本人了解的业务操作机密，对所在机构尚未公开的财务数据、重大战略决策和产品研发等重大内部信息；二是保守客户秘密，不得向无关人员或其他组织透露客户的个人信息，不出于好奇或其他目的向其他同事打听客户的个人信息和交易信息；妥善保管或销毁有客户信息的单据、凭证、开户申请书或交易指令。严格执行保密协定，自觉履行保密责任，做到不泄密、不失密。

（七）规范操作

公司客户经理应规范操作，认真执行银行制定的各项业务操作流程。执行中如发现可能发生违章违纪行为，或可能导致风险时，应立即向上级报告或越级报告。

（八）公平竞争

《中华人民共和国反不正当竞争法》规定，经营者不得采用财务或其他手段进行贿赂以达到销售或购买产品或服务的目的。公司客户经理应遵循公平竞争，恪守“客户自愿”原则。自觉抵制低价倾销、贬低同业、虚假宣传等不正当竞争手段。

（九）优质服务

公司客户经理应做到客户至上，诚实守信，语言文明，态度稳重，举止大方得体。讲究工作效率，提高工作质量，尊重客户隐私，努力为客户提供热情、周到、优质、高效的服务。注重仪表举止规范。在日常工作交往中，客户经理应做到约见客户要遵守时间、拜访要事先约定、行坐姿态要文雅、遇到客户要面带笑容，主动行礼并问好致意；在推介业务时，无论是上门拜访还是在行接待，都要以礼相待，招呼、敬茶、让座、告别等要得体。

（十）回避利益冲突

坚持诚实守信、公平合理、客户利益至上的原则，正确处理业务开拓与客户利益保护之间的关系。公司客户经理遇到利益冲突，应主动回避。办理授信、资信调查、融资等业务时，在涉及亲属关系或利害关系人时，应主动提出回避，避免参与可能存在利益冲突的业务、项目。不从事与本机构有利害关系的第二职业。不得违规向关系人发放优于一般交易的贷款，不得利用关系向客户推销不适合的产品和服务。

（十一）严禁商业贿赂

从业人员应自觉抵制欺诈、非法集资及商业贿赂。严禁商业贿赂包括两个方面：一是严禁收受商业贿赂。公司客户经理在社会交往和商业活动中，廉洁从业，不得接受或给予客户任何形式的非法利益。严禁公司客户经理借职务之便为企业融资提供有偿服务，在贷款定价和中间业务收费过程中向客户索取私利的行为。二是严禁违法行贿行为。公司客户经理在营销工作中应把握尺度，严禁违反法律的行贿行为，同时妥善处理娱乐活动及其他利益的提供，避免参与一些不健康、影响银行声誉的娱乐活动，避免一些有损于其职业形象的行为举止。

（十二）抵制内幕交易

公司客户经理应自觉抵制内幕交易，不得利用内幕信息牟取个人利益，不得将内幕信息以明示或暗示的形式告知他人。严禁利用银行信息平台，充当民间融资中介、为融资提供担保、收受好处费等非法牟利行为。严禁越权代表银行与客户私下签订任何形式的协议文书或向客户作任何超授权的单方面无条件承诺。

三、与客户之间的关系处理

（一）熟知业务

公司客户经理应加强学习，重点掌握四方面的业务知识：①对宏观经济和金融状况有较为全面的认识和了解，对与分管客户所在行业有一定的了解，掌握行业主要信息；②熟悉和掌握银行公司金融业务、流程、产品、实际操作等，熟知向客户推荐的金融产品的特性、收益、风险、法律关系、业务处理流程及风险控制框架；③了解和掌握必要的市场动态分析理论知识、企业经营管理知识、财务分析知识、政府对项目的审批流程等知识；④熟悉与自身岗位有关的法规和经济金融法规。

（二）了解客户

公司客户经理应当履行对客户尽职调查的义务，了解客户账户开立、资金调拨的用途以及账户是否会被第三方控制使用等情况。同时，应当根据风险控制要求，了解客户的财务状况、业务状况、业务单据及客户的风险承受能力。认真履行法定审查客户身份的义务，严格遵循操作流程，不得为客户开立匿名或假名账户等。

（三）接受监管

公司客户经理在业务活动中，应当树立依法合规意识，严禁以下诱导或协助客户规避金融、外汇监管规定的行为：一是以明示或暗示方式向客户提供规避法律、法规规定的建议；二是明知所经办的业务是为了逃避监管规定或规避法律、法规禁止性规定，但仍不按照内部流程进行必要的报告，默许甚至提供协助；三是出于私情，向亲朋好友提供规避监管规定的意见和建议，并利用其所在机构的资源，为这些行为提供方便。

（四）遵循岗位职责

银行业从业人员应当遵守业务操作指引，遵循银行岗位职责划分和风险隔离的操作规程，确保客户交易的安全，做到：①不打听与自身工作无关的信息；②除非经内部职责调整或经过适当批准，不为其他岗位人员代为履行职责或将本人工作委托他人代为履行；③不得违反内部交易流程及岗位职责管理规定将自己保管的、与自身职责有关的物品或信息交与或告知其他人员。

（五）保守客户秘密

公司客户经理应妥善保存客户资料及交易信息档案。在受雇期间及离职后，均不得违反法律法规和所在机构关于客户隐私保护的规定，透露任何客户资料和交易信息。包括：①向与业务无关人或其他组织透露公司客户的业务、业绩、客户链、项目、新产品等涉及商业保密的信息；②不妥善保管客户的企业资料、财务资料、项目批文、可行性研究报告等资料原件或复印件，随意丢弃书面材料导致其他人员有机会接触到客户信息；③将客户信息用于未经客户许可的其他目的。

（六）执行反洗钱制度

公司客户经理应当遵守反洗钱有关规定，熟知银行承担的反洗钱义务，在严守客户隐私、妥善整理和保管客户资料和交易资料的同时，及时按照所在机构的要求，报告大额和可疑交易，并协助反洗钱调查机构的依法调查行为。

（七）礼貌服务

本着以客户为中心的态度，衣着、举止得体，态度稳重，礼貌周到。

（八）提示风险

向客户推荐产品或提供服务时，公司客户经理应当根据监管规定要求，对所推荐的产品及服务涉及的法律风险、政策风险以及市场风险等进行充分的提示，对客户提出的问题应当本着诚实守信的原则答复，不得为达成交易而隐瞒风险或进行虚假或误导性陈述，且不得向客户做出不符合有关法律法规及所在机构有关规章制度的承诺或保证。

（九）风险揭示

公司客户经理应当明确区分其所在机构代理销售的产品和由其所在机构自担风险的产品，对所在机构代理销售的产品必须以明确的、足以让客户注意的方式向其提示被代理人的名称、产品性质、产品风险和产品的最终责任承担者、本银行在本产品销售过程中的责任和义务等必要的信息。

（十）授信尽职

公司客户经理应当根据监管规定和所在机构风险控制的要求，对客户所在区域的信用环境、所处行业情况以及财务状况、经营状况、担保物的情况、信用记录等进行尽职调查、审查和授信后管理。要求公司客户经理忠于职责，专业、客观、全面、中立地对信贷客户进行尽职调查，不准隐瞒客户经营管理中的问题和风险，确保授信前调查充分、全家、真实，授信审查严格遵循程序和权限，确保授信监测及时、到位，并确保对问题授信有得力的应对措施，做好信贷风险控制的基础性工作。

（十一）规范投资

公司客户经理投资股票应遵守有关法律法规和本机构有关规定。严禁非法挪用、侵占或套取银行资金或客户资金，或向企业、客户借款，进行期货、股票、基金等证券投资。严禁公司客户经理参与虚假开票、套现、票据中介活动或私下票据买卖等行为。不得用个人消费贷款（如住房、汽车贷款）买卖股票。

（十二）严守禁止性规定

严禁违规代客办理银行业务；严禁代客保管预留印鉴和办理预留印鉴的变更、挂失；严禁代客购买、传递、保管各类空白重要凭证；严禁代替客户申领网银证书等账户资金支付介质；严禁代客户办理账户开立、注册、信息变更、撤销等手续；严禁进入核算系统操作；严禁代客办理现金存取；严禁代客提交指令、查询或进行账务处理等电子银行交易；严禁代客提取银企对账单；严禁代客户在协议书、贷款合同等有关法律文书和凭证单据上签字签章等各违规代客操作行为。

（十三）把握礼物收、送尺度

在政策法律及商业习惯允许范围内的礼物收、送，应当确保其价值不超过法规和所在机构规定允许的范围，且应遵循以下原则：①不得为现金、贵金属、消费卡、有价证券等违反商业习惯的礼物；②礼物收、送将不会影响是否与礼物提供方建立业务联系的决定，或使礼物接受方产生交易的义务感；③礼物收、送将不会使客户获得不适当的价格或服务上的优惠。公司客户经理在营销工作中不得假借促销费、宣传费、赞助费、科研费、劳务费、咨询费、佣金等名义，或者以报销各种费用等方式，接受或给予客户财务及其他不当便利。

（十四）把握娱乐活动尺度

公司客户经理邀请客户或应客户邀请进行娱乐活动或提供交通工具、履行等其他方面的便利时应当遵循以下原则：①属于政策法规允许的范围以内，并且在第三方看来，这些活动属于行业惯例；②不会让接受人因此产生对交易的义务感；③根据行业惯例，这些娱乐活动不显得频繁，且价值在政策法规和所在机构允许的范围以内；④这些活动一旦被公开将不至于影响所在机构的声誉。商业活动中正当的娱乐活动是必要的，但银行业从业人员应该确保其娱乐活动不会产生以下问题：①明显属于奢侈、浪费的消费；②属于色情、赌博类的消费；③带有商业贿赂性质的消费；④明显属于过于频繁的活动；⑤假借业务之名，行个人消费之实；⑥酗酒、闹事等其他不利于其所在机构形象的行为。

四、工作内容

（1）指导填写借款申请书，帮助办理贷款申请及其他业务。

（2）协助有关人员和部门对借款人的信用等级进行评定。

（3）调查借款人的合法性等因素，核实抵押物、质物、保证人情况，测定贷款风险度。

（4）回复贷款申请，签订借款、保证合同或办理公证手续。

（5）发放贷款，追踪调查、检查借款人执行合同及经营情况。

（6）发送还本付息通知单，敦促借款人还付借款；发送催收通知单，催收逾期贷款本息。

（7）收集有关资料，协助有关部门起诉未落实还本付息的借款人。

（8）建立和完善贷款质量保全制度，分类、登记、考核、催收不良贷款，及时核销呆账贷款。

> **提示**
>
> 信贷管理仅是客户经理工作的重要部分，客户经理还负责维护客户，吸收存款，增加本外币结算，为客户提供一揽子服务。

五、客户经理的权利

（1）对辖内贷款客户行使独立的业务调查权和信贷监督权。

（2）当本行和上级行做出的贷款决策与本人贷款调查评估意见不一致时，有保留个人意见和向上级行直至总行反映本人意见的权利。

（3）对信贷政策、制度办法、贷款决策及客户营销策略拥有建议权。

六、客户经理工作制度

（一）报告制度

客户经理应定期或不定期访问客户，了解客户的经营状况及对银行各项业务和服务的需求，听取他们的意见和建议。访问情况应每月向主管领导汇报一次。对客户急需的业务需求和重大意见和建议，应随时向领导汇报。

（二）例会制度

各级行客户部门应每月组织一次客户经理会议，总结交流工作经验，研究、解决客户提出的意见和建议，协调处理客户经理工作中遇到的问题，制定加强客户营销、改进客户服务的措施。

（三）信息反馈制度

对客户提出的各种需求、意见和建议，客户经理要通过口头或书面的形式及时反馈受理情况，通报处理结果。

（四）工作日志制度

客户经理要将每天的工作情况、遇到的问题及处理结果，客户提出的意见和建议记入工作日志。客户部门负责人应定期或不定期对客户经理的工作日志进行检查。

知识要点

1. 银行信贷业务的分类方法和主要信贷业务品种。
2. 信贷业务机构设置及其职责。
3. 客户经理的职业操守。

推荐阅读

推荐阅读

解析

问题讨论

如果个人创业，如何选择合适的融资途径？

实训

根据客信贷客户经理的职业操守，制作 PPT，展示自己的特长和优势，证明自己可以胜任该项工作。

2 项目二 贷款申请及受理

学习目标

知识学习目标：

1. 了解公司客户和个人客户申请贷款应具备的资格。
2. 掌握公司客户和个人客户申请贷款需要提交的基本资料。

技能训练目标：

1. 通过与客户面谈，确定是否需要开展后续工作。
2. 能够对客户提交资料进行初审。

工作任务

应完成的工作任务：

通过与客户面谈及对客户提交资料的初审，判断借款人的主体资格符合要求，提交材料是否完整、规范。

完成工作任务应提交的标志性成果：

公司贷款的申请及受理：法人贷款面谈记录、信贷业务申请书、客户提交资料。

个人贷款的申请及受理：个人贷款面谈记录、客户提交资料。

模块一
公司贷款申请及受理

任务描述

1. 了解公司客户申请贷款应具备的资格。
2. 掌握公司客户申请贷款需要提交的基本资料。

PPT：公司贷款申请及受理

☞ 业务描述

通过与客户的交流及对客户提交资料的初审，判断借款人的主体资格符合要求，提交材料是否完整、规范。

业务操作一　客户申请

该环节可以是客户主动到商业银行申请信贷业务，也可以是商业银行主动向客户营销信贷业务，请客户向商业银行提出信贷申请。

业务操作二　与客户面谈

贷款面谈是商业银行贷款甄别过程的第一步。通过面谈，可以确定是否需要开展后续贷款调查工作。面谈时，信贷人员不必对客户进行面面俱到的调查，在后续的贷款审查过程中，银行还有足够的时间来获取基本的信息。银行法人贷款面谈记录如表 2－1 所示。

表 2－1　　银行法人贷款面谈记录

一、面谈时间：　　　　　　年　月　日
二、面谈地点：
三、面谈双方人员：
四、贷款面谈事项： 根据中国银行保险监督管理委员会颁布的《贷款新规》（即："三个办法一个指引"）、《××银行流动资金贷款、

续表

固定资产贷款、个人贷款管理办法实施细则》及《××银行信贷业务管理办法》的有关规定，要求贷款执行面谈面签制度，请客户您如实回答以下问题，并保证该面谈内容的真实性、准确性。

1.（1）该笔贷款是公司名义贷款还是个人名义贷款实质用于公司？

□ 公司名义贷款　　□ 个人名义贷款而实质用于公司

（2）如果是以个人名义贷款而实质用于公司，您是借款单位的法定代表人还是授权人？

□ 公司法人代表　　□ 授权人

（3）如是授权人请出示授权书，你的授权权限是？

□ 全权　　□ 部分

2.（1）您单位的借款申请是您还是授权他人代表单位撰写的？

□ 我本人　　□ 委托他人

（2）您单位或您本人此次向武冈市农村信用合作联社办理贷款，是真实意思吗？

□ 是　　□ 否

（3）您单位或您本人此次申请的贷款是否受他人授意、指使、胁迫？

□ 是　　□ 否

（4）是否是借名、假名、冒名贷款？

□ 是　　□ 否

3. 您单位或您申请贷款时所申报的情况必须属实，否则，您将承担相应的法律责任。对此，你是否了解？

□ 是　　□ 否

4. 您及您的公司是否在金融机构申请过贷款？履约情况怎样？

答：______

5. 您的公司股东姓名，所占股份各是多少？

答：______

6. 您的公司成立时间，目前经营的项目、产品销路，年销售额、利润情况？

答：______

7. 您的公司的经营方式是什么？

□自产自销　　□以销定产　　□其他

8. 您申请贷款的实际用途是什么？

答：______

9. 您作为借款人，应当有足够的偿还贷款本息的能力，并按合同规定按期归还银行贷款。对此，您是否清楚？

□ 是　　□ 否

10. 您的公司申请贷款时是否经过全体股东同意，并留存股东同意贷款的相关决议：

□ 是　　□ 否

11. 您此次申请贷款的担保方式是什么？

□抵押　　□质押　　□保证　　□信用

12. 您签订《借款合同》后，应按照合同中条款规定，将抵质押物的全部财产权利抵质押给贷款银行，抵质押担保的范围包括但不限于：借款合同项下的贷款本金、利息（含违约贷款复利、罚息）及实现债权的费用。对此，您是否清楚？

□ 是　　□ 否

13. 我联社有权对借款人您此次所借资金的使用情况进行调查、了解、取证。如发生借款被挪用或其他违反合同约定的情形，我联社有权宣布贷款提前到期或其他合同约定的处理方式，以上情况是否知道？

□ 是　　□ 否

14. 借款人您此次贷款的主要还款来源？

答：______

15.（1）借款人、担保人是否确认给我部的贷款申报材料是真实、合法、有效的，无伪造、编造、篡改等

续表

虚假情况？

□ 确认　□ 不确认

(2) 是否愿意承担因提供虚假信息所产生的一切法律后果？

□ 愿意　□ 不愿意

16. 您是否有其他需要说明的事项？

答：________________

五、三方确认：

贷款人、借款人及担保人均已认真阅读并充分理解上述面谈内容，对本面谈内容无异议。

1. 借款人签章：________________

（注：如借款人为法人单位，则由法人代表签字并加盖公章）

2. 担保人签章：________________

（注：如果担保人为法人单位，则由法人代表签字并加盖公章）

3. 贷款面谈人签字：________________

××银行

日期：　　年　月　日

业务操作三　资格审查

依据《贷款通则》规定，借款人应当是经工商行政管理机关（或主管机关）核准登记的企（事）业法人、其他经济组织、个体工商户或具有中华人民共和国国籍的具有完全民事行为能力的自然人。

一、法人借款主体资格要求

法人借款主体是指具有民事权利能力和民事行为能力，依法独立享有民事权利和承担民事义务的组织。

提示

从《贷款通则》的规定可以看出：国家行政机关法人、未办理工商登记的企（事）业法人和均不能作为贷款合同的借款人。

案例

根据对借款人的规定，判断乡政府是否应归还剩余的本金及利息？

2018 年 8 月，某乡政府联系到建筑施工的劳务输出项目，由于乡政府财力紧张，因此向某银行该县支行申请贷款，用于解决劳务输出的有关费用。该支行认为，乡政府有乡办企业作依托，有一定的还款能力，且淘金项目风险不大，同意发放这笔贷款。双方于 8 月 22 日签订贷款合同，金额 11 万元，期限为 6 个月。后来由于项目的失败，到贷款到期日，乡政府只归还了 2 万元。县支行多次派人催收，乡政府由于资金紧张，无力归还。县支行向法院提起诉讼，请求法院判定乡政府归还剩余的贷款本金及利息，同时按照贷款合同的约定，支付因逾期归还贷款的罚息。

（一）法人应当具备的列条件

①依法成立；②有必要的财产或者经费；③有自己的名称、组织机构和场所；④能够独立承担民事责任。

（二）法人类别

①企业法人；②事业单位法人。

二、其他经济组织借款主体资格要求

其他经济组织是指依法成立，有一定的组织机构和财产，但又不具备法人资格的组织。主要包括：包括个人独资企业、合伙企业、法人依法设立的分支机构等。

解析

想一想

1. 居（村）民委员会是否可以作为借款主体？
2. 农民专业合作社是否可以作为借款主体？
3. 法人的职能部门是否可以作为借款主体？
4. 分公司是否可以作为借款主体？

三、集团客户

（一）含义

集团客户是由多个法人组成，各自独立管理的联合协作企业；其既不是企业法人也不是法人的独立分支机构，本身没有法人资格。集团企业是伴随产权关系复杂化而出现的一种普遍现象，它具有促进企业规模经营、降低成本、提高企业市场竞争力等功能，因而在实践中得到广泛运用。从范围来看，集团客户不仅包括关联方，还应包括在原材料供应、产品销售、制造技术等方面签订市场契约而形成的利益共同体。因此对集团客户的范围界定应以关联关系为基础，延伸至上下游关联方及其他有资金往来的利益共同体。

（二）集团客户特征

（1）在股权上或者经营决策上直接或间接控制其他企事业法人或被其他企事业法人控制的。

（2）共同被第三方企事业法人所控制的。

（3）主要投资者个人、关键管理人员或与其关系密切的家庭成员（包括三代以内直系亲属关系和二代以内旁系亲属关系）共同直接控制或间接控制的。

①主要投资者指直接或间接控制一个企业10%或以上表决权资本的个人投资者；

②关键管理人员指有权并负责进行计划、指挥和控制企业活动的人员，如总经理、执行董事、首席执行官或其他同等职位的个人；

③关系密切的家庭成员包括三代以内直系亲属和两代以内旁系亲属关系。如父母、配偶、子女、兄弟、姐妹。

注意：上面所提到的“控制”是指：有权决定一个企业的财务和经营政策，并能据以从该企业的经营活动中获取利益。主要有以下几种情况：

①一方直接拥有另一方50%以上表决权资本的。

解析

想一想

假设A企业拥有B企业51%资本，A企业是否能控制B企业？

②一方间接拥有另一方过半数以上表决权资本，指通过子公司而对子公司的子公司拥有过其半数以上资本。

解析

想一想

假设A公司拥有B公司80%的资本，B公司拥有C公司70%的资本，则A公司能否控制C公司？

③一方直接和间接拥有另一方过半数以上表决权资本，指母公司虽未拥有其半数以上资本，但通过与子公司拥有的资本的合计，达到拥有其过半数以上资本。

解析

想一想

假设，A公司拥有C公司30%的资本，拥有B公司70%的资本，B公司拥有C公司25%的资本，A公司能够控制C公司？

④虽然一方拥有另一方表决权资本的比例不超过半数以上，但通过拥有的表决权资本和其他方式达到控制，包括：一是，一方通过与其他投资者的协议，拥有另一方半数以上表决权资本的控制权；二是，一方根据章程或协议，有权控制另一方的财务和经营政策；三是，一方有权任命另一方有权任免后者董事会等类似权力机构的多数成员；四

是，在后者董事会等类似机构会议上有50%（含）以上的投票权。

⑤可能不按公允价格原则转移资产和利润。

解析

想一想

什么是公允价？什么是关联方转移定价？

⑥认为应当视同集团客户进行授信管理的其他情况：一是，相互之间直接或间接持有其中一方股份的；二是，相互之间占用资金或一方借贷是由另一方担保的；三是，一方的生产经营活动须由另一方提供的特许权利（包括工业产权、专有技术等）才能正常进行的；四是，一方生产经营购进的原材料、零配件等（包括价格及交易条件等）是由另一方所控制或供应的；五是，一方生产的产品或商品的销售（包括价格及交易条件等）是由另一方所控制的。

案例

1. 我国电力行业中，电厂的产品要求全部销售给电力公司，请你分析二者是否为关联客户？

2. A是一家生产高科技电子产品的美国公司，在广州投资兴建了全资子公司B，注册资本为人民币2 000万元，一部分以专有技术和机器设备作价，一部分以外币投入。生产所需的大部分原材料由A销售给B，产成品全部外销给A公司。从B公司的财务报表显示，自投产以来，企业一直亏损，经过税务人员的审查，发现该产品在国际市场上的销售均价为每套200美元，B公司销售这些产品给A公司的定价是每套100美元，但是该产品的成本却是每套120美元。假如B公司当年的销售量是20 000套，光是这一项就会使公司损失400 000美元。

请分析：A、B公司是否按公允价原则进行了交易？并进一步分析原因？

解析

业务操作四　准备贷款申请资料

一、客户提交借款申请书（见表2－2）

表2－2　　银行信贷业务申请书

<table>
<tr><td colspan="2">客户全称</td><td colspan="3"></td><td>组织机构代码</td><td colspan="2"></td></tr>
<tr><td colspan="2">注册地址</td><td colspan="2"></td><td>经营地址</td><td colspan="3"></td></tr>
<tr><td colspan="2">主营业务</td><td colspan="2"></td><td>注册资本</td><td></td><td>贷款卡号</td><td></td></tr>
<tr><td rowspan="3">主要经营者及联系方式</td><td>法定代表人</td><td colspan="2"></td><td colspan="2">手机、直线电话</td><td colspan="2"></td></tr>
<tr><td>授权代理人</td><td colspan="2"></td><td colspan="2">手机、直线电话</td><td colspan="2"></td></tr>
<tr><td>财务负责人</td><td colspan="2"></td><td colspan="2">手机、直线电话</td><td colspan="2"></td></tr>
</table>

续表

<table>
<tr><td rowspan="4">开户行名</td><td>人民币基本账户</td><td></td><td rowspan="4">账号</td><td colspan="3"></td></tr>
<tr><td rowspan="3">其他账户（包括外币）</td><td></td><td colspan="3"></td></tr>
<tr><td></td><td colspan="3"></td></tr>
<tr><td></td><td colspan="3"></td></tr>
<tr><td rowspan="2">银行已有授信额度</td><td colspan="2">本银行：</td><td colspan="2">申请信贷业务品种</td><td colspan="2"></td></tr>
<tr><td colspan="2">其他银行：</td><td colspan="2">对外担保情况</td><td colspan="2"></td></tr>
<tr><td>申请金额</td><td></td><td>申请期限</td><td></td><td>是否首借</td><td colspan="2">□是 □否</td></tr>
<tr><td>借款用途</td><td colspan="6"></td></tr>
<tr><td>还款来源和还款计划</td><td colspan="6"></td></tr>
<tr><td>担保方式</td><td colspan="6">第三方保证：保证人 {连带责任保证 / 一般保证}
抵押　抵押物
质押　质押/权利凭证
保证金　保证金比例</td></tr>
<tr><td colspan="7">申请人：（公章）
法定代表（授权代表人）（签章）
年　月　日</td></tr>
</table>

二、客户提交基本材料

小贴士

客户资料分为基本资料和额外资料，商业银行信贷业务申请材料清单上的内容较多，并未按贷款的类别进行分类，额外资料是不同信贷品种的特别要求。因此要求信贷人员在向企业索要材料时，应根据企业申请贷款的类别和实际情况进行删除或添加，以便生成针对某一个企业的材料清单。

（1）营业执照（副本及影印件）和年检证明。

（2）法人代码证书（副本及影印件）。

（3）法定代表人身份证明及其必要的个人信息。

（4）近三年经审计的资产负债表、损益表、业主权益变动表以及销量情况。成立不足三年的客户，提交自成立以来的年度报表。

（5）本年度及最近月份存借款及对外担保情况。

（6）税务部门年检合格的税务登记证明和近两年税务部门纳税证明资料复印件。

（7）合同或章程（原件及影印件）。

（8）董事会成员和主要负责人、财务负责人名单和签字样本等，如表 2－3、表 2－4 所示。

表 2－3　　董事或股东名单及签字样本

董事或股东姓名	公司任职	签名样本

表 2－4　　法定代表人、财务负责人签字样本

法定代表人	姓名：
	签字：
财务负责人	姓名：
	签字：

(9) 若为有限责任客户、股份有限客户、合资合作客户或承包经营客户，要求提供董事会或发包人同意申请授信业务的决议、文件或具有同等法律效力的文件或证明。

(10) 担保人的基本情况。

(11) 企（事）业法人还应提供贷款卡（号）。

(12) 抵押物（质物）清单、有处分权人的同意抵押（质押）的证明或保证人同意保证的有关证明文件。

三、根据贷款类型，客户提交额外材料（详见项目四）

四、担保材料（详见项目三模块三）

五、低风险（这里指低信用风险）客户材料

低风险客户（如缴存100%保证金或银行认可的定期存单质押等），其信贷业务的材料可以按有关规定适当简化

小贴士

银行已经做过信用评级并在有效期内的客户以及与银行有过信贷往来的客户，如其基本材料中的部分材料无变更的，可不要求重复提供。

业务操作五　材料初审与移交

经初步判断，如果借款申请人的主体资格符合要求，提交的材料完整、规范，受理人应在收齐资料后当日将资料移交贷款经办行调查人进行调查。如果借款申请人提交材料不完整或不符合材料要求，要求申请人补齐材料或重新提供有关材料。

模块二
个人贷款申请及受理

任务描述

1. 了解个人客户申请贷款应具备的资格。
2. 掌握个人客户申请贷款需要提交的基本资料。

PPT：个人贷款申请及受理

业务描述

通过与客户的交流及对客户提交资料的初审，判断借款人的主体资格符合要求，提交材料是否完整、规范。

业务操作一　接受咨询

受理人接受个人客户的贷款申请咨询，向客户介绍银行个人贷款品种，说明申请贷款应具备的条件和应提交的资料。

业务操作二　与客户面谈

个人消费贷款面谈记录如表 2 - 5 所示。

表 2 - 5　　个人消费贷款面谈记录

谈话时间：	地点：	申请人姓名：	电话：
申请人工作单位：		申请人现住址：	
感谢您对工商银行的信赖，现根据中国工商银行个人消费贷款的有关规定，请您回答几个问题，并保证内容的真实性。 1. 您申请的个人消费贷款是 □汽车消费贷款　□综合消费贷款　□小额短期信用贷款　□一般商业性助学贷款 2. 您申请贷款的用途是＿＿＿＿＿＿。			

续表

3. 您在《个人消费贷款申请表》中填写的身份、职业、工作单位、住址、联系电话等个人资料是否准确？ □是　□否 4. 您是在哪家汽车经销商预购车________车型________，汽车价款______万元。购车用途是 □自用　□客运　□货运　□工程车　□其他 5. 汽车贷款的购车合同是否已签订？ □是　□　否；是否由您本人签订？□是　□否；已缴纳首付款____ 万元。 6. 您个人月收入__________元；配偶月收入______ 元；家庭的全年加价收入__________万元。 7. 您还款主要来源是________________。 8. 您申请贷款的担保方式是 □抵押　□质押　□保证　□信用 9. 您申请贷款的抵（质）押物是否归您本人所有？ □是　□否 10. 您申请办理抵押担保贷款，对即将签订的《个人消费贷款借款合同》项下有关评估、登记、公证、保险等费用，按有关规定将全部由您承担。您是否清楚？ □是　□否 11. 您所提供的资料是否真实？ □是　□否 12. 以上谈话内容是否真实？ □是　□否 感谢您的合作！
申请人签字：　　　　　　　　银行调查人签字：

业务操作三　资格审核

一、自然人借款主体的资格要求

（1）具有中华人民共和国国籍的年满18周岁，或者虽未年满18周岁，但是自己劳动收入为主要生活来源，并能维持当地群众一般生活水平，年满16周岁的公民。

（2）具有完全民事行为能力。

> 提示
>
> 《民法通则》规定：十八周岁以上的公民是成年人，具有完全民事行为能力，可以独立进行民事活动，是完全民事行为能力人。十六周岁以上不满十八周岁的公民，以自己的劳动收入为主要生活来源的，视为完全民事行为能力人。

（3）各商业银行根据国家有关规定，又增加了：在中国大陆有居留权的具有完全民事行为能力的港澳台自然人，在中国大陆境内有居留权的具有完全民事行为能力的外国人可以作为借款主体。

二、个体工商户及小型私营企业借款主体的资格要求

一是具有完全民事行为能力和较高生产经营能力；二是具有固定的生产经营场所。

> 提示
>
> 个体工商户是按照企业的经济成分进行分类的。一般以自然人或家庭为单位，取得营业执照后，才可以开始经营。从趋势上看，相当多的个体工商户必将逐步被规范成为个人独资企业。

业务操作四 提交材料

一、自然人提交材料

（一）借款申请书

（二）无论何种类型的贷款，都应提供的材料

（1）申请人的身份证明材料，包括居民身份证、户口簿、军官证、在中国大陆有居留权的境外、国外自然人为护照、探亲证、返乡证等居留证件或其他身份证件。有配偶的，应同时要求申请人提交婚姻状况证明、配偶的身份证明材料。

（2）申请人的工作单位及收入证明材料。

> 小贴士
>
> 应结合当地情况，取得能反映申请人实际还款能力的凭据，如政府机关、事业单位、知名企业等人事制度管理规范的组织机构开具的个人工资收入证明、个人所得税完税凭证、交缴公积金证明、个体业主的营业执照及纳税凭证等。

（3）所申请的贷款要求提供担保的，应提交担保材料。

（4）贷款用途证明（购买合同、协议、发票、收据等）或贷款用途声明。

（5）有共同申请人的，还应提供共同申请人的相关资料。

（6）公司作为保证人的，应提供公司章程及公司的董事会或者股东会、股东大会同意提供担保的决议。

（三）各贷款品种规定的额外资料

二、个体工商户及小型私营企业提交材料

（一）借款申请书

（二）无论何种类型的贷款，都应提供的材料

（1）营业执照、税务登记证和生产经营许可证。

（2）身份证、户口簿原件。

（3）可证明其合法收入的相关资料。如：借款人个人所得税单、近半年银行往来记录、缴交社保记录、其他财产证（包括但不限于房地产权证、机动车登记证、金融资产凭证等）等一项或多项足以证明借款人收入和经营情况的材料。

（4）可证明其婚姻状况的相关资料。

（5）提供合法、足值的抵押物及评估报告。

（6）贷款用途的证明材料。

（7）银行要求提供的其他资料。

（三）各贷款品种规定的资料。

业务操作五　材料初审与移交

经初步判断，如果借款申请人的主体资格符合要求，提交材料完整、规范，受理人应在收齐资料后当日将资料移交贷款经办行调查人进行调查。如果借款申请人提交材料不完整或不符合材料要求，要求申请人补齐材料或重新提供有关材料。

知识要点

1. 与公司客户面谈的内容。
2. 与个人客户面谈的内容。
3. 公司客户申请贷款需要提交的基本资料。
4. 自然人申请贷款需要提交的基本资料。
5. 个体工商户及小型私营企业申请贷款需要提交的基本资料。

操作要点

1. 通过与公司客户的交流及对客户提交资料的审核，判断借款人的主体资格符合要求，提交材料是否完整、规范。

2. 通过与个人客户的交流及对客户提交资料的审核，判断借款人的主体资格符合要求，提交材料是否完整、规范。

推荐阅读

推荐阅读

解析

问题讨论

你所在的学校或实习单位属于什么类型的借款主体？

实训

上网查找某上市非金融企业资料（已经申办了贷款，但尚未偿还完毕），搜集申请贷款所需基本资料，填入系统中（注意：系统中无法填制的内容，另外附记录）。

3 项目三 贷前调查

学习目标

知识学习目标：

掌握公司客户和个人客户贷前调查的主要内容。

技能训练目标：

能够通过各种途径，对客户开展贷前调查。

工作任务

应完成的工作任务：

1. 通过对法律文书审核，判断借款主体是否合法合规。
2. 分析借款人的财务状况非财务状况，判断其偿债能力。
3. 通过担保调查，审查担保状况。
4. 通过与个人客户的交流及对客户调查，判断借款主体是否符合银行贷款要求。
5. 根据信用评级的相关规定和操作要点，对客户进行评级，识别客户质量，确定客户风险，为贷款决策提供科学依据。
6. 依据是定性与定量标准，测算客户综合授信额度。
7. 依据还款来源，测算客户债项授信额度。
8. 根据调查情况，撰写贷款调查报告。

完成工作任务应提交的标志性成果：

1. 担保调查：担保评价报告。

2. 个人贷款调查：个人信用评级报告、家庭资产负债表、家庭月度收支表。

3. 客户评级：公司客户评级报告、个人客户评级报告。

4. 授信额度测算：综合授信额度、债项授信额度。

5. 撰写贷款调查报告：公司客户贷前调查报告、个人客户贷前调查报告。

模块一 公司客户调查

业务一　法律文书审核

PPT：法律文书审核

任务描述

了解不同类型公司客户的法律文书审核事项。

业务描述

通过对法律文书审核，判断借款主体是否合法合规。

知识准备

贷前调查的方法

一、现场调研——直接调查法

现场会谈（企业经营和发展的思路，内部的管理）、实地考察（生产、产品、账款、固定资产、周围状况）。

二、搜寻调查——间接调查法

搜寻调查指通过各种媒介物搜寻有价值的资料开展调查。这些媒介物包括：杂志、书籍、期刊、互联网资料、官方记录等。搜寻调查应注意信息渠道的权威性、可靠性和全面性。

三、委托调查

委托调查可通过中介机构或银行自身网络开展调查。

四、其他方法

业务人员可通过接触客户的关联企业、竞争对手或个人获取有价值信息，还可通过行业协会（商会）、政府的职能管理部门（如工商局、税务机关、公安部门等机构）了解客户的真实情况。

业务操作一　资料接收

调查人接收受理人移交的贷款资料。

业务操作二　系统查询

一、调查人民银行企业征信系统

审查公司、关联企业、在金融机构贷款情况，对外担保情况，有无不良信用记录、有无大额或有负债或重大涉讼案件等。

二、调查人民银行个人征信系统

审查法人代表、公司股东及其配偶及其他高层管理人员在金融机构贷款情况，对外担保情况，有无不良信用记录，有无赌博、吸毒、赖账不还等劣迹，有无道德风险等。审查报告中要对以上情况作专门介绍，并将人民银行和金融机构查询记录附后佐证。

三、确定申请人相关证照的真实性

通过工商税务机关网站、电话查询或实地调查等方式确定借款人申请人相关证照的真实性。

业务操作三　资料审阅

一、信贷业务申请书的真实性和合法性调查

（一）按照企业提供的法人营业执照正本，审查与借款人名称是否相符

（二）信贷业务品种、币种、期限、金额、担保方式、借款用途与协商的内容是否相符

（三）加盖的公章清晰，与营业执照和贷款卡（证）上的企业名称三者是否一致

（四）贷款用途调查

1. 贷款用途是否符合规定

商业银行不得对以下用途的业务进行授信。

（1）国家明令禁止的产品或项目。

（2）违反国家有关规定从事股本权益性投资，以授信作为注册资本金、注册验资和增资扩股。

（3）违反国家有关规定从事股票、期货、金融衍生产品等投资。

（4）其他违反国家法律法规和政策的项目。

2. 借款用途是否在企业经营范围内

二、基本资料的真实性和合法性调查

（一）法人借款主体主要审核事项

（1）审核企业使用的印章和法定代表人姓名与营业执照记载是否相符。如不相符，应以营业执照记载为准。

（2）审查企业法人营业执照（事业单位法人法人登记证书）、税务登记证、组织机构代码证、贷款卡（证）等法律文件是否在有效期内办理年检。上述证照有无被吊销、注销及声明作废等情形。

（3）审查公司章程

公司章程是指公司依法制订的、规定公司名称、住所、经营范围、经营管理制度等重大事项的基本文件，各国公司立法均要求设立登记公司必须订立公司章程。在审核公司章程时，应重点审核：①是否为原件和最新制定的。可以到工商管理部门查询核实。②公司章程中有无借款须经公司董事会或股东会议决定的规定。例如，某有限责任公司章程规定，股东会对以下事项做出决议，须由全体股东一致同意。如，……公司吸收贷款、对外借款或以公司资产为之提供担保……。③判定公司申请借款或提供担保事项的决策机构是股东会或董事会。有的公司章程规定对外提供抵押必须经过股东会决议，而有的仅要求经过董事会决议。④公司董事会或股东会议召集程序是否合法。有的公司章程规定，对外提供抵押必须经过董事会绝对多数（三分之二以上）通过，有的仅要求简单多数（半数以上）通过。按照公司法规定，股东大会会议由股东按照出资比例行使表决权，而董事会一般按照“一人一票”行使表决权。在审核董事会决议时，要注

意表决时应达到公司章程规定的人数。根据《中华人民共和国公司法》的规定："股东会或者股东大会、董事会的会议召集程序、表决方式违反法律、行政法规或者公司章程，或者决议内容违反公司章程的，股东可以自决议做出之日起六十日内，请求人民法院撤销。"⑤对董事会中有的董事不能出席会议的，要注意收集其授权委托书。一般说来，一位董事只能接受一位董事的委托，而不能同时接受多人委托。

（4）股东会或董事会决议审查（见表 3－1、表 3－2）。内容应包括：抬头（贷款银行）、信贷品种、借款金额、借款实际用途、抵押（质押）的财产或权利名称等基本内容，并要求参加股东会或董事会的人员签字。

表 3－1　　董事会决议

一、时间：________年________月________日

二、地点：____________________

三、与会董事：__________、__________、__________、__________、__________

董事会会议应到董事________名，实到董事________名，符合公司法及本公司章程规定。

四、议题：关于本公司申请贷款、申请保证担保及提供反担保之事宜。

五、决议

与会董事经审议，表决一致通过以下决议：

1. 董事会同意向________银行________支行申请借款________万元，借款期间为________，借款用途为________________________。

2. 董事会同意向中国经济技术投资担保有限公司上海分公司申请贷款担保。

3. 董事会同意提供以下反担保措施：

①____

②____

③____

董事签章：

____________________公司（公章）

年　　月　　日

表 3－2　　股东会决议

一、时间：________年________月________日

二、地点：____________________

三、与会股东：__________、__________、__________、__________、__________

股东会会议应到股东________名，实到股东________名，符合公司法及本公司章程规定。

四、议题：关于本公司申请贷款、申请保证担保及提供反担保之事宜。

续表

五、决议 与会股东经审议，表决一致通过以下决议： 1. 股东会同意向________银行____支行申请借款____万元，借款期间为____，借款用途为______________________。 2. 股东会同意向杨浦区财政局申请贷款担保。 3. 股东会同意提供以下反担保措施： ①______________________ ②______________________ ③______________________ 股东签章： ____________________公司（公章） 年 月 日

案例

2019年12月13日，广东科达洁能股份有限公司召开第七届董事会第十九次会议，审议通过了《关于为子公司银行授信提供担保的议案》，同意如下事项：

为满足子公司日常经营及业务发展对资金的需求，公司及全资子公司经研究决定为下列子公司银行授信提供担保：

同意公司为全资子公司信成国际（香港）有限公司向星展银行（中国）有限公司广州分行申请不超过10 000万元人民币综合授信额度提供信用担保，担保期限为三年；向中国建设银行佛山市分行申请不超过8 000万元人民币综合授信额度提供信用担保，担保期限为两年；向中信银行广州分行申请不超过20 000万元人民币综合授信额度提供信用担保，担保期限为两年。

（5）审查财务报表：①加盖的公章清晰，与营业执照和贷款卡（证）上的企业名称三者一致。②有财政部门的核准意见或会计（审计）师事务所的审计报告。

（6）税务登记证。有税务部门年审的防伪标记。

（7）对从事特殊行业的企（事）业法人审查。

①从事特殊行业的借款人，除了应该取得营业执照外，还应取得分管行业的有权政府部门的批准文件或核准颁发的从业许可证（见表3－3），且有关证照应当在有效期内。

表3－3　需办理特殊行业审批的部分目录

序号	行业	审定部门	证件类型
1	烟草经营	省烟草专卖局	许可证
2	废旧金属收购	县级以上公安局	许可证

续表

序号	行业	审定部门	证件类型
3	成品油经营、储存	省经委、公安局	许可证
4	酒类经营	县级以上酒类专卖局	批准
7	加工、销售、回收金银	省人行金融处	许可证
8	新建印刷厂、包装装潢、印刷品	新闻出版局、公安局	许可证
⋮			

②资质要求。对于国家实行资质等级管理要求的，申请人应当取得行业主管部门核准的有效资质等级证书，不得超越资质等级开展经营活动。

上述3、4、5、6、7也是其他经济组织申请贷款时需要审核的事项。

提示

（二）其他经济组织借款主体主要审核事项

1. 合伙企业审查事项

合伙企业是指自然人、法人和其他组织依照《中华人民共和国合伙企业法》在中国境内设立的，包括普通合伙企业和有限合伙企业。合伙企业一般不具备法人资格。

合伙企业在审查中，应注意事项：

（1）普通合伙企业由两人以上普通合伙人（没有上限规定）组成，合伙人对合伙企业债务承担无限连带责任。有限合伙企业由两人以上50人以下的普通合伙人和有限合伙人组成，其中普通合伙人至少有1人，当有限合伙企业只剩下普通合伙人时，应当转为普通合伙企业，如果只剩下有限合伙人时，应当解散。普通合伙人对合伙企业债务承担无限连带责任，有限合伙人以其认缴的出资额为限对合伙企业债务承担责任。

（2）国有独资公司、国有企业、上市公司以及公益性的事业单位、社会团体不得成为普通合伙人。

（3）普通合伙企业其名称上必须标明“普通合伙”字样，有限企业其名称上必须标明“有限合伙”字样。

（4）审查合伙协议。在合伙企业成立时，合伙人应首先订立合伙协议（又叫合伙契约，或叫合伙章程）其性质与公司章程相同，对所有合伙人均有法律效力。合伙协议应经全体股东签名、盖章后方可生效。

（5）了解合伙企业注销法律规定。依据《中华人民共和国合伙企业法》规定：合伙企业有下列情形之一的，应当解散：……。清算人自被确定之日起十日内将合伙企业解散事项通知债权人，并于六十日内在报纸上公告。债权人应当自接到通知书之日起三十日内，未接到通知书的自公告之日起四十五日内，向清算人申报债权。……债权人申报债权，应当说明债权的有关事项，并提供证明材料。清算人应当对债权进行登记。清算期间，合伙企业存续，但不得开展与清算无关的经营活动。……合伙企业注销后，原普通合伙人对合伙企业存续期间的债务仍应承担无限连带责任。

案例

甲、乙、丙共同投资设立一普通合伙企业。合伙协议约定：甲以现金人民币5万元出资，乙以房屋作价人民币8万元出资，丙以劳务作价人民币4万元出资；各合伙人按相同比例分配盈利、分担亏损。合伙企业成立后，为扩大经营，向银行贷款人民币5万元，期限为1年。甲提出退伙，鉴于当时合伙企业盈利，乙、丙表示同意。于是，甲办理了退伙结算手续。此后丁入伙。丁入伙后，因经营环境变化，企业发生严重亏损。乙、丙、丁决定解散合伙企业，并将合伙企业现有财产价值人民币3万元予以分配，但对未到期的银行贷款未予清偿。在银行贷款到期后，银行要求合伙企业清偿债务，发现该企业已经解散，遂向甲要求偿还全部贷款，甲称自己早已退伙，不负责清偿债务。银行向丁要求偿还全部贷款，丁称该笔贷款是在自己入伙前发生的，不负责清偿。银行向乙要求偿还全部贷款，乙表示只按照合伙协议约定的比例清偿相应数额。银行向丙要求偿还全部贷款，丙则表示自己是以劳务出资的，不承担偿还贷款义务。

要求：根据以上事实及有关规定，回答下列问题。

（1）甲、乙、丙、丁各自的主张能否成立？请说明理由。

（2）合伙企业所欠银行贷款应如何清偿？

（3）在银行贷款清偿后，甲、乙、丙、丁内部之间应如何分担清偿责任？

解析

2. 个人独资企业审查要点

个人独资企业是指依法在中国境内设立，由一个自然人投资，财产为投资人个人所有，投资人以其个人财产对企业债务承担无限责任的经营实体。审查时应注意如下：

（1）投资人以其个人财产对企业债务承担无限责任。这是个人独资企业的重要特征。也就是说，当投资人申报登记的出资不足以清偿个人独资企业经营所负的债务时，投资人就必须以其个人财产甚至是家庭财产来清偿债务。

（2）法律、行政规定禁止从事营利性活动的人，不得作为投资人申请设定个人独资企业。依据目前法律、行政法规规定，不得从事营利性活动的人主要有公务员、军人。

（3）个人独资企业解散后原投资人对个人独资企业存续期间的债务任然承担责任，但是债权人在五年期间未向债务人提出债务请求的，该责任消灭。

案例

2018年7月，××市私营独资企业企业A板材厂投资人陈某，为经营需要由B担保公司担保从银行借款90万元。借款到期后，C板材厂未能还款，银行要求担保公司承担保证责任，偿还该笔借款。2019年4月，该担保公司代为偿还了A板材厂所欠的借款本金90万元及利息。2020年2月，B担保公司依法行使追偿权，将A板材厂起诉至法院，要求该厂偿还其代为归还的借款本息。

法院受理此案后，发现该厂已经易主。经调查，由于该厂负债累累，为偿还债务，该厂投资人陈某已将厂房、机器设备等卖与他人。并于 2019 年 12 月 10 日，经陈某申请，工商部门注销了该企业。

请分析，陈某是否应归还借款本息？

解析

3. 联营企业审查要点

联营是企业之间、企业与事业单位之间横向经济联合的一种法律形式，分为法人型联营、合伙型联营和合同型联营。

（1）联营企业类型。

①法人型联营是联营各方共同投资，组建新的具有法人资格的经济联合组织。以联营企业所有财产独立承担民事责任。这种法人型联营是横向联合的最紧密、最稳定形式。

②合伙型联营是联营各方共同出资，组成共同经营、共负盈亏的合伙性质的经济联合组织，不具独立法人资格。

③合同型联营是指联营各方按照合同的约定相互协作，独立经营的一种散型的共同经营体。企业之间的经济联系是一般的合同，如购销合同、承揽加工合同等。合同型联营不能独立承担民事责任。

想一想

哪一种形式的联营企业可以成为借款主体？

解析

（2）不能成为联营主体的范围：①自然人；②法人分支机构，但是法人分支机构经法人授权可以成为联营主体。

党政机关和隶属党政机关编制序列的事业单位、军事机关、工会、共青团、妇联、文联、科协和各种协会、学会及民主党派等。

提示

不具备联营主体资格的非联营主体签订的联营合同无效。

（3）关于联营各方对联营债务的承担问题。

①联营体是企业法人的，以联营体的全部财产对外承担民事责任。联营各方对联营体的责任则以各自认缴的出资额为限。对抽逃认缴资金以逃避债务的，人民法院除应责令抽逃者如数缴回外，还可对责任人员处以罚款。

②联营体是合伙经营组织的，可先以联营体的财产清偿联营债务。联营体的财产不足以抵债的，由联营各方按照联营合同约定的债务承担比例，以各自所有或经营管理的

财产承担民事责任；合同未约定债务承担比例，联营各方又协商不成的，按照出资比例或盈余分配比例确认联营各方应承担的责任。合伙型联营各方应当依照有关法律、法规的规定或者合同的约定对联营债务负连带清偿责任。

③联营是协作型的，联营各方按照合同的约定，分别以各自所有或经营管理的财产承担民事责任。

三、偿债能力调查

四、担保调查

业务操作四　实地调查

调查人员要根据客户提交的资料深入车间、厂房和库房，实地调查借款申请人的生产环境、生产工作流程、产品质量监督情况和原材料及产成品的库存情况。实地了解借款申请人的生产经营状况是否与提交资料一致。

提示

实地调查影像资料要求。

由于上述调查资料仅凭文字描述与数据分析，导致审批人员不能直观见到申请人的大致面貌，尤其对调查人员是否到申请人现场实地考察难以判定，难以监督调查岗人员履职情况。因此将一些主要情况通过影像技术照下来，上传至处理中心，供审查审批部门参考，已成为绝大部分银行的做法。

主要拍摄内容有：①生产经营场所；②存货、机器设备、主要生产原材料；③客户及其雇员劳作的场景；④信贷员与借款人谈判的合照；⑤当地标志性建筑或景物；⑥签署联保协议时要求客户经理与联保小组成员合影，签署借款与担保合同时，信贷员与借款人、保证人合影。

知识要点

了解不同类型公司客户的法律文书审核事项。

操作要点

通过对公司客户法律文书审核，判断借款主体是否合法合规。

推荐阅读

推荐阅读

问题讨论

1. ××科技型企业三年多来长期申请不到贷款，求贷。查看报表，其注册资本为300万元，其产品在市场上供不应求，长期投资款为100万元，短期投资款为100万元。目前，为满足市场需求，急需贷款200万元。

请分析：银行是否应予以贷款？

2. ××企业现状如下：产品订单已订到2020年，销量很好，就是缺资金。其报表情况为：年销售额为5.6亿元，年利润109万元，销售净利率为0.0019%。

请分析：该企业出现这种现象的原因是什么？是否应予以贷款？

3. ××科技型企业，是由经营者科学家、专利发明人为主，个人出资加上无形资产，其注册资金可达100万元。其获得的证书有：国家创新证书、科技型企业A级证书、国家专利证书、国际检索报告证书、用户认可证书等。该企业向银行申请贷款600万元，该企业强调其费用全用在研发上，其产品肯定有市场。

请问：在这种情况下，银行是否应给予贷款？如果不能给予贷款，应给予该客户什么样的帮助？

4. ××企业，本金为300万元，应收账款为900万元。老板说，做生意都靠朋友帮，不好意思讨要应收账款。所以，只好找银行贷款。

请问：在这种情况下，银行是否应给予贷款？如果不能给予贷款，应给予该客户什么样的帮助？

解析

实训

上网查找某个上市非金融企业的公司章程，找出章程中对于申请借款的相关要求及实例。

业务二　偿债能力调查

任务描述

1. 了解公司客户财务指标对偿债能力的影响。
2. 了解公司客户各项非财务因素对偿债能力的影响。

PPT：公司客户偿债能力调查

☞ 业务描述

1. 分析借款人的财务状况，判断其偿债能力。
2. 分析借款人的非财务状况，判断其偿债能力。

业务操作一　分析借款人财务状况对偿债能力的影响

财务报表是企业财务状况、经营成果、现金流量和所有者权益变动的会计信息载体。通过对借款人财务分析，了解借款人的偿债能力，制订最佳信用政策。尽管不同企业的经营状况、经营规模、经营特点不同，作为运用价值形式的财务分析，其内容归纳起来不外乎营运能力分析、营利能力分析、偿债能力分析、现金流量分析四个方面。

一、分析营运能力

营运能力分析又称资产运用效率分析，是指企业营运资产的管理效率和效果，反映企业资产管理水平和资金周转状况。资产营运能力的强弱关键取决于周转速度，资产周转速度一般用资产周转率和周转期来表示。

周转率是企业一定时期内资产的周转额与资产平均余额的比率，它反映企业资产在一定时期内的周转次数；周转期是计算期天数除以周转次数，反映资产周转一次所需要的天数。如果借款人企业周转次数越多，周转期越短，周转速度越快，表明其营运能力越强，则借款人偿债能力就强；反之，营运能力就越差，偿债能力也就越差。

周转率和周转期的计算公式为：

周转率（周转次数）＝周转额 ÷ 平均资产余额

周转期（周转天数）＝计算期天数 ÷ 周转率

提示

计算周转率时的资产一般用算术平均数。因为周转额一般来自利润表，是期间数据，而资产来自于资产负债表，是时点数据，为了保证分子、分母在时间上的一致，通常用资产的算术平均数表示资产在一段时间内的平均额。

1. 应收账款周转率

应收账款周转率是反映应收账款周转速度的指标，是一定时期内营业收入与应收账款平均余额的比率。

应收账款周转率 = 营业收入 ÷ 应收账款平均余额

应收账款平均余额 =（期初应收账款 + 期末应收账款）÷2

应收账款天数 = 360 ÷ 应收账款周转率

=（应收账款平均余额 ×360）÷ 主营业务收入

在一定时期内应收账款周转次数越多，表明应收账款回收速度越快，企业管理工作的效率越高。这不仅有利于企业及时收回货款，减少或避免发生坏账损失的可能性，而且有利于提高企业资产的流动性，提高企业短期债务的偿还能力。

一般认为，应收账款周转率的参考标准值为 3，应收账款天数的参考标准值为 100。分析该类指标应结合企业经营方式考虑。下列情况下，该指标往往不能准确反映实际情况：季节性经营的企业，销售不均衡；大量使用分期付款结算方式；大量的销售采用现金结算；年末销售大幅度上升或下降。

【例 3－1】 根据表 3－4 中国联通股份有限公司（600050）2017—2019 年财务数据，计算其应收账款周转率及周转天数。

表 3－4　　中国联通 2017—2019 年度应收账款周转率计算表　　单位：元

项目	2017 年	2018 年	2019 年
营业收入	274 828 946 271	290 876 776 866	290 514 554 553
应收账款年初余额	17 414 272 274	18 509 160 971	17 842 702 983
应收账款年末余额	18 509 160 971	17 842 702 983	20 456 916 625
应收账款周转率（次）	15. 30081	16. 00340	15. 17062
应收账款周转天数	23. 53	22. 49521	23. 73007

2017 年　应收账款平均余额 =（17 414 272 274 +18 509 160 971）÷2

= 17 961 716 623

应收账款周转率 =274 828 946 271 ÷17 961 716 623

=15. 30081（次）

应收账款周转天数 =360 ÷16. 02 =23. 53（天）

2018 年　应收账款平均余额 =（期初应收账款 + 期末应收账款）÷2

=（18 509 160 971 +17 842 702 983）÷2

=18 175 931 977

应收账款周转率 = 营业收入 ÷ 应收账款平均余额

=290 876 776 866 ÷18 175 931 977

=16. 00340（次）

应收账款周转天数 = 360 ÷ 应收账款周转率

= 360 ÷ 16.00340 = 22.50（天）

2019 年 应收账款平均余额 = （17 842 702 983 + 20 456 916 625）÷ 2

= 19 149 809 804

应收账款周转率 = 290 514 554 553 ÷ 19 149 809 804 = 15.17062（次）

应收账款周转天数 = 360 ÷ 15.17062 = 23.73

从上述计算结果可以看出，中国联通 2017—2019 年应收账款周转率先是小幅度上升，再小幅度下降，应收账款周转天数先小幅度下降再小幅度上升，说明中国联通近三年来应收账款的回收能力有小幅度波动，2019 年比 2018 年回收能力有所下降，但总体应收账款的账龄较短，收现比较快，流动性强，企业短期偿债能力较强。

相关知识

计算应收账款周转率应该注意的问题

1. 销售收入的赊销比例问题

从理论上说应收账款是赊销引起的，计算时应使用赊销额取代销售收入。但是，外部分析人无法取得赊销的数据，只好直接使用销售收入计算。

2. 应收账款年末余额的可靠性问题

应收账款是特定时点的存量，容易受季节性、偶然性和人为因素影响。在应收账款周转率用于业绩评价时，最好使用多个时点的平均数，以减少这些因素的影响。

3. 应收账款的减值准备问题

统一财务报表上列示的应收账款是已经提取减值准备后的净额，而销售收入并没有相应减少。其结果是，提取的减值准备越多，应收账款周转天数越少。这种周转天数的减少不是好的业绩，反而说明应收账款管理欠佳。如果减值准备的数额较大，就应进行调整，使用未提取坏账准备的应收账款计算周转天数。报表附注中应披露应收账款减值的信息，可作为调整的依据。

4. 应收票据是否计入应收账款周转率

大部分应收票据是销售形成的。只不过是应收账款的另一种形式，应将其纳入应收账款周转天数的计算，称为“应收账款及应收票据周转天数”。

5. 应收账款周转天数是否越少越好

应收账款是赊销引起的，如果赊销有可能比现金销售更有利，周转天数就不会越少越好。收现时间的长短与企业的信用政策有关。例如，甲企业的应收账款周转天数是 18 天，信用期是 20 天；乙企业的应收账款周转天数是 15 天，信用期是 10 天。前者的收款业绩优于后者，尽管其周转天数较多。改变信用政策，通常会引起企业应收账款周转天数的变化。

6. 应收账款分析应与销售额分析、现金分析联系起来

应收账款的起点是销售，终点是现金。正常的情况是销售增加引起应收账款增加，现金的存量和经营现金流量也会随之增加。

2. 存货周转率

存货周转率是反映企业销售能力和存货资产流动性的一个指标，也是衡量企业生产经营各个环节中存货运营效率的一个综合性指标。

存货周转率有两种计算方式：一是以成本为基础的存货周转率，主要用于流动性分析；二是以收入为基础的存货周转率，主要用于盈利性分析。计算公式分别如下：

成本基础的存货周转率 = 营业成本 ÷ 平均存货净额

收入基础的存货周转率 = 营业收入 ÷ 平均存货净额

平均存货净额 = （期初存货净额 + 期末存货净额）÷2

存货周转天数 =360 ÷ 存货周转率

以成本为基础的存货周转率，可以更切合实际地反应存货的周转状况。在实际工作中，通常较多采用成本基础的存货周转率来计算和评价存货周转情况。

存货周转率是从存货变现速度的角度来评价企业的销售能力及存货适量程度的。一般来说，存货周转次数越多，存货变现速度越快，说明企业销售能力越强，营运资金占压在存货上的量越小；反之，则企业销售能力弱，存货积压，营运资金沉淀于存货的量大。分析该指标时应弄清其背后的原因。例如，企业为推销商品而大幅度降价处理存货，此举虽使存货周转率上升，销售收入却会减少，最终削弱企业的偿债能力。

【例 3 - 2】 根据表 3 - 5 中国联通股份有限公司（600050）2017—2019 年财务数据，计算其存货周转率及周转天数。

表 3 - 5　　中国联通 2017—2019 年度存货周转率计算表　　单位：元

项目	2017 年	2018 年	2019 年
营业成本	206 976 717 931	213 585 637 513	214 133 057 016
存货年初余额	2 431 260 896	2 238 565 451	2 388 327 329
存货年末余额	2 238 565 451	2 388 327 329	2 359 148 173
存货周转率（次）	88. 64429	92. 32357	90. 20923
存货周转天数	4. 06	3. 90	3. 99

2017 年　存货平均余额 = （2 431 260 896 +2 238 565 451）÷2

=2 334 913 173. 5

存货周转率 =206 976 717 931 ÷2 334 913 173. 5

=88. 64429（次）

存货周转天数 =360 ÷88. 64429 =4. 06 （天）

2018 年　存货平均余额 = （期初存货余额 + 存货余额）÷2

= （2 238 565 451 +2 388 327 329）÷2

=2 313 446 390

存货周转率 = 营业成本 ÷ 存货平均余额

=213 585 637 513 ÷2 313 446 390

=92. 32357（次）

存货周转天数 =360 ÷ 存货周转率

=360÷92.32357=3.90（天）

2019 年　存货平均余额=（2 388 327 329+2 359 148 173）÷2

=2 373 737 751

存货周转率=214 133 057 016÷2 373 737 751

=90.20923（次）

存货周转天数=360÷90.20923=3.99（天）

由上述计算结果可知，2017 年存货周转率最低，2018 年最高，2019 年有所滑落，说明中国联通近三年来2019 年比2018 年的存货管理水平低。

3. 营业周期

营业周期是指从取得存货开始到销售存货并收回现金为止的这段时间，表示需要多长时间才能将期末存货全部变为现金，其长短取决于存货周转天数和应收账款周转天数，与资金周转速度成反向变动。一般情况下，营业周期短，说明资金周转速度快；营业周期长，说明资金周转速度慢。营业周期的长短不仅仅体现企业的资产管理水平，还会影响企业的偿债能力和盈利能力。一般认为该指标的参考标准值为200。应结合存货周转情况和应收账款周转情况分析。

营业周期=存货周转天数+应收账款周转天数

【例3-3】根据【例3-1】和【例3-2】的数据计算中国联通股份有限公司2017—2019 年的营业周期（见表3-6）。

表3-6　　中国联通2017—2019 年度营业周期计算　　单位：天

项目	2017 年	2018 年	2019 年
应收账款周转天数	23.53	22.5	23.73
存货周转天数	4.06	3.9	3.99
营业周期	27.59	26.4	27.72

由上述计算结果可知，营业周期2018 年最低，2019 年最高，说明中国联通近一年资金周转速度有所下降。

4. 流动资产周转率

流动资产周转率是反映企业流动资产周转速度的指标，它是指企业一定时期的营业收入与流动资产平均余额的比率。

流动资产周转率=营业收入÷流动资产平均余额

流动资产平均余额=（期初流动资产+期末流动资产）÷2

流动资产周转期=360÷流动资产周转率

流动资产周转率反映流动资产的使用效率。周转速度越快，周转次数越多，周转期越短，表明企业以相同的流动资产实现了更多的营业收入，相对而言节约了流动资产，增加了企业的盈利能力，进而增强了企业的还贷能力。一般认为该指标的参考标准值为1。应结合存货、应收账款一并分析，和营利能力指标结合在一起，可以全面地评价企业的营利能力。

【例3-4】根据表3-7 中国联通股份有限公司（600050）2017—2019 年财务数

据，计算其流动资产周转率及周转天数。

表 3-7　　中国联通 2017—2019 年度流动资产周转率计算表　　单位：元

项目	2017 年	2018 年	2019 年
营业收入	274 828 946 271	290 876 776 866	290 514 554 553
流动资产年初余额	82 233 887 291	76 771 466 124	75 924 546 766
流动资产年末余额	76 771 466 124	75 924 546 766	83 603 850 121
流动资产周转率（次）	3. 45685	3. 80988	3. 64217
流动资产周转天数	104. 14	94. 49	98. 84

2017 年　流动资产平均余额 =（82 233 887 291 + 76 771 466 124）÷2
　　= 79 502 676 707. 50
流动资产周转率 = 274 828 946 271 ÷ 79 502 676 707. 50
　　= 3. 45685（次）
流动资产周转天数 = 360 ÷ 3. 45685 = 104. 14（天）

2018 年　流动资产平均余额 =（期初流动资产余额 + 流动资产余额）÷2
　　=（76 771 466 124 + 75 924 546 766）÷2
　　= 76 348 006 445
流动资产周转率 = 营业收入 ÷ 流动资产平均余额
　　= 290 876 776 866 ÷ 76 348 006 445
　　= 3. 80988（次）
流动资产周转天数 = 360 ÷ 流动资产周转率
　　= 360 ÷ 3. 80988 = 94. 49（天）

2019 年　流动资产平均余额 =（75 924 546 766 + 83 603 850 121）÷2
　　= 79 764 198 444
流动资产周转率 = 290 514 554 553 ÷ 79 764 198 444
　　= 3. 64217（次）
流动资产周转天数 = 360 ÷ 3. 64217 = 98. 84（天）

由上述计算结果可知，中国联通 2017—2019 年度流动资产周转率先上升后下降，流动资产周转天数先减少后增加，说明 2019 年中国联通流动资产利用率比 2018 年低，但比 2017 年有所好转。

5. 总资产周转率

总资产周转率是指企业一定时期的营业收入与资产总额的比率，说明企业的总资产在一定时期内（通常为一年）的周转次数

总资产周转率 = 营业收入 ÷ 总资产平均余额

总资产平均余额 =（期初总资产 + 期末总资产）÷2

总资产周转天数 = 360 ÷ 总资产周转率

总资产周转率反映的是企业对全部资产的运用效率。指标数值越大，说明企业全部资产的周转速度越快，资产的运用效率越高，其结果必然会给企业带来更多的收益，使

企业的营利能力、偿债能力都得到提高。一般认为该指标的参考标准值为 0.8. 结合营利能力指标一起分析，可以全面评价企业的营利能力。

【例 3－5】 根据表 3－8 中国联通股份有限公司（600050）2017—2019 年财务数据，计算其总资产周转率及周转天数。

表 3－8　中国联通 2017—2019 年度总资产周转率计算表　单位：元

项目	2017 年	2018 年	2019 年
营业收入	274 828 946 271	290 876 776 866	290 514 554 553
总资产年初余额	615 907 352 706	573 617 337 800	541 762 283 984
总资产年末余额	573 617 337 800	541 762 283 984	564 230 618 712
总资产周转率（次）	0. 46208	0. 52157	0. 52535
总资产周转天数	779. 08	690. 22	685. 26

2017 年　总资产平均余额＝（615 907 352 706＋573 617 337 800）÷2

＝594 762 345 253

总资产周转率＝274 828 946 271÷594 762 345 253

＝0. 46208（次）

总资产周转天数＝360÷0. 46208＝779. 08（天）

2018 年　总资产平均余额＝（期初总资产＋期末总资产）÷2

＝（547 124 568 845＋615 319 383 074）÷2

＝557 689 810 892

总资产周转率＝营业收入÷总资产平均余额

＝277 048 529 129÷557 689 810 892

＝0. 52157（次）

总资产周转天数＝360÷总资产周转率

＝360÷0. 52157＝690. 22（天）

2019 年　总资产平均余额＝（615 319 383 074＋615 907 352 706）÷2

＝552 996 451 348

总资产周转率＝274 196 782 481÷552 996 451 348

＝0. 52535（次）

总资产周转天数＝360÷0. 52535＝685. 26（天）

由上述计算结果可知，中国联通 2017—2019 年度中总资产周转率逐年上升，说明资产运用效率向好的方向转变。

想一想

为什么企业采用薄利多销的方法能够提高总资产周转率？

二、分析盈利能力

1. 毛利率

毛利率，是毛利与营业收入的百分比，其中毛利是营业收入与营业成本之间的差额。

毛利率 = （营业收入 - 营业成本）÷营业收入 ×100%

= （毛利 ÷ 营业收入）×100%

毛利率反映企业每一元营业收中含有多少毛利，是净利润的基础。

【例 3 -6】根据中国联通股份有限公司（600050）年度报表的相关资料，计算其2018—2019 年毛利率（见表 3 -9）。

表 3 -9 中国联通毛利率计算表 单位：元

项目	2018 年	2019 年
营业收入	290 876 776 866	290 514 554 553
营业成本	213 585 637 513	214 133 057 016
毛利	77 291 139 353	76 381 497 537
毛利率	26. 57%	26. 29%

2018 年毛利率 = （营业收入 - 营业成本）÷营业收入 ×100%

= （毛利 ÷ 营业收入）×100%

= （77 291 139 353 ÷290 876 776 866）×100%

=26. 57%

2019 年毛利率 = （76 381 497 537 ÷290 514 554 553）×100%

=26. 29%

通过计算得知，中国联通 2019 年的毛利率比 2018 年毛利率下降了 0. 28 个百分点（26. 29%—26. 57%），说明其 2019 年的营利能力稍有下降，但总体变化不大，表明公司近两年的营利能力比较稳定。

2. 销售净利润率

销售净利润率是指企业实现净利润与销售收入的对比关系，用以衡量企业在一定时期的销售收入获取的能力。

销售净利润率 = （净利润 ÷ 营业收入） ×100%

销售净利润率反映每一元收入带来的净利润是多少，表示销售收入的收益水平。该指标越高，表明企业经营管理者能够创造足够多的营业收入或者较好的控制成本，可以用来衡量企业总的经营管理水平。可见，通过分析销售净利率的变动情况，可以促使公司在扩大销售业务的同时，注意改进经营管理，提高营利水平。

【例 3 -7】根据中国联通股份有限公司（600050）年度报表的相关资料，计算其2018—2019 年年销售净利率（见表 3 -10）。

表 3－10 中国联通销售净利率计算表 单位：元

项目	2018 年	2019 年
营业收入	290 876 776 866	290 514 554 553
净利润	9 300 663 815	11 264 124 299
销售净利率	3.20%	3.88%

2018 年销售净利率＝（净利润÷营业收入）×100%
＝（9 300 663 815÷290 876 776 866）×100%
＝3.20%

2019 年销售净利率＝（11 264 124 299÷290 514 554 553）×100%
＝3.88%

通过计算得知，2019 年的销售净利率比 2018 年上升了 0.68 个百分点（3.88%—3.20%），说明其销售能力有所提高，但总体营利能力水平一般。

3. 总资产净利率

总资产净利率是指公司净利润与平均资产总额的百分比。该指标反映的是公司运用全部资产所获得利润的水平，即公司每占用 1 元的资产平均能获得多少元的利润。该指标越高，表明公司投入产出水平越高，资产运营越有效，成本费用的控制水平越高。体现出企业管理水平的高低。

总资产净利率＝（净利润÷平均资产总额）×100%

平均资产总额＝（期初资产总额＋期末资产总额）÷2

【例 3－8】 根据中国联通股份有限公司（600050）年度报表的相关资料，计算其 2018—2019 年总资产净利率（见表 3－11）。

表 3－11 中国联通总资产净利率计算表 单位：元

项目	2018 年	2019 年
净利润	9 300 663 815	11 264 124 299
期初资产总额	573 617 337 800	541 762 283 984
期末资产总额	541 762 283 984	564 230 618 712
平均资产总额	557 689 810 892	552 996 451 348
总资产净利率	1.67%	2.04%

2018 年总资产净利率＝净利润÷平均资产总额×100%
＝（9 300 663 815÷557 689 810 892）×100%
＝1.67%

2019 年总资产净利率＝（11 264 124 299÷552 996 451 348）×100%
＝2.04%

通过计算得知，2019 年的总资产净利率比 2018 年上升了约 0.37 个百分点（2.04%—1.67%），说明其全部经济资源获取净利率的能力略有增强。

相关知识

应用总资产净利率应该注意的问题

(1) 该指标越高，表明企业的资产利用效率越高，注重增加收入和节约资金两个方面。

(2) 利用该指标可以与企业历史资料、与计划、与同行业平均水平或先进水平进行对比，分析形成差异的原因。

(3) 利用该指标可以分析经营中存在的问题，提高销售利润率，加速资金周转。

4. 净资产收益率

又称股东权益报酬率，是净利润与平均股东权益的百分比，是公司税后利润除以净资产得到的百分比率，该指标反映股东权益的收益水平，用以衡量公司运用自有资本的效率，体现了自有资本获得净收益的能力。该指标值越高，说明投资带来的收益越高。

净资产收益率 =（净利润 ÷ 净资产平均余额）×100%

净资产平均余额 =（期初净资产 + 期末净资产）

【例 3－9】 根据中国联通股份有限公司（600050）年度报表的相关资料，计算其 2018—2019 年净资产收益率（见表 3－12）。

表 3－12　中国联通净资产收益率计算表　单位：元

项目	2018 年	2019 年
净利润	9 300 663 815	11 264 124 299
期初净资产	307 018 363 115	316 940 293 218
期末净资产	316 940 293 218	323 495 918 907
平均净资产	311 979 328 167	320 218 106 063
净资产收益率	2.98%	3.52%

2018 年净资产收益率 = 净利润 ÷ 平均净资产 ×100%
= （9 300 663 815 ÷311 979 328 167）×100%
= 2.98%

2019 年净资产收益率 = （11 264 124 299 ÷320 218 106 063）×100%
= 3.52%

通过计算得知，2019 年的净资产收益率比 2018 年上升了 0.54 个百分点（3.52% － 2.98%），说明企业自有资本获取收益的能力有所提升，营运效果好转，对债权人利益的保证程度有所增强。

三、分析偿债能力

1. 分析短期偿债能力

(1) 营运资金。营运资金是流动资产总额减流动负债总额后的净额，即企业在经营中可供运用、周转的流动资金净额。

营运资金 = 流动资产 - 流动负债

营运资金代表了企业的流动资产在偿还全部流动负债后还有多少剩余。当营运资本为正数时，表明企业有能力偿还短期债务；当营运资本为零或者负数时，表明企业无力偿还短期债务，资金周转存在问题。但并不是说营运资本越多越好，营运资本过多说明企业中有部分闲置资金，降低获利能力。

解析

想一想

为什么企业的营运资金要保持在一个适当的规模？如果过多会有什么不利的一面？

（2）流动比率。流动比率是指企业流动资产与流动负债的比率，表示每一元的流动负债有多少流动资产可作为偿还保证。

流动比率 = 流动资产 ÷ 流动负债

流动比率是考察企业短期偿债能力的一个最基本、最通用的指标。比率越高，说明资产的流动性越大，短期偿债能力越强。一般认为流动比率不宜过高也不宜过低，应维持在 2:1 左右。过高的流动比率，说明企业有较多的资金滞留在流动资产上未加以更好地运用，如出现存货超储积压，存在大量应收账款，拥有过分充裕的现金等，资金周转可能减慢从而影响其获利能力。不过，由于各行业的经营性质不同，对资产的流动性的要求也不同。例如，商业零售企业所需的流动资产，往往要高于制造企业，因为前者需要在存货方面投入较大的资金。另外，企业的经营和理财方式也影响流动比率。根据不同行业分别研究流动比率的标准更为合理，见表 3 - 13 所示。

表 3 - 13　　部分行业流动比率参考值

行业	流动比率	行业	流动比率	行业	流动比率
汽车	1.1	家电	1.5	机械	1.8
房地产	1.2	啤酒	1.75	玻璃	1.3
制药	1.3	计算机	2	食品	>2
建材	1.25	电子	1.45	酒店	>2
化工	1.2	商业	1.65		

【例 3 - 10】根据中国联通股份有限公司 2019 年度的资产负债表相关数据，计算其流动比率（见表 3 - 14）。

表 3 - 14　　中国联通流动比率计算表

单位：元

财务指标	2018 年 12 月 31 日	2019 年 12 月 31 日	变动额	变动比
流动资产	75 924 546 766	83 603 850 121	7 679 303 355	10.11%
流动负债	213 715 729 302	206 812 709 395	-6 903 019 907	-3.23%
流动比率	0.35526	0.40425	0.04899	

2018 年流动比率 = 75 924 546 766 ÷ 213 715 729 302 = 0. 35526

2019 年流动比率 = 83 603 850 121 ÷ 206 812 709 395 = 0. 40425

由上述计算结果可知，2019 年中国联通的流动比率略有上升，短期偿债能力略有增强。由表 2 - 11 可知，2019 年比 2018 年流动资产增加了 7 679 303 355 元，比 2018 年上升 10. 11%；2019 年比 2018 年流动负债下降了 6 903 019 907 元，比 2016 年降低 3. 23%，最终使得中国联通流动比率上升。

（3）速动比率。速动比率是指企业速动资产与流动负债的比率，速动资产是可以迅速转化为现金或已属于现金形式的资产，可以很快用来偿还流动负债的流动资产。

速动比率 = 速动资产 ÷ 流动负债

在确定速动资产时，通常有以下方法：

相减法：速动资产 = 流动资产 - 存货 - 预付账款 - 1 年内到期的非流动资产

相加法：速动资产 = 货币资金 + 交易性金融资产 + 应收款项（含应收账款 + 应收票据 + 其他应收款项 + 应收利息 + 应收股利等）

速动比率在流动资产中扣除了变现速度较慢且可能已贬值的流动资产，比流动比率更能体现企业的短期偿债能力。一般认为，速动比率维持在 1∶1 较为正常，它表明企业的每 1 元流动负债就有 1 元易于变现的流动资产来抵偿，短期偿债能力有可靠的保证。速动比率过低，企业的短期偿债风险较大，速动比率过高，企业在速动资产上占用资金过多，会增加企业投资的机会成本。但以上评判标准并不是绝对的，不同行业速动比率差别很大，不存在统一的速动比率标准。

想一想

为什么在计算速动比率时要把流动资产从流动资产中剔除呢？

解析

【例 3 - 11】 根据中国联通股份有限公司 2019 年度报告相关数据，计算其速动比率（见表 3 - 15）。

表 3 - 15　中国联通速动比率计算表　单位：元

财务指标	2018 年 12 月 31 日	2019 年 12 月 31 日
流动资产	75 924 546 766	83 603 850 121
存货	2 388 327 329	2 359 148 173
预付账款	4 030 653 660	4 196 289 289
其他流动资产	12 270 983 584	13 451 543 702
速动资产	57 234 582 193	63 596 868 957
流动负债	213 715 729 302	206 812 709 395
流动比率 = 速动资产 ÷ 流动负债	0. 26781	0. 30751

2018 年速动比率 =（流动资产 - 存货 - 预付账款 - 其他非流动资产）÷ 流动负债

=57 234 582 193 ÷ 213 715 729 302 = 0.26781

2019 年速动比率 =（流动资产 − 存货 − 预付账款 − 其他非流动资产）÷ 流动负债

=63 596 868 957 ÷ 206 812 709 395 = 0.30751

由上述计算结果可知，中国联通的速动比率 2019 年比 2018 年上升 0.0397 个百分点（0.30751 − 0.26781），经分析是由于流动负债下降了 6 903 019 907 元，而速动资产增加了 6 362 286 764 元，最终使得中国联通速动比率上升。

（4）现金比率。现金比率是指企业现金及现金等价物与流动负债的比率，反映企业的即刻变现能力。该比率可反映企业立即偿还到期债务的能力。

现金比率 =（货币资金 + 交易性金融资产）÷ 流动负债

现金比率越高，说明变现能力越强，但认为该比率若过高，意味着企业的负债未得到合理的运用，且现金类资产获利能力低，一般认为该指标 20% 以上为好。

【例 3 − 12】 根据中国联通股份有限公司 2017 年度报告相关数据，计算其现金比率（见表 3 − 16）。

表 3 − 16　　**中国联通速动比率计算表**　　单位：元

财务指标	2018 年 12 月 31 日	2019 年 12 月 31 日
货币资金	33 783 352 034	38 665 306 851
交易性金融资产	769 905 347	201 854 202
流动负债	213 715 729 302	206 812 709 395
现金比率	16.17%	18.79%

2018 年现金比率 =（货币资金 + 交易性金融资产）÷ 流动负债

=（33 783 352 034 + 769 905 347）÷ 213 715 729 302 × 100%

=16.17%

2019 年现金比率 =（货币资金 + 交易性金融资产）÷ 流动负债

=（38 665 306 851 + 201 854 202）÷ 206 812 709 395 × 100%

=18.79%

由上述计算结果可知，2019 年中国联通的现金比率比 2018 年上升 2.62 个百分点（18.79%—16.17%），直接偿付流动负债的能力增强。经分析是由于中国联通 2019 年货币资金和交易性金融资产之和增加了 4 313 903 672 元，上涨 12.48%；而流动负债下降了 6 903 019 907 元，下降 3.23%。

2. 分析长期偿债能力

（1）资产负债率。资产负债率是企业负债总额除以资产总额的百分比。资产负债率反映在总资产中有多大比例是通过借债来筹资的，也可以衡量企业在清算时保护债权人利益的程度。

资产负债率 = 负债总额/资产总额

企业资产负债率比重越小，企业资产对债权人权益保障程度越高，一般而言，该比率在 40%—60% 是比较合理、稳健的。

【例 3 − 13】 根据中国联通股份有限公司 2019 年度报告相关数据，计算其资产负债率（见表3－17）。

表3－17 中国联通资产负债率计算表 单位：元

财务指标	2018年12月31日	2019年12月31日
资产总额	541 762 283 984	564 230 618 712
负债总额	224 821 990 766	240 734 699 805
资产负债率	41.50%	42.67%

2018年资产负债率＝224 821 990 766÷541 762 283 984×100%＝41.50%

2019年资产负债率＝240 734 699 805÷564 230 618 712×100%＝42.67%

由上述计算结果可知，中国联通2019年的资产负债率上升1.17个百分点，表明企业长期偿债能力小幅度下降。分析原因：①资产方面，2019年比2018年增加了22 468 334 728元，同比上升4.15%；②负债方面，2019年比2018年增加了15 912 709 039元，同比上升7.09%。负债的上升幅度大于资产的资产的上升幅度，导致中国联通资产负债率上升，偿债能力略微下降。

（2）产权比率。产权比率是负债总额与所有者权益总额的比率。产权比率可反映股东所持股权是否过多（或者是否不够充分）等情况，从另一个侧面表明企业借款经营的程度。这一比率是衡量企业长期偿债能力的指标之一。

产权比率＝负债总额÷所有者权益

产权比率表明企业借入资金和企业自有资金的相对关系，反映企业基本财务结构是否稳定。产权比率越低，表明企业自有资本占总资产的比重越大，长期偿债能力越强。

【例3－14】 根据中国联通股份有限公司2019年度报告相关数据，计算其产权比率（见表3－18）。

表3－18 中国联通产权比率计算表 单位：元

财务指标	2018年12月31日	2019年12月31日
负债总额	224 821 990 766	240 734 699 805
所有者权益	316 940 293 218	323 495 918 907
产权比率	0.70935	0.74417

2018年产权比率＝ 224 821 990 766÷316 940 293 218×100%＝0.70935

2019年产权比率＝240 734 699 805÷323 495 918 907×100%＝0.74417

由上述计算结果可知，2019年中国联通的产权比率小幅度上升，主要由于是2019年负债总额比2018年上升了15 912 709 039元，同比上升7.09%，所有者权益上升了6 555 625 689元，同比上升2.07%，可见，负债总额上升幅度大于所有者权益上升幅度，企业长期偿债能力略有下降。

（3）有形净值债务率，是企业负债总额与有形净值的百分比。有形净值是股东权益减去无形资产净值，即股东具有所有权的有形资产的净值。

有形净值债务率＝［负债总额÷（股东权益－无形资产净值）］×100%

有形净值债务率指标主要是用于衡量企业的风险程度和对债务的偿还能力，表明债权人在企业破产时的被保护程度。这个指标越大，表明风险越大企业长期偿债能力越弱；反之，则越强。

【例 3－15】 根据中国联通股份有限公司 2019 年度报告相关数据，计算其有形净值债务率（见表 3－19）。

表 3－19 **中国联通有形净值债务率计算表**

单位：元

财务指标	2018 年 12 月 31 日	2019 年 12 月 31 日
负债总额	224 821 990 766	240 734 699 805
所有者权益	316 940 293 218	323 495 918 907
无形资产	25 884 163 079	25 746 168 495
有形净资产	291 056 130 139	297 749 750 412
有形净值债务率	77.24%	80.85%

2018 年有形净值债务率＝(224 821 990 766÷291 056 130 139)×100%

＝77.24%

2019 年有形净值债务率＝(240 734 699 805÷297 749 750 412)×100%

＝80.85%

由上述计算结果可知，2019 年中国联通的有形净值债务率由 2018 年的 77.24% 上升到 80.85%，主要原因是负债总额上升的幅度大于有形净资产的上升幅度，长期偿债能力略有下降。

（4）已获利息倍数。已获利息倍数是指企业息税前利润相对于所需支付债务利息的倍数，可用来分析企业在一定盈利水平下支付债务利息的能力。

已获利息倍数＝息税前利润÷利息费用

一般情况下，已获利息倍数越高，企业长期偿债能力越强。国际上通常认为，该指标为 3 时较为适当，从长期来看至少应大于 1。

【例 3－16】 根据中国联通股份有限公司 2019 年度报告相关数据，计算其已获利息倍数（见表 3－20）。

表 3－20 **中国联通已获利息倍数计算表**

单位：元

财务指标	2018 年 12 月 31 日	2019 年 12 月 31 日
利润总额	12 075 362 887	14 035 186 382
利息费用	1 539 367 075	1 877 622 806
息税前利润	13 614 729 962	15 912 809 188
已获利息倍数	8.84437	8.47498

2018 年已获利息倍数＝(12 075 362 887＋1 539 367 075)÷1 539 367 075

＝8.84437

2019 年已获利息倍数＝(14 035 186 382＋1 877 622 806)÷1 877 622 806

＝8.47498

由上述计算结果可知，2019 年中国联通的已获利息倍数比 2018 年略有下降，表明中国联通的长期偿债能力及营利能力略有下降。

四、分析现金流量

（一）分析流动性指标

（1）现金债务总额比。现金债务总额比是指经营活动现金净流量总额与债务总额的比率。该指标旨在衡量企业承担债务的能力，是评估企业中长期偿债能力的重要指标，同时它也是预测企业破产的可靠指标。

现金债务总额比 = 经营活动现金净流量 ÷ 负债总额

这一比率越高，企业承担债务的能力越强，破产的可能性越小。这一比率越低，企业财务灵活性越差，破产的可能性越大。

【例 3 - 17】 根据中国联通股份有限公司 2019 年度报告相关数据，计算其现金债务总额比（见表 3 - 21）。

表 3 - 21　中国联通现金债务总额比计算表　单位：元

财务指标	2018 年 12 月 31 日	2019 年 12 月 31 日
经营活动现金净流量	94 829 725 347	96 208 235 799
负债总额	224 821 990 766	240 734 699 805
现金债务总额比	0. 42180	0. 39964

2018 年现金债务总额比 = 94 829 725 347 ÷ 224 821 990 766 = 0. 42180

2019 年现金债务总额比 = 96 208 235 799 ÷ 240 734 699 805 = 0. 39964

由上述计算结果可知，2019 年中国联通的现金债务总额比有所下降，表明企业 2019 年所能承担债务的能力比 2018 年强。

（2）现金到期债务比。现金到期债务总额比是指企业经营现金净流入与本期到期的当期债务和应付票据总额的比率，它反映了企业可用现金流量偿付到期债务的能力。

现金到期债务比 = 经营活动现金净流量/本期到期的债务

本期到期的债务 = 一年内到期长期负债 + 本期应付票据

通常作为企业到期的长期负债和本期应付票据是不能延期的，到期必须如数偿还，企业设置的标准值为 1.5。该比率越高，企业资金流动性越好，企业到期偿还债务的能力就越强。

【例 3 - 18】 根据中国联通股份有限公司 2019 年度报告相关数据，计算其现金到期债务比（见表 3 - 22）。

表 3 - 22　中国联通现金到期债务比计算表　单位：元

财务指标	2018 年 12 月 31 日	2019 年 12 月 31 日
经营活动现金净流量	94 829 725 347	96 208 235 799
一年内到期长期负债	17 685 459 683	11 238 247 077
本期应付票据	99 657 098	4 039 285 678
现金到期债务比	5. 33	6. 30

2018 年现金到期债务比 = 94 829 725 347 ÷ (17 685 459 683 + 99 657 098)
= 5.33

2019 年现金到期债务比 = 96 208 235 799 ÷ (11 238 247 077 + 4 039 285 678)
= 6.30

由上述计算结果可知，中国联通的现金到期债务比处于较高的水平，公司资金流动性好，2019 年的现金到期债务比与 2018 年相比提高了 18.11%，涨幅较大，说明企业到期偿还债务的能力进一步加强。

（二）分析获取现金能力

1. 收入现金比率

收入现金比率是指一定时期内经营活动现金净流量与营业收入的比率。

收入现金比率 = （经营活动现金净流量 ÷ 营业收入）

收入现金比率反映企业每元营业收入中所实现的净现金收入，也体现了企业对应收账款回收的效率。该比率越大，说明企业的收益质量越高，企业应收账款回收效率越高。

【例 3－19】 根据中国联通股份有限公司 2019 年度报告相关数据，计算其收入现金比率（见表 3－23）。

表 3－23　　中国联通收入现金比率计算表　　单位：元

财务指标	2018 年 12 月 31 日	2019 年 12 月 31 日
经营活动现金净流量	94 829 725 347	96 208 235 799
营业收入	290 876 776 866	290 514 554 553
收入现金比率	0.32601	0.33116

2018 年收入现金比率 = 94 829 725 347 ÷ 290 876 776 866 = 0.32601

2019 年收入现金比率 = 96 208 235 799 ÷ 290 514 554 553 = 0.33116

由上述计算结果可知，2019 年中国联通的收入现金比率比 2018 年略微上升，可见，2019 年中国联通的收益质量和应收账款回收效率稍有上升，但变化不大，债务偿还能力基本保持不变。

2. 全部资产现金回收率

全部资产现金回收率是指经营现金净流量与平均总资产的比率，旨在考评企业全部资产产生现金的能力。

全部资产现金回收率 = (经营活动现金净流量 ÷ 平均资产总额) × 100%

平均资产总额 = (期初资产总额 + 期末资产总额) ÷ 2

该比率越大说明资产利用效果越好，利用资产创造的现金流入越多，整个企业获取现金能力越强，经营管理水平越高。反之，则经营管理水平越低，经营者有待提高管理水平，进而提高企业的经济效益。

【例 3－20】 根据中国联通股份有限公司 2019 年度报告相关数据，计算其全部资产现金回收率（见表 3－24）。

表 3－24　　中国联通全部资产现金回收率计算表　　单位：元

财务指标	2018 年 12 月 31 日	2019 年 12 月 31 日
经营活动现金净流量	94 829 725 347	96 208 235 799
期初资产总额	573 617 337 800	541 762 283 984
期末资产总额	541 762 283 984	564 230 618 712
平均资产总额	557 689 810 892	552 996 451 348
全部资产现金回收率	17.00%	17.40%

2018 年全部资产现金回收率＝94 829 725 347÷557 689 810 892×100%
＝17.00%

2019 年全部资产现金回收率＝96 208 235 799÷552 996 451 348×100%
＝17.40%

由上述计算结果可知，2019 年中国联通的全部资产现金回收率从 2016 年的 17% 上升到 17.40%，说明中国联通的获取现金能力小幅度增强，经营管理水平提高。

业务操作二　分析企业借款人非财务因素对偿债能力的影响

非财务因素分析即除财务因素分析以外的所有分析。进行非财务因素分析，是为了更加全面、动态地分析影响贷款的风险程度，从而进一步判断这些因素是否对贷款偿还构成实质性的影响。非财务因素分析侧重于定性分析。

一、分析行业风险

每一个行业都有特定的风险，因此掌握某一行业的特征、风险程度以及借款人在同一行业中处于何种水平，就可以根据行业的基本状况和发展趋势来判断借款人的基本风险。

（1）成本结构。在企业的经营过程中，成本结构对其行业风险度、利润、行业内的竞争力都有巨大影响，固定成本在总成本中的占比越高，抗风险能力越差；反之，则越强。在进行成本结构分析时，信贷员特别需要对企业的经营杠杆进行分析。因为经营杠杆很大程度上能预测企业未来的业绩，反映出企业的经营状况，揭示企业的经营风险。通常来说，高经营杠杆的企业中长期贷款需求量比较大，而低经营杠杆行业短期流动资金需求比较大，高经营杠杆行业的信贷风险与其行业风险的关联度相对更高，需要对其行业风险更加重视。

（2）行业成熟度。企业能否长远发展除了与经营能力相关之外，与所在行业的成熟度也有密切的联系，可以说行业的成熟度决定了企业的生存空间与盈利能力，也决定了企业的发展前景。行业发展经历三个发展阶段：兴起、成熟、衰退。贷款给处于不同发展阶段的行业时风险是不一样的给。一般来说，成熟期的行业风险较小，因为成熟期的行业有足够长的存续期、良好的业绩、产品标准化，行业格局基本明朗，发生意外的可能性不高，由于行业正在成长繁荣，可以合理地预测未来几年该行业将继续成功。相反，处于新生期的行业，风险就比较大，新生行业缺乏业绩纪录，不确定性大、新产品推出频繁。

（3）行业周期性。分析行业的生命周期有助于从整个行业的角度来分析企业的背景，为信贷决策提供依据。行业风险与经济周期是密切相关的，如果行业本身的周期与经济周期一致，那就意味着经济上升时，行业繁荣；经济下降时，行业萧条，比如境外旅游业等，而如果行业本身的周期与经济周期相反，则意味着经济繁荣时，行业萧条；经济萧条时，行业繁荣，比如汽车修理行业。在实际调查中，必须弄清楚行业受经济周期影响的程度、行业的销售和利润与经济升降的相关程度等。

（4）行业营利能力。行业需要依赖于历来为商业的繁荣，如果一个行业不能盈利，做出一个行业的借款人未来的经营状况和偿债能力就值得引起注意。如果一个行业中的多数企业都是入不敷出的状态，那就说明这个行业本身的可持续发展能力存在问题，从风险角度来说，信贷员尽量避免接入这类企业。对于信贷机构来说，在繁荣期和萧条期都具备营利能力的行业风险最小，而普遍不营利的行业，风险最大。

（5）行业依赖性。在经济结构中，不同的行业之间存在着相互依存关系，为此在分析、评估行业依赖性时，我们要判断一下借款人所处的行业受其他行业的影响程度。通常情况下，企业的这种依赖性在实践中表现为：对某一个或多个特定行业的依赖、对重要客户的依赖、对重要原材料供应商的依赖、对销售渠道的依赖等。如果一个企业对一个行业或多个行业的依赖程度较大，那么它受所依存的行业的影响就越大，信贷风险就越高；如果行业的供应商和客户群越分散，风险就越小。作为信贷员，要重点关注供应商的集中度、对供应商产品的依赖度等问题。

（6）对替代产品的脆弱程度。替代产品，是指与所述的行业提供的产品具有同样功能或能满足同样需求的产品，其实简单来说就是可以替代现有产品的产品。在考察替代品的脆弱程度时，我们既要看整个行业，也要看大行业中的小行业。在分析时，如果我们发现借款人所处的行业或小行业很容易被替代，替代产品的脆弱程度较大，那就意味着信贷的风险性很高。如果没有替代品，行业对成本价格控制的更劳。

（7）法律和政策。法律和政策必然会对该行业中企业的盈利情况和经营环境构成实际上的影响。法律和政策的变化会给某些行业带来的负面冲击，或给某些行业带来正面推动。比如，对于国家重点支持的行业，信贷政策就应倾向投入；对于国家明文禁止和限制的行业，就要慎贷或不贷。

二、分析经营活动风险

行业风险分析只能够帮助信贷机构对行业整体的共性风险有所认识，但行业中的每个企业又都有其独特的自身特点。就国内企业的情形而言，其存在的最大问题是经营管理不善的问题。一般来说，企业的经营风险可以从以下几方面进行分析：企业总体特征——产品——原料供应——生产——销售。

1. 企业的总体特征分析

企业的总体特征包括企业生产或销售规模、企业所处的发展阶段、产品多样化及经营策略等。从这些方面对企业进行分析，有利于从整体上了解企业的总体情况及面临的主要问题。

（1）规模。任何企业要实现盈利，则必须有最低销售量作为保证，即企业处于盈亏平衡点时的销售量，因此必须考虑规模问题。信贷机构在分析企业规模问题时，必须注意以下几点：①规模的主要衡量指标是销售量而不是生产量，建立在销售量基础上的企业规模，一般情况下越大越好（亏本销售及不考虑暂时盈利的战略性低价销售除外）；②规模是一个相对概念，必须与同行业的其他企业比较才有意义；③规模并非总是越大越好，规模应适度；④适当的规模是保证企业生存、发展的必要条件。

（2）企业所处的发展阶段。企业所处的发展阶段与行业所处的发展阶段有一定的联系，即行业的快速发展可以为企业的快速发展提供良好的行业环境。但企业的发展阶段又具有独立的一面，即在行业发展的每个阶段中，都有企业处在创立、快速发展、成熟稳定、退出行业或破产倒闭状态。

（3）经营政策。企业必须解决：①达到什么样的目标；②目标实现的可能性或合理性；③为实现目标所采取的策略是否可行；④为实现目标的必要支持是否足够；⑤经营环境发生变化时，经营目标应否调整，如何调整等。

2. 企业产品与市场分析

产品分析主要是解决产品在社会生活中的重要性和特性问题、产品的质量问题、产品的买方定位、产品的价格等方面，目的是确保产品具有使用价值、为市场所乐于接受等。产品特性与市场营销是相关的，产品具有优势，市场营销工作的难度就小一些；反之，则大一些。

市场分析主要围绕市场竞争的激烈程度、企业对市场价格和需求的控制能力、客户的分散程度以及销售方法等。企业要在市场竞争中生存、发展，则必须根据市场需求开发、设计、生产商品，并通过适当的营销手段将产品推销出去，最终实现盈利。信贷机构要注意分析企业的产品特性和市场营销组织和能力，因为这两方面中任何一方面存在缺陷，都有可能影响产品的销售进而影响到贷款的按期偿还。

3. 借款人采购、生产、销售环节分析

（1）采购环节分析。企业采购的主要风险内容有原材料价格风险、购货渠道风险和购买量风险。原材料的价格直接影响企业的生产成本，如果能够压低原材料价格，企业的生产成本就低，营利空间就大，否则企业会因原材料成本过高而出现无法营利的局面。如果企业的购货渠道单一，那么原材料供给渠道单一，一方面增加了原材料及时供给的难度，另一方面也不利于企业在购进原材料时进行讨价还价。购买量大小与企业的存货管理计划、生产规模、原材料价格走向、原材料的紧缺程度、企业的资金实力等内容有关。

（2）企业的生产环节。企业生产环节中可能对贷款偿还构成影响的因素有生产的连续性、对生产技术更新的敏感性、抵御灾难的能力、环境保护和劳资关系等。信贷机构应对企业生产的连续性进行密切关注，搞清楚是一般原因还是非常原因造成企业停产，如果是一般原因停产，则企业借款成为问题贷款的可能性就相当大，如果是非常原因，那么这些原因造成企业长期停产还是短期停产？这些原因能否消除？消除的难度有多大？企业本身是否具有这个能力？企业是否正在采取合适的措施？等等，信贷机构必须认真分析这些问题及其可能对贷款造成的影响，并分析选择采取合适的措施保证贷款的安全。

（3）销售环节分析。这关系到企业能否顺利将产品送到目标客户手里，它是企业实现利润的重要环节。如果顾客群过于集中于某一特定人群或某一特定区域，或者销售环节过多导致销售成本过高，则特定人群消费习惯的改变、特定区域宏观经济的不景气、销售成本过高导致产品售价上涨等都有可能使产品无法顺利销售出去并造成积压，最终影响企业的还款。促销能力和销售的灵活性是促使消费者宁愿购买此种产品而不是购买同类产品的重要因素。促销策略、渠道、售后服务、包装、运输、付款方式等无不影响消费者的购买欲望。信贷机构对企业的销售环节应引起充分重视，因为它对企业未来的还款能力有着极其重要的影响，甚至可以说：不具备较强营销能力的企业是危险的企业，是不可能长久生存的企业，信贷机构也应该限制向这类企业发放新增贷款。

三、管理风险分析

企业能否保持长盛不衰，主要看其是否具备必要的管理能力。借款人管理风险分析主要包括管理层素质、管理能力等方面。从某种意义上说，企业经营能力的好坏往往是其管理能力在经营活动中的反映。

（1）管理层的素质和经验。管理层的素质主要包括管理层的文化程度、年龄结构、团队精神、道德品质等。国内企业管理层普遍存在管理层作为一个整体是素质低下的问题，即管理层当中绝大多数个体可能具有一个企业管理人员的必备条件，但由于缺乏团队精神、敬业精神、职业道德或处于个人利益等方面的考虑而使得管理层作为一个整体时不能形成合力，从而使管理层的主要精力过多地陷入人事关系和事务性的工作中，不能专心于管理企业。

（2）管理层稳定性。企业主要管理人员的离任、死亡、更替等均会对企业的持续、正常经营管理产生重大影响。企业管理层的不稳定性对贷款安全的影响多表现在以下方面：新管理层对其任期以外的借款大多采取“拖”的态度；或者持不配合甚至不认账的态度；新管理层可能重新选择往来信贷机构而使银企关系发生重大变化或躲避贷款信贷机构的监控等。这些变化都会影响贷款的安全归还。

（3）经营思想和作风。企业在经营思路上是否统一会影响企业的经营和发展。如过分地以利润为中心，企业的经营行为必定短期化，必然会影响企业的长远利益，影响企业的稳定、持续的还款能力，甚至直接影响债权人的利益。管理层经营作风对企业经营的稳定性也具有实质性影响，如过于冒险的经营作风可能使企业的经营和信贷机构的贷款都面临着较高的风险，过分追求企业王国的扩大必然会使企业热衷于外延扩张而不是注重苦练“内功”，最后必然是管理水平不能适应企业规模扩大的需要而使企业陷入困境的结果。

（4）关联企业的经营管理。企业的母子公司、主要供应商、购货商等，因其与企业在股权、资金、产品、原材料、管理人员等方面有着密切的关联性，他们在生产经营、财务状况、法律诉讼等方面的变化将直接影响到企业原材料的采购、产品销售、应收账款的回收、投资收益的高低等，从而影响企业的还款能力，而且因其关联程度的不同而对债务人还款能力的影响程度也有所不同。信贷机构在关注借款本身的同时也要对其关联企业给予足够重视，避免“城门失火，殃及池鱼”的情形发生。

（5）员工素质。员工素质、年龄结构、文化程度、专业水平及稳定性等因素直接影响企业的技术开发与运用、产品创新、产品质量及企业管理理念的进步。在科技日新月异的今天，企业间的竞争将主要体现在人才的竞争，任何不重视人才的企业，必将是没有未来的企业。

（6）财务管理能力。财务管理水平的高低对企业的营利性有着重要影响，因为管理会计可以帮助企业分析成本上升的原因以及采取何种措施可以控制成本的过快增长，可以通过预测表明企业可能在何时会遇到流动性问题以及解决办法，可以从经济学的角度科学分析某项投资的合理性及相关的筹资、融资成本和方法。通过财务报表的真实性、准确性可以测量企业的财务管理水平。

（7）法律纠纷。借款人遇到的一些法律纠纷，对借款人的还款能力会造成一定影响，甚至影响贷款的偿还。如借款人与供应商、消费者、关联企业及职工之间产生纠纷，借款人因违反法律、法规或合同约定而受到税务、银行、工商、环保等部门单位的严重处理、处罚等，均会对借款人还款能力产生不利影响。信贷机构应密切关注借款人遇到的劳资纠纷、债权债务纠纷或违法事件，以及从第三方处得到的不利企业的法律传闻等，并分析这些法律纠纷将会给信贷机构带来的不利程度。

想一想

2008 年的“三鹿奶粉事件”发生后，给三鹿集团带来了哪些影响？当时会有银行愿意为其贷款吗？

知识要点

1. 公司客户财务因素对偿债能力影响。
2. 公司客户非财务因素对偿债能力影响。

操作要点

1. 通过分析公司财务因素，判断其偿债能力。
2. 通过分析公司非财务因素，判断其偿债能力。

推荐阅读

问题讨论

商业银行在对企业法人客户做信用评估时，要求财务制度健全的企业法人客户提供符合要求的财务报表，为获取其财务信息提供依据，但是怎样对指标多元化、覆盖面广的非财务因素做出客观的分析呢？该如何获取非财务因素的相关信息？

解析

实训

1. 上网查找关于蓝田股份贷款案例，分析银行在财务及非财务分析中存在着哪些问题？

2. 在新浪财经网站上查询格力电器（SZ000651）2017—2019 年的年度报告，并根据报告信息，对格力电器进行财务。

3. 根据 ABC 公司的 2019 年的财务报表信息（见表 3－25、表 3－26、表 3－27），对其进行综合财务分析。

表 3－25　　**资产负债表**

编制单位：ABC 公司　　2019 年 12 月 31 日　　单位：万元

资产	年末余额	年初余额	负债及股东权益	年末余额	年初余额
流动资产：			流动负债：		
货币资金	44	25	短期借款	60	45
交易性金融资产	6	12	交易性金融负债	28	10
应收票据	14	11	应付票据	5	4
应收账款	398	199	应付账欺	100	109
预付账款	22	4	预收账款	10	4
应收利息	0	0	应付职工薪酬	2	1
应收股利	0	0	应交税费	5	4
其他应收款	12	22	应付利息	12	16
存货	119	326	应付股利	0	0
一年内到期的非流动资产	77	11	其他应付款	25	22
其他流动资产	8	0	预计负债	2	4
流动资产合计	700	610	一年内到期的非流动负债	0	0
			其他流动负债	53	5
			流动负债合汁	300	220
非流动资产：			非流动负债：		
可供出售金融资产	0	45	长期借款	450	245
持有至到期投资	0	0	应付债券	240	260
长期应收款	0	0	长期应付款	50	60
长期股权投资	30	0	专项应付款	0	0
固定资产	1238	955	预计负债	0	0
在建工程	18	35	递延所得税负债	0	0

续表

资产	年末余额	年初余额	负债及股东权益	年末余额	年初余额
固定资产清理	0	12	其他非流动负债	0	15
无形资产	6	8	非流动负债合计	750	580
开发支出	0	0	负债合计	1 040	800
商誉	6	8	股东权益：		
长期待摊费用	5	15	股本	100	100
递延所得税资产	0	0	资本公积	10	10
其他非流动资产	3	0	减：库存股	0	0
非流动资产合计	1 300	1 070	盈余公积	60	40
			未分配利润	790	730
			股东权益合计	960	880
资产总计	2 000	1 680	负债及股东权益总计	2 000	1 680

表 3－26 利　润　表

编制单位：ABC 公司　　2019 年度　　单位：万元

项　　目	本年金额	上年金额
一、营业收入	3 000	2 850
减：营业成本	2 644	2 503
营业税金及附加	28	28
销售费用	22	20
管理费用	46	40
财务费用	110	96
资产减值损失	0	0
加：公允价值变动收益	0	0
投资收益	6	0
二、营业利润	156	163
加：营业外收入	45	72
减：营业外支出	1	0
三、利润总额	200	235
减：所得税费用	64	75
四、净利润	136	100

表 3－27 现金流量表

编制单位：ABC 公司　　2019 年　　单位：万元

项　　目	本年金额
一、经营活动产生的现金流量：	
销售商品、提供劳务收到的现金	2 810

续表

项 目	本年金额
收到的税费返还	0
收到其他与经营活动有关的现金	10
经营活动现金流入小计	2 820
购买商品、接受劳务支付的现金	2 363
支付给职工以及为职工支付的现金	29
支付的各项税费	91
支付其他与经营活动有关的现金支出	14
经营活动现金流出小计	2 497
经营活动产生的现金流量净额	323
二、投资活动产生的现金流量:	
收回投资收到的现金	4
取得投资收益收到的现金	6
处置固定资产、无形资产和其他长期资产收回的现金净额	12
处置子公司及其他营业单位收到的现金净额	0
收到其他与投资活动有关的现金	0
投资活动现金流入小计	22
购置固定资产、无形资产和其他长期资产支付的现金	369
投资支付的现金	30
支付其他与投资活动有关的现金	0
投资活动现金流出小计	399
投资活动产生的现金流量净额	-377

业务三 授信额度测算

想一想

电视机行业同时有 4 家企业向一家银行申请贷款。分别是 AAA、AA、A、BBB 级。请分析，如果不考虑其他因素，这 4 家企业的贷款额度是否一致？

任务描述

1. 了解授信类型。
2. 掌握授信额度测算原则。

PPT：授信额度测算

☞ 业务描述

1. 依据是定性与定量标准，测算客户综合授信额度。
2. 依据还款来源，测算客户债项授信额度。

知识准备

授信类型

1. 综合授信。以客户信用等级为参考，依据其综合还款来源核定授信额度的方法。银行对该客户在一定时期内提供的各类信用余额之和不能超过该客户的最高综合授信额度。核定的授信额度在授信有效期内可周转使用。

案例

证券代码：603811　　证券简称：诚意药业　　公告编号：2018－027

浙江诚意药业股份有限公司
关于申请办理综合授信业务的进展公告

本公司董事会及全体董事保证本公告内容不存在任何虚假记载、误导性陈述或者重大遗漏，并对其内容的真实性、准确性和完整性承担个别及连带责任。

浙江诚意药业股份有限公司（以下简称“公司”）第二届董事会第十三次会议及2017年年度股东大会审议通过了《关于申请办理综合授信业务的议案》，（具体内容详见公司披露的《关于申请办理综合授信业务的公告》（公告编号：2018－018）及《2017年年度股东大会决议公告》（公告编号：2018－023）

近日，公司与中国民生银行股份有限公司温州分行签订了1亿元（人民币）的综合授信合同（编号：公授信字第ZH1800000039042），授信业务种类为人民币贷款。本合同约定的最高授信额度的有效期限为两年，至2020年5月8日止。

该授信额度不等于公司的实际融资金额，实际融资金额应在授信额度内以银行与公司实际发生的融资金额为准。

特此公告。

浙江诚意药业股份有限公司董事会

2018 年 5 月 8 日

2. 债项授信

以评价客户具体单笔贷款申请为基础，依据其规定还款来源，核定授信额度的方法，核定的授信额度，仅限于办理指定的融资业务，原则上不能周转使用。

提示：已使用综合授信方法核定授信额度且已在经办行融资的客户原则上不得按照专项授信方法核定其授信方案。但是客户已经归还该行全部贷款者除外。

业务操作一　综合授信额度测算

商业银行一般会设计科学的风险分析评估模型或方法，以确定对某一客户的最高授信限额。风评估模型通常是定性与定量标准相结合。

一、定性标准

定性标准应至少包括以下四方面的内容：

（一）客户的风险状况

包括客户的财务状况、发展前景、信誉状况、授信项目的具体情况、提供的抵押担保情况。

（二）银行的风险状况

包括对银行的授权、目前的资产质量状况、资金来源或资本充足程度、银行当前的财务状况。对银行自身风险状况的分析在银团贷款或大型项目贷款时尤其重要。

（三）外部经济、金融环境

包括客户行业的发展现状和前景、市场所占份额、国家风险等。

（四）自然因素，包括地理位置、交通状况、资源条件等

二、定量测算

原则上，单个客户的最高综合授信额度应该根据客户风险状况得出，但是国内商业银行对客户风险状况缺乏历史数据积累，因此无法根据客户全面风险状况确定最高综合授信额度。在实际工作中各银行一般采取以下几种述测算方法。

（一）对于农业、工业、商贸、综合类企业贷款

1. 信用等级为 AA 级和 AAA 级客户

根据客户的第一还款能力，以企业上年度资产负债率不得高于 70% 作为主要依据，测算单一法人客户最高综合授信额度，其测算公式如下：

$$资产负债率 = \frac{负债总额 + （最高授信限额 - 银行现有信用余额）}{资产总额 + （最高授信限额 - 银行现有信用余额）} \leqslant 70\%$$

提示

在计算资产总额时，要剔除掉无效资产

无效资产 = 待处理流动资产损失 + 账龄三年以上的应收账款 + 待摊费用挂账 + 待处理存货残损 + 账龄三年以上的存货。

推导后可得出如下公式：

最高综合授信额度≤2. 33 × 资产总额 − 3. 33 × 负债总额 + 银行现有信用余额

或最高综合授信额度≤2. 33 × 所有者权益总额 − 负债总额 + 银行现有信用余额

商业银行原则上在不超过信用风险限额的前提下，综合进行定性与定量分析，确定对客户授信额度的建议。

2. 信用等级为 A 级客户

信用等级为 A 级客户核定的最高综合授信额度不得超过客户提供的抵押物变现值的 70%，或质物变现值的 90%，或他人 100% 保证担保。对信用总量超过规定的客户，要逐步压缩达到规定要求。

即：客户最高综合授信额度≤抵押物变现值 ×70%

或≤质押物变现值 ×90%

或≤100% 保证担保

（二）对于房地产、建筑安装、外资企业、非银行金融企业、事业法人中信用等级为 A 级、AA 级、AAA 级客户

由于该类客户的特殊性，以 70% 的负债率难以合理测定最高综合授信额度。一般采取以下两种办法。

1. 最高综合授信额度

最高综合授信额度≤上年末或报告期有效净资产 × 负债与权益最高控制比率 × 信用等级调节系数 −（客户负债总额 − 目前在银行的负债）

负债与权益最高控制比率和信用等级调节系数如表 3 − 28、表 3 − 29 所示。

表 3 − 28 负债与权益最高控制比率

	房地产企业	建筑安装企业	外资企业		事业法人	银行金融企业
			商贸型	生产型		
负债与权益最高控制比率	3	2. 33	6	3	8	1. 2

续表

	房地产企业	建筑安装企业	外资企业		事业法人	银行金融企业
			商贸型	生产型		
对应的资产负债率最高控制线	75%	70%	85%	75%	89%	55%

表 3－29　信用等级调节系数

客户信用等级	得分	信用等级调节系数
AAA	90—100	1.0
AA	85—89	0.9
	80—84	0.8
A	75—79	0.6
	70—74	0.4

2. A 级及以上级别客户

A 级及以上级别客户的最高综合授信额度也可根据不超过客户可提供有效抵押物变现值的 70%、质押物变现值的 90% 以及他人 100% 保证担保核定。

即：客户最高综合授信额度≤抵押物变现值×70%＋质押物变现值×90%＋100%保证担保

（三）对所有 B 级与 C 级客户

核定最高综合授信额度只能小于年初实际信用余额，原则上只收不放，并要制定压缩计划，做好保全工作，逐步清收，主动退出。

即：客户最高综合授信额度≤上年末实际信用余额

（四）对投产不到一年的客户

原则上在不超过实收资本范围内，参考客户提供的足额有效担保情况制定授信方案。

提示

从上面的推导公式可以看出：

第一，客户偿债能力是核定最高综合授信额度的核心，控制指标主要为客户的资产负债率，并以行业或平均资产负债率作为最高控制线。

第二，客户最高综合授信额度核定依据为客户信用评级，对不同的客户信用评级采取不同的核算模型。

第三，定性分析是确定对客户授信意见的前提，定量计算结果是核定客户的授信额度的重要依据。一般应通过定性分析和定量计算相结合，最终核定客户的授信额度。授信额度原则上在定量计算结果内核定。

业务操作二　债项授信额度测算（以流动资金贷款为例）

银监会发布的《流动资金贷款管理暂行办法》的附件《流动资金贷款需求量的测算参考》（以下简称《测算参考》）明确了具体的测算方法。

（一）测算公式

营运资金量＝上年度销售收入×(1－上年度销售利润率)×(1＋预计销售收入年增长率)/营运资金周转次数　公式①

其中：营运资金周转次数＝360/(存货周转天数＋应收账款周转天数－应付账款周转天数＋预付账款周转天数－预收账款周转天数)　公式②

周转天数＝360/周转次数　公式③

应收账款周转次数＝销售收入/平均应收账款余额　公式④

预收账款周转次数＝销售收入/平均预收账款余额　公式⑤

存货周转次数＝销售成本/平均存货余额　公式⑥

预付账款周转次数＝销售成本/平均预付账款余额　公式⑦

想一想

该测算公式是如何运算出来的?

解析

（二）测算公式的会计含义

公式①总的指导原则：上年的营运资金周转总量（销售成本）/营运资金周转次数，为平均每个生产周期须占用的营运资金量，即“上年销售成本/上年营运资金周转次数”，其中“上年度销售收入×(1－上年度销售利润率)＝上年销售成本（包括税金及附加等)”。

预测本年因销售收入增长所需增加的营运资金量，在均衡增长的情况下，该增长率就是销售成本的增长率，即“销售成本增长率＝上年销售成本×(1＋预计销售收入年增长率)”。

因此，公式①可以表示为：

营运资金量＝上年度销售成本×(1＋预计销售收入年增长率)/营运资金周转次数＝(上年度销售成本/营运资金周转次数)×(1＋预计销售收入年增长率)＝上年营运资金量×预计本年营运资金增长率。

案例

假设甲企业2020年销售收入为2 200万元，销售成本为1 650万元，净利润为250万元，股利支付率为25%，资产负债项目见表3－30，并且调查确定长期负债200万元中用于流动资产的部分有50万元。再假设2020年甲企业预计销售收入为250万元，销售成本率、销售净利率、营运资金周转次数、股利支付率和其他渠道提供的营运资金与上年相同，测算甲企业2019年新增流动资金贷款额。

解析

表3－30　甲企业2020年12月底资产负债简表

单位：万元

项目	平均余额	项目	平均余额
流动资产	900	流动负债	700
应收账款	200	流动资金借款	350
预付账款	100	应付账款	50
存货	500	预收账款	150
其他流动资产	100	其他流动负债	150
固定资产	500	长期负债	200
无形资产	100	所有者权益	600
资产总结	1 500	负债及所有者权益	1 500

知识要点

1. 授信类型。
2. 授信额度测算原则。

操作要点

1. 依据是定性与定量标准，测算客户综合授信额度。
2. 依据还款来源，测算客户债项授信额度。

推荐阅读

推荐阅读

解析

问题讨论

对于财务状况不健全的中小企业，如何测算其授信额度？

实训

上网搜集某上市非金融企业的资料，填入到模拟信贷业务系统中，测算其综合授信额度。

模块二 个人客户调查

任务描述

1. 了解个人信用报告的主要内容。
2. 能够对个人客户对提交资料进行合法合规性审核。

PPT：个人客户调查

业务描述

通过与客户的交流及对客户提交资料的审核，判断借款主体是否符合银行贷款要求。

业务操作一 资料接收

调查人接收受理人移交的贷款资料。

业务操作二 系统查询

1. 通过公安身份核查系统查询借款人身份的真实性

2. 查询人民银行个人征信系统、各商业银行特别关注客户信息系统及其他相关系统，了解借款申请人（含配偶、共同借款申请人）和担保人信用状况，并打印查询记录

个人征信系统可以帮助商业银行核实客户身份，杜绝信贷欺诈、保证信贷交易的合法性，在金融机构查询时生成信用报告（见表3－31）。个人可带身份证原件与复印件，到本地的中国人民银行，免费查询。

表 3－31

个人信用报告

报告编号：2019113003000014210351　　　　查询时间：2019. 11. 30 09：30：15

报告时间：2019. 11. 30　09：30：15

姓名：张三　　　　证件类型：身份证　　　证件号码：××××　　　已婚

信贷记录

这部分包含您的信用卡、贷款和其他信贷记录。金额类数据均以人民币计算，精确到元。

信息概要　　　　逾期记录可能影响对您的信用评价。

	资产处置信息	保证人代偿信息
笔数	1	2

	信用卡	住房贷款	其他贷款
账户数	7	3	4
未结清/未销户账户数	4	2	3
发生过逾期的账户数	4	1	1
发生过 90 天以上逾期的账户数	4	0	0
为他人担保笔数	0	0	1

发生过逾期的信用卡账户指曾经“未按时还最低还款额”的贷记卡账户和“透支超过60天”的准贷记卡账户。

资产处置信息

1. 2019 年 11 月 8 日东方资产管理公司接收债权，金额 400 000。最近一次还款日期为 2020 年 1 月 8 日，余额为 20 000 元。

保证人代偿信息

1. 2017 年 10 月 5 日富登融资租赁担保公司进行最近一次代偿，累计代偿金额为 400 000 元。最近一次还款日期为 2020 年 1 月 8 日，余额为 20 000 元。

信用卡

发生过逾期的贷记卡账户明细如下：

1. 2013 年 8 月 30 日中国工商银行北京分行发放的贷记卡（人民币账户）。截至 2019 年 10 月，信用额度 10 000 元，已使用额度 500 元，逾期金额 500 元。最近 5 年内有 13 个月处于逾期状态，其中 5 个月逾期超过 90 天。

住房贷款

发生过逾期的账户明细如下：

1. 2017 年 8 月 30 日中国农业银行北京分行发放的 600 000 元（美元折人民币）个人住房贷款，2037 年 8 月 30 日到期。截至 2019 年 9 月，余额 572 750 元。最近 5 年内有 1 个月处于逾期状态，没有发生过 90 天以上逾期。

从未逾期过的账户明细如下：

2. 2018 年 5 月 8 日北京银行金融街支行发放的 200 000 元（人民币）个人商用房（包括商住两用）贷款，2038 年 5 月 8 日到期。截至 2019 年 10 月，余额 50 000 元。

其他贷款

发生过逾期的账户明细如下：

1. 2017 年 8 月 30 日中国农业银行北京分行发放的 100 000 元（人民币）汽车贷款，2027 年 8 月 30 日到期。截至 2019 年 9 月，余额 72 750 元，逾期金额 2 200 元。最近 5 年内有 2 个月处于逾期状态，没有发生过 90 天以上逾期。

为他人担保信息

1. 2018 年 3 月 2 日，为赵四（证件类型：身份证，证件号码：××××）在中国建设银行金融街支行办理的贷款提供担保，担保贷款合同金额 50 000 元，担保金额 50 000 元。截至 2019 年 10 月 5 日，担保贷款本金余额 30 000 元。

续表

公共记录

这部分包含您最近5年内的欠税记录、民事判决记录、强制执行记录、行政处罚记录及电信欠费记录。
金额类数据均以人民币计算，精确到元。

欠税记录

主管税务机关：北京市东城区地税局　　欠税统计时间：2016年10月

欠税总额：500	纳税人识别号：12485

民事判决记录

立案法院：北京市西城区人民法院　　案号：（2016）京民一初字第00056号

案由：离婚纠纷	结案方式：判决
立案时间：2016年1月	判决/调解结果：被告张三赔偿原告李四人民币420 000元。
诉讼标的：房屋买卖纠纷	判决/调解生效时间：2016年4月
诉讼标的金额：500 000	

强制执行记录

执行法院：北京市西城区人民法院　　案号：（2016）京民一初字第00059号

执行案由：离婚纠纷	结案方式：执行结案
立案时间：2016年6月	案件状态：执行完毕
申请执行标的：房屋	已执行标的：房屋
申请执行标的金额：420 000元	已执行标的金额：420 000元
结案时间：2016年8月	

行政处罚记录

处罚机构：北京市东城区地税局　　文书编号：地税罚字［2016］第7号

处罚内容：扣缴税款	是否行政复议：否
处罚金额：500元	行政复议结果：无
处罚生效时间：2016年5月	处罚截止时间：________

处罚机构：湖南省建设管理服务中心　　文书编号：HN0923456 - CF

处罚内容：暂扣或者吊销许可证、暂扣或者吊销执照	是否行政复议：________
处罚金额：________	行政复议结果：________
处罚生效时间：2016年8月	处罚截止时间：2016年12月

电信欠费信息

电信运营商：中国移动　　业务类型：固定电话　　记账年月：2017年10月

业务开通时间：2016年6月	欠费金额：500元

查询记录

这部分包含您的信用报告最近2年内被查询的记录。

编号	查询日期	查询操作员	查询原因
1	2019年5月5日	中国工商银行北京分行/user	贷后管理

案例

根据个人信用记录，做出贷款决策。

1. 某客户向银行某分行申请个人住房按揭贷款，该行查询个人征信系统发现，该借款人过去在其他银行办理的1笔贷款曾经出现过逾期（指到约定还款时间而借款人未能及时还款，下同）半年的情况，但该客户个人经济状况良好且已将该贷款结清。

2. 某客户因自办公司经营需要，以其配偶名下的评估价值450万元的商业门面为抵押物，向重庆市商业银行某支行申请经营性贷款300万元。此笔贷款初审抵押足值，风险不大。但该行查询个人征信系统后发现，该客户在其他银行已有10年期的住房按揭贷款和商业房贷款各1笔，贷款余额分别为25万元、740万元，其配偶在其他银行也有10年期的住房按揭贷款和商业房贷款各1笔，贷款余额分别为60万元、300万元。

3. 某客户于2019年8月向某行申请个人住房按揭贷款，金额20万元，期限15年。查询个人征信系统发现，该客户已办理个人住房贷款1笔，金额25万元；个人汽车贷款1笔，金额18万元。两笔贷款，客户每月共需还款7 005元，而该客户提供的收入证明显示家庭每月总收入为4 500元。

解析

3. 对于申请个人经营贷款的，通过商税务机关网站、电话查询等方式确定借款人经营实体相关证照的真实性。

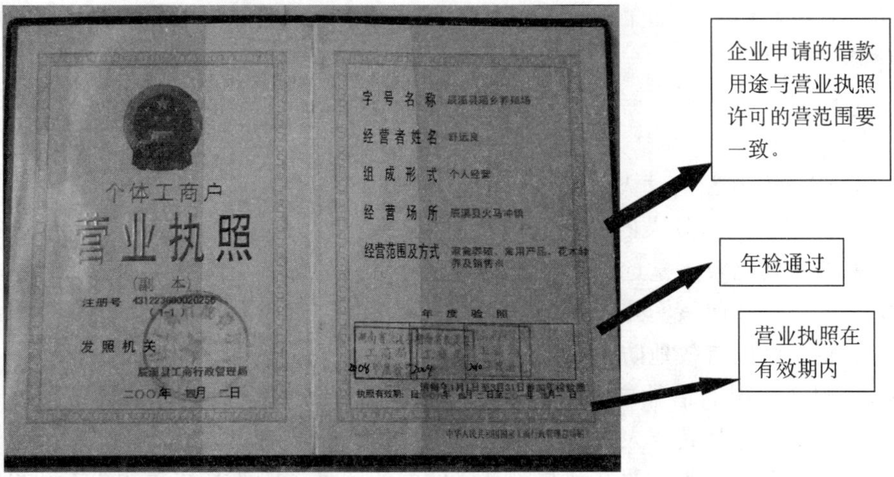

图 3－1

提示

营业执照查询办法

1. 网络查询：进入全国营业执照查询系统，点击各省市的链接直接进入各地工商局网站→企业查询→输入营业执照号码查询；一般只能验证企业的真实性，了解企业基本信息。

2. 电话查询：当地“12315”消费者投诉举报专线电话（有的地方不给查）；

3. 工商局查询：如果要查询详细企业信息，则必须携带个人身份证件或公司证明材料到工商部门的档案窗口查询。

业务操作三　资料审阅

一、职业调查

（1）个人贷款是靠消费者未来收入偿还，如果消费者没有职业或已经失业，其收入来源就有问题，偿债能力就值得怀疑。

（2）是何种职业。因为借款者职业的不同往往会影响到他的偿债能力。

（3）职业稳定性与否。一般认为，在某一岗位上工作的时间越长，就说明该申请人的经济状况越稳定，如果申请人频繁地换工作，则说明经济状况不够稳定，收入来源没有保障。

二、收入调查

（1）要核实判断借款人在借款申请中所报收入与实际收入是否相符。

（2）注意核实借款人的家庭总收入。在调查核实时，要注意仅凭借款人提供的收入证明来判断其总收入是远远不够的，也是不可靠的。有工作单位的职工，除深入其工作单位人事劳资部门核实外，还应找其他职工了解工资收入情况，并进行分析对比，判断其真实性，可以有效地防止虚报夸大收入现象。

（3）财产状况。借款申请人拥有的个人财产如房屋、股票、债券、存款、汽车及家用电器、遗产等是其个人经济实力的体现。这些财产往往能给贷款申请人带来一定的收入，如房屋租金、股票的红利与股息、债券的利息、股票与债券的资本利得收益、存款利息等，另外，借款人也可以变卖其财产以获得现金用来偿还向银行的贷款，这些收入在前面考察申请人收入状况时往往未能反映出来。因此，申请人财产状况也是判断其未来偿债能力的重要指标。

三、支出调查

（1）了解借款人正常的除个贷以外的消费支出。

（2）有无其他债务支出。

（3）有无其他大额的特殊支出。

四、贷款用途合规性审核

（1）对借款人提交的用途证明材料进行认真审核，对申请用途的真实性做出分析判断，必要时要进行实地调查核实。

（2）要高度关注与贷款用途直接相关的交易业务，包括交易合同是否有效签订、合同要素是否完备等，防止个别工贸公司、装修公司、房产中介、工程公司等外部单位通过虚构交易，套取银行信贷资金。

五、担保调查（详见本项目模块三）

业务操作四　见客谈话

调查人要约见借款申请人（含共同借款申请人），当面核验借款申请人身份，并进行双人见客谈话，要点包括：①贷款申请是否自愿属实；②贷款用途是否真实合理。

调查人要做好谈话记录，由借款申请人（含共同借款申请人）和调查人共同签字确认，并核对借款申请人签名笔迹是否清晰、与贷款申请表是否一致。

业务操作五　实地调查

对民营业主和个体户，一是在事先不告知的情况下，深入其生产场地和经营场所，实地察看其生产是否繁忙，生意是否兴隆；二是侧面了解，找企业生产和销售人员、店铺雇员等相关人员了解生产经营情况、盈亏情况。

业务操作六　编制家庭资产负债表及月度收支表

月还款额最高不能超过人民银行规定的家庭月收入额的一半，对于赡养人口较多和家庭总收入较低的借款人，这个比例还应降低。家庭资产负债表及月度收支表（见表3－32、表3－33）。

表 3－32 家庭资产负债表

资产	金额	负债	金额
1. 现金及现金等价物		1. 贷款	
现金		个人住房商业性贷款	
银行存款		个人住房公积金贷款	
其他		教育贷款	
2. 金融资产		消费贷款	
股票		2. 税务	
外汇			
基金			
3. 实物资产			
车辆			
房产			
其他			
总资产		总负债	
净资产			

表 3－33 家庭月度收支表

项目收支	项目	金额	所占比例
收入	工资		
	奖金		
	其他		
小计			
支出	日常生活费（衣、食、住、行）		
	还贷		
	保险		
	其他		
小计			
每月盈余			

案例

请根据下述调查资料，分析银行贷款决策。

1. 融资需求

张先生，男，45 岁，联系电话：×××××××，职业为个体私营企业主，现住地址为×××××。从业经历简介：张先生原系×××有限公司职工，1999 年起停薪留职从事个体经营，先后从事过煤矿经营、甲原料经营、煤炭贸易、甲原料冶炼贸易等行业，现主要经营甲原料贸易和甲原料冶炼销售，主要经营实体为：××市A公司和××市B厂。配偶沈女士，28岁，现主要担任其丈夫两家实体企业的财务主管。

张先生所经营的××市A有限公司与多家甲原料冶炼厂签订了甲原料供应合同，因现在甲原料市场正处于价格下行调整时期，正是储备原材料的良好时机，张先生向我行申请贷款一年期贷款400万元，用于采购储备甲原材料。

2. 个人与家庭财务状况分析

(1) 家庭资产情况

①房产：200×年9月在××市购买住房一套，面积180平方米，购买价35万元；200×年在××市购买住房一套，面积104平方米，现价值为15万元；200×年7月在××市购买住房一套，面积153平方米，购买价45万元。

②车辆：200×年购买日产小轿车一辆，购买价27万元，现估价15万元。

③存款：至8月9日，张先生在××市信用联社的存款为148万元（账户为××××××××）。

(2) 家庭负债情况

张先生在××市信用联社现有个人经营贷款余额180万元，该笔贷款于2009年11月发放，期限一年，为按月付息到期一次性还本，月还款额为16 848元。

(3) 个人及家庭收入、支出情况分析

张先生的收入来源主要包括公司利润及股金红利。

①个人控股投资的××市B厂2009年实现经营收入7 200万元，创税后净利727万元，按其持股54%比例计算，则张先生个人可获股利393万元。

②入股××市C矿60万元，2009年分得红利30万元。

③入股××县D矿90万元，2009年分得红利60万元。

④入股××市E矿250万元，2009年分得红利50万元。

⑤个人独资经营××市A公司2009年实现经营收入3 550万元，实现税后纯利304万元。

家庭日常开：3.75万元/月。

3. 征信系统查询情况

经查询我行的个人信贷管理系统及中国人民银行个人征信系统，张先生2009年在他行办理个人贷款180万元，按月还息一次性还本；该笔贷款虽然曾出现一次违约现象，但主要是由于贷款初期张先生对还款日期不了解，经提醒注意后，已经能按时归还贷款本息。

总体而言，张先生以往借款的还款情况正常，信用记录良好。

4. 张先生与我行及他行合作情况

张先生多年来一直为××市信用联社的优质客户，通过我行的多方努力，2019 年 7 月份在我行新开立了单位结算账户（一般账户）和多个个人账户，同时办理了个人网银和企业网银业务，并协定将其在××市信用联社的业务及存款都转入我行。

根据张先生的实际情况，请为张先生编制家庭资产负债情况表及家庭月度收支表，计算其资产负债率？

解析

根据调查情况，分析银行是否应同意张先生的融资请求？

知识要点

1. 个人信用报告的主要内容。
2. 个人客户职业调查、收入调查、支出调查的主要内容。

操作要点

1. 根据个人信用记录，做出贷款决策。
2. 根据个人客户收支情况，编制家庭资产负债表及月度收支表。

推荐阅读

推荐阅读

问题讨论

上网查资料，分析银行倾向于贷款的职业有哪些？

实训

根据自己的家庭财务状况，编制家庭资产负债表及家庭月度收支表。

4 项目四 担保分析

学习目标

知识学习目标：

1. 掌握保证担保相关规定。
2. 掌握抵押担保相关规定。
3. 掌握质押担保相关规定。

技能训练目标：

根据担保业务各项规定，开展担保调查，审核确定担保率，撰写担保评价报告。

工作任务

应完成的工作任务：

1. 根据保证担保业务各项规定，开展担保调查，确定担保率，撰写保证担保评价报告。
2. 根据抵押担保业务各项规定，开展担保调查，确定担保率，撰写抵押担保评价报告。
3. 根据质押担保业务各项规定，开展担保调查，确定担保率，撰写质押担保评价报告。

完成工作任务应提交的标志性成果：

保证担保分析：保证担保评价报告。

抵押担保分析：抵押担保评价报告。

质押担保分析：质押担保评价报告。

模块一
保证担保分析

PPT：保证担保分析

任务描述

了解保证担保的相关规定。

业务描述

根据保证担保调查，审核保证人担保状况，确定保证人代偿能力，撰写担保评价报告，解析保证合同要点。

业务操作一　资格审查

《民法典》实施后的区别

根据《中华人民共和国担保法》（以下简称《担保法》）规定："具有代为清偿债务能力的法人、其他组织或者公民，可以作保证人。"

一、法人、其他组织为保证人的，应具备的要求

1. 要求其同时符合下列条件

（1）依法经工商行政管理机关（或者其他主管机关）核准登记并办理年检手续。

（2）独立核算，自负盈亏，有健全的管理机构和财务制度，有享有所有权或者依法处分权的独立财产。

（3）信用等级在 A+级以上。

（4）具有代为清偿债务能力，信用等级在 A 级（含）以上。

（5）无逃废银行债务等不良信用记录。

（6）企业信用信息基础数据库中无不良环保信息记录。

（7）无重大经济纠纷。

2. 低风险类保证人

（1）国家政策性银行、国有独资商业银行、全国性股份制商业银行。

（2）穆迪、标准普尔长期信用评级在A以上（含穆迪A1、A2、A3和标准普尔A+、A、A-）且与贷款行有正式代理关系的境内外外资金融机构，以及在贷款行代理行评级中被评为一类代理行的境内外外资金融机构。

（3）《财富》杂志最新评出的世界500强企业总部所在地在美国、日本、德国、英国、法国、意大利、加拿大、澳大利亚等经济发达国家或穆迪、标准普尔长期信用评级在A以上（含穆迪A1、A2、A3和标准普尔A+、A、A-），且其在中国（不含香港、台湾和澳门地区）投资企业注册资本总额超过1亿美元的外方股东。

（4）贷款行驻外金融机构。

（5）贷款行总行规定的其他机构和组织。

3. 专业担保机构为保证人的，应当同时符合下列条件

（1）依照法律及有关规定办理注册及年检手续。

（2）有完善的法人治理结构和内部组织机构。

（3）自主经营、独立核算，在营业执照规定的经营范围内从事经营活动。

（4）原则上应有一定数额的担保基金存入在贷款行设立的专门账户，实行专项储存、专户管理。已事先报经总行批准无须将担保基金存入贷款行的除外。

4. 贷款行不得接收下列单位、组织或者情形的保证担保

（1）国家机关，但经国务院批准为使用外国政府或者国际经济组织贷款进行转贷的除外。

（2）以公益为目的的事业单位、社会团体：学校、幼儿园、医院、科学院、图书馆、广播电台、电视台等。

（3）无企业法人的书面授权或者超出企业法人书面授权范围提供保证的企业法人的分支机构。

解析

想一想

无企业法人的书面授权或者超出企业法人书面授权范围提供保证的企业法人的分支机构为什么不具备保证资格?

（4）企业法人的职能部门。

（5）商业银行的分支机构、所属企业，总行另有规定的除外。

（6）有限责任公司和股份有限公司不宜充当本公司股东或者其他个人的保证人。《公司法》规定“董事、经理不得以公司财产为本公司的股东或者其他个人债务提供担保”。此外，中国证券监督管理委员会在《关于上市公司为他人提供担保有关问题的通知》中规定，上市公司不得以公司资产为本公司股东、股东的控股公司、股东的附属企业或者个人债务提供担保。

（7）不具有法人资格和偿债能力的主管部门和行政性公司。

二、自然人为保证人应具备的要求

1. 应当同时符合下列条件

（1）拥有中华人民共和国国籍。

（2）具有完全民事行为能力。

（3）有固定的住所。

（4）有合法收入来源和充足的代偿能力。

（5）无不良信用记录。

2. 贷款行不得接收下列自然人的保证担保

（1）担任法定代表人、董事或高级管理人员在其任职期间所在公司有过破产、逃废银行债务等行为的。

（2）曾有拖欠银行贷款本息等不良信用记录的。

（3）有赌博、吸毒等不良行为或犯罪记录的，但过失行为除外。

（4）贷款行认为不适宜提供保证担保的其他人员。

业务操作二 受理申请

贷款担保意向书如表 4－1 所示。

表 4－1 **贷款担保意向书** 编号：

<table>
<tr><td colspan="9">中国工商银行________支行：
__________向贵行申请贷款_____万元，我单位愿为其担保_____万元，如借款单位不能按期归还银行贷款，由我单位承担偿还贷款本息责任，必要时可从我单位账户扣收。我单位财产状况如下，请贵行审查。</td></tr>
<tr><td colspan="2">担保单位名称</td><td colspan="2"></td><td>经济性质</td><td></td><td colspan="2">技监局编号</td><td></td></tr>
<tr><td colspan="2">开户银行</td><td></td><td>账号</td><td></td><td>贷款证号</td><td colspan="3"></td></tr>
<tr><td rowspan="9">现有资产</td><td>项目</td><td>金额（万元）</td><td rowspan="9">现有资产</td><td>项目</td><td>金额（万元）</td><td rowspan="9">年经济效益</td><td></td><td>金额（万元）</td></tr>
<tr><td>固定资产原值</td><td></td><td>短期借款</td><td></td><td>销售收入</td><td></td></tr>
<tr><td>固定资产净值</td><td></td><td>长期借款</td><td></td><td>利润总额</td><td></td></tr>
<tr><td>待处理流动资产损失</td><td></td><td>应付款项</td><td></td><td>净利润</td><td></td></tr>
<tr><td>流动资产合计</td><td></td><td>流动负债</td><td></td><td></td><td></td></tr>
<tr><td>无形资产</td><td></td><td>总负债</td><td></td><td>信用等级</td><td></td></tr>
<tr><td></td><td></td><td>所有者权益</td><td></td><td>净资产</td><td></td></tr>
<tr><td>总资产</td><td></td><td>或有负债</td><td></td><td>净现金流量</td><td></td></tr>
<tr><td colspan="2"></td><td>已办抵押额</td><td></td><td></td><td></td></tr>
</table>

续表

<table>
<tr><td rowspan="2">担保单位（章）
法人代表（签章）
（或授权代理人）

年　月　日</td><td rowspan="2">信贷员意见：
（1）保证资格情况：

（2）保证能力：

（3）核保情况：

年　月　日</td><td>部门经理意见：

年　月　日</td></tr>
<tr><td>行长意见：

年　月　日</td></tr>
</table>

一、企业保证人需要提供的资料

（1）担保意向书。

（2）营业执照。保证人为企业法人分支机构的，除提供自己营业执照外，还需要提供企业法人的书面授权委托书（原件）。

（3）法定代表人（负责人）或其授权代理人的身份证明文件。

（4）董事会提供担保所做的决议。

（5）公司章程及验资报告。

（6）保证人的经济情况证明。

（7）属特殊行业的，还需提供相应行业要求的资料。

（8）信贷机构认为需要提供的其他资料。

提示

（1）提供的材料除复印件外，同时应提供原件备验。

（2）提供的材料复印件要加盖公章。

（3）法人代表授权委托需法人代表亲笔签字授权。

二、自然人保证人需要提供的资料

（1）担保意向书。

（2）保证人的身份证、户口本、结婚证复印件。

（3）保证人收入证明。

（4）保证人家庭财产证明、房屋产证原件及复印件、机动车行驶证等。

（5）信贷机构需要的其他资料。

业务操作三　初步判断

（1）提供的材料是否齐全、有效，要求提供的原件是否为原件，复印件是否和原件一致，复印材料是否加盖公章。各种文件是否在有效期内，应年检的是否已办理手续。

（2）有关各文件的相关内容要核对一致，逻辑关系要正确，通过对企业成立批文、合同、章程、董事会决议、验资报告、立项批文、可研、资信等级、环保及市场准入等具体文件的审核，了解借款人（担保申请人）和反担保人是否具备资格、合法合规。

（3）财务报表是否由会计师事务所出具了审计报告，是否是无保留意见报告，初步分析财务状况，记录疑点，以便实地调查核实。

业务操作四　担保调查

一、审核担保决议要点

（一）审查公司章程真实性

银行在接受公司担保时，首先需要审查的应当是担保公司提供章程的真实性，因为公司章程在公司登记机关登记，所以，银行业务部门应亲自到工商部门复印企业最新章程，并要求工商部门在该章程复印件上盖章确认，注明调查日期。在确保章程真实准确的情况下，依照公司法以及公司章程审核担保决议的合法有效性。

（二）审核公司出具担保决议的机构

《公司法》规定，公司章程只能选择董事会或者股东会（含股东大会）作为公司对外担保的决策机构，超出该选择范围将归于无效。如某公司章程选择公司董事长或者总经理来决定公司的对外担保事项，其规定无效。

（三）审查决议内容

1. 业务发生时间

在公司出具的对外担保决议中，经常会出现类似这样的表述“公司全体股东一致同意为 A 公司在某银行自某年某月某日至某年某月某日申请办理的各类融资业务提供担保，承担连带责任保证”。但是 A 公司对某银行提交的融资申请在该担保决议所述的期限之前，虽然最终签订担保合同的日期在上述时间范围之内，但由于决议上时间的不匹配，担保公司出具的决议同样不能被认定为担保公司的有权决策机构对该笔业务出具了担保决议，自然得不到法律的保护。

2. 业务种类

在银行实务中，为借款人提供担保的公司大多在决议中采用“为 A 公司在某银行办理的流动资金贷款业务提供连带责任保证”的表述，该类表述将担保责任的范围限定为 A 公司在银行办理的流动资金贷款业务，其他业务并不涵盖在内。

3. 担保金额

《公司法》第 16 条规定：“公司章程对投资或者担保的总额及单项投资或者担保的

数额有限额规定的，不得超过规定的限额。”银行工作人员在审核担保决议时，应确保决议的担保金额在公司章程授权的范围之内，超过章程规定的范围，会因违反法律的强制性规定而无效。

4. 审查决议效力

《中华人民共和国公司法》（以下简称《公司法》）对公司股东会、董事会的组成人员以及表决程序既作了强制性规定，同时还赋予公司通过章程进行意思自治的权利。因此银行工作人员在审核担保决议效力时，就需要了解公司股东会、董事会的组成和会议程序等，特别是股东会、董事会的人数、需参会人数以及一些基本的表决程序等。尤其对于我国《公司法》对公司表决问题的一些强制性规定，即便公司通过章程做了其他规定，亦不具有效力，如我国《公司法》第四十八条规定“董事会决议的表决，实行一人一票”，若某公司在章程中规定“董事长具有两票表决权，那么 A 该公司的决议同样不是合法有效的决议。

二、审查保证人的代偿能力

（1）保证人是否具有代为清偿债务的相应财产，需要调查了解保证人的财产数量、财产种类、收入水平等，以便判断其代偿能力。一般来说，保证人的财产价值应当大于所担保借款数额。

（2）了解保证人对相应财产是否具有处分权，保证人没有处分权的财产不具有担保能力。

（3）分析保证人名下的财产是否容易变现。

（4）了解保证人的负债和或有负债。保证人如果有负债或者或有负债，会影响保证人的代偿能力。

（5）了解保证人的财务状况（参照项目三模块二）。

业务操作五 撰写担保评价报告

担保评价报告的格式如表 4－2 所示。

表 4－2 担保评价报告 金额单位：人民币，万元；外汇，万美元

保证方式担保			
保证人全称		保证人代码	
技监局代码		法定代表人	
保证金额		贷款卡号	
保证期限		信用等级	
实收资本		注册资本	
开户银行		结算户账号	

续表

项目	上年末	当年 月末	项目	上年	当年预计
资产总额			经营活动现金流入量		
其中：流动资产			经营活动现金流出量		
其中：存货			经营活动现金净流量		
其中：应收账款			投资活动现金流入量		
其中：长期投资			投资活动现金流出量		
负债总额			投资活动现金净流量		
其中：流动负债			筹资活动现金流入量		
所有者权益			筹资活动现金流出量		
其中：实收资本			筹资活动现金净流量		
项目	上年末	当年 月末	项目	上年末	当年 月末
主营业务收入			资产负债率		
主营业务利润			流动比率		
营业利润			应收账款周转率		
利润总额			存货周转率		
净利润			销售利润率		
已抵押资产			已提供担保		
N			保证额度		
备注：保证额度 = N ×（资产总额 - 负债总额）- 已为他人提供的各类担保余额					
有无合法保证资格	□有	□无	有无足额保证能力	□有	□无
有无不良贷款	□有	□无	有无拖欠利息	□有	□无
有无相互保证情况	□有	□无	是否为母公司担保	□是	□否
资料是否齐全	□是	□否	是否进行过核保	□是	□否

经评价符合保证人条件的，由信贷人员撰写“担保评价报告”，随信贷审批材料一并上传至处理中心，做审查审批的参考；将纸质材料交与文书档案部门。如不符合条件，将申请资料退还借款保证人，并向申请人说明情况。

案例

2012 年 12 月 10 日，甲公司与乙银行签订借款合同，借款金额为 35 万元，期限为 3 个月（2012 年 12 月 10 日至 2013 年 3 月 10 日），丙公司与乙银行签订了保证合同，为此笔借款提供连带责任保证，但保证合同未约定保证期间。乙行于 2013 年 6 月 1 日、2014 年 9 月 1 日、2015 年 5 月 10 日、2016 年 7 月 23 日、2017 年 5 月 4 日向甲和丙公司催收。2018 年 6 月 25 日，乙行与丁资产管理公司签订“债权转让协议”并书面通知了甲和丙公司，2019 年 4 月 8 日丁管理公司在《河北经济日报》发布债权转让暨催收公告。2020 年 3 月 8 日，丁资产管理公司向法院起诉要求甲偿还借款本息，丙公司承担连带责任。

解析

请分析：甲和丙公司是否应承担相应的责任？

业务操作六　解析法律权益

《民法典》实施后的区别

一、了解不同保证方式的权益要求

（一）一般保证

一般保证是指保证人与债权人约定，当债务人不能履行债务时，由保证人承担保证责任的行为。一般保证最重要的特点就是保证人享有先诉抗辩权。所谓先诉抗辩权，是指一般保证的保证人在主合同纠纷未经审判或者仲裁，并就债务人财产依法强制执行仍不能履行债务前，可以拒绝对债权人承担保证责任。由于先诉抗辩权的存在，一般保证中的保证人所承担的责任成为一种纯粹的补充责任。

先诉抗辩权是保证人的一项权利，保证人既可以选择行使，也可以将其放弃。但是需要注意的是，在出现以下情况时，无论保证人的主观意志如何，保证人均不得行使先诉抗辩权。

（1）债务人住所变更，致使债权人要求其履行债务发生重大困难的。

（2）人民法院受理债务人破产案件，中止执行程序的。

（3）保证人以书面形式放弃拒绝承担保证责任权利的。

（二）连带责任保证

连带责任保证是指保证人与债权人约定，保证人与债务人对债务承担连带责任的行为。连带责任保证的债务人，在主合同规定的债务履行期限届满没有履行债务的，债权人可以要求债务人履行债务，也可以要求保证人在其保证范围内承担保证责任。也就是说，只要债务人到期不履行债务，债权人既可以要求债务人履行债务，也可以直接要求保证人承担连带保证责任，即在连带保证责任中，保证人不享有先诉抗辩权，其承担保证责任不再以债权人先诉求债务人履行债务为前提。这是连带责任保证与一般保证最为重大的区别。可见，保证人在连带责任保证中承担的责任更重一些。

提示

我国《担保法》明确规定，如果当事人对保证方式没有约定或者约定不明确的，按照连带保证责任承担保证责任。

二、明确担保范围

《中国人民共和国物权法》（以下简称《物权法》）规定：担保物权的担保范围包括主债权及其利息、违约金、损害赔偿金、保管担保财产和实现担保物权共计六项费用。

主债权的全部是：在保证合同中，如无具体的专门约定，应认为是担保主债权的全部。

（1）利息。利息是由主债权所生之孳息。

（2）违约金。违约金是指主债务人不履行或不适当履行主合同时，为违约行为支付的带有惩罚性或者补偿性的金钱。

（3）保管担保财产的费用。

（4）实现担保物权的费用。

担保物权的实现有变卖、拍卖等多种方式，其实现途径可以是通过担保物权人自力救济的方式，也可以是通过诉讼的方式。无论担保物权人即债权人通过何种方式实现担保物权，皆会发生诸如拍卖费、变卖费、诉讼费、申请法院强制执行费等，从而构成实现本条所规定的实现担保物权的费用。

提示

在担保物权的担保范围的确定方面采取当事人意思自治原则，即对担保物权的担保范围的规定属于任意性法律规范，在当事人没有特殊约定时，可以直接发生效力；但如果当事人对担保范围另有特约的，则当事人之间的特约条款具有有效的效力。

三、确定保证期间

在保证担保借款合同纠纷中，银行面对的期间有三种：即借款合同的诉讼时效期间、保证合同的诉讼时效期间和保证期间。

《民法典》实施后的区别

（一）保证期间

保证期间是指当事人约定的或者法律规定的，保证人承担保证责任的期限。保证期间均自主债务履行期届满之日起计算。（如果主合同在期满时经协商达成“展期”（即延长履行期日），此展期协议经保证人书面同意，则起算点顺延至“展期”届满之日，如未经保证人书面同意，则起算点不变）

保证期间分为有约定、无约定和约定不明三种：

（1）有约定，即当事人对保证期间有约定的，从约定。

（2）无约定，即保证合同约定的早于或等于主债务履行期限的，视为未约定。保证期间为主债务履行期届满之日起6个月。

（3）约定不明，即保证合同约定保证人承担保证责任直至主债务本息还清时为止等类似内容（没有准确期日），视为约定不明。保证期间为主债务履行期届满之日起两年。

《民法典》实施后的区别

（二）保证合同诉讼时效

保证期间届满，产生的后果就是保证人的保证责任的永久性消灭。因此，只有在保证期间内，才有保证合同诉讼时效适用的必要。

案例

2017 年 1 月，银行同意给客户 A 贷款，B 是保证人，未约定保证期间，2020 年 1 月 1 日到期，客户 A 不还款。

请分析：借款合同的履行期？保证期间？诉讼时效？

解析

诉讼时效期间是法定的，不能由当事人约定。如果债权人在保证期间内主张了权利，则保证期间的作用完结，开始计算诉讼时效。

案例

A 企业向 B 银行贷款 100 万元，约定还款时间为 2019 年 1 月 1 日，C 为一般保证人，保证期间为 5 个月。A 到期不归还银行贷款，B 银行在 2019 年 2 月 1 日对 A 提起诉讼，法院在 2019 年 3 月 1 日做出判决。

请分析，B 银行对保证人的诉讼时效从哪天算起？保证期间？

如果保证合同约定的是连带责任保证，A 到期不归还银行贷款。B 银行在 2019 年 2 月 1 日要求保证人 C 承担保证责任。

请分析，B 银行对保证人的诉讼时效。

解析

1. 一般保证的诉讼时效的特征

由于一般保证的债权人在保证期间届满前对债务人提起诉讼或仲裁的，从判决或仲裁生效之日起，开始计算保证合同的诉讼时效，因此，一般保证的诉讼时效的特征如下：

（1）债权人主张权利的方式只能是诉讼或仲裁，而不能用其他方式。

（2）起诉或仲裁的对象只能是债务人，而不是保证人，因为一般保证的保证人享有先诉抗辩权。

（3）转换成诉讼时效的时间点是确定的，必须是当诉讼文书或仲裁文书生效之日起，保证期限才转换成为保证合同诉讼时效，保证合同的诉讼时效从此刻开始计算。

2. 连带保证诉讼时效的特征

连带责任保证的债权人在保证期间届满前要求保证人承担保证责任的，从债权人要求保证人承担保证责任之日起，开始计算保证合同的诉讼时效。因此，连带责任的保证合同诉讼时效的特征是：

（1）债权人主张权利的方式即可以是诉讼或仲裁，也可以是其他方式。

（2）债权人主张权利的对象中必须有保证人，可以同时向债务人、保证人主张权利，也可以单独向保证人主张权利。

（3）债权人在保证期间内向保证人主张权利，保证期间在主张权利之日终结，从主张权利之日起计算诉讼时效。

案例

2015年10月1日，甲向乙银行借款10万元，约定由丙为该笔债务提供连带保证责任，直至该10万元还清时为止。2017年5月，乙银行通过信件向甲、丙发出催款通知，甲、丙签收后仍未履行还款义务。2018年2月，乙银行向法院提起诉讼，要求丙承担连带责任履行债务。

请分析：保证期间？丙是否应该承担连带责任履行债务？

提示

诉讼时效是可变期间，可以中止、中断和延长。一般保证责任中，主债务诉讼时效中断，保证债务诉讼时效中断；连带保证责任中，主债务诉讼时效中断，保证债务诉讼时效不中断。

四、了解免责范围

（一）因保证合同无效及意思表示瑕疵免责

1. 担保合同无效的，保证人部分免责

（1）主合同有效而担保合同无效，债权人无过错的，担保人与债务人对主合同债权人的经济损失，承担连带赔偿责任；债权人、担保人有过错的，担保人承担民事责任的部分，不应超过债务人不能清偿部分的二分之一。

（2）主合同无效而导致担保合同无效，担保人无过错的，担保人不承担民事责任；担保人有过错的，担保人承担民事责任的部分，不应超过债务人不能清偿部分的三分之一。

2. 主合同当事人恶意串通，骗取保证人提供保证的，保证人不承担责任

在实务中，必须同时符合：一是主合同的双方当事人主观上均有欺骗故意，如果仅仅是债务人一方骗取保证人提供保证，或者保证人受一方当事人的行政命令而提供保证的，均不能免除责任；二是主合同双方当事人实施了恶意串通行为，足以使保证人上当受骗。如果是双方当事人怀有不同目的，未经串通，由于保证人的过失而提供保证的，仍应承担责任；三是保证人无过错。

3. 主合同债权人采取欺诈、胁迫等手段，使保证人在违背真实意思的情况下提供保证的，保证人不承担民事责任

实务中必须同时符合：一是欺诈、胁迫的主体只能是主合同的债权人，而不包括主合同的债务人或第三人。因为保证合同是主合同的债权人与保证人之间签订的，主合同的债务人不是保证合同的当事人。如保证人因受主合同债务人的欺诈、胁迫而与债权人签订了保证合同，不能免除责任，否则会损害债权人的利益；二是保证人签订保证合同（提供保证）完全是违背真实意志，对主合同双方当事人之间的 合同基础和内容完全不知或有重大误解的情况下提供的保证。

提示

保证合同无效的情形主要包括：

1. 国家机关和以公益为目的的事业单位、社会团体违反法律规定提供担保的，担保合同（保证合同）无效。

2. 企业法人的分支机构未经法人书面授权或超出授权范围与债权人订立保证合同的，该合同无效或超出授权范围的部分无效。

3. 企业法人的职能部门提供保证的，保证合同无效。

（二）因主合同内容变更而免责

债权人与债务人协议变更主合同的，应当取得保证人书面同意，未经保证人书面同意的，保证人不再承担保证责任。保证合同另有约定的，按照约定。一是尊重保证人的意思自治，保证人自愿为债权人与债务人的主合同提供保证是基于对双方的信任和主合同原有内容的确认。双方当事人对原合同进行变更，实质上是一项新的缔约行为，未经保证人同意不再承担责任。二是强调形式要件，保证人对主合同当事人变更合同内容的行为是否认可必须有书面形式，仅有口头同意，即使有第三人证明也无效，仍可免除责任。三是保证合同中特殊约定，主合同变更为非免责条款的，保证人不能免除责任。

（三）保证责任因保证合同未成立而免除

保证合同作为一种民事行为，须具备一定的要素，否则，保证合同不成立，保证人免除承担保证责任，保证合同未成立的主要情形包括：①主合同尚未成立，保证合同的从属性，决定了于其存续中附从于主合同，如主合同未成立，保证合同作为从合同亦就不成立，从而谈不上承担保证责任。②保证合同不具备依法成立的形式要件，按照规定，保证人与债务人应当以书面形式订立保证合同。将书面形式作为保证合同成立的要件，并非完全排除口头保证和其他形式的保证。但是，根据我国《担保法》规定，如果保证人已履行保证之主要义务，债权人接受的，即使双方没有以规定的书面形式订立保证合同，合同同样是成立的。除此之外，凡保证合同未采用书面形式订立的，皆视为保证合同未成立。

（四）保证责任因主合同当事人双方或与第三方共同所实施的行为不适而免除

保证期间，债权人许可债务人转让债务的，应当取得保证人书面同意，保证人对未经其同意转让的债务，不再承担保证责任。实践中应注意：①债务转移必须合法有效，即债务人将合同义务全部或者部分转移给第三人的，应当经债权人同意。如债务人转移债务未经债权人同意的，转让行为无效，保证人仍要承担责任。②债权人许可债务人转让了部分债务，未经保证人同意，保证人对已转移部分债务可不承担责任。但对未转移的部分债务仍应承担责任。③保证人同意债务人转移债务必须采用书面形式。

（五）因超过保证期限而免责

案例

2015年3月21日，甲从某银行借款3万元，到期日为2016年3月20日，保证人张某提供连带保证责任，保证期间为借款期限届满之日起两年。借款到期后，甲未按期偿还借款。2017年3月20日，银行工作人员向甲、张某催收借款，二人均未履行还款义务。2019年3月25日，银行将甲、张某诉至法院。

请分析：张某是否对该笔借款承担连带清偿责任？

如果2018年3月30日，银行工作人员向乙、王某催收借款，张某是否对该笔借款承担连带清偿责任？

（六）保证合同因主合同当事人单方所实施的行为不适而免除

1. 双重担保中主合同债权人放弃物的担保

债权人为确保其债权的充分实现，往往在同一债权中设置双重担保，既有人保又有物保，保证人在债权人放弃物的担保权利的范围内可以免除保证责任。如果债权人在主合同履行期届满后怠于行使担保物权，致使担保物的价值减少或者毁损、灭失的，视为债权人放弃部分或者全部物的担保。

当债权人放弃物的担保却为此请求保证人对物的担保所覆盖的债权数额承担责任时，则保证人有权行使抗辩权，主张保证责任在债权人放弃权利的范围内予以免除，然不可主张全部免除。

2. 债权人明知或应知债务人破产疏于申报和通知

法院受理债务人破产案件后，债权人未申报债权的，保证人可以参加破产财产分配，预先行使追偿权。但若债权人知道或应当知道债务人破产，既不申报债权，又不通知保证人，致使保证人无法加入破产程序，预先行使追偿权受阻的，保证人在该债权破产程序中可能受偿的范围内免除保证。

3. 其他情形

（1）一般保证的保证人在主债权履行期间届满后，向债权人提供了债务人可供执行财产的真实情况，债权人放弃或者怠于行使权利致使该财产不能被执行的，保证人可以请求人民法院在该可供执行财产的实际价值范围内免除其保证责任。

（2）主合同双方当事人协议以新贷偿还旧贷，除保证人知道或者应当知道的外，保证人不承担民事责任。但新贷与旧贷是同一保证人的除外。

（3）保证责任还可因主债务的消灭（清偿、抵销、混同、免除等）而免除。一般保证的保证人在主合同纠纷未经审判或者仲裁并就债务人财产依法强制执行仍不能履行债务前，还可能因行使先诉抗辩权而免除保证责任。

模块二
抵押担保分析

任务描述

了解抵押担保的相关规定。

PPT：抵押担保分析

☞ **业务描述**

根据抵押担保调查，审核抵押担保状况，确定抵押率，撰写担保评价报告。

知识准备

《民法典》实施后的差别

抵押是指债务人或者第三人不转移对抵押财产的占有，将该财产作为债权的担保。债务人不履行债务时，债权人有权依照法律规定以该财产折价或者以拍卖、变卖该财产的价款优先受偿。

提示

2007 年 10 月 1 日，我国《物权法》生效，将我国《担保法》中的抵押、质押和留置三种担保方式纳入进来，并规定《担保法》与本法不一致的，使用本法。

业务操作一　选择抵押物

一、贷款行可以接受的财产抵押

（1）建筑物和其他土地附着物（有经营期限的法人、其他组织以其所有的房屋抵押的，抵押期限不得超过其经营期限；以具有土地使用年限的房屋抵押的，抵押期限不得超过土地使用权出让合同规定的使用年限减去已经使用年限后的剩余年限。

（2）建设用地使用权。

> 提示
>
> 建设用地使用权是对土地进行非种植业、林业、畜牧业和渔业而从事建设的权利，是使用权人依法对国家所有的土地享有占有、使用和收益的权利，有权利用该土地建造建筑物、构筑物及其附属设施。建设用地使用权只能存在于国家所有的土地上，不包括集体所有的农村土地。建设用地使用权抵押时，其地上的建筑或其他附着物也随之抵押。

（3）以招标、拍卖、公开协商等方式取得的荒地等土地承包经营权。

（4）生产设备、原材料、半成品、产品。

（5）正在建造的建筑物、船舶、航空器。

（6）交通运输工具。

（7）商品林中的森林、林木和林地使用权。

（8）海域使用权。

（9）矿业权，包括探矿权和采矿权。

（10）法律、行政法规及贷款行未禁止抵押的其他财产。

抵押人可以将前款所列财产一并抵押。

二、银行不得接受的财产抵押

（1）土地所有权。

（2）耕地、宅基地、自留地、自留山等集体所有的土地使用权。国家为保护耕地，保障农业生产的发展，禁止以耕地做抵押；为避免出现农民无住的情况，禁止以宅基地土地使用权做抵押；自留地、自留山能给农民提供基本生活资料，为了保护农民的利益，也禁止以自留地、自留山作为抵押财产。

（3）学校、幼儿园、医院等以公益为目的的事业单位、社会团体的教育设施、医疗卫生设施和其他社会公益设施公益设施与社会公共利益密切相关，为了避免实现抵押权会损害社会公共利益和社会公共福利，影响社会安定，禁止以公益单位的公益设施作为抵押。

（4）所有权、使用权不明或者有争议的财产。所有权、使用权不明或者有争议的财产是表示该财产所有权、使用权归属不明确，抵押人对该财产没有处分权，不符合抵押财产的前提条件，不能作为抵押财产。

（5）依法被查封、扣押、监管或采取其他强制性措施的财产。依法被查封、扣押、监管的财产表明原所有者已对该财产丧失了处分权，因此也不能作为抵押财产。

（6）以法定程序确认为违法、违章的建筑物。

（7）租用或者代管、代销的财产。

（8）已出租的公有住宅房屋，已依法公告在国家建设征用拆迁范围内的房地产，列为文物保护的古建筑、有重要纪念意义的建筑物；

（9）已经折旧完或者在贷款期内将折旧完的固定资产，淘汰、老化、破损和非通用性机器、设备。

（10）已出租的采矿权。

（11）贷款行分支机构、所属公司的财产。

（12）依法不得抵押的其他财产。如国家机关的财产；违法、违章、临时建筑物；已依法公告列入拆迁、改造范围的房地产和土地使用权；城市规划区内的集体所有土地；列入文物保护的建筑物和具有重要纪念意义的其他建筑物等。

业务操作二 受理申请

参考模块一 保证担保业务

业务操作三 初步判断

参考模块一 保证担保业务

业务操作四 担保调查

一、掌握不同抵押物的审查要点

（一）土地使用权抵押审查

1. 出让土地使用权审查

（1）国有建设用地使用权出让合同（重点关注对土地使用、出让和抵押是否有限制性条款和附属义务。例如，合同限制该土地使用权在一定年限内不得转让、抵押，比如该用地抵押必须经原出让方审核同意，在未取得同意批准前不得接受，以及配建学校等）。

（2）土地出让价款缴纳凭证（重点关注出让金是否缴清）。

（3）建设用地规划许可证（重点关注土地用途和容积率）。

（4）国有土地使用证（重点关注土地取得方式、土地用途，以及“备注信息”中关于土地证的有效期、换证日期是否有特殊说明）。

2. 划拨用地使用权审查

（1）国有土地划拨决定书。

（2）建设用地规划许可证。

（3）国有土地使用证。

（4）当地政府关于划拨土地补办出让手续时补缴出让金标准的相关文件。

（二）房地产抵押审查

（1）抵押人持有合法的“房屋所有权证”“房屋共有权证”，且与不动产登记簿一致，不存在预告登记和异议登记情况；以共有房屋抵押的，还须有其他共有人同意抵押的书面证明。

小贴士

物权法相关规定

1. 不动产权属证书与不动产登记簿记载内容的法律效力

记载不一致的，除有证据证明不动产登记簿确有错误外，以不动产登记簿为准。

2. 预告登记

我国《物权法》规定：“权利人、利害关系人认为不动产登记簿记载的事项错误的，可以申请更正登记。不动产登记簿记载的权利人书面同意更正或者有证据证明登记确有错误的，登记机构应当予以更正。不动产登记簿记载的权利人不同意更正的，利害关系人可以申请异议登记。登记机构予以异议登记的，申请人在异议登记之日起十五日内不起诉。”异议登记主要适用于：如婚姻双方夫妻共有房屋，但只登记在一方名下，另一方可提出申请。

3. 预告登记

当事人签定买卖房屋或者其他不动产物权的协议，为保障将来实现物权，按照约定可以向登记机构申请预告登记。预告登记后，未经预告登记的权利人同意，处分该不动产的，不发生物权效力。预告登记后，债权消灭或者自能够进行不动产登记之日起三个月内未申请登记的，预告登记失效。

（2）房屋的产权要明晰，符合国家规定的上市交易的条件，可进入房地产市场流通，未做任何其他抵押。

（3）房龄一般不能超过30年。

（4）所抵押房屋未列入当地城市改造拆迁规划，并有房产部门、土地管理部门核发的房产证和土地证。

（5）经营性物业抵押还需审查：①商业营业用房。物业地理位置优越，原则上应位于城市中央商务区、主要中心商业区或城市中心繁华地段等，交通便捷，人流、物流、车流充裕，商业、商务氛围浓厚。位列世界五百强企业的商业企业入驻经营的大型超市，区位要求可适当放宽。商业物业应主要选择大型超市、百货店、购物中心等业态。②酒店。酒店为四星级（含）以上，由国际知名品牌管理公司管理，经营状况优良，现金流稳定，上一年度平均入住率高于60%。③办公用房。写字楼为甲级（含）写字楼，且年均出租率高于80%。

（6）以下房产不能办理抵押消费贷款：①未结清贷款的房产。抵押消费贷款的房产必须是没有抵押的房产。如果是有抵押的房产或者此房产正处于按揭状态当中，银行就已经拥有此房产的他项权利，不允许其再次抵押此房产。目前，部分城市有开展处于按揭状态房产二次抵押的试点，但贷款额度不高。②部分已购公房。已购公房中有两种情况不能办理抵押消费贷款，一种是无法提供购房合同或购房协议的已购公房；另一种是不能提供央产房上市证明的央产房，因为这样的房产不能够上市进行交易，银行无法取得他项权利，即银行没有了抵押权，所以无法操作这项业务。③未满5年的经济适用房。回迁房按经济适用房管理的，或者是纯经济适用房，根据目前国家的政策，未满5年的是不允许上市交易的，银行同样无法取得他项权利证，所以不能办理抵押消费。④未取得房产证的小产权房。对于小产权房产而言，如果居住人没有取得房产证的话，对房产只有使用权，而没有所有权，即不能对房产进行处置，所以这类房产就不能上市交易，无法到建委做抵押，更不可能办理抵押消费贷款。

（三）在建工程抵押审查

1. 工程进度
2. 结构类型、楼层构成、占地面积、新旧程度、内部装修、设备安装情况
3. 当前用途
4. 对比产权证判断是否存在加建、扩建、改建、违建、添附情况
5. 是否闲置、烂尾（含所在楼盘烂尾）
6. 是否需要加固补强
7. 有否被部分拆除、损毁
8. 是否具备独立使用功能
9. 抵押房产范围内是否有其他权属不明的建筑物、构建物
10. 物业管理情况（注：尤其是商业物业，需询问收费标准）

（四）动产抵押审查

动产办理固定抵押应注意问题：①抵押人用于抵押的动产权属清晰；②抵押物变现能力强，价格较稳定，动产的保质期远长于抵押期间；③抵押物便于抵押权人监管；④抵押物应当特定化，即根据有关规定，在抵押合同和抵押登记申请书上应填明抵押物的名称、数量、品牌、型号、规格、号码、出厂日期、使用年限、价值、存放地点等要素。

动产办理浮动抵押应注意问题：我国《物权法》第181条规定的“浮动抵押”制度，即经当事人书面协议，企业、个体工商户、农业生产经营者可以将现有的以及将有的生产设备、原材料、半成品、产品抵押，债务人不履行到期债务或者发生当事人约定的实现抵押权的情形，债权人有权就实现抵押权时的动产优先受偿。

1. 抵押人的特殊性

设定浮动抵押的只能是企业、个体工商户和农户，除此以外的事业单位、非从事生产经营的自然人不可以设立。

2. 抵押客体不同

浮动抵押权的客体仅限于抵押人的动产，且仅限于动产中的原材料、半成品、产品、生产设备。而不能是不动产。

3. 应当到当地县级工商行政管理部门办理登记

抵押权自抵押合同生效时设立；未经登记，不得善意对抗第三人。

（五）林木抵押审查

林木抵押审查要点如下。

1. 可以抵押的林权

（1）商品林中的森林、林木和林地使用权，包括用材林、经济林、薪炭林及其林地使用权。

（2）法律、行政法规规定可抵押的其他森林、林木和林地使用权。

（3）森林或林木资产抵押时，其林地使用权须同时抵押，但不得改变林地的属性和用途。

2. 不可作为贷款抵押物的森林资源资产

（1）对已划为的生态公益林，包括国防林、名胜古迹、革命纪念地、自然保护区和特种用途林中的母树林、实验林、环境保护林、风景林的森林、林木和林地使用权。

（2）权属不清或存在争议的森林、林木和林地使用权。

（3）未经依法办理林权登记而取得林权证的森林、林木和林地使用权（农村居民在其宅基地、自留山种植的林木除外）。

（4）以家庭承包形式取得的集体林地使用权。

（5）国家规定不得抵押的其他森林、林木和林地使用权。

3. 树龄、林木面积的审核

各家银行虽然抵押条件不尽相同，但普遍要求较高。比如我国东北地区某银行，主要限于经济价值较高的红松林和落叶松林，且树龄要求在 15 年以上，15 年以下的红松和落叶松林以及其他林木不予抵押贷款。再如，广东地区部分银行规定，申请抵押的桉树需要达到 2 年以上的种植期，地处沿海地区和粤北山区种植的桉树树龄，原则上要达到 3 年（含）以上。在面积上，至少要达到 300 亩以上的桉树连片种植面积，才可以申请抵押。

（六）荒地等土地承包经营权抵押审查

应该关注这些荒地是否经过招标、拍卖或者公开协商等方式取得，如果取得方式上存在问题也将导致利害关系人的抗辩，并可能引发法院拒绝认定荒地等土地承包经营权的抵押法律效果。

二、了解担保物权优先受偿的例外情形

1. 建设工程价款的优先受偿权

2. 《中华人民共和国企业破产法》实施前形成的未清偿职工债权

3. 纳税人欠缴的税款发生在纳税人以其财产设定抵押、质押的，税收应当先于抵押权、质权执行

4. 司法费用的优先权

5. 划拨土地使用权出让金

6. 承租人的优先购买权

订立抵押合同前抵押财产已出租的，原租赁关系不受该抵押权的影响。抵押权设立

后抵押财产出租的，该租赁关系不得对抗已登记的抵押权。

7. 船舶优先权船舶优先权是指海事请求人向船舶所有人、光船承租人、船舶经营人提出海事请求，对产生该海事请求的船舶具有优先受偿的权利

8. 民用航空器优先权

援救该民用航空器的报酬；保管维护该民用航空器的必需费用。前款规定的各项债权，后发生的先受偿。

业务操作五 估算抵押率

一、考虑借款人信誉

一般情况下，对那些资金实力匮乏、结构不当、信誉较差的借款人，抵押率应低些；反之，抵押率可高些。

二、结合贷款期限

贷款期限越长，抵押期也越长，在抵押期内承受的风险也越大，因此，抵押率应当低一些；抵押期较短、风险较小，抵押率可高一些。

三、依据不同品种的抵押物

由于抵押物品种不同，它们的风险也不同，抵押率也不同。

（1）房地产抵押率。房屋抵押贷款，商品住宅的抵押率可达 70%；写字楼和商铺的抵押率最高可达 60%；工业厂房的抵押率可达 50%。房屋质量优良、设计合理、地理位置优越，配套设施完善，可以适当提高抵押率。

（2）建设用地使用权抵押率。以划拨方式取得的建设用地使用权，其抵押品价值应该按照市场评估价值扣除应当上缴政府的土地出让收益确定。

（3）以在建工程抵押，抵押率原则上不超过 70%。

（4）森林、林木航和林地使用权、海域使用权、矿业权的抵押率一般不得超过 60%。

（5）航空器、船舶的抵押率一般不得超过 85%。

（6）车辆等交通运输工具的抵押率不得超过 60%，个人商用车贷款抵押率最高不得超过 70%，个人消费贷款中用于自用汽车购置且以所购汽车抵押的，抵押率可以达到 80%。

（7）浮动抵押的抵押率一般不得超过 60%，且从严掌握。

（8）动产的抵押率一般不得超过 50%，且从严掌握。

业务操作六　撰写担保评价报告

担保评价报告的格式如表 4－3 所示。

表 4－3　　**担保评价报告**

担保情况　　金额单位：人民币万元；外汇万美元

抵押方式担保			
抵押人		抵押人代码	
抵押物种类	□ 房产　□ 土地使用权 □ 机器设备　□ 交通工具 □ 其他		
存放地点		抵押期限	至　年 月 日止
产权证号		抵押物是否经过评估	□是　□否
评估机构名称		评估时间	年　月　日
抵押物价值		折扣率	%
抵押金额		评估机构有无评估资格	□有　□无
评估资料是否齐全	□是　□否	是否同意办理抵押登记手续	□是　□否
抵押手续是否合法	□是　□否	是否重复抵押	□是　□否
抵押物变现可能性	□大　□小 □不能	预计抵押物变现损失程度	□大　□小
是否同意办理保险	□是　□否	保险第一受益人是否为我行	

经评价符合抵押条件的，由信贷人员撰写担保评价报告，随信贷审批材料一并上传至处理中心，做审查审批的参考；将纸质材料交与文书档案部门。如不符合条件，将申请资料退还借款保证人，并向申请人说明情况。

模块三
质押担保分析

PPT：质押担保分析

任务描述

了解质押担保业务相关规定。

☞ 业务描述

根据质押担保调查，审核质押担保状况，确定质押率，撰写担保评价报告。

知识准备

一、质押的含义

质押是指债务人或者第三人将其动产或权力移交债权人占有，将该财产作为债务的担保，当债务人不履行债务时，债权人有权依法以该财产变价所得优先受偿。

二、质押与抵押的区别

抵押与质押都是物的担保，既有共同点，也有许多不同之处。

（1）提供的担保物品不同。抵押的标的物既可以是动产也可以是不动产。质押的标的物则不包括不动产。质押分为动产质押和权利质押，用于质押的标的物可以是动产或者权利。

（2）占管形态不同。抵押权的设定不要求移转抵押物的占有；质权的设定必须移转占有。

（3）由于抵押权设定不移转占有，因此抵押人可以继续对抵押物占有、使用、收益；由于质押移转标的物的占有，因此质押人虽然享有对标的物的所有权，但不能直接对质押物进行占有、使用和获得收益。

三、物保与人保并存的处理规则

（1）允许债权人按照约定的机制来处理物保与人保并存的问题，并且如有约定则必须按照约定实现债权。

（2）未约定或约定不明的，债务人提供物保的应先执行。

（3）第三人提供担保物的，则由债权人选择。很显然前述规定对于保护债权人利益有明显的好处。

业务操作一 选择质押物

一、银行接受的财产质押

1. 动产质权范围

依法可以转让的动产均可以设定动产质权。法律法规禁止质押的，如枪支、炸药、雷管等。

但是并非一切动产均可成为质押的标的物，作为质物的动产必须同时满足三个要件：①必须具有交换价值；②必须具有可让与性；③必须为特定物。

2. 权力质权范围

权利质权是指以出质人提供的财产权利为标的而设定的质权。债务人或者第三人有权处分的下列权利可以出质。

（1）汇票、支票、本票。

（2）债券、存款单。

（3）仓单、提单。

（4）可以转让的基金份额、股权。

（5）可以转让的注册商标专用权、专利权、著作权等知识产权中的财产权。

（6）应收账款。

（7）法律、行政法规规定可以出质的其他财产权利。

二、银行不得接受的财产质押

（1）国家机关的财产。

（2）公益事业单位和社会团体的教育设施、医疗卫生设施和其他公益设施。

（3）不动产。

（4）被采取查封、扣押等强制措施的财产。

（5）不动产用益权（如土地使用权）和准不动产用益权（如采矿权）。

（6）性质上不具有可让与性的权利，如养老金请求权、社会保险金请求权等。

（7）依法不得转让的权利，如股份有限公司的发起人持有的本公司股份，自公司成立之日起三年内不得转让，公司董事、监事、经理在任职期间内不得转让所持有的本公司的股票。

（8）约定不得转让而对方当事人知悉该约定的权利，如注明“不得转让”字样的票据。

（9）抵押权、质权、留置权等担保物权。

（10）已被采取查封、扣押等强制措施的权利，如已被冻结的存款。

（11）无商业性权利凭证的普通债权，如借条、欠条项下的债权。

（12）非有价证券、不能变卖的凭证，如财产保险单等。

（13）依法不得质押的其他财产和权利。

业务操作二　受理质押担保业务

参考模块一　保证担保任务

业务操作三　初审

参考模块一　保证担保任务

业务操作四　审查质押物

一、票据质押审查

（一）审核权利凭证的有效性

票据无效的情况比如票据法定记载事项不完整，票据金额的大小写不一致，票据金额、日期、收款人名称更改，出票人的签章不符合规定以及票据处于公示催告期间等。

（二）审查持票人是否享有票据权利

持票人质押不享有权利的票据，质押无效。持票人不享有票据权利的情况主要有：①以欺诈、偷盗或者胁迫等手段取得票据的，或者明知有前列情形，出于恶意取得票据的；②持票人因重大过失取得不符合《中华人民共和国票据法》规定的票据的。

持票人是否享有票据权利，实践中主要是看其有没有与其前手的商品交易合同的增值税发票，银行可以通过全国联网的增值税发票查询系统查询增值税发票的真假。

（三）审查背书事项

出质人与质权人应该背书记载“质押”字样，未记载“质押”字样的票据质押无效。

（四）背书人在票据上记载

背书人在票据上记载“不得转让”“委托收款”“质押”字样，其后手再背书转让、委托收款或者质押的，原背书人对后手的被背书人不承担票据责任，但不影响出票人、承兑人以及原背书人前手的票据责任。

二、存单质押审查

（一）明确可以质押的存单

只能是未到期的个人本外币定期储蓄存单。所有权有争议、已作担保、挂失、失效或被依法止付的存单不得作为质押品。

（二）存单期限

存单质押贷款期限不得超过质押存单的到期日

（三）认真核押

质权人持存单到开出存单的银行（简称开出行）询问存单的真实性，开出行在存单上注明“已核押”字样或加盖核押章。

提示

核押的法律意义

一是具有民事诉讼证据上的意义。质权人可以凭存单已核押来证明所享有的存单质权的真实性、有效性。质权人接受已核押的存单出质，属于善意无过失。开出行即使可以证明存单虚假，但因其核押行为而不能对抗质权人。

二是具有通知义务人的法律意义。具体来说：①义务人在收到出质通知后不得再向原权利人履行，如银行不得向存款人兑付存款，不得以挂失方式向原权利人履行。②在质权人行使质权的条件成就时，义务人有向质权人履行的义务，配合质权人实现权利。

质权人核押存单，即为履行了向开出行的通知义务，开出行不得再向存款人支付存单上的款项，不允许挂失，此时质权人是真正的权利享有者，存款人只是“虚有权利人”，不能行使提款的权利。开出行核押后，在债务人到期不清偿债务时，开出行可以以质权人的申请向质权人兑付存款，配合质权人实现质权。

（四）出质人必须交付存单，在贷款未受清偿前不能将存单退给出质人。

想一想

“单位定期存款开户证实书”可否质押?

三、股权质押审查

（一）审查股权质押是否符合股权转让的法定条件

1. 以股份有限公司的股份质押

根据有关法律、法规的规定，并非所有的股份、股票都可以质押。下列情况下的股份、股票不得用于贷款质押。

（1）发起人持有的本公司的股份，自公司成立之日起一年内不得转让。

（2）公司董事、监事、经理任职期间每年转让的股份不得超过其所持有的本公司股份总数的25%，并且离职后半年内不得转让其所持有的本公司股份。

（3）股东大会召开前20日内或公司决定分配股利的基准日前5日内，不得进行记名股票的股东名册的变更登记。因此，上述期间不能以股份质押，否则将因不能办理登记而使质权不生效。

（4）自公司开始清算之日起股东的股份。

（5）公司员工持有的公司配售的股份，自持有该股份之日起一年内不得出质。

（6）国家拥有的未经国家有关部门批准出质的股份。

2. 以有限责任公司的股权出质

（1）本公司的股东之间可以相互以其出资的全部或部分设定质权而不受限制。

（2）本公司股东以外的人设定质权，必须经全体股东的过半数同意，而且该同意必须形成书面文件。

（3）在第（2）情况中，如果过半数的股东不同意，又不购买该出质的股权则视为同意出质。

（4）该种情形，也必须形成股东会议决议并且应在股东会议中明确限定其他股东行使购买权的期限，期限届满，明示不购买或保持缄默的，则视为同意出质。

3. 以上市公司国有股份作为质物

根据有关规定，上市公司国有股东授权代表单位持有的国有股只限于为本单位及其全资或控股子公司提供质押。

4. 以外商投资企业的股权（份）作为质物

根据规定："经企业其他投资者同意，缴付出资的投资者可以通过签订质押合同并经审批机关批准将其已缴付出资部分形成的股权质押给质权人。投资者不得质押未缴付出资部分的股权。投资者不得将其股权质押给本企业。"

四、知识产权质押审查

知识产权质押是指借款人或者第三方以合理拥有的，依法可以转让的知识产权中的财产权设定质押，为客户在贷款行申请办理的信贷业务提供担保的行为。

（一）贷款行可以接收下列知识产权中的财产权设定质押

（1）注册商品商标、注册服务商标使用权。

（2）专利权。

（3）著作权中的复制、发行、出租、展览、表演、放映、广播、信息网络传播、摄制或者改编、翻译、汇编等财产权。

（二）调查内容

（1）是否在有效期或者保护期内，且到期日不得早于所担保债务的到期日。

（2）属于共有财产的，应取得共有人书面同意。

案例

2019 年，南京道及天软件系统有限公司以其 5 项软件产品著作权作为质押，从南京银行获得了 200 万元贷款。

案例

2018年，兰州舌尖尖餐饮服务管理有限公司运用其“舌尖尖牛肉面”商标获得质押贷款，获兰州银行新区分行授信1 000万元。

五、收益（费）权质押审查

收费权是指权利人基于法律、行政法规或者政府特许经营享有的就提供公路、电、热、水、气、污水处理等基础设施、公共产品（服务）、准公共产品（服务）而产生的未来请求支付产品（服务费）的权利产品。例如，公路收费权、学生公寓收费权、电费收费权、移动电信收费权、污水处理收费权、自来水收费权、燃气收费权、有线电视收费权、旅游门票收费权等。

提示

特许经营权往往是经过有关部门批准的，有时带有专营性质。具有非常强的特殊性，对于经营人的要求比较高。质押合同订立前最好征求原有关批准部门的意见，在取得有关部门的同意后再将质押合同送有关部门批准。否则，会影响质押的效力。

1. 审查出质人是否获得了收费权的合法资格

如：公路收费权项目法人必须依据县级以上人民政府或其授权省级职能批准；农村电网建设与改造工程的项目法人电费收益权则必须依据省级物价部门批准而获得。其他收费权的权利人也必须经省级人民政府或其授权省级职能部门批准而获得。

2. 出质人与收费许可证或收费批准文件等所记载的收费权主体是否一致

在实践中，因承包、转包或挂靠等原因，实际收费人与收费权主体不一致的情况较多，为确保出质主体合法有效，在签订合同时要注意甄别和核对，以免因出质人不是收费权主体而导致质押无效。

3. 出质人能够按有关法律法规要求办理登记

收费权质押应按我国《物权法》《应收账款质押登记办法》以及《中国人民银行征信中心应收账款质押登记操作规则》要求，在中国人民银行征信中心的应收账款质押登记公示系统办理电子登记。

案例

2011年7月，嵩山少林寺与银行方面签订贷款协议，以门票收费权质押贷款。中国银行为少林寺提供不低于1亿元人民币的中长期流动资金的支持，以满足少林寺日常经营运转的需要，同时还为少林寺提供包括配套流动资金、短期融资、并购贷款等多种金融服务。

六、仓单质押审查

（1）出质人可以是借款人，也可以是借款人以外的第三人，但不得为保管人。

（2）保管人，即仓储公司，应经银行认可，具有良好的信誉和承担责任的经济实力。

（3）合作协议。银行应与出质人和保管人签订合作协议，明确三方的权利义务，特别是保管人的违约赔偿责任。

（4）仓单应载明一定的法定必要记载事项：①存货人的名称或者姓名和住所；②仓储物的品种、数量、质量、包装、件数和标记；③仓储物的损耗；④储存场所；⑤储存期间；⑥仓储费；⑦仓储物保险。

（5）质押仓单项下的货物必须具备下列条件：①所有权明确；②无形损耗小，不易变质，易于长期保管；③市场价格稳定，波动小，不易过时和贬值；④适应用途广，易变现；⑤规格明确，便于计量；⑥产品合格并符合国家有关标准。

（6）借款人要对仓单作质押背书，由仓库签章后，交付银行。

提示

我国三大商品交易所均提供标准仓单质押融资服务

案例

某银行接受借款人持有的仓单时，虽与仓储公司进行的仓单真实性的确认，并签订了“监督协议”，但银行并未“实质性”地查验仓单下货物的真实情况，详言之，银行仅仅在仓储公司检查了货物的表面真实性，由于仓储的“冰箱”和“空调”均包装完好，银行仅核对了外包装与仓单清单是否一致，至于包装中是否是合格的“冰箱”和“空调”，银行并没有实际勘查。银行在执行质权时却发现，质押仓单上列明的“冰箱”和“空调”，其中竟有一部分莫名变成了木头框、草袋子等填充物。

解析

讨论：

（1）本案中，仓储公司与银行、借款人是什么法律关系？

（2）本案中的质押权是否生效，质物是什么？

（3）由哪方承担责任？

业务操作五　估算质押率

一、考虑借款人信誉

二、结合贷款期限

三、依据不同品种的质押物

由于质押物品种不同，其风险也不同，质押率也不同。

（1）一般动产的质押率，最高不得超过50%。

（2）以银行汇票、银行承兑汇票、支票、本票、存款单、国库券等有价证券质押的，质押率最高不得超过90%。

（3）商业承兑汇票、仓单、提单等质押的，质押率最高不得超过70%。

（4）非上市股份有限公司股份，有限责任公司股份，质押率一般不超过50%。

（5）上市公司流通股份的质押率一般不超过60%。

（6）公路收费权的质押率一般不超过70%。

（7）商标专用权、专利权和著作权中的财产权的质押率一般不超过50%，且从严掌握。

业务操作六　撰写担保评价报告

经评价符合质押条件的，由信贷人员撰写担保评价报告（如表4-4所示），随信贷审批材料一并上传至处理中心，做审查审批的参考；将纸质材料交与文书档案部门。如不符合条件，将申请资料退还借款保证人，并向申请人说明情况。

表4-4　　担保评价报告

担保情况			
		金额单位：人民币万元；外汇万美元	
质押方式担保			
出质人		出质人代码	
质物种类	□动产 □权利	质物名称	
质押期限	至　年　月　日止	评估机构名称	
质物保管方式	□ 移交质权人保管　□ 就地封存　□ 委托第三人保管		
质物是否经过评估	□是　□否	评估时间	年　月　日
评估机构有无评估资格	□有　□无	折扣率	%
质物价值		是否同意办理质押登记手续	□是　□否
质押金额		质押手续是否合法	□是　□否
评估资料是否齐全	□是　□否	预计质物变现损失程度	□大　□小
是否同意办理保险	□是　□否	保险第一受益人是否为我行	□是　□否
质物变现可能性	□ 大　□ 小　□ 不能		
其他需要说明的情况：			

知识要点

1. 保证人的资格。
2. 保证担保的范围。
3. 保证人的免责。

4. 抵押物的范围。
5. 质押物的设定。

操作要点

1. 审查保证人资格。
2. 审查保证人的保证能力。
3. 审查抵押物。
4. 确定抵押物最高担保能力。
5. 审查质押物。
6. 确认质押物的最高担保能力。

推荐阅读

推荐阅读

问题讨论

解析

1. 保证担保、抵押担保和质押担保三种保证方式各自的风险存在于哪些方面，对银行而言，应如何防范？

2. 某商业银行发放一笔500万元贷款给A公司，双方签订了《权利质押担保合同》，但合同内容却是以具体的货物为质押担保（合同另附有“权利质押清单”，上面记载的是具体的货物数量、金额等）。据了解，A公司根本没有办理正式的仓单，只有入库单据。请问该银行与A公司签订的《权利质押担保合同》应如何定性？应为权利质押，还是动产质押，或是认定为无效合同？

实训

通过网络或其他渠道收集某上市公司的相关资料，确定其作为贷款保证人时的最高担保能力。

5 项目五 客户评级

学习目标

知识学习目标：

1. 了解公司客户信用评分指标体系，掌握不同信用级别核心定义。
2. 了解个人客户信用评分指标体系，掌握不同信用级别核心定义。

技能训练目标：

根据信用评级的相关规定和操作要点，对客户进行评级，识别客户质量，确定客户风险，为贷款决策提供科学依据。

工作任务

应完成的工作任务：

1. 根据公司信用评级的相关规定和操作要点，对客户进行评级。
2. 根据个人信用评级的相关规定和操作要点，对客户进行评级。

完成工作任务应提交的标志性成果：

公司客户评级：客户评级报告。
个人客户评级：客户评级报告。

模块一 公司客户评级

任务描述

1. 了解银行信用评分指标体系。
2. 掌握不同信用级别核心定义。

业务描述

根据信用评级的相关规定和操作要点，对公司客户进行评级，识别客户质量，确定客户风险，为贷款决策提供科学依据。

知识准备

客户评级是指运用规范的、统一的评价方法，对客户一定经营期间内的偿债能力和意愿，进行定量分析，从而对客户的信用等级做出真实、客观、公正的综合评判。

一、评级对象

评级对象是指银行已经提供或可能为之提供信贷服务的客户及为融资提供保证的客户。

提示

商业银行在设置信用评级指标体系时，不同类型的企业有所不同。

二、评级目的

（1）信用评级的根本目的在于揭示受评对象违约风险的大小，而不是其他类型的投资风险，如利率风险、通货膨胀风险、再投资风险及外汇风险等。

（2）信用评级所评价的目标是经济主体按合同约定如期履行债务或其他义务的能力和意愿，而不是企业本身的价值或业绩。

业务操作一　了解信用评分指标体系

客户信用等级测评计分表见表5－1。

表5－1　　客户信用等级测评计分表（适用于农业、工业、商贸、综合类客户）

序号	评定指标	计算公式	指标说明	标准分	满分值	计分方法
一、信用履约评价				25		
1	贷款资产形态		正常、关注、次级、可疑、损失；包括我行和他行对客户贷款分类	5		无次级、可疑、损失贷款得5分；无可疑、损失贷款得3分；有可疑、损失之一者得0分
2	到期信用偿还记录		到期信用偿还记录包括我行和他行对客户的贷款、承兑、信用证、贸易融资、保函等各种信用	10		根据报告期应归还银行的信用总额进行衡量，(1）按期还本为满分；(2）报告期内存在逾期1个月（含）以内的贷款记录，扣3分；(3）存在逾期1—3个月（含）的贷款记录，扣5分；(4）未按期还本超过3个月，为0分；(5）保全资产类借新还旧贷款，扣3分
3	利息信用偿还记录		利息偿还记录包括客户偿还我行和他行利息的记录	10		(1）报告期按期付息为满分；(2）报告期内存在拖欠利息1个月（含）以上记录，扣5分；(3）报告期内存在拖欠利息3个月（含）以上记录，扣8分；(4）评估时点存在欠息情况，为0分
二、偿债能力评价				35		
4	资产负债率	（负债总额/有效资产总额）×100%	期末有效资产总额＝期末资产总额－摊销费用－待处理资产损失－2年以上各类应收账款－待处理资产损失	10	工业、农业、综合类≤70%；商贸≤75%	［（1－实际值）/（1－满分值）］×标准分；资产负债率≥85%，0分

续表

序号	评定指标	计算公式	指标说明	标准分	满分值	计分方法
二、偿债能力评价				35		
5	流动比率	（期末流动资产/期末流动负债）×100%	期末流动资产指有效流动资产	5	农业≥120% 工业≥130%， 商贸≥150%， 综合类≥150%	（实际值/满分值）×标准分；流动比率≤80%，0分
6	现金流量		现金净流量＝经营性现金净流量＋投资性现金净流量＋融资性现金净流量	8	经营性现金净流量＞0，现金净流量＞0：8分； 经营性现金净流量＞0，现金净流量≤0：6分； 经营性现金净流量≤0，现金净流量＞0：4分； 经营性现金净流量≤0，现金净流量≤0：0分	
7	现金流动负债比率	经营性现金净流量/流动负债		5	≥20%	（实际值/满分值）×标准分
8	或有负债比率	（或有负债/净资产）×100%	或有负债指企业为第三方提供担保及未决诉讼等	3	≤50%	[（1－实际值）/（1－满分值）]×标准分
9	利息保障倍数	（利润总额＋当年利息支出）/当年利息支出	利息支出指企业当年应支付的全部利息总额	4	≥4	（实际值/满分值）×标准分；≤1，得0分
三、盈利能力评价				15		
10	总资产报酬率	（利润总额＋利息支出）/资产年平均余额×100%	利息支出指企业年度应支付利息总额 资产年平均余额＝（年初总资产余额＋年末总资产余额）/2	5	农业≥3% 工业≥8% 商业≥5% 综合类≥6%	（实际值/满分值）×标准分
11	销售利润率	（销售利润/销售收入净额）×100%	销售利润＝销售收入－销售成本－销售税金 销售收入净额＝销售收入－销售退回－销售折让、折扣	5	农业≥6% 工业≥12% 商业≥10% 综合类≥9%	（实际值/满分值）×标准分
12	净资产收益率	（税后净利润/净资产年平均余额）×100%	净资产年平均余额＝（年初净资产余额＋年末净资产余额）/2	5	农业≥7% 工业≥12% 商业≥10% 综合类≥15%	（实际值/满分值）×标准分；≤2%，0分

续表

序号	评定指标	计算公式	指标说明	标准分	满分值	计分方法
四、经营及发展能力评价				15		
13	存货周转率	产品销售成本/平均存货		5	农业≥200% 工业≥300% 商业≥400% 综合类≥300%	（实际值/满分值）×标准分
14	销售收入增长率	（本年销售收入－上年销售收入）/上年销售收入		4	农业≥9% 工业≥11% 商贸≥12% 综合类≥9%	
15	净利润增长率	（本期实现净利润－上期实现净利润）/上期实现净利润； 分母中上期实现净利润取绝对值		3	农业≥7% 工业≥8% 商贸≥6% 综合类≥9%	（实际值/满分值）×标准分
16	净资产增长率	[（年末净资产－年初净资产）/年初净资产]×100%		3	≥10%	
五、综合评价				10		
17	领导者素质	领导者及主要管理人员的素质和经验		1	客户领导者有丰富的管理经验，近3年总资产或销售收入逐年扩大，业绩显著，有良好的社会声誉得1分，一般得0.5分，其他不得分	
18	管理水平	产权制度、组织结构、决策机制、财务管理制度、企业经营年限和员工素质等情况		2	客户产权明晰、组织结构完善、财务制度健全、财务报表可信得2分，一般1分，差0分	
19	发展前景	行业发展前景、行业稳定性、经营环境、政策支持情况、市场竞争力、市场占有率、融资能力、技术装备等情况		3	分值在0—3分确定，属国家限制发展、淘汰行业的，0分 行业发展不稳定，扣2分	
20	与我行业务合作关系	客户在农行办理结算、个人住房贷款、代收代付、存款的业务量占以上业务总量的比例不低于农行向其发放贷款余额占客户总贷款余额的比例		4	分值在0—4分确定。存贷比低于10%，仅办理贷款业务，无相应的结算或中间业务的，扣2分	

续表

序号	评定指标	计算公式	指标说明	标准分	满分值	计分方法
六、特殊加分				10		
21	所有者权益			5	单一法人客户所有者权益：农业≥6 亿元、工业≥8 亿元、商贸≥7 亿元、综合类≥9 亿元的，可在原得分基础上再加 5 分。以合并报表整体评级的集团客户所有者权益≥30 亿元，可在原得分基础上再加 5 分	
22	利润			5	利润总额：农业≥3 亿元、工业≥5 亿元、商贸≥4 亿元、综合类≥6 亿元的，可在原得分基础上再加 5 分	
七、特殊扣分				15		
23				3	财务报表未经会计师事务所审计的，扣 3 分	
24				3	销售收入或利润总额连续两年下跌幅度≥10% 的，扣 3 分	
25				3	无完善财务制度的，扣 3 分	
26				3	拟评为 AAA 级（含）以上的客户所有者权益或销售收入不足 500 万元的，扣 3 分	
27				3	拟评为 AA + 级、AA 级客户的所有者权益或销售收入不足 300 万元的，扣 3 分	

业务操作二 掌握不同信用级别核心定义

信用级别核心定义见表 5 - 2。

表 5 - 2 信用级别核心定义

信用等级	特征描述	核心定义
AAA 90—100 分	最佳	①行业健康发展；②企业是该行业的领先者（例如，各项财务比率名列前茅、产品各项指标最好、市场份额最大、收入和资本收益率最高）；③持有充足的现金流量；④本地区经济健康发展；⑤产品品种和销售地区分散；⑥长期保持最佳的业绩；⑦在不利的经济环境中，仍然能够保持最佳的业绩；⑧企业各级管理人员都有最佳的业绩

续表

信用等级	特征描述	核心定义
AA 85—89 分	优秀	①行业稳定发展；②连续 3 年以上在本行业排前 3 名（例如，财务状况、收入增长率、持续稳定的现金流量、资本收益率、产品各项指标等）；③产品品种和销售地区相对分散；④除了在非常不利的经济环境之外，企业都能保持良好的业绩；⑤企业高中级管理人员有良好的业绩
A 80—84 分	良好	①行业稳定（或有限地发展）；②良好的财务状况；③有可靠的现金流量，用以偿还债务；④营利前景高于同业平均值；⑤企业高中级管理人员保持稳定的业绩；⑥某些产品的销售地区分散；⑦本地区经济稳定；⑧生产设备的技术水平和性能高于同业平均水平
BBB 70—79 分	一般	①行业保持稳定，但是没有增长；②企业的业绩位于同业平均水平；③企业有生存的市场空间；④现金流量充足、稳定；⑤企业管理具有一定的水平，但是缺乏深度；⑥单个产品有很大的市场份额；⑦收入受经济下降的影响；⑧财务状况位于同业平均水平；⑨本地区经济下降；⑩销售额和收入增长与本地区经济发展密切相关
BB 65—69 分	观察	①行业不稳定或下降；②资产可能估值过高；③本地区经济发展前景不确定；④生产设备过时；⑤业绩低于同业平均值，这是业绩恶化的信号（例如，财务状况、现金流量、资本充足率，等）；⑥企业必须采取改革措施，否则，企业状况会恶化；⑦可能更换企业管理人员
B 60—64 分	预警	①行业波动或不稳定；②抵押品可以偿还债务；③市场份额下降；④财务状况恶化，低于同业平均值；⑤收入前景不佳；⑥现金流量下降：⑦没有持续一致的发展计划；⑧需要债务重组；⑨有经验的管理人员离开企业
CCC 50—59 分	不良	①产品的市场份额大幅度下降；②行业或本地区经济下降；③有可能债务重组；④企业不能得到新贷款；⑤抵押品市场值恶化，不足以抵偿债务；⑥企业管理层缺乏合理的企业复苏计划；⑦有些企业管理人员可能被调换；⑧经过审计的财务报告没有按时送来。或者送晚了，会计政策有变化；⑨需要变卖资产来维持业务；⑩财务状况落后于同业平均水平，出现亏损，资本受损；⑪现金流量不足以偿还债务
CC 45—49 分	危险	①行业或地区经济状况恶化；②现金流量不足以支持正常业务；③没有新的借款来源；④财务状况恶化，明显低于同业平均水平；⑤资产已经抵押给其他贷款人；⑥抵押品不足；⑦需要大规模调整企业组织结构和业务；⑧企业有可能破产；⑨逾期偿还贷款本息；⑩银行有可能损失部分贷款；⑪审计的财务报告有审计保留意见；⑫需要更换企业管理人员
C 40—44 分	损失	①行业发生剧变；②企业靠变卖资产生存；③企业接近于破产；④现金流量不足以满足业务支出或偿还债务；⑤企业没有偿还债务或逾期偿还债务；⑥银行有可能损失贷款；⑦财务状况恶化（例如，大量亏损、资本短缺）：⑧企业很难恢复正常业务；⑨抵押品不足，或者没有抵押品；⑩有保留的财务审计意见；⑪企业管理无效率

业务操作三　信用等级调整

信贷部门应该定期对贷款客户进行信用等级检查，如果企业各方面情况有明显改善，信贷部门可以提高其信用等级；相反，则可以降低其信用等级。

案例

某家企业的贷款等级为 BBB 级。在银行调查时，从该企业的原材料供货商那里了解到，其没有按期偿还供货商的贷款，并且听说，这家企业有大量产品因质量不达标被退货，该家企业产品的用户在逐渐流失。另外，还了解到，这家企业负责生产和销售的副总经理已经离职，跳槽到另一家企业。

请分析，银行应该采取什么措施？是否应调整客户信用等级？

解析

模块二
个人客户评级

PPT：个人客户评级

任务描述

1. 了解个人客户信用评分指标体系。
2. 掌握不同信用级别核心定义。

业务描述

根据信用评级的相关规定和操作要点，对个人客户进行评级，识别客户质量，确定客户风险，为贷款决策提供科学依据。

业务操作一　了解个人客户信用评分指标体系

自然人客户信用评分表见表 5－3。

表 5－3　　自然人客户信用评分表

项目		评定区间	得分
借款人资格20分	年龄	36—49 岁	3
		24—35 岁	2
		18—23 岁，或 50 岁—退休年龄	1
	文化程度	高等教育（大学本科及以上）	5
		中等教育（大专学历）	3
		初等教育（高中及以下）	2
	婚姻状况	有配偶	2
		无配偶	0
	单位性质	国家机关、金融保险、邮电通信	4
		科教文卫、水电气供应、商业贸易	3
		工业交通、房地产建筑、部队系统	2
		农林牧渔、社会服务业及其他	1
	职务或职称	董事/厅局级及以上	4
		总经理/初级以上，或高级职称	3
		部门经理/科级，或中级职称	2
		职员/科级以下，或初级职称	1
	从业稳定性	现工作单位 10 年（含）以上	2
		先工作单位 5 年（含）以上，10 年以下	2
偿债能力30分	借款人月均收入	收入 2 万元（含）以上	8
		收入 8 000（含）—2 万元	6
		收入 3 000（含）—8 000 元	4
		收入 3 000 元以下	2
	配偶月均收入	收入 2 万元（含）以上	8
		收入 8 000（含）—2 万元	6
		收入 3 000（含）—8 000 元	4
		收入 3 000 元以下	2
	家庭净资产	10 万元以下计 1 分，超过 10 万元计 2 分，每增加 20 万元再计 1 分，最高不超过 6 分	6
		3 以上	8
	收入还贷比（家庭月均收入/本笔和其他贷款月还款额）	2（含）—3	6
		1.5（含）—2	5
		1.2（含）—1.5	4
担保能力25分	担保类别	质押类担保	17
		住房抵押担保	15
		家用轿车等所购汽车	10
		第三方保证担保	8
		其他	5
	担保形式	提供房产抵押和保证人两种（含）以上担保或提供质押担保	8
		提供房产抵押和车辆抵押两种（含）以上担保	7
		有房产抵押担保、车辆抵押担保，或两位保证人担保	5
		有一位保证人担保或其他	3

续表

项目		评定区间	得分
存贷款情况25分	存款情况	按年日均存款每万元计0.3分，最高不超过5分	5
	借款记录	贷款已正常归还，再次申请贷款	4
		与本行首次发生贷款关系的	2
		有贷款余额且形态正常的	1
	贷款乘数	房产抵押率≤50%或质押率<90%或车辆抵押率≤40%	7
		50%<房产抵押率≤60%或40%<车辆抵押率≤50%	6
		60%<房产抵押率≤70%或50%<车辆抵押率≤60%	4
		60%<车辆抵押率≤70%	2
	贷款期限	1（含）—3年	4
		1年以下	3
		3年（含）以上	1
	还款方式	按月等额、按月还本金	5
		按季等额、按季还本金	3
		其他方式	1

注：①对无固定职业、非本地居民的借款人禁止发放贷款（质押贷款除外）。

②对收入还贷比小于等于1.2的借款人审慎发放贷款（质押贷款除外）。

业务操作二　掌握不同信用级别核心定义

（一）个人消费贷款客户信用评级核心定义（见表5－4）

表5－4　　个人消费贷款信用评级核心定义

信用等级	特征描述	核心定义
AAA	最佳	评分在90分（含）以上，客户的收入水平很高，偿债意愿很强，社会地位很高，家庭环境非常优越
AA	优秀	评分在80（含）—90分，客户的收入水平高，偿债意愿强，社会地位高，家庭环境优越
A	良好	评分在70（含）—80分，客户的收入水平较高，偿债意愿较强，社会地位较高，家庭环境比较优越
BBB	一般	评分在60（含）—70分，客户的收入水平中等，有偿债意愿，有一定社会地位，家庭环境良好
BB	观察	评分在50（含）—60分，客户的收入水平一般，有一定偿债意愿，社会地位一般，家庭环境一般
B	预警	评分在40（含）—50分，客户的收入水平较低，偿债意愿不强，社会地位较低，家庭环境较差
CCC	不良	评分在40分以下，客户的收入水平很低，偿债意愿很差，社会地位很低，家庭环境很差

（二）个人生产经营贷款客户信用评级核心定义

个人生产经营贷款客户信用评级核心定义见表5-5。

表5-5 个人生产经营贷款客户信用评级核心定义

信用等级	特征描述	核心定义
AAA	最佳	评分在90分（含）以上，各项指标优秀，个人综合素质高，生产经营稳定，经营收入高，资信状况好，还款能力强
AA	优秀	评分在80（含）—90分，各项指标良好，个人综合素质较高，生产经营比较稳定，经营收入较高，资信状况较好，还款能力较强
A	良好	评分在70（含）—80分，各项指标一般，个人综合素一般，生产经营比较稳定，经营收入一般，资信状况一般，还款能力一般
BBB	一般	评分在70分以下，经营情况差，还款能力弱，个人与银行合作意愿及个人资信状况较差

知识要点

1. 了解银行信用评分指标体系。
2. 掌握不同信用级别核心定义。

操作要点

根据信用评级的相关规定和操作要点，对公司客户及个人进行评级，识别客户质量，确定客户风险，为贷款决策提供科学依据。

推荐阅读

推荐阅读

问题讨论

商业银行在对企业法人客户做信用评级时，要求财务制度健全的企业法人客户提供符合要求的财务报表，为获取其财务信息提供依据，但是怎样对指标多元化、覆盖面广的非财务因素做出客观的分析呢？该如何获取非财务因素的相关信息？

实训

1. 上网搜集某上市非金融企业资料，按照教材中银行的评价指标及评级标准对其进行评分，并评级。由于某些指标（例如该企业的贷款履约情况）的资料很难获取，这时可以酌情做出一些假设。本活动的主旨在于模拟并体会信用评级的过程及原理。

2. 根据信贷业务模拟软件系统提示，输入上述搜集的企业财务信息及其他相关信息，按照业务指引完成对该企业的信用评级，信用分析报告以附件提交。

3. 某客户申请汽车消费贷款，按照有关标准对该客户进行信用评分。客户资料如下：

女，29 岁，已婚无子女，健康状况良好，硕士研究生学历，在某高校任教师 4 年，职称为讲师，年收入 8 万元；其配偶，32 岁，年薪 15 万。家庭存款为 15 万元（未存在本行），股票基金类资产为 2 万元，贷款购房，房款总价为 60 万元，贷款 36 万元（是本行贷款），曾提前还款 10 万元，尚有 20 万元贷款正在按揭中，现月供 1 300 元，贷款还款记录良好无逾期。持有信用卡两张，均正常使用，近一年无任何逾期还款记录。现申请汽车消费贷款，以所购汽车（车价 20 万元）为抵押品，申请金额为 5 万元，期限为 2 年，还款方式为按月等额还款。

项目六 贷款产品配置

学习目标

知识学习目标：

1. 了解贷款产品的类型及其特点。
2. 掌握各项贷款产品的配置要求。

技能训练目标：

根据各项贷款产品的基本规定、特点及客户情况，为客户配置合适的贷款品种。

工作任务

应完成的工作任务：

1. 根据流动资金贷款的基本规定、特点及客户情况，为客户配置合适的贷款产品。
2. 根据固定资产贷款的基本规定、特点及客户情况，为客户配置合适的贷款产品。
3. 根据银行承兑汇票的基本规定、特点及客户情况，为客户配置合适的贷款产品。
4. 根据商业汇票贴现的基本规定、特点及客户情况，为客户配置合适的贷款产品。
5. 根据信用证的基本规定、特点及客户情况，为客户配置合适的贷款产品。

6. 根据福费廷的基本规定、特点及客户情况，为客户配置合适的贷款产品。

7. 根据国际保理的基本规定、特点及客户情况，为客户配置合适的贷款产品。

8. 根据个人贷款的基本规定、特点定及客户情况，为客户配置合适的贷款产品。

完成工作任务应提交的标志性成果：

1. 流动资金贷款。国内保理融资业务申请书、国内保理业务合同、应收账款转让清单、应收账款转让明细表、应收账款债权转让通知、法人账户透支协议。

2. 固定资产贷款。项目贷款申请书、项目贷款收支结余预测表、贷款承诺函、项目贷款合同。

3. 银行承兑汇票。银行承兑汇票业务申请书、银行承兑协议、银行承兑汇票。

4. 票据贴现。票据贴现申请书、贴现凭证、贴现协议、银行承兑汇票查询证实书。

5. 信用证。不可撤销跟单信用证协议。

6. 福费廷。福费廷业务申请书、报价确认、福费廷业务询价单、报价单、福费廷业务协议、款项让渡函。

7. 国际保理。出口双保理业务申请书、出口双保理业务确认书。

8. 个人住房贷款。个人住房借款申请书、个人住房借款资信评估表、住房公积金借款申请表。

9. 个人教育贷款。国家助学贷款申请表、学生家庭经济困难证明、见证人承诺书。

10. 信用卡。信用卡评分表。

模块一 公司贷款

业务一 流动资金贷款

任务描述

1. 了解流动资金短缺的原因。
2. 了解流动资金贷款的主要品种及其特点。
3. 流动资金贷款产品的配置要求。

PPT：流动资金贷款

业务描述

根据各项流动资金贷款品种的基本规定及客户情况，为客户配置合适的贷款产品。

知识准备

一、流动资金贷款定义

流动资金贷款是银行为解决借款人在生产经营过程中流动资金不足而发放的贷款。特点是贷款期限短，周转性强，是客户使用最为频繁的贷款。

想一想

什么是流动资金？其与流动资产及流动负债是什么关系？

解析

二、流动资金短缺的原因

为明确企业流动资金短缺的成因，要先了解企业的生产经营过程和其资金周转运动。以工业企业为例，其生产经营细分有以下几个过程（见图6－1）。

只有在了解各类企业生产经营和资金周转过程的基础上，分析企业正常生产经营中合理的流动资金占用量，才能判断企业自有资金来源和周转速度，确定贷款期限，最终为企业配置合适的贷款品种。

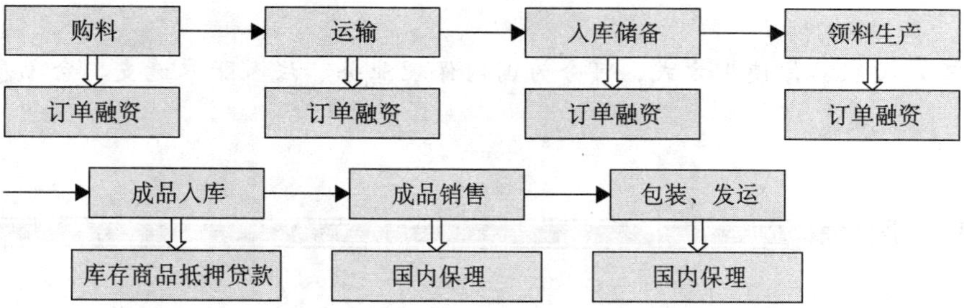

图 6－1　生产经营过程

三、流动资金贷款的主要品种

（一）按照期限分为短期流动资金贷款和中期流动资金贷款

短期流动资金贷款是指贷款期限不超过1年（含1年）的流动资金贷款；中期流动资金贷款是指贷款期限在1年以上（不含1年）3年以下（含3年）的流动资金贷款。

（二）按照贷款使用方式分为一般流动资金贷款和可循环流动资金贷款

一般流动资金贷款是指单笔审批、单笔或分笔发放、贷款收回后不得循环使用的流动资金贷款。可循环流动资金贷款是指在贷款合同金额和有效期内，借款人可根据需要多次提款、逐笔还款、循环使用的流动资金贷款。企业与一次性签订借款合同，办理抵、质押手续后，在额度内提款时无须逐笔签订合同、办理担保等重复操作。在额度内，企业可通过银行柜面或自助设备等渠道循环使用贷款。该业务按实际发生贷款的期限，按天计收利息。但是银行除了需要计算利息之外，还要在贷款合同签订后，一次性收取一定的承诺费。

解析

边学边做

某企业单位申请了某银行的循环贷款业务，银行可提供1年的授信额度为1 000万元，承诺费率为0.4%。假设该企业是今年的1月1日从银行借入1 000万元，3月3日全部归还。8月1日又借入300万元，11月5日全部归还。如果贷款年利率是8%，那么该企业本年度应该向银行支付多少利息与承诺费？

案例

李女士是某民营服装公司法人代表，随着销售渠道逐步成熟，企业发展前景较好。不过，在业务快速增长的同时，公司对资金的需求也在增加，李女士希望接单后能及时获得贷款资金购买原材料，同时从财务成本角度考虑，又不希望长期占用贷款资金。

请问，李女士的情况是否适合循环贷款？

解析

（三）按照具体使用方式，可分为国内保理业务、法人账户透支、仓单质押等多种类型

■ 知识准备

一、国内保理业务

（一）产品定义

国内保理业务是指境内卖方向买方销售商品、服务或设施以后，将因此所产生的应收账款转让给银行，由银行提供包括应收账款的记账、收款、催收、融资及担保等项内容的综合性金融服务。

1. 应收账款包括的权利

（1）销售产生的债权，包括销售货物，供应水、电、气、暖，知识产权的许可使用等。

（2）出租产生的债权，包括出租动产或不动产。

（3）提供服务产生的债权。

（4）公路、桥梁、隧道、渡口等不动产收费权。

（5）提供贷款或其他信用产生的债权。

应收账款不包括因票据或其他有价证券而产生的付款请求权。 提示

2. 应收账款必须符合的条件

（1）应收账款权属清楚，没有瑕疵，销货方未将其转让给任何第三人，也未在其上为任何第三人设定任何质权和其他优先受偿权。

（2）销货方与购货方在合同中未约定应收账款不得转让的条款。

（3）应收账款还款期限一般应在 1 年以内，最长不超过 2 年；但对购货方信用等级在 AA 级（含）以上，且为分期付款方式的应收账款，还款期限可延长至 3 年。

（二）适用对象

原则上适用于采用短期赊销方式进行交易的卖方客户（一般不应超过 12 个月）。

（三）分类

国内保理业务按是否保留追索权划分，可分为有追索权保理和无追索权保理。

1. 有追索权保理

有追索权保理是指银行受让卖方应收账款债权后，如果买方拒绝付款或无力支付，

银行有权向卖方追索已经提供的融资，卖方须承担付款担保责任或回购该应收账款。

2. 无追索权保理

无追索权保理是指银行受让卖方应收账款债权后，放弃对卖方追索的权利，当买方不履行付款义务时，银行承担买方拒绝付款或无力支付的风险。

（四）操作流程（见图6－2）

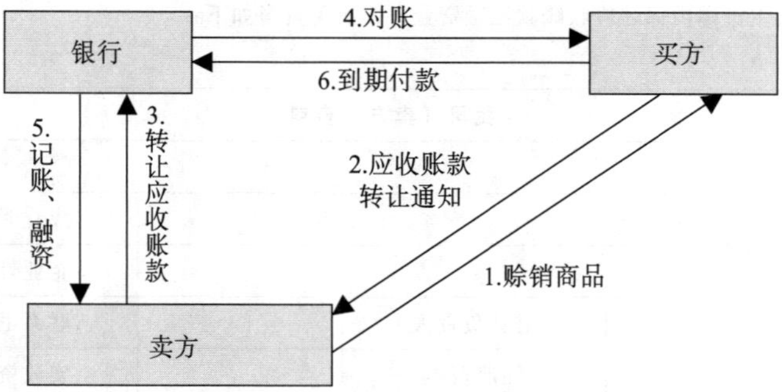

图6－2　国内保理业务操作流程

配置要求

（一）应收账款转让通知

按我国《合同法》规定，债权转让必须通知债务人（买方），否则转让对债务人不产生效力。因此，卖方应将应收账款转让情况按银行要求的格式通知买方并提供买方的确认回执。

（二）申请及受理

1. 资格审核

（1）销售商除具备借款人的基本条件外，还应具备：应收账款的期限、地区、客户结构合理；发展前景良好，交易合同项下产品所占市场份额较大。

（2）购货商应具备的条件。除基本条件外，还应具备：没有拖欠购货款等不良信用记录。

（3）销售商、购货商双方交易合同项下产品属于成熟行业且无特殊条件限制，且具有一定的经营规模，发展前景良好，主要产品所占市场份额较大，应收账款占比较高的特点。例如：电信、医疗设备、成品油、煤等材料供应货款；

（4）销售商、购货商双方存在真实、合法交易，具有长期稳定的合作关系和真实完整的还款记录；

（5）应收账款权属清楚，没有争议，不受抵消权、质押权、留置权、求偿权的影响。

（6）购销合同中没有含有禁止应收账款转让的条款。

（7）交易合同项下的商品为消费品而非资本性商品。

2. 客户提交保理业务申请书（见表6－1）

表6－1　　保理融资业务申请书

××银行国内保理融资业务申请书

致：××银行______分（支）行：

因我司拟向贵行申请叙做国内保理应收账款池融资业务，有关资料如下：

单位：万元

我司（卖方）资料

申请人全称					
经营地址				成立时间	
经营范围				企业性质	
法定代表人		财务负责人		联系电话	
营业执照号		注册资本		实收资本	
开户时间		开户银行		银行账号	

申请人前三年经营指标完成情况	年度	总资产	年销售收入	年利润	应收账款周转速度
	一年以上未收回的应收账款总额		预计下年销售额		
			预计下年赊销金额		

主营产品或服务	产品品名	产品年销售额	占总销售额比例	产品瑕疵比例	产品退货率

主要买方客户名称	上年销售额	占总销售额比例	主要贸易条件	其中赊销比例	结算方式	应收账款余额	逾期应收款余额

债务人（买方）资料

买方1全称			地　址				
联系人		联系电话		开户行		账号	

续表

<table>
<tr><td colspan="8">有否折扣宽限期/优惠期：是（ ）否（ ），如有，请列明方式：</td></tr>
<tr><td rowspan="4">近三年双方交易情况</td><td>年度</td><td colspan="2">总购买额</td><td>其中赊购金额</td><td colspan="2">主要购买产品品名</td><td>有无逾期付款记录</td></tr>
<tr><td></td><td colspan="2"></td><td></td><td colspan="2"></td><td></td></tr>
<tr><td></td><td colspan="2"></td><td></td><td colspan="2"></td><td></td></tr>
<tr><td></td><td colspan="2"></td><td></td><td colspan="2"></td><td></td></tr>
<tr><td colspan="8">申请分项额度：</td></tr>
<tr><td>买方 2 全称</td><td colspan="4"></td><td>地 址</td><td colspan="2"></td></tr>
<tr><td>联 系 人</td><td></td><td>联系电话</td><td></td><td>开户行</td><td></td><td>账号</td><td></td></tr>
<tr><td colspan="8">有否折扣宽限期/优惠期：是（ ）否（ ），如有，请列明方式：</td></tr>
<tr><td rowspan="4">近三年双方交易情况</td><td>年度</td><td colspan="2">总购买额</td><td>其中赊购金额</td><td colspan="2">主要购买产品品名</td><td>有无逾期付款记录</td></tr>
<tr><td></td><td colspan="2"></td><td></td><td colspan="2"></td><td></td></tr>
<tr><td></td><td colspan="2"></td><td></td><td colspan="2"></td><td></td></tr>
<tr><td></td><td colspan="2"></td><td></td><td colspan="2"></td><td></td></tr>
<tr><td colspan="8">申请分项额度：</td></tr>
<tr><td></td><td></td><td colspan="2"></td><td></td><td colspan="2"></td><td></td></tr>
<tr><td colspan="8">申请总额度： 融资比例： 期限：</td></tr>
<tr><td colspan="8">申请人保证申请书所陈述的各项内容及所提供的资料的真实性。
申请人盖章：
法定代表人或委托代理人签字：
年 月 日</td></tr>
</table>

3. 客户提交额外资料

（1）应收账款的详细情况。

（2）应收账款付款人情况。

（3）商务购销合同及申请人履行合同的有关凭证（增值税发票，货运单据，订单，装箱单、保险单据等）。

（4）银行要求提交的其他有关文件。

（三）银行与卖方签订“国内保理融资协议”。卖方将已经形成的应收账款及相关法律要件转让给银行，相关协议见表6-2和表6-3。

表6-2　　国内保理业务合同

号：

国内保理业务合同

保理银行（甲方）：________________

住所（地址）：________________

负责人：________________

经办人：________________

电话：________________　传真：________________　邮政编码：________________

借款人（乙方）：____________________

住所（地址）：____________________

法定代表人：____________________

授权代理人：____________________

电话：____________________　传真：____________________　邮政编码：____________________

鉴于：乙方作为销货方以其与购货方之间形成的应收账款，向甲方申请办理__________［有追索权/无追索权］国内保理业务。为明确责任恪守信用，根据《中华人民共和国合同法》及有关法律、法规，甲、乙双方经平等协商一致，签订本合同。

第一条　有关用语定义

1.1 在本合同中，除上下文另有规定外，下列专用术语具有以下含义：

1.1.1 有追索权（回购型）保理业务：乙方根据本合同将其现在或将来的基于其与购货商（债务人）订立的货物销售、服务合同或其他原因所产生的应收账款转让给甲方，取得贸易融资、销售分户账管理、应收账款催收等服务，如果应收账款不能如期足额回收，由乙方负责等额回购（含置换），甲方对乙方享有追索权。

1.1.2 无追索权保理业务：指乙方将其因向购货方销售商品、提供服务或其他原因所产生的应收账款转让给甲方，由甲方向乙方提供应收账款融资及相关的综合性金融服务，若购货方因财务或资信原因在约定期限内不能足额偿付应收账款，甲方无权向乙方追索未偿融资款。

1.1.3 购销或服务合同：指乙方与购货方签订的产生本合同项下所对应应收账款的合同。

1.1.4 应收账款：指购销双方在真实贸易交易或债权债务关系的基础上产生的唯一、具体、特定和排他的无争议合法债权。

1.1.5 应收账款发票实有金额：发票金额扣除乙方已回笼货款后的余额。

1.1.6 保理融资余额：指本合同项下甲方向乙方提供的应收账款融资金额。

1.1.7 结息日：对一次性计收利息的，结息日为甲方融资发放日；按月计收利息的，结息日为每月的第20日；按季计收利息的，结息日为每季末月的第20日。

1.1.8 保理余款：指甲方按实际收回的应收账款扣除融资本金、融资利息、预期罚息及有关费用后的剩余资金。

1.1.9 保理账户：指乙方根据本合同在甲方开立的用于应收账款回收、保理融资本息扣划、保理余款支付的专门账户，是收取本合同项下应收账款的唯一合法账户。

1.1.10 保理业务手续费：指甲方按照本合同的约定，向乙方提供融资或其他服务，而有权向乙方收取的费用。

第二条　乙方的陈述和保证

2.1 乙方系依法成立的法人（或是经法人合法授权的分支机构），现持有有效营业执照，并依法拥有其资产、合法经营其业务。

2.2 乙方具有履行本合同项下权利和义务的能力。

2.3 本合同的签署和执行不会与乙方必须遵守的法律和行政法规相违背或抵触；执行本合同不会引起乙方违反所应遵守的其他合同以及批准其成立的文件和公司章程。

续表

2.4 乙方向甲方提供的所有资料都是真实、准确、完整而没有任何隐瞒，不存在任何未向甲方披露的重大债务、或有债务。 2.5 乙方转让给甲方的应收账款赖以产生的购销合同或服务合同及所对应的债权债务关系真实、合法、有效、没有争议。 2.6 乙方与购货方订立的购销或服务合同中不含有任何限制应收账款转让的条款。 2.7 乙方转让给甲方的应收账款权属清楚，没有瑕疵，乙方未将其转让给任何第三人，也未在其上为第三人设定任何质权和其他优先受偿权。 2.8 在本合同生效时，没有针对乙方提出的或悬而未决的，可能会对其构成任何形式的实质性不利影响的诉讼，仲裁或其他潜在的重大纠纷。 2.9 提供给甲方的最新财务报表是根据中国适用法律和条例以及会计准则编制的，完整、真实、公正地反映乙方在有关财务时期结束时的财务状况及业绩。从该财务报表日期后，乙方的业务或财务状况并无不利的实质性变化。 2.9 乙方在甲方开立的账号为__________的保理账户（下同）用于收取相应应收账款以及扣划保理融资本息，未经乙方同意，乙方不得自行从该账户支取任何款项，也不发出从该账户支付任何款项的指令。 第三条　保理融资金额和期限 3.1 本合同项下的保理融资按下列__________项的约定执行： 3.1.1 乙方将应收账款债权及相关权利转让给甲方，甲方审查确认后，按照本合同项下每笔应收账款发票对应的保理融资金额（《应收账款转让清单》，见附件，下同）之和，给予乙方总额为人民币__________元（大写__________）的保理融资（大小写不一致时以大写为准，下同）。 3.1.2 甲方给予乙方总额不超过人民币__________（大写__________）的保理融资额度，该额度自本合同生效日起至______年____月____日止的期限内可循环使用，但在任一时点，甲方给予乙方的保理融资的未偿金额之和不超过该额度。该额度按购货方分配如下： 购货方名称：________________，融资额度人民币：　　　　元（大写__________）； 购货方名称：________________，融资额度人民币：　　　　元（大写__________）； 购货方名称：________________，融资额度人民币：　　　　元（大写__________）； 购货方名称：________________，融资额度人民币：　　　　元（大写__________）； 在上述有效期和额度内办理保理业务时，每笔应收账款发票对应的保理融资金额见《应收账款转让清单》。 3.2 甲方给予乙方的每笔应收账款发票对应的保理融资期限自融资发放日起至甲乙双方约定的融资还款日止，具体见《应收账款转让清单》。 办理本项业务填制的借据或有关支取凭证，是不会太多不可分割的组成部分，借据或有关支取凭证与《应收账款转让清单》中记载的保理融资金额、融资期限不一致时，以借据或有关支取凭证为准。 第四条　利息和费用 4.1 本合同项下保理融资的利率见《应收账款转让清单》。 4.2 如遇中国人民银行调整利率或利率确定办法，则按中国人民银行的有关规定办理。 甲方根据中国人民银行的规定调整利率，应于利率调整日起30日内书面通知乙方，但通知送达与否不影响执行。 4.3 本合同项下保理融资依据甲方与乙方约定的保理融资期限的具体天数按日计息（日利率 = 年利率 ÷ 360），实行一次性或按月或按季计收，具体见《应收账款转让清单》。 4.4 结息日前乙方须将应付利息存入保理账户，由甲方从该账户中直接扣收。本合同项下融资到期日，未结利息随本金一并付清。 第五条　应收账款的回收 5.1 本合同项下的应收账款采取以下__________方式回收，具体见《应收账款转让清单》。 5.1.1 甲方自行负责管理和回收。 5.1.2 由乙方进行催收，督促购货方及时将应收账款存入保理账户。 由乙方进行催收时，甲方履行协助甲方督促购货方按时支付货款的义务，而不具有对该应收账款的任何权利。乙

续表

方应在收到购货方付款当日通知甲方，并将收到的款项直接付至本合同指定的保理账户。

5.2 乙甲收到购货商全额付款后，应与应收账款对应的融资逐笔勾对，确认无误的，应将该笔应收账款对应的融资从《应收账款转让清单》中勾销；如有保理余款的，甲方应及时将保理余款给付乙方。

第六条　应收账款回购条件、方式及程序

6.1 由于乙方的虚假陈述或保证，对本合同项下的应收账款偿还产生不利影响的，乙方按照甲方通知事项进行回购。

6.2 除6.1规定外，对符合下列条件的有追索权保理业务，乙方也应按照甲方通知进行回购：

6.2.1 因货物损失或其他任何原因致使购货方对本合同项下应收账款的偿还提出异议，进而拒付或少付的应收账款。

6.2.2 保理融资到期日，甲方未收到购货方付款，或购货方付款余额不足以偿付融资本金、融资利息、罚息及有关费用。

6.2.3 构成本合同第九条约定的违约行为，被甲方宣布到期的应收账款。

6.3 除6.1规定外，对符合下列条件的无追索权保理业务，乙方也应按照甲方通知事项进行回购：

6.3.1 因货物损失或其他不是由于财务和资信的原因致使购货方对本合同项下应收账款的偿还提出异议，进而拒付或少付的应收账款。

6.3.2 乙方与购货方或乙方与其他债务人发生交易纠纷（包括但不限于质量、技术、服务方面的纠纷）、债务纠纷和债务追索，导致购货方未能在购销或服务合同规定的期限内向甲方支付的应收账款。

6.3.3 本合同签订后，甲方发现办理无追索权保理业务的应收账款不符合本合同约定的条件。

6.4 乙方在接到甲方要求其回购应收账款的书面通知后3个工作日内，按照甲方通知要求对未收回的应收账款进行回购；乙方全额回购的，甲方与乙方签署有关确认应收账款回购的书面文件，并在款项到账后，本合同终止。

第七条　乙方的权利和义务

7.1 乙方在本合同中行使以下权利，履行以下义务：

7.1.1 乙方有权要求甲方按本合同约定提供融资。

7.1.2 乙方应按本合同约定支付保理业务手续费、保理融资利息、逾期罚息及有关费用，并按不会太多约定履行回购义务。

7.1.3 乙方应与购贷方约定应收账款回款以现金方式划入保理账户，对确实不能以现金方式结算的，乙方应当确保收到款项后及时划入保理账户。

7.1.4 乙方应积极配合甲方对其有关生产经营和财务情况的调查、了解，并按甲方要求及时提供会计、财务报表等资料。

7.1.5 乙方应在甲方对购货方采取的收款措施或诉讼中提供必要的协助。

7.1.6 乙方应在下列事件发生5日内通知甲方，并向甲方提供事件的有关资料：

• 发生任何违约事件。

• 预期中的违约事件或可能发生的将对甲方在本合同项下的权益造成侵害的任何事件。

• 涉及被任何债权人索偿总额超过人民币__________元或等值的其他货币的诉讼、仲裁或任何行使的索赔。

• 变更企业名称、住所、注册资本、经营范围、公司类型、修改公司章程，股份制改造、承包、租赁、合并、分立、联营、与外商合资或合作，在财务方面发生重大变化或股权变动及其他重大事项。

7.1.7 若购货方或任意第三方对乙方的应收账款提供了任何形式的担保，可以转让的，乙方应一并转让给甲方；不能转让的，乙方应在甲方需要时协助甲方追索债务。

7.1.8 除应收账款及相关权利转让给甲方外，乙方应继续履行购销或服务合同项下的其他所有义务。

7.1.9 本合同生效后，乙方不得签署任何足以损害本合同项下甲方利益的协议或文件，或从事任何足以损害乙方权益的事项。

7.2 除7.1规定外，乙方对有追索权保理业务项下融资承担最终偿还责任，无论何种原因致使乙方不能及时、足额收回应收账款，均不影响甲方对乙方行使并实现追索权。

续表

第八条 甲方的权利和义务 8.1 甲方在本合同中行使以下权利，履行以下义务： 8.1.1 自本合同生效之日起，应收账款债权转移至甲方，甲方享有与该应收账款有关的所有权利。 8.1.2 若发生家当应回购而未予回购的事宜，甲方有权行使抵销权和追索权，即从乙方开立在中国工商银行及其分支机构的任何账户中直接扣收应予回购的款项或对其所欠款项予以追索。 8.1.3 甲方有权取得本合同项下乙方留存的应收账款发票原件，由甲方在本合同项下融资本息足额收回前保管；在融资本息足额收回后，甲方应及时将对应的应收账款发票原件退还乙方。 8.1.4 甲方应按本合同约定向乙方发放融资及提供其他服务。 8.1.5 甲方应对甲方提供的有关债务、财务、生产、经营等方面的信息资料保密，但本合同另有约定和法律另有规定的除外。 8.2 除 8.1 规定外，有追索权保理业务项下，甲方还具有以下权利： 8.2.1 保理融资本息未足额收回前，乙方未按本合同约定向甲方偿还融资即相关费用的，甲方有权直接从保理账户中回收融资本金，收取保理业务手续费、融资利息、逾期罚息及有关费用。 8.2.2 甲方有权了解、检查、监督乙方的生产经营管理中的计划执行、财务收支等情况。 8.2.3 融资到期日，若甲方收到的货款不足以支付融资本金、融资利息、逾期罚息及有关费用，甲方有权自行决定是否对购货方进行追索，甲方向购货方行使追索权的，不影响乙方的回购义务，但如果甲方已从购货方处获得部分或全部货款，乙方的回购金额亦随之降低，如产生保理余款，甲方应及时将保理余款支付给甲方。 8.3 除 8.1 规定外，无追索权保理业务项下，甲方还具有以下权利： 8.3.1 对购货方连续出现两笔以上（含）不按期偿付应收账款的，甲方有权停止乙方以其与该购货方在本合同项下的应收账款办理的保理业务。 第九条 违约及违约责任 9.1 一般原则 9.1.1 甲乙双方中的任何一方违反本合同的约定视为该方违约，违约方应当依法或依本合同的约定承担相应的违约责任。 9.2 下述任一事项均构成乙方的违约： 9.2.1 乙方未履行本合同项下义务或违背其在本合同项下所做的陈述或保证。 9.2.2 交叉违约事件，包括下述任一情形： • 乙方超过__________万元的任何其他债务在规定的到期日之前需要支付或被宣布为应付。 • 乙方任何其他债务在约定的到期日未能支付。 • 任何其他债权人取得乙方的全部或任何部分业务或资产的所有权，或针对乙方任何资产的裁决或判决被强制执行，从而实质性地影响乙方履行本合同项下义务的能力。 9.2.3 预期违约事件，包括下述任一情形： • 乙方停止或很有可能停止经营其业务或其业务的任何重要部分，或乙方处置其业务或资产的全部或任何重要部分，从而重大实质性地影响乙方偿还本息的能力。 • 乙方的财务状况发生任何重大实质性的不利变化，或其在本合同项下履约能力发生重大实质性的不利变化。 9.2.4 除 9.2.3 规定外，有追索权保理业务项下预期违约事件，还包括下述任一情形： • 乙方或购货方在甲方的信贷业务出现预期、垫款、欠息等不良行为。 • 乙方对购货方的应收账款坏账率连续两个月上升。 • 乙方对购货方的已到期未收回的应收账款占该购货方应收账款余额的 5% 以上。 • 乙方连续两次不按时足额回购应收账款。 • 影响或可能影响乙方履行本合同项下义务的任何其他情形。 9.3 发生上述任一违约事件，甲方有权自行决定采取下列一项或多项措施： 9.3.1 要求乙方纠正其违约行为。 9.3.2 停止对乙方叙作保理业务，解除本合同。

续表

9.3.3 宣布已叙作的保理业务即刻到期，要求乙方立即对未回收的应收账款进行回购。

9.3.4 从乙方开立在甲方和其分支机构的任何账户中扣收相应款项以清偿全部融资款项本息和其他应付费用。

9.3.5 应收账款到期时，直接向购货商追索。

9.4 对有追索权保理业务，乙方未按期偿还本合同项下融资本金及利息的（含被宣布提前到期），甲方有权对未按期偿还的融资按合同利率加收____%的利率计收罚息，并有权对未按期支付的利息按合同利率加收____%的利率计收复利。

第十条 其他约定

10.1 甲方将乙方在本合同项下应付的本金、利息、费用和其他任何款项及购货商的回款记录在甲方内部的账务簿记中；上述记录及甲方与乙方办理业务过程中正常发生并保留的单据和凭证构成乙方和甲方之间就本合同履行的有效凭证。

10.2 未经甲方的事先书面同意，乙方不得将其在本合同项下的任何权利和义务转让给第三人。

10.3 甲方可以将本合同项下权利全部或部分转让给第三人。

10.4 甲方未行使或延迟行使本合同项下的任何权利或决定权，不应被视为对该等权利或决定权的放弃；任何单独或部分的行使上述权利或决定权不应妨碍甲方进一步行使该种权利或决定权。本合同约定的各项权利和救济措施是累计的，并不排除法律规定的任何其他权利和补救措施。

10.5 由甲方向购货方书面通知应收账款债权转让事项，甲方可直接将通知递交购货方而无须乙方同意。

10.6 对乙方在保理融资额度和循环有效期内向甲方新转让的应收账款，甲、乙双方仅须签订《应收账款转让清单》即可，新签订的《应收账款转让清单》作为本合同的附件与本合同正文及本合同项下未履行完毕的《应收账款转让清单》具有同等法律效力。

第十一条 争议解决

11.1 本合同的订立、效力、解释、履行及争议的解决均适用中华人民共和国法律。在合同履行期间，凡由本合同引起的或与本合同有关的一切争议、纠纷，当事人应首先协商解决。协商不成，以下述____种方式解决：

11.1.1 将该争议提交________________仲裁委员会仲裁解决。

11.1.2 在甲方所在地法院通过诉讼方式解决。

第十二条 合同生效、变更、解除和终止

12.1 本合同自缔约各方加盖公章并由其法定代表人或授权代理人签字或盖章之日起生效，至乙方在本合同项下所有义务履行完毕之日终止。

12.2 除非本合同另有约定，本合同生效后，任何一方不得单方面变更或解除本合同；对本合同的任何修改或变更必须经甲、乙双方协商一致，并达成书面协议。

12.3 如遇国家法律、法规或政策变化，致使本合同的全部或部分条款不再符合国家法律、法规或政策的要求，甲、乙双方应及时协商，尽快修改有关条款。

12.4 本合同任何条款的无效或不可执行，不影响其他条款的有效性和可执行性，也不影响整个协议的效力。

12.5 本合同的变更和解除，不影响缔约各方要求赔偿损失的权利。本合同的解除，不影响本合同中有关争议解决条款的效力。

第十三条 附则

13.1 在本合同中，除非本合同上下文另有规定。

13.1.1 凡提及本合同应包括本合同及其附件，以及对该合同所做的任何修改、修订或补充的文件。

13.1.2 凡提及条、款和附件仅指本合同的条、款和附件。

13.1.3 本合同条款的标题仅为查阅方便而设，不应构成对本合同的任何解释，不对标题之下的内容及范围做任何限定。

13.2 本合同的附件及各项补充、修订或变更，为本合同不可分割的组成部分，与本合同正文具有同等法律效力。

13.3 本合同的附件包括《应收账款转让清单》。

13.4 本合同未尽事宜，由甲、乙双方协商处理，或者按国家有关法律、法规的规定执行。

13.5 本合同正本一式______份，甲方______份、乙方______份，具有同等法律效力。

续表

甲方：（公章） 负责人：（签章） （或授权代理人） 年　月　日	乙方：（公章） 法定代表人：（签章） （或授权代理人） 年　月　日

附件

应收账款转让清单

根据乙方办理__________［追索权（回购型）/无追索权（买断型）］保理业务申请，经双方确认，乙方将其与购货方之间形成的应收账款债权及相关权利转让给甲方，由甲方为乙方提供总额为人民币__________元（大写________________）的保理融资，经双方协商一致，就本《应收账款转让清单》（以下简称清单）有关事项做出如下约定：

一、本清单与双方签订的编号为__________的《国内保理业务合同》及其他附件一起，构成完整的、对双方均有约束力的合同。

二、双方在《国内保理业务合同》中约定的条款和术语适用于本清单时具有相同含义。

三、本清单未尽事宜服从于双方《国内保理业务合同》的约定。

四、本清单项下应收账款发票较多时，可加附页，附页经双方加盖公章后与本清单具有同等法律效力。

五、本清单自双方加盖公章并由其法定代表人或授权代理人或负责人签字和盖章之日起生效，至甲方在《国内保理业务合同》项下发放的全部融资本息及有关费用收回之日终止。

表6－3　　应收账款转让明细表

应收账款转让明细表　　　　单位：元（人民币）

序号	购货方全称	应收账款发票编号	应收账款发票实有金额	应收账款还款日	保理融资金额	保理融资发放日	保理融资到期日	年利率%	计息方式	应收账款催收方式	手续费金额
融资金额合计					手续费金额合计						

注：①应收账款还款日为本清单项下购销双方在购销或服务合同中约定的账款回收日，填写格式为　年　月　日。

②保理融资发放日和保理融资到期日的填写格式为 年　月　日。

③应收账款催收方式为乙方催收或甲方催收。

④利息计收方式为一次性或按月或按季计收。

甲方（公章）： 法定代表人（签章）： （授权代理人） 年　月　日	乙方（合同专用章或公章） 法定代表人（签章）： （或负责人） 年　月　日

（四）银行向买方提交“应收款账债权转让通知/确认书”，请其确认交易的真实性及付款到期日。

小贴士

应收账款的真实性是保理业务的关键风险点。因此银行要审查客户是否按规定提交了必需的单据，此外还需要通过与买方对账来确认应收账款的真实性见表6－4。

表 6－4

应收账款债权转让通知书

__________公司：

根据__________公司（销货方）与中国工商银行__________（保理银行）于______年____月____日签订的编号为__________的《国内保理业务合同》，销货方已将与贵公司签订的购销合同项下的以下应收账款债权及相关权利转让给保理银行，请贵公司按照购销合同约定及时将以下应收账款付至账号为__________的账户。

发票编号__________，发票金额__________元（大写__________），发票未付余额人民币__________元（大写__________）；

发票编号__________，发票金额__________元（大写__________），发票未付余额人民币__________元（大写__________）；

发票编号__________，发票金额__________元（大写__________），发票未付余额人民币__________元（大写__________）；

特此通知。

销货方（公章）：	保理银行（合同专用章或公章）：
法定代表人（签章）：	法定代表人（签章）：
（授权代理人）	（或负责人）
年　月　日	年　月　日

（五）在人民银行征信中心的应收账款质押登记公示系统中，予以登记

（六）银行向卖方提供融资

小贴士

如果是无追索权保理，银行向客户提供融资的同时，还提供其他服务：

1. 开户与记账

银行向卖方提供针对不同买方客户的销售分户账的记录。银行为买方客户的付款开立专项监督账户。

2. 收款与催收

银行在付款到期日期的一周向买方提示付款，汇款至银行指定的监督账户。

3. 对账

银行定期出具应收账款对账单，交给卖方对账，并寄给买方对账。

（七）追索权的行使

如买方于应收账款到期日向银行付款，银行扣除相应融资本息后将余额归还卖方；如到期日后未收到买方的付款，银行将依据保理合同的有关约定进行追索。

小贴士

国内保理产品与传统信贷产品的区别，见表 6－5。

表 6－5

要素	传统信贷产品	国内保理产品
业务申请人	借款企业	卖方企业
担保措施	有	一般没有
第一还款来源	借款企业	买方企业（追索）
第二还款来源	保证人／抵质押	卖方企业
第三还款来源	无	保险公司、第三方担保（目前国内银行基本做不到）

二、其他流动资金贷款

（一）法人账户透支业务

1. 产品定义

银行根据客户的申请，在核定客户的透支额度的基础上，允许客户在其结算账户存款不足以支付已经发出的付款指令时，向银行透支以取得资金满足正常结算需要的一种短期信贷品种。

2. 适用对象

法人账户透支是将短期融资和结算便利合一的银行业务。客户一旦习惯使用该项业务后，将最大限度地降低在银行的沉淀资金，所以，该产品的主要对象是银行综合收益较高的高端客户群。否则，单纯的法人账户透支业务对银行得不偿失。另外，要求客户要将主要结算业务放在该行，不断用结算回款偿还透支融资。

3. 业务特点

（1）在透支额度有效期间内，企业可连续使用透支资金，但未偿还透支资金余额不得超过透支额度。如果发生透支资金在日终营业结束前归还，不计收透支资金的利息。

（2）在透支额度的有效期内，客户可随时归还透支资金本息，归还透支资金本息后，银行按照该透支金额恢复透支额度。

（3）持续透支有效期为 90 天，持续透支有效期是指客户单笔透支可持续存在的最长天数。

（二）订单融资

1. 产品定义

企业提供符合一定条件的订单，银行根据订单价值发放贷款满足企业发货前采购原材料、组织生产和货物运输等资金需求。

2. 适用对象

正常生产的商贸流通企业和生产企业。

3. 业务特点

仅需真实有效合同和订单即可申请融资。

（三）仓单质押贷款

1. 产品定义

该类贷款主要是针对借款人已购货物由于市场等方面原因未及时出售，导致企业流动资金周转紧张，以库存货物存管第三方出具的仓单质押为主的流动资金贷款。

2. 适用对象

正常生产的商贸流通企业和生产企业。

3. 业务特点

存管第三方，必须为能承担民事行为的独立经营核算的法人企业，出具的仓单合法有效。

（四）提货单质押贷款

1. 产品定义

该类贷款主要是针对借款人已购货物由于市场等方面原因未及时出售，导致企业流动资金周转紧张，以库存货物存管第三方出具的提货单质押为主的流动资金贷款。

2. 适用对象

正常生产的商贸流通企业和生产企业。

3. 业务特点

出具的提货单合法有效，不得挂失，凭提货单可随时提取所存储货物。

（五）库存商品抵押贷款

1. 产品定义

该类贷款主要是针对借款人已购货物由于市场等方面原因未及时出售，导致企业流动资金周转紧张，以库存商品提供抵押的流动资金周转贷款。

2. 适用对象

正常生产的商贸流通企业和生产企业。

3. 业务特点

所提供抵押商品不得为积压、过时、毁损等商品，并可提供交易相关发票等凭证。

业务二　固定资产贷款

任务描述

1. 了解固定资产贷款的基本规定。
2. 掌握固定资产贷款产品的配置要求。

PPT：固定资产贷款

☞ **业务描述**

根据固定资产贷款的基本规定及客户情况，为客户配置合适的贷款品种。

知识准备

固定资产贷款是指银行发放的，用于借款人新建、扩建、改造、开发、购置固定资产项目的贷款。

解析

想一想

什么是固定资产?

产品配置要求

一、受理申请

（一）资格审核

（1）根据我国《固定资产贷款管理办法》第三条规定：固定资产贷款是指贷款人向企事业法人或者国家规定可以作为借款人的其他组织发放的。据此可以判断，固定资产贷款的基本法律特征主要为借款人主体是企业法人、事业法人和国家许可的其他组织，不包括个人。

（2）项目具有国家规定比例的资本金。根据《国务院关于调整固定资产投资项目资本金比例的通知》，各行业固定资产投资项目的最低资本金比例按以下规定执行。

①钢铁、电解铝项目，最低资本金比例为40%。

②水泥项目，最低资本金比例为35%。

③煤炭、电石、铁合金、烧碱、焦炭、黄磷、玉米深加工、机场、港口、沿海及内河航运项目，最低资本金比例为30%。

④铁路、公路、城市轨道交通、化肥（钾肥除外）项目，最低资本金比例为25%。

⑤保障性住房和普通商品住房项目的最低资本金比例为20%，其他房地产开发项目的最低资本金比例为30%。

⑥其他项目的最低资本金比例为20%。

经国务院批准，对个别情况特殊的国家重大建设项目，可以适当降低最低资本金比例要求。属于国家支持的中小企业自主创新、高新技术投资项目，最低资本金比例可以适当降低。

> **提示**
>
> 投资项目的资本金一次认缴，并根据批准建设的进度，按比例分年应到位数量存入其主要贷款银行，且只能用于项目建设，不得挪作他用，更不得抽回。有关银行承诺贷款后，要根据投资项目建设进度和资本金到位情况分年发放贷款。
>
> 对资本金未按照规定进度和数额到位的投资项目，金融部门不予贷款。对将已存入银行的资本金挪作他用的，在投资者未按规定予以纠正之前，银行要停止对该项目拨付贷款。

（二）借款人提交借款申请书（见表6－6）

表6－6 **固定资产贷款借款申请书** 金额单位：人民币万元

项目名称				
项目地址				
项目性质	□ 基本建设 □ 技术改造 □ 其他			
项目主导产品				
产品销售价格				
有关批文、证件				
（一）项目投资及来源				
	固定资产		流动资金	
	其中：人民币	其中：外币	其中：人民币	其中：外币
项目总投资				
项目资本金				
银行贷款				
其中：本行贷款				
其他资金				
（二）项目出资人出资情况				
出资人				
出资比例				
出资方式				
（三）评估项目（ ）年主要经济财务指标				
预计年新增销售收入		销售利润率		
新增利润总额		财务内部收益率		
基准折现率		投资利润率		
财务净现值		综合筹资成本		
动态投资回收期		偿债保证比		
申请人：（公章） 法定代表（授权代表人）（签章） 年 月 日				

（三）借款人提交额外资料

1. 项目批准文件

使用政府投资的项目，提供有权部门同意立项的批准文件（可行性研究报告及批复文件或资金申请报告及批复文件）；需政府核准的项目，提供有权部门核准文件；适用备案制的项目，取得地方主管机关核发的《基本建设投资项目备案证》。

> 目前，我国对项目管理是项目审批制、核准制及备案制并存。
>
> 提示

（1）审批制。对于政府投资项目采用直接投资资本金注入方式的，只审批项目建议书和可行性研究报告。采用投资补助、转贷和贷款贴息方式的只审批资金申请报告。

（2）核准制及备案制。对于不使用政府投资的项目，如果属于《政府核准的投资项目目录》范围，适用核准制。如果属于《政府核准的投资项目目录》以外的投资项目，实行备案制。由企业按照属地原则向地方政府投资主管部门备案。

2. 环保评价报告及批准文件

（1）根据我国环境保护法律和有关行政法规规定，建设项目对环境可能造成重大影响的，应当编制环境影响报告书，对建设项目产生的污染和对环境的影响进行全面、详细的评价；建设项目对环境可能造成轻度影响的，应当编制环境影响报告表，对建设项目产生的污染和对环境的影响进行分析或者专项评价；建设项目对环境影响很小的，需要填报环境影响登记表（见表6－7）。

表6－7　　建设项目环境影响报告书审批权限

审查内容	批复内容	审批级别	审批权限	报批形式
申报材料的真实性、全面性，与产业政策和环境规划的相容性，项目实施对环境的影响程度，减少负面影响的措施的可行性等与环境因素相关的事项	从环境保护角度是否批准本项目的实施，有何限制条件，应执行怎样的标准，对项目的性质、规模、选址、工艺、设备等项目内容及其他方面有何具体要求	国家环保总局	核设施、绝密工程等特殊项目，由国务院或国务院授权部门审批的项目	环境影响报告书
		省环保局	由省有关部门审批的项目，染料、农药等可能造成较大环境影响的项目，可能造成环境影响跨市边界的项目	环境影响报告书、报告表
		市环保局	除须由总局和省环保局审批以外的一切项目	环境影响报告书、报告表、登记表
		项目所在区镇环保部门	投资50万元以下对环境影响很小的项目（受市环保局委托）	环境影响登记表

环境保护行政主管部门受理申请后，做出审批决定并在国家环境保护总局在政府网站（网址：www.zhb.gov.cn）公开审批结果。

（2）“三同时”政策。项目需要配套建设的环境保护设施与主体工程同时设计、同时施工、同时投产。未达到“三同时”要求的，金融机构应暂停主题工程建设的资金支付。

小贴士

2013年，江苏省率先制定出台了《江苏省企业环保信用评价标准和评价办法》，明确了企业环保信用评价原则、指标体系、等级划分等。

2019年，江苏省生态环境厅日前公布了全省上半年企业环保信用评估结果。评估结果显示，江苏省参评企业46 046家，141家企业上了“失信名单”，其中红色企业（较重失信）89家，黑色企业（严重失信）52家。

江苏省将环保信用评价与银行贷款挂钩，生态环境部门与人民银行、银监局等建立了协作机制，定期提供评级结果作为金融机构实施绿色信贷的重要依据。

正是有了这项协作机制，让整个信贷过程有了“提示器”。金融机构通过共享机制及时关注和跟踪企业环保信用等级，随时调整企业授信策略，降低了授信风险，避免了经济损失，维护了综合利益。在江苏省多地，银行对红黑色企业实行“一票否决”，原则上不予新增贷款。

3. 国土主管部门的用地审批文件（国有土地使用证）
4. 国土规划部门的项目建筑规划许可文件（建设用地规划许可证）
5. 房屋管理部门的项目建筑规划许可文件（建设工程规划许可证）
6. 施工许可文件（建设工程开工证）
7. 国家规定比例的资本金的证明材料

二、贷款调查

（一）借款人是否满足借款人应具备的基本条件

参考项目二模块一。

（二）是否符合国家产业政策、行业发展规划和市场准入标准

1. 是否符合国家产业政策及行业发展规划

根据国家发改委《关于进一步加强产业政策和信贷政策协调配合控制信贷风险有关问题的通知》《产业结构调整指导目录（2019年本）》《当前部分行业制止低水平重复建设目录》，及银监会《节能减排授信工作指导意见》的要求，经调查核实：

（1）对于属于《产业结构调整指导目录》鼓励类的项目，应积极支持。

（2）属于《产业结构调整指导目录》中限制类和淘汰类项目，应予以否定。

（3）根据《当前部分行业制止低水平重复建设目录》及与该目录同时发出的《关于进一步加强产业政策和信贷政策协调配合，控制信贷风险有关问题的通知：有10种行业的项目被列入了禁止类和限制类项目。根据规定，被列入禁止类和限制类的行业项目，各金融机构要停止各种形式的新增授信支持。

2. 是否符合市场准入标准

2004 年以来，发改委共对电石、铁合金、焦化、电解金融锰、钨、锡、锑、玻璃纤维、铅锌、平板玻璃、铝、印染、乳制品加工等 13 个行业提出了行业准入制度。对不符合准入条件的新建、改扩建项目，环保部门不得办理环保审批手续，金融机构不得提供信贷支持。

（三）贷款项目的可行性和必要性

工艺技术、装备的先进性和适用性，项目产品的国内外市场供求现状、竞争能力及其发展趋势等。

（四）资本金来源的充足性和可靠性评估

1. 充足性

测算分析项目单位的资比例是否符合银行要求。

解析

想一想

事业法人客户以划拨方式取项目用地的，在进行资本金估算时，是以其实际支出成本来确定项目资本金还是把项目用地按市场价格计算的土地出让金的减免也计算在资本金内？

2. 资本金来源的真实性和可靠性

案例

如何分析事业单位法人资本金来源的充足性和可靠性？

(1) 事业单位法人客户的资金来源主要包括：

①各级政府核拨的用于项目单位固定资产建设的各种专项（指定专门项目用途）和非专项财政资金。

②事业基金项下的一般基金。事业基金按核算的业务内容下设“一般基金”和投资基金”两个明细科目。“一般基金”主要用于核算滚存结余资金；“投资基金”则用于核算对外投资部分的基金。一般基金是事业法人单位各年收支结余的滚存，属于事业法人单位拥有的非限定用途的净资产，可用于项目资本金出资。

③项目建设期各年的收支结余。

④借款人其他可用于项目投资的自有资金，如土地置换收入、捐赠收入等。

(2) 对以上项目资本金来源的真实性和可靠性进行评估时，应考虑以下内容：

①以政府核拨的财政资金作为项目资本金的，如果是专项资金拨款，要注意调查该专项资金指定的项目用途是否为本次所评估项目；如果是非专项资金

拨款，要注意调查该非专项资金拨款用于本次所评估项目的建设是否存在障碍。此外，如果评估时政府核拨的财政资金尚未到位，应对其承诺的项目资本金评估到位的可靠程度进行评价。通常，政府级别越高，可靠程度越好；就特定级别的政府而言，承诺方式不同，效力也有所不同。例如，人大决议、财政预算（通过人大审批）的法律效力和可靠程度就比较高，政府正式公文（有文号）的效力其次，政府具体相关部门（如财政、教育、卫生等）的承诺函则更次之。

②以事业基金项下的一般基金作为项目资本金的，要注意调查其出资能力。事业法人以一般基金出资，一般要到年终决算时，该单位以其一般基金抵补收支结余赤字后，出资才算真正落实。这样出资就存在着滞后性和不确定性（因为当年的收支结余尚未确定）。因此在评估中，评估人员主要是评估借款人是否具备一般基金出资能力，即账上是否有足够的一般基金；真正落实出资，就要等到贷后管理工作中，由管户经理跟踪借款人的年度财务报表，关注其是否如数计提一般基金抵补收支结余赤字。

③事业法人单位可以其在项目建设期间预测的各年收支结余作为项目资本金，具体测算过程为项目建设期间的预测事业结余加预测经营结余，但不包括专项资金结余（专项资金拨款计入政府财政资金拨款中）。

④在评估资本金来源时，应防止项目单位将对外筹措的债务性资金作为项目资本金。如金融机构借款、建筑工程公司垫款，以及其他将来需要偿还的款项，以防项目单位虚增资本金投入，人为扩大项目贷款风险。尤其是不能将项目单位资产负债表上的货币资金简单地等同为项目资本金的出资能力。因为项目单位借入银行贷款后，其尚未使用的贷款会形成派生存款，这部分负债性资金是不能作为资本金的。

（五）贷款效益与风险

贷款项目运营后的经济效益、偿债能力、贷款项目综合效益，贷款风险规避措施。

以事业法人客户为例：事业法人客户偿还贷款的资金来源主要是还款期各年的收支结余，及确信可以用于还款的其他资金，如土地置换收入、捐赠收入等。

一般而言，收支结余的测算是通过对项目单位还款期各年的各项收入支出进行预测，然后收支相抵，从而得出测算结果通常事业单位的各项收入包括财政拨款收入、事业收入和其他收入等；各项支出包括在职人员支出、公用经费支出、对个人和家庭补助支出、结转自筹基建支出和其他支出等。下面以高校为例来说明事业单位各项收支的测算方法。

1. 总收入预测

(1) 财政拨款收入。可以根据项目单位提供近三年年终决算报表上所反映的财政经费拨款数，计算在校生平均拨款数或财政拨款年均增长率，然后根据在校生规模的增长或按固定的年均增长率测算财政经费拨款的增长，待学校在校生规模基本稳定后则不再增长。

（2）事业收入。高校主要是学费、住宿费等收入。我们可以通过预测在校生规模的变动，来测算学校事业收费收入的变化。首先，根据高校规划测算出学校规模基本稳定时的在校生。我们通常以当年的在校学生人数为基数，在综合考虑学校今后对本科生教育、专科生教育及成教生教育的发展政策后，按可靠的增长方案测算学校在校生人数，直至学校在校生规模稳定后在校生不再增长。其次，根据学校的《收费许可证》及当年实际收费情况，可以确定该校研究生、本科生、专科生、成人教育生各年度生均应交的学费及住宿费标准。最后，根据学生人数和收费标准，可以测算出学校的学费、住宿费等各项收费收入，加总得出学校的事业收入。

（3）其他收入。一般来说，其他收入在事业法人收入构成中比例较少，相对重要性较小，一般可根据近三年度财务报表中其他收入的平均值来大致预测以后每年项目单位的其他收入。

2. 支出预测

事业法人支出主要是事业支出和自筹基建支出。事业支出包括在职人员支出、公用经费支出、对个人和家庭补助支出。自筹基建支出则可以根据项目建设单位资金筹措计划确定。

事业支出中的在职人员支出、公用经费支出及对个人和家庭补助支出，同样是与学校教学规模（主要是在校生规模）线性相关的。在没有特殊条件的情况下，考虑学校教学规模的扩大导致各项事业支出的增长，我们可以根据学校在校生规模的变动同比例测算学校在职人员支出、公用经费支出及对个人和家庭补助支出三项事业支出的变化情况。

另一种粗略的估算方法，是按项目单位最近三年在学校在职人员支出、公用经费支出及对个人和家庭补助支出上的平均增长（或减少）率，分别测算以后年度各项事业支出的增长（或减少）。

3. 收支结余测算

根据以上各项收入预测和支出预测编制项目单位“收支结余预测表”（见表 6－8）汇总计算还款期各年预测收支结余。以此判读客户是否具有还款能力。

表 6－8　　　　收支结余预测表

年　月　日　　　　单位：万元

项　目	2018 年	2019 年
收入合计		
财政拨款		
事业收入		
附属单位缴款收入		
其他收入		
支出合计		
事业支出		
对附属单位补助		
基建项目支出		
收支节余		

（六）担保能力评估（略）。

三、出具贷款承诺函（见表6－9）

经审批同意的贷款，可以应借款人的要求，出具贷款承诺函。

在有效期内，贷款承诺一般不予以撤销。如发现借款人或贷款项目情况发生重大变化并影响贷款安全时，我行有权依约撤销贷款承诺。

表6－9　　固定资产项目贷款承诺函

编号：

固定资产项目贷款承诺函

（单位名称）：

你单位关于______________（项目名称）的项目贷款申请（或委托评估书），经我行评估审查，同意在（承诺条件）的情况下对该项目提供固定资产贷款______（金额）。如果你单位违反以上承诺，我行可变更或撤销本承诺。

本承诺函仅限于项目审批时向国家有关部门说明项目和投资的落实情况。如遇到国家有关政策变化、项目建设方案和投资计划重大调整以及项目业主发生重大经营变故，以上承诺需我行重新确认。

本承诺函只有正本有效，有效期为开出之日起到正式签订借款合同时止。

（盖章）

年　月　日

四、贷款合同签订及贷款发放

（一）签订合同（见表6－10）

在签订贷款合同前，注意落实各项贷前条件

（1）借款人条件是否发生变化。

（2）项目资本金和其他建设资金是否已按规定的时间和比例到位；政府补助、转贷、贴息的项目，国家有关部门已正式批准的资金申请报告是否齐备。

（3）项目的各项重要经济技术指标是否发生较大的负面变化。

（4）是否有其他不利于商业银行贷款的重大事项。

对贷款条件发生较大变化、可能危及贷款安全的，应停止办理贷款手续，并及时向上级行报告。

表6－10　　固定资产贷款借款合同

合同编号：　　年　字第　号

中国××银行固定资产贷款借款合同

借款人（甲方）：________________________

住所（地址）：

法定代表人：

贷款人（乙方）：________________________

住所（地址）：

法定代表人（负责人）：

续表

甲方因本合同3.1条的需要，特向乙方申请借款。乙方同意向甲方提供借款。为明确双方的权利、义务，根据《合同法》《贷款通则》和其他有关法律、法规，甲、乙双方经平等协商一致，订立本合同。

第一条　甲方陈述与保证

1.1　依法设立的、具有法人资格的实体（或是经法人合法授权的分支机构），依法有权履行本合同。

1.2　本合同项下借款拟建项目已取得政府有关机关的批准或核准。

1.3　所提供的项目借款调查、评审、管理的各类会计报表和资料真实、准确、完整。

第二条　借款种类

2.1　本合同项下的借款为固定资产借款。

第三条　借款用途

3.1　本合同项下的借款用途为：____。

3.2　未经乙方书面同意，甲方不得改变本合同中确定的借款用途。

第四条　借款金额和期限

4.1　本合同项下的借款金额为人民币（大写）__________元，（小写）__________元（大小写不一致时，以大写为准，下同）。

4.2　本合同项下的借款期限为__________个月，自____年____月____日起至______年____月____日止。

第五条　借款利率和计息

5.1　本合同项下借款自实际提款日起依据实际借款天数按日计息（日利率＝年利率/360），按__________（月/季）结息，结息日为__________（每月的20日/每季末月的20日），结息日为非银行工作日的，则顺延至下一个银行工作日。借款到期，利随本清。

5.2　本合同项下的借款利率按下列__________方式确定：

5.2.1　年利率为__________%的固定利率。合同期内不调整。

5.2.2　本合同利率确定为在中国人民银行相应档次基准利率基础上__________（上/下）浮__________%。合同利率实行一期一调整，以__________（年/半年/季/月）为一期。第一期的利率确定时间为贷款合同生效日，由乙方按贷款合同生效日的相应档次的中国人民银行基准利率和双方约定的浮动幅度确定第一期利率，即年利率_______%，

续表

第二期及以后各期的利率确定时间为贷款合同生效日的对应日，由乙方按贷款合同生效日的对应日的相应档次的中国人民银行基准利率和双方约定的浮动幅度确定当期利率。如遇调整当月不存在与贷款合同生效日对应的日期，则以该月最后一日为对应日。

分期提款的，一期内无论分几次提款，都按贷款合同生效日或对应日确定的当期利率执行，并在下一期贷款合同生效日的对应日同时调整。

贷款合同生效日的对应日，是指贷款合同生效日满一期之后的相应日期，如，贷款合同生效日为某年5月9日，则以一月为一期的第二期对应日为该年6月9日；以一季为一期的第二期对应日为该年8月9日；以半年为一期的第二期对应日为该年11月9日；以一年为一期的第二期对应日为次年5月9日，以后各期依此类推。

5.2.3 其他方式：____

____。

乙方于利率变更之日起30日书面通知甲方，但通知送达与否不影响执行。

5.3 如遇中国人民银行调整利率或利率确定办法，则按中国人民银行的有关规定办理。

第六条 提款条件

6.1 每次提款前，甲方应满足下列条件：

6.1.1 担保合同依法成立并已生效。

6.1.2 本合同项下借款所建项目的资本金或其他应筹措资金已按规定的时间和比例足额到位。

6.1.3 未发生成本超支或成本超支已自筹解决。

6.1.4 已按计划完成工程进度。

6.1.5 已按合同规定向乙方办理提款手续。

6.1.6 未发生本合同规定的违约事件。

6.1.7 已按乙方要求提供办理借款的其他相关材料。

第七条 提款安排

7.1 本合同项下借款的提款方式按下列__________项的约定执行：

7.1.1 甲方于______年____月____日一次性提款，并将借款全部划入其在乙方所开立的账户。

7.1.2 甲方共分__________次提款，具体提款金额和日期如下：

7.1.2.1 ______年____月____日，金额（大写）__________元（小写：__________元）。

7.1.2.2 ______年____月____日，金额（大写）__________元（小写：__________元）。

7.1.2.3 ______年____月____日，金额（大写）__________元（小写：__________元）。

7.1.2.4 ______年____月____日，金额（大写）__________元（小写：__________元）。

7.1.2.5 ______年____月____日，金额（大写）__________元（小写：__________元）。

7.1.3 其他提款方式：____

____。

7.2 甲方应按本合同7.1条的约定提取借款，如有特殊原因，应出具书面申请，经乙方书面同意后可提前或推迟____日提款。

7.3 甲方要求取消本合同全部或部分未提款项的，应在本合同确定的提款日前30日向乙方提出书面申请，经乙方书面同意后方可取消。

7.4 本合同之具体提款日和还款日，以甲、乙双方办理的借据上所记载的实际日期为准。借据或借款支取凭证是本合同不可分割的组成部分，除日期外，其他记载事项与本合同不一致的，以本合同为准。

第八条 还款资金来源及还款

8.1 甲方偿还本合同项下借款本息的资金来源于但不限于：

8.1.1 ____。

8.1.2 ____。

续表

8.2　无论甲方作为一方当事人的其他任何合同对甲方的还款资金来源有任何约定，该约定均不能影响甲方在本合同项下还款义务的履行。无论出现何种情况，甲方都不得援用8.1条而拒绝履行其在本合同项下的还款义务。

8.3　甲方应按本合同约定按时足额支付利息，并按下列__________项的约定偿还借款本金：

8.3.1　一次还本，甲方应于______年____月____日偿还全部借款本金；

8.3.2　分次还本，具体还本金额和日期如下：

8.3.2.1　______年____月____日，金额（大写）__________元（小写：__________元）。

8.3.2.2　______年____月____日，金额（大写）__________元（小写：__________元）。

8.3.2.3　______年____月____日，金额（大写）__________元（小写：__________元）。

8.3.2.4　______年____月____日，金额（大写）__________元（小写：__________元）。

8.3.2.5　______年____月____日，金额（大写）__________元（小写：__________元）。

（期数较多时可附页）

8.3.3　其他还本方式：____。

8.4　甲方提前还款的，应于拟提前还款日前30日向乙方提交书面申请，并取得乙方书面同意；

8.5　甲方提前还款，应经乙方同意，并补偿乙方的预期收益损失及其他费用。且归还本金不得少于__________元（大写），并应是__________元（大写）的整数倍。

8.6　甲方提前归还的本金，应按本合同8.3.2条的还款顺序倒序冲减。

8.7　甲方于本合同约定的结息日或还本日前在乙方开立的账户上备足当期应付的利息或本金，并授权乙方于约定的结息日或还本日从甲方账户主动划收。

第九条　担　保

9.1　本合同项下借款的担保方式为：____。

9.2　甲方有义务积极协助乙方并使乙方与担保人就本合同之具体担保事项签订编号为________________的担保合同。

9.4　本合同项下之担保如发生了不利于乙方债权的变化，经乙方通知，甲方应按要求另行提供令乙方满意的担保。

第十条　双方的权利和义务

10.1　甲方的权利、义务：

10.1.1　按本合同规定期限和借款用途提取和使用借款。

10.1.2　未经乙方书面同意，不得提前归还借款。

10.1.3　自觉接受乙方对本合同项下借款使用情况的调查、了解及监督。

10.1.4　积极配合乙方对其有关生产、经营、项目建设情况和财务情况的调查、了解及监督，并有义务向乙方提供相关各期的损益表、资产负债表等报表资料。

10.1.5　积极支持乙方参与借款项目的三算审查（概算、预算、决算）、工程招标及工程竣工验收等相关事宜。

10.1.6　按本合同之约定清偿本合同项下的借款本金及利息。

10.1.7　承担本合同项下有关费用的支出，包括但不限于用于公证、鉴定、评估、登记等事项的费用。

10.1.8　对乙方向其寄出或以其他方式送达的催收函或催收文件，签收后应在3日内将回执寄出。

10.1.9　如进行承包租赁、股份制改造、联营、合并、兼并、合资、分立、减资、股权变动、重大资产转让以及其他足以影响乙方权益实现的行动时，应至少提前30日通知乙方，并经乙方书面同意，否则在清偿全部债务之前不得进行上述行为。

10.1.10　变更住所、通讯地址、营业范围、法定代表人等工商登记事项的，应在有关事项变更后7日内书面通知乙方。

10.1.11　如发生对其正常经营构成危险或对其履行本合同项下还款义务产生重大不利影响的任何其他事件，包括但不限于涉及重大经济纠纷、破产、财务状况的恶化等，应立即书面通知乙方。

续表

10.1.12　发生歇业、解散、停业整顿、被吊销营业执照或被撤销时，应于事件发生后5日内书面通知乙方，并保证立即归还借款本息。 10.2　乙方的权利、义务： 10.2.1　要求甲方提供与本借款相关的全部资料。 10.2.2　依本合同约定或法律规定从甲方账户上划收依本合同约定甲方应偿付的借款本金、利息、复利、罚息及所有其他应付费用。 10.2.3　对甲方逃避乙方监督、拖欠借款本金及利息或其他严重违约行为，有权实行信贷制裁，有权向有关部门或单位予以通报，有权通过新闻媒体实现公告催收。 10.2.4　按本合同约定按期足额向甲方提供借款（因甲方原因造成迟延的除外）。 10.2.5　对甲方提供的有关其债务、财务、生产、经营等方面的资料及情况保密，但本合同另有约定和法律法规另有规定的除外。 第十一条　违约责任 11.1　本合同生效后，甲、乙双方当事人均应履行本合同所约定的义务。任何一方不履行或不完全履行本合同所约定义务的，应当依法承担违约责任。 11.2　甲方未按本合同7.1条约定办理并提取借款的，乙方有权按合同利率按日计收迟延违约金。 11.3　乙方未按本合同7.1条约定办理并发放借款的，按合同利率按日支付迟延违约金。 11.4　未经乙方书面同意，甲方提前归还本合同项下借款的，乙方有权依照本合同约定的借款期限和利率计收利息。 11.5　甲方到期不偿还本合同项下借款本金及利息的，乙方有权限期清偿，甲方授权乙方扣收甲方开立在中国工商银行及其所有分支机构的所有账户中的资金以抵偿本合同项下的债务。同时对逾期借款按合同利率加收__________（30%－50%）的利率计收罚息，并对未支付利息按合同利率加收__________（30%—50%）的利率计收复利。 扣划款项为外汇的，按扣划日乙方所公布的外汇买入价折算。 11.6　甲方未按本合同约定用途使用借款的，乙方有权停止发放贷款、有权提前收回部分乃至全部借款或解除合同，并对甲方违约使用的借款根据违约使用天数按合同利率加收__________（50%—100%）的利率计收罚息，并对未支付的利息按合同利率加收__________（50%—100%）的利率计收复利。 11.7　借款期内甲方不能按期支付的利息按本合同约定的利率计收复利，借款逾期后改按11.5条约定的利率计收复利。 11.8　甲方使用借款如同时出现11.5、11.6条所列情形的，乙方应择其重而处罚，不能并处。 11.9　甲方有下列行为之一的，应在收到乙方通知后7日内予以改正并采取令乙方满意的补救措施，否则乙方有权停止或取消甲方尚未提取使用的借款、有权提前收回部分乃至全部借款；不能收回的，按逾期贷款利率按日计收违约金： 11.9.1　向乙方提供虚假的或者隐瞒重要事实的资产负债表、损益表和其他财务资料的。 11.9.2　不配合或拒绝接受乙方对其使用借款情况和有关生产经营、财务活动监督的。 11.9.3　未经乙方同意转让或处分，或者威胁转让或处分其资产重要部分的。 11.9.4　其财产的重要部分或全部被其他债权人占有，或被指定受托人、接收人或类似人员接管，或者其财产被扣押或冻结，可能使乙方遭受严重损失的。 11.9.5　未经乙方同意进行承包、租赁、股份制改造、联营、合并、兼并、合资、分立、减资、股权变动、重大资产转让以及其他足以影响乙方权益实现的行动而危及乙方债权安全的。 11.9.6　发生变更住所、通信地址、营业范围、法定代表人等工商登记事项或对外发生重大投资等情况使乙方债权实现受到严重影响或威胁的。 11.9.7　涉及重大经济纠纷或财务状况恶化等，使乙方债权实现受到严重影响或威胁的。 11.9.8　其他任何可能导致乙方借款合同项下债权实现受到威胁或遭受严重损失的。

续表

<table>
<tr><td>

第十二条　合同的生效、变更、解除和终止

12.1　本合同经甲、乙双方签字并盖章后生效，有担保的，自担保合同生效后生效，至本合同项下借款本金、利息、复利、罚息、违约金及所有其他应付费用偿清之日终止。

12.2　有下列情形之一的，乙方有权解除合同，并要求甲方提前归还贷款本息和赔偿损失：

12.2.1　甲方发生歇业、解散、停业整顿、被吊销营业执照或被撤销时。

12.2.2　本合同项下之担保发生了不利于乙方债权的变化，且甲方未能按乙方要求另行提供所需担保的。

12.2.3　甲方未按期归还借款或未按约定用途使用借款，借款欠息或其他严重的违约行为。

12.3　甲方如要求贷款展期，应于本合同到期日前30日向乙方提出书面申请及担保人同意继续担保的书面意见，经乙方审查同意，并签订展期协议后，本合同项下借款才相应展期；在双方签订展期协议前，本借款合同继续执行。

12.4　本合同生效后，除本合同已有之约定外，甲、乙任何一方都不得擅自变更或提前解除本合同，如确需变更或解除本合同，应经甲、乙双方协商一致，并达成书面协议。书面协议达成之前，本合同继续执行。

第十三条　争议的解决

13.1　甲、乙双方在履行本合同过程中所发生的争议，首先应由甲、乙双方协商解决；协商不成的，则按下列＿＿＿＿＿项方式解决：

13.1.1　由＿＿＿＿＿＿＿＿＿＿＿＿＿＿＿＿＿＿＿＿＿＿＿＿＿＿＿＿＿＿进行仲裁。

13.1.2　在乙方所在地法院通过诉讼方式解决。

第十四条　双方约定的其他事项

14.1　＿＿＿＿＿＿＿＿＿＿＿＿＿＿＿＿＿＿＿＿＿＿＿＿＿＿＿＿＿＿

14.2　＿＿＿＿＿＿＿＿＿＿＿＿＿＿＿＿＿＿＿＿＿＿＿＿＿＿＿＿＿＿

14.3　＿＿＿＿＿＿＿＿＿＿＿＿＿＿＿＿＿＿＿＿＿＿＿＿＿＿＿＿＿＿

第十五条　附　　则

15.1　本合同附件是本合同不可分割的组成部分，与本合同正文具有同等法律效力。

15.2　合同履行中，如某个提款、还款日为非银行工作日，则顺延至下一个银行工作日。

15.3　本合同一式＿＿＿份，甲方、乙方、＿＿＿方各执一份，具有同等法律效力。

甲方（公章）：
法定代表人：
（或委托代理人）
＿＿＿年＿＿月＿＿日

乙方（公章）：
法定代表人（或负责人）：
（或委托代理人）
＿＿＿年＿＿月＿＿日

</td></tr>
</table>

（二）贷款发放

审核贷款支用条件。经办行在发放贷款前，对下列内容进行复查：

（1）已在商业银行开立账户。

（2）担保合同已经生效。

（3）各项批准文件在有效期内。

（4）已获得城市规划、国土资源管理、环境保护部门和其他法律法规部门出具的关于城市规划、项目用地、环境影响评价等正式批准文件。

（5）自有资金到位。

（6）贷款项目经有权单位批准下达了开工通知。

(7) 借款单位按照合理工期和借款合同规定提出用款计划。

(8) 落实了贷款项目的信贷管理人员。

(三) 贷款支用

经办人员应督促借款客户按下列原则支用贷款：

(1) 按照合同约定用途、年度投资计划用款。

(2) 用于建设项目的其他资金与商业银行贷款同比例支用。

(3) 不得将所支用的固定资产贷款作为资本金、股本金和自筹资金使用。

固定资产贷款一经批准，原则上不再追加。因项目概算调整确需追加的，应由借款人重新提出借款申请，并按规定程序报批。

五、贷后管理

(一) 项目建设期检查

项目的建设进度是否按计划进行，项目总投资中各类资金是否到位，项目的建设、技术、市场条件是否发生突变，承担项目建设的能力和项目建设质量如何，是否出现较大事故等。对于异地项目，必要时需要到实地检查上述内容。

(二) 项目生产期检查

生产经营是否正常，由项目产生的还贷资金是否能达到原来项目评估报告的要求，对于异地项目，必要时需要到实地检查上述内容。

(三) 项目竣工投产后，督促企业按合同规定的还款计划收回贷款本息

项目竣工投产后，银行应及时检查、考核预计经济效益的实现情况，督促企业尽快达到设计生产能力，实现预期经济效益，并按合同规定的还款计划收回贷款本息。要求企业按期向银行报送生产经营、财务方面的资料和报表。

收回固定资产贷款本息来源是：

(1) 建设项目所得的新增利润。

(2) 固定资产折旧基金和变价收入。

(3) 基本建设收入，基建投资包干节余分成。

(4) 经税务机关批准减免的税收。

(5) 其他还款来源。

案例

上网查资料：分析在上海磁悬浮项目贷款案例中，银行存在着哪些问题？

知识要点

1. 了解流动资金贷款的主要品种及其特点

2. 了解固定资产贷款的基本规定

3. 流动资金贷款和固定资产贷款产品配置要求

操作要点

根据各项贷款产品的基本规定及客户情况，为客户配置合适的贷款品种。

推荐阅读

推荐阅读

问题讨论

1. B公司为汽车零配件生产厂商，主要为我国几大汽车生产厂家供货，由于行业特性以及买家的强势地位，买家向B公司提出的付款周期为3—6个月，付款周期较长，公司必须补充流动资金，随着销售收入的增加，营运资金在生产各环节中占比随之增加，造成B公司流动资金紧张，为保证B公司的正常生产经营周转，满足市场需求，该公司希望可以融资方满足买家的采购需求。但由于B公司成立时间较短，缺乏不动产，亦无法提供银行需要的第三方担保。融资较为困难。

请您根据流动资金贷款的基本规定及客户的情况，为客户配置合适的贷款品种。并分析，如果配置成功，可以给B公司带来哪些好处？

2. ××市某中心医院——集医疗、预防、保健、教学、康复、科研于一体的国家二级甲等综合性医院，该院占地面积30 000平方米，建筑面积37 602平方米，拥有固定资产9 300万元。全院设有编制床位600张，实际开放700张，年住院病人达18 000余人次。2019年年末资产总额为13 485万元，年销售收入为14 259万元，收支结余497万元。

该院情况：患者到定点医院就医，期间相关费用由参保医疗保险患者先行支付，患者出院后形成医疗费用报销单，到定点医院医保科由该院相关人员按照医疗报销标准录入医疗信息管理系统，对该报销单进行审核后给予报销，由此医院形成垫付款。定点医院每月对形成的垫付款进行汇总，医疗管理委员会派工作人员到定点医院进行审核确认，经确认无误后上报财政局申请拨款，款到后付款给定点医院。

应收账款期限：医疗管理委员会确认至财政局最终报销相关费用一般需3个月左右，因此，定点医院平均将保持3个月至4个月的应收账款。

医院需求：随着参保医疗就诊人员的逐步增加，医院垫款有逐期增加的趋势，以该中心医院目前医疗费用结算情况计算，该院平均月持有近1 000万元应收账款。医院正常资金的使用影响较大。

请您根据该中心医院以前年度结算情况，为客户配置合适的贷款品种。并分析，如果配置成功，可以给该医院带来哪些好处？

3. 山东好当家海洋发展股份有限公司，一般在每年的5月和11月份进行海参放苗，购买海参苗形成的贷款需求，每年约在2.6亿元。作为荣城唯一一家上市公司，好当家股份自然是各银行争抢的“香饽饽”。

海参生产旺季经常有短期资金需求，很多资金只用三四天。而从银行贷款，办理完各种手续、审批，等贷款下来，通常什么都晚了。

因此，对于对如何从银行获取资金支持，该公司选择银行只看两点：一是提供的产品要适合公司特点；二是不能增加财务成本。

请您根据该该公司实际情况，为客户配置合适的贷款品种。

4. 上网及实地调查，您所在的地区，银行主要受理哪些流动资金贷款的品种，原因是什么？

5. 某大型化妆品长是家乐福超市的常年供应商，年均供货金额500万元。由于自由资金不足，向银行提出融资申请，用于组织生产和备货。获取融资并组织生产后，向沃尔玛供货。

请您根据该该公司实际情况，为客户配置合适的贷款组合品种。

6. 如果你所在的学校地处风景区内，因为教学需要，需新盖一栋教学大楼。鉴于资金不足，需要申请贷款，请分析，你所在的学校是否具备申请固定资产贷款的资格？如果银行同意申请，根据固定资产贷款的基本规定，为本校配置贷款产品。

解析

实训

1. 上网查找某上市非金融企业资料，搜集流动资金贷款测算所需资料，根据教材的提示，测算本年该企业流动资金贷款需求量。

2. 上网查找某上市非金融企业资料，学会如何填制保理业务申请书。

模块二
票据业务

业务一　银行承兑汇票

任务描述

1. 了解银行承兑汇票的基本规定。
2. 掌握银行承兑汇票产品的配置要求。

PPT：银行承兑汇票

☞ 业务描述

根据银行承兑汇票产品的基本规定及客户情况，为客户配置合适的贷款品种。

▣ 知识准备

一、银行承兑汇票定义

银行承兑汇票，是指商业银行作为付款人，接受承兑申请人的付款委托，承诺在汇票到期日对收款人或持票人无条件支付汇票金额的票据行为。

二、银行承兑汇票的期限

承兑汇票自出票日至到期日最长不得超过6个月。

三、承兑金额

每张承兑汇票票面金额不得超过1 000万元人民币；但对于商业银行评定的AAA级客户，确有业务需求的，经办行可在当地人民银行规定的单张汇票承兑最高限额范围内办理单张不超过5 000万元人民币的承兑汇票。

四、费用和罚息

1. 按承兑金额的万分之五一次性收取承兑手续费。

2. 出票人到期未能兑付汇票款项，导致商业银行发生垫款，在扣划该汇票项下的保证金后，对出票人尚未支付的汇票金额按支付结算有关规定计收罚息。

五、适用对象

适用于具有真实贸易背景的、有延期付款需求的各类客户。

六、主要部门职责

1. 公司业务部门的职责

（1）受理客户提出的银行承兑汇票申请并进行调查和审查。

（2）办理担保手续。

（3）根据审批意见签订承兑协议。

（4）承兑后的跟踪检查。

（5）清收汇票垫付款项。

2. 会计核算部门的职责

（1）保管银行承兑汇票空白凭证和汇票专用章。

（2）办理银行承兑汇票会计核算手续。

（3）保证金管理。

（4）及时扣划到期汇票款项。

（5）将垫款情况和根据协议扣收情况及时通知公司业务部门。

七、业务操作流程（见表6－3）

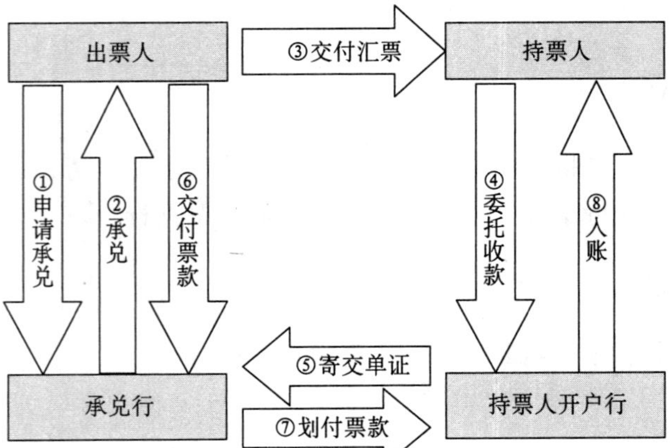

图6－3 业务操作流程

产品配置要求

一、受理申请

（一）开展资格审查

应注意除流动资金贷款规定的条件外还应具备：以真实合法的商品、劳务交易为基础，并在交易合同中注明以银行承兑汇票为结算工具和方式。

小贴士

如果申请人在承兑行没有足额存款，承兑行最好要求对方提供担保。如果采取交存保证金的形式，那么，对不同的信用等级客户，银行要求交存保证金的比例也不同：

（1）AAA 级客户可免收保证金；

（2）AA 级客户收取 10%（含）— 50% 的保证金，剩余部分提供商业银行认可的担保；

（3）A 级客户收取 50%（含）以上的保证金，剩余部分提供商业银行认可的担保；

（4）BBB 级（含）以下客户收取 100% 的保证金。

（二）准备贷款申请资料

1. 银行承兑业务申请书（见表 6－11）

表 6－11　　银行承兑业务申请书

年　　月　　日　　　　编号：________

申请人全称		法定代表人	
企业性质		地址	
经营范围		营业执照号	
开户行及账号			
申请事由：			
交易合同字号		合同标的额	
供货单位全称		货物名称	
约定付款期	自　　年　　月　　日至　　年　　月　　日		
申请承兑金额	（人民币大写）	承兑期限	
担保方式			
以上申请请予受理。 申请人（盖章）： 法定代表人： 年　　月　　日 联系人：　　　　联系电话：			

注：本申请书一式二联，由承兑申请人和银行各执一联。

2. 提交其他资料

（1）承兑申请所依据的商品交易合同、增值税发票、货运凭证等原件及复印件，合同中必须载明“以银行承兑汇票结算”字样。

（2）连续申请承兑的企业，还应提供上一次商品、劳务交易已履行的证明，如增值税发票（无增值税发票的提供普通发票）、货运凭证等。

二、承兑调查阶段

除一般贷前调查的规定之外，承兑调查还应注以下几方面。

1. 承兑申请人的偿付能力

（1）调查出票人到期支付汇票资金来源是否可靠，充分考虑商品是否适销对路及货款回笼周期是否与银行承兑汇票期限对称。

（2）对工业企业要调查其近期生产经营是否正常，销售货款是否顺畅。

（3）贸易和批发企业要调查所购货物是否落实销售下游，先货后款方式清算的货物在运输中是否出现毁损。

（4）对施工企业要调查所承包工程的投资是否落实，工程材料是否按时到位等。

2. 交易是否建立在真实合法的商品、劳务交易基础上。

提示

商业汇票业务是以真实的商品交易为前提来开展的，因此，无论是开票还是贴现业务，最常见的风险之一就是企业伪造相关交易单据，以虚假贸易背景办理业务。从目前的情况看，交易合同伪造较容易，发票伪造相对困难一些，常见情况为：企业提供的交易合同贸易内容与提供的交易发票内容不符；或者企业提供的贸易资料与其营业执照核准的交易内容不符；另外，存在企业伪造交易发票用于办理业务情况，包括利用真实发票涂改复印后提供给银行、甚至存在企业利用信息科技手段对电脑开具的发票进行修改后提供虚假资料给银行的情况。

（1）商品、劳务交易合同是否符合国家有关法律和政策要求，购销合同标的物是否属于国家法律、政策禁止生产经营的范围，或是国家禁止流通物或未经许可的限制流通物，或是国家法律、政策所不允许的范围。

（2）调查合同交易内容与客户实际经营范围是否一致，购销合同内容是否超过出票人营业执照的经营范围和经营方式；核实交易合同是否为持票人与其直接交易对手签订的，是否已加盖双方公章或合同专用章。

（3）是否在交易合同中明确以银行承兑汇票作为结算方式。

（4）及时收集增值税专用发票或普通发票，核实发票原件是否真实有效、是否已加盖发票专用章、交易合同和发票上数量、品种、规格、型号、金额、质量标准等要素是否齐全且符合逻辑，必要时可到税务机关核实发票真伪，或要求企业提高其他运输发票进一步验证交易真实性。

（5）汇票用途是否确为货款支付或劳务支付；对于以虚假贸易背景申请承兑的，

即使缴纳100%保证金也不得办理。

（6）申请书申请承兑的金额是否与基础交易合同约定的汇票结算金额一致：出票人、收款人的名称、账号是否与交易合同双方的名称、账号一致。

（7）是否存在同一合同重复申请承兑的情况。

（8）汇票期限是否在合同有效期内。

3. 承兑保证金的比例或减免保证金的理由

4. 该笔业务是否控制在授信额度内

三、承兑

1. 审批通过后，出票人交存保证金

提示

保证金账户管理要求。保证金应专户管理，承兑申请人缴存的保证金应按规定存入保证金专户。保证金专户必须实行封闭管理，用于支付对应到期的银行承兑汇票。严禁发生保证金专户与客户结算户串用、各子账户之间相互挪用等行为；不得提前支取。

2. 出票人与银行签订“银行承兑协议”，同时书面通知会计部门，并转交相关材料及其清单，办理承兑手续（见表6－12）

表6－12　银行承兑协议

银 行 承 兑 协 议

编号：__________

银行承兑汇票的内容：

出票人全称：__________　收款人全称：______________

开户银行：__________　开户银行：______________

账号：______________　账号：________________

汇票号码：__________　汇票金额（大写）：__________

出票日期：_____年____月____日　到期日期：_____年____月____日

以上汇票经银行承兑，出票人愿遵守《支付结算办法》的规定及下列条款：

一、出票人于汇票到期日前将应付票款足额交存承兑银行。

二、出票人按汇票金额百分之______存入保证金，并对汇票金额与保证金差额部分提供（保证/抵押/质押）担保，担保合同号为__________。如承兑银行免收保证金或免除担保，未经承兑银行同意，出票人不得将其资产抵（质）押给他人或为他人提供保证担保。

三、承兑手续费按票面金额千分之______计算，在银行承兑时一次付清。

四、出票人与持票人如发生任何交易纠纷，均由其双方自行处理，票款于到期前仍按第一条办理。

五、出票人有下列行为之一的，应在收到承兑银行通知后7日内予以改正并采取令承兑银行满意的补救措施，否则承兑银行有权要求出票人提前交付足额票款或从出票人在承兑银行的其他存款账户扣划票款：

1. 向承兑银行提供虚假财务报表及其他财务资料的。

2. 不配合或拒绝接受承兑银行对其生产经营、财务活动进行监督的。

续表

3. 其财产的重要部分或全部被其他债权人占有，或被指定受托人、接收人或类似人员接管，或者其财产被扣押或冻结，可能使承兑银行债权遭受严重损失的。 4. 未经承兑银行同意进行承包、租赁、股份制改造、联营、合并、兼并、合资、分立、减资、股权变动、转让等行动可能危及承兑银行债权安全的。 5. 发生变更住所、通讯地址、营业范围、法定代表人等工商登记事项或对外发生重大投资等情况使承兑银行债权实现受到严重影响或威胁的。 6. 涉及重大经济纠纷或财务状况恶化等，使承兑银行债权实现受到严重影响或威胁的。 7. 其他任何可能导致承兑银行债权实现受到威胁或严重损失的。 六、承兑到期日，承兑银行凭票无条件支付票款。如到期日之前出票人不能足额交付票款，承兑银行有权从保证金账户及出票人在承兑银行所有存款账户上扣划。对扣划后仍不足支付部分的票款转做出票人逾期贷款，按照有关规定计收罚息，在承兑银行垫付余额得到清偿前，不再对出票人办理新的承兑业务。 七、出票人付清承兑汇票票款后，本协议自动失效。 承兑银行公章：　　　　承兑申请人公章： 订立协议日期______年____月____日

（三）会计部门办理承兑手续

会计部门对“银行承兑协议”、商品交易合同复印件、保证金进账单、出票人的签章是否符合规定以及出票人是否在本行开立存款账户等进行复核。

复核无误后，向承兑申请人收取承兑手续费。将空白银行承兑汇票交出票人填写，在第一、二、三联汇票上注明承兑协议编号，并在第二联汇票“承兑人签章”（见图 6－4）处加盖汇票专用章并由授权的经办人签名或盖章，将承兑情况准确记入有关科目。业务完成后，将汇票第二、三联交给出票人，将汇票第一联和承兑协议副本专夹保管。

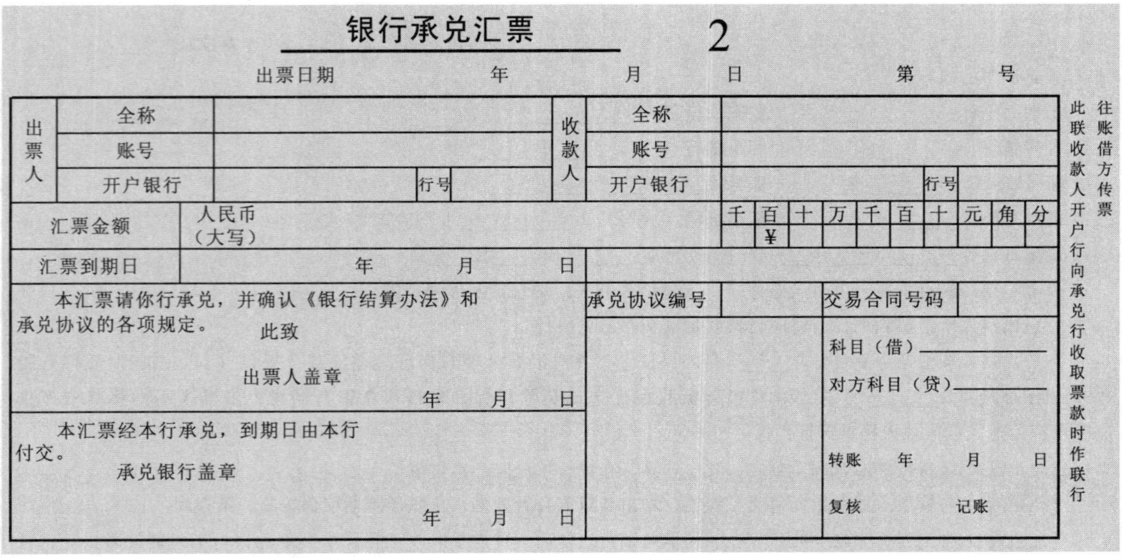
银行承兑汇票　2

出票日期　年　月　日　第　号

出票人	全称		收款人	全称	
	账号			账号	
	开户银行	行号		开户银行	行号
汇票金额	人民币（大写）				千 百 十 万 千 百 十 元 角 分 ¥
汇票到期日	年　月　日				
本汇票请你行承兑，并确认《银行结算办法》和承兑协议的各项规定。此致 出票人盖章 年　月　日			承兑协议编号		交易合同号码
本汇票经本行承兑，到期日由本行付交。 承兑银行盖章 年　月　日					科目（借） 对方科目（贷） 转账　年　月　日 复核　记账

此联收款人开户行向承兑行收取票款时作联行往账借方传票

图 6－4　银行承兑汇票

边学边做

2019 年 11 月 12 日，中国工商银行上海分行营业部门收到在本行开户的上海食品公司（账号 201901）提交的银行承兑协议等其他资料，经过审核，给予办理承兑业务。其中，出票人为上海食品公司，收款人为江海可口可乐饮料有限公司（开户行为工行江海分行营业部，账号 201913），金额为 10 万元，汇票到期日为 2019 年 12 月 12 日。

请思考，应如何办理承兑手续。

解析

四、汇票到期付款

在银行承兑汇票到期前 10 日，信贷业务部门应通知客户将票款足额存入其账户用以付款。

小贴士

承兑银行对已承兑的银行承兑汇票，负有到期无条件付款的责任，不得以交易纠纷和本身承兑的责任拒付票款。对于持票人用欺骗手段取得票据的，承兑银行可予以抗辩，但对经背书转让汇票的其他债权人的追索不得提出抗辩。

（一）正常解付

会计部门收到承兑汇票持票人或持票人开户银行交来的委托收款凭证和汇票后，应取出专柜保管的汇票卡片和承兑协议与此对照，认真审查以下内容：该汇票是否为本行承兑，其金额、期限、收款人名称有无更改，其他记载事项的更改有无原记载人签章证明，背书是否连续、规范，委托收款凭证记载事项是否与汇票一致，汇票是否超过有效期等，经审核无误后，承兑行应在汇票到期日或到期日后的见票当日支付票款。

会计部门及时将划付票款凭证复印件送达信贷业务部门，由信贷业务部门对该笔承兑汇票予以注销，并配合担保人办理解除抵质押的有关手续。

（二）垫款

银行承兑汇票到期时，在扣划该汇票项下的保证金后，不能足额支付票款的，从承兑申请人其他存款账户扣款，仍不足部分由银行垫付。银行承兑汇票检查表见表 6－13。

表 6－13　银行承兑汇票情况检查表　　金额单位：万元/万美元

	年初余额	年初保证金余额	本年累计发生额	其中：本期发生额	本期期末余额	本期期末保证金余额	本年发生垫付余额	其中：本期发生垫付余额
笔数								
金额								

续表

本期发生垫付明细							
业务编号	融资类型	金额	应收保证金	实收保证金	垫付金额	形成垫付主要原因	垫付资金收回时间

解析

案例

上网查资料，分析在郑州百文股份有限公司（简称“郑百文”）银行承兑汇票案例中，银行存在着哪些方面的问题？

业务二 票据贴现

任务描述

1. 了解商业汇票贴现的基本规定。
2. 商业汇票贴现产品的配置要求。

PPT：票据贴现

业务描述

根据各项商业汇票贴现产品的基本规定及客户情况，为客户配置合适的贷款品种。

知识准备

一、票据贴现业务定义

商业汇票贴现是指商业汇票的持票人将未到期的商业汇票转让于银行，银行按票面金额扣除贴现利息后，将余额付给持票人的一种融资行为。主要用于解决企业短期融资需求，帮助企业盘活资金，降低企业融资成本。

二、贴现种类

（一）直贴、转贴现、再贴现

按贴现申请人划分，企业（事业）法人或其他经济组织向金融机构申请办理的贴现为直贴；各金融机构间办理的贴现为转贴现；金融机构向人民银行申请办理的贴现为再贴现。本模块中的贴现均指直贴。

（二）银行承兑汇票贴现和商业承兑汇票贴现

按照承兑人的不同，商业汇票贴现分为银行承兑汇票贴现和商业承兑汇票贴现。

（三）卖方付息、买方付息和协议付息贴现

按照贴现利息支付人的不同，可将商业汇票贴现分为卖方付息贴现、买方付息贴现和协议付息贴现。卖方付息贴现即由卖方申请贴现，并承担全部贴现利息的资金融通行为（即银行按票面金额扣除贴现利息后，将余额付给持票人的一种票据业务操作模式）。买方付息贴现即卖方企业在按照买卖合同的约定发出商品后，持买方企业交付的未到期银行承兑汇票向银行申请贴现，银行经审查后，按照与买卖双方事先的协议规定，将汇票票面金额全额付给卖方企业，而向买方企业收取贴现利息的一种融通资金行为。协议付息贴现即买卖双方根据协议约定，各自承担一部分贴现利息。

三、期限

贴现期限自贴现之日起至汇票到期日止，最长期限不超过 6 个月。

四、定价

银行办理贴现业务收取的贴现利率，按人民银行规定，在公布的再贴现利率基础上加百分点的方式与客户协商确定，且不超过同期贷款利率。汇票承兑人在异地的，贴现期限及利息的计算应另加 3 天的划款日期。计算公式如下：

贴现利息 = 汇票金额 × 贴现天数 × （月贴现率/30 天）

实付贴现金额 = 汇票面值 − 贴现利息

贴现天数为贴现之日起至汇票到期日前一天，到期日遇法定公休、节假日，计息天数加计实际顺延付款天数。

边学边做

某企业持异地银行承兑汇票到当地受理贴现行办理贴现业务，汇票面额为 100 万元，签发日期为 4 月 1 日，到期日为 10 月 1 日，贴现日为 4 月 15 日。经审查，银行同意即日办理，若贴现率为 4.2‰，试计算银行实付金额。

解析

五、适用对象

持有银行承兑汇票，具有短期融资需求的客户。

六、业务流程（见图6-5）

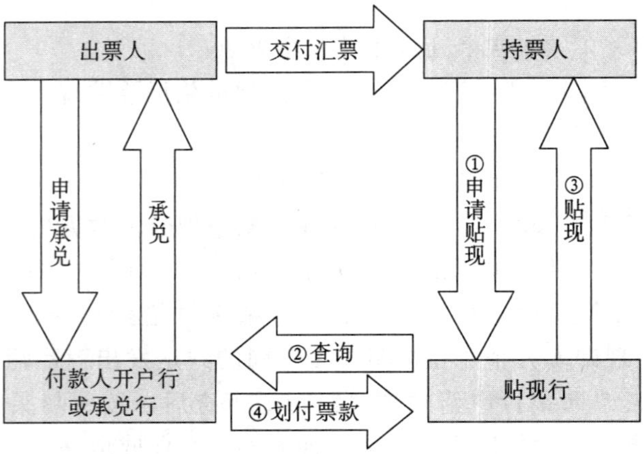

图6-5 票据贴现业务流程

▣ 贷款产品配置

一、银行承兑汇票贴现

（一）受理申请

1. 开展资格审查

除流动资金贷款规定的条件外，还应具备以下几点：

（1）要按照《中华人民共和国票据法》和人民银行《支付结算办法》的规定，签发的有效汇票，基本要素齐全，且未注明“不得转让”“质押”“委托收款”字样。

> **想一想**
>
> 商业汇票的基本要素包括什么？为什么不得注明“不得转让”“质押”“委托收款”字样？

（2）商业汇票贴现以真实合法的交易关系和债务关系为基础。

2. 客户提交资料

（1）客户提交“商业银行贴现业务申请书”。

（2）客户提交额外资料。

①经过有承兑资格银行承兑的未到期且要式完整的银行承兑汇票：汇票背书连续，且未注明“不得转让”“质押”“委托收款”字样；持票人为最后合法持有人。

②贴现票据项下的商品、劳务交易合同原件及复印件，以及能够证明票据项下的交易确已履行的凭证，包括与其直接前手之间的增值税发票和商品发运单据等原件及复印件，或者其他能够证明商业汇票合法持有的证明；

③商业银行认为应当提供的其他材料。

（二）贴现调查

1. 公司业务部门审查

（1）贴现申请人是否为汇票的合法持有人。

①贴现申请人是否为商业汇票所记载的收款人或最后被背书人，或者是否有取得票据的合法证明。

小贴士

什么是合法持票人？

合法持票人，是指在票据完整、正常，且没有过期的情况下，出于善意，不知悉出让人的权利存在瑕疵，并且支付了对价而取得票据的持票人。也就是说，合法持票人必须符合下列条件：①其取得的票据在表面上是完整、合格的；②其在成为持票人时，票据未过期；③其在取得票据时是善意的，未发现转让者对票据的所有权有任何瑕疵（如以欺诈、胁迫等手段取得）；④支付了对价（将款项支付给贴现申请人）。

所谓善意，是指无恶意或重大过失。恶意就是明知让与人没有让与权利而仍然接受票据或者与让与人恶意串通，损害他人利益。《中华人民共和国票据法》（以下简称《票据法》）第十二条第一款规定：“以欺诈、偷盗或者胁迫等手段取得票据的，或者明知有前列情形，出于恶意取得票据的，不得享有票据权利。”

我国《票据法》第十二条第二款又规定：“持票人因重大过失取得不符合本法规定的票据的，也不得享有票据权利。”何谓重大过失？我国《票据法》没有规定，最高人民法院也没有司法解释。理论界一般认为，重大过失就是欠缺一般人应有的注意，即稍加留心就可得知让与人没有让与权，但行为人没有注意因而受让。

资料来源：王小能编著，《票据法教程》，北京：北京大学出版社，2001年版。

②对申请人有无偷盗、伪造或是胁迫取得票据，或者对于持票人明知有欺诈、偷盗或是胁迫等情形而出于恶意取得票据，应给予必要的注意。对债务人或者出票人与现申请人之间是否存在抗辩事由给予必要的注意。如经审查，持票人确实存在以上情形取得票据，应停止办理其贴现业务。

③对买方付息、协议付息贴现业务，还应审查汇票所记载的付款人或最后背书人是否为经商业银行认定、并已签订相关协议的买方企业。

（2）申请人提交“贴现业务申请书”（见表6-14）的内容和形式是否符合要求。

表 6－14 银行承兑汇票贴现申请书

<table>
<tr><td colspan="2">贴现申请人全称：</td><td colspan="3">经济性质：
账号：</td></tr>
<tr><td colspan="2">收款人全称：
账号：</td><td colspan="3">付款人全称：
账号：</td></tr>
<tr><td colspan="2">汇票签发人全称：</td><td colspan="3">汇票承兑银行：</td></tr>
<tr><td colspan="2">交易合同号：</td><td colspan="3">增值税发票号：</td></tr>
<tr><td colspan="5">承兑协议编号：</td></tr>
<tr><td colspan="5">汇票具体内容</td></tr>
<tr><td>汇票编号</td><td>汇票金额</td><td>贴现金额</td><td>汇票签发日</td><td>汇票到期日</td></tr>
<tr><td></td><td></td><td></td><td>年 月 日</td><td>年 月 日</td></tr>
<tr><td colspan="5">背书转让顺序：</td></tr>
<tr><td colspan="5">交易合同主要内容摘录：</td></tr>
<tr><td colspan="5">所购商品的市场销售或生产耗用情况：</td></tr>
<tr><td colspan="5">贴现贷款的保证单位或抵（质）押物名称：</td></tr>
<tr><td colspan="5">贴现贷款用途：</td></tr>
<tr><td colspan="5">汇票承兑行与付款人的业务关系：
长期银企合作关系□ 背书转让关系□ 初次结算□ 其他□</td></tr>
<tr><td colspan="5">贴现申请人保证：
1. 所提供的资料、数据绝对真实。
2. 票据到期日，如付款单位不能按期承付，由本单位全额承付，或在本单位账户上扣除。
3. 上述保证具有法律效力，在诉讼时放弃抗辩权。</td></tr>
<tr><td colspan="5">以上申请请予审核办理。
此致。

××××银行：
贴现申请单位：（盖章）
法定代表人签字：
年 月 日</td></tr>
</table>

①是否用蓝黑色或黑色墨水填写。

②单位名称、法定代表人姓名是否与营业执照一致。

③贴现申请人名称是否与贴现汇票上收款人或最终被背书人名称一致。

④加盖的公章是否清晰，是否与营业执照和贷款卡（证）上的名称一致。

（3）相关材料是否真实、合法、有效。

①营业执照是否在有效期内，是否通过了工商行政管理部门年检。

②有权机构授权申请贴现的文件内容是否与申请书所写一致。办理该贴现申请的时间是否在授权的有效期内。

③增值税发票的“购货单位”栏是否存在涂改、粘贴痕迹；免增值税发票企业所提供的商品销售发票日期、票号等是否存在涂改现象。同时，免增值发票的客户，未能提供销售发票的，是否提供了诸如提货单等可以其证明贸易背景的资料。

（4）贴现申请人与其直接前手之间是否具有真实的交易关系和债权债务关系。

小贴士

2001年7月，中国人民银行下发《关于切实加强商业汇票承兑贴现和再贴现业务管理的通知》中明确规定：商业汇票是交易性票据，必须具有真实贸易背景。企业签发、承兑商业汇票和商业银行承兑、贴现商业汇票，都必须依法、合规，严禁签发、承兑、贴现不具有贸易背景的商业汇票。各金融机构必须严格按照规定条件办理贴现业务。所办理的每笔票据贴现，必须要求贴现申请人提交增值税发票、贸易合同复印件等足以证明该票据具有真实贸易背景的书面材料，必要时，贴现银行要查验贴现申请人的增值税发票原件。对不具有贸易背景的商业汇票，不得办理贴现。

由上述内容可见，作为被背书人，贴现银行只有审查票据的义务，而没有审查票据原因的义务；作为金融机构，贴现行只承担一般性的审查义务，即对商品交易合同进行形式审查，至于当事人是否已经履行并不在审查之列。理由很简单，合同风险应由合同当事人承担，而不能转嫁给给票据当事人。

①提交的有关履行该汇票项下商品交易合同的增值税发票，商品发运单据等是否与商品交易合同一致。

②合同的签订日期、汇票取得日期及增值税发票的日期应符合逻辑关系。

③购销合同中标的物的规格、型号等与增值税发票中所列示的规格、型号等是否一致。

④购销合同金额、发票金额及贴现总额三者是否匹配。

解析

想一想

合同的签订日期、汇票取得日期及增值税发票的日期三者之间应是什么样的先后顺序?

（5）判断客户是否存在利用关联交易套取银行信用。一般情况下，贴现行为是企业在流动资金出现不足时而实施的应急措施，所以，贴现资金的正常流向是用于偿还短期负债或购买原材料等流动资产的支出。这是准确判断客户是否存在利用关联交易套取银行信用的重要标志。信贷业务部门初审合格后，应填写一式两份“商业汇票审核查询通知”，一份自留存档，一份连同汇票交会计部门。

2. 会计部门审查

（1）对申请人提交的资料进行审查。

①汇票要素是否完整、规范、合法：一是，是否为统一规定印制的凭证，是否超过

提示付款期；二是，出票人、承兑人及贴现申请人的签章是否符合规定；三是，汇票记载事项中，必须记载事项是否齐全，是否标明不得记载事项，票据金额是否以大小写同时记载，票据金额、日期、收款人名称是否更改；其他记载事项更改时是否有原记载人签章证明。

②背书转让的汇票背书是否连续，签章是否符合规定，背书使用粘单的是否按规定在粘接处签章。

③印模是否清晰、合法。

④汇票是否有变造、涂改痕迹等。

⑤粘贴单是否为银行统一格式。

⑥骑缝章是否清晰、规范。

⑦连续背书转让时，日期填写是否符合逻辑关系。

（2）办理票据查询。

①中国人民银行大额支付系统查询。

②网上查询。本行系统内的汇票通过与本行资金汇划系统向承兑行查询。

③底卡传真查询。将汇票的复印件传真给承兑行，要求承兑行接到查询的传真件后，将汇票底卡联传真至查询行。

进行上述审查后，会计部门应取得承兑银行的书面回复。会计部门的审核查询结果以“银行承兑汇票查询证实书”反馈给信贷业务部门。

表 6－15　　银行承兑汇票查询证实书

<table>
<tr><td>汇票号码</td><td></td><td>汇票金额（元）</td><td></td></tr>
<tr><td>签发日期</td><td></td><td>到期日期</td><td></td></tr>
<tr><td colspan="4">承兑行全称</td></tr>
<tr><td colspan="4">承兑行地址</td></tr>
<tr><td colspan="4">查询证实内容</td></tr>
<tr><td colspan="4">以上票据是否你行承兑、是否真实合法有效、是否挂失止付；你行是否收到法院的止付通知书和公示催告；他行是否办理过查询？
查询人签名：
查询行章：</td></tr>
<tr><td>查询时间</td><td colspan="3">年　月　日　上/下午　时　分</td></tr>
<tr><td>被查询人姓名</td><td></td><td>职务/部门</td><td></td></tr>
<tr><td>电话号码</td><td></td><td>传真号码</td><td></td></tr>
<tr><td>电报挂号</td><td></td><td>邮　编</td><td></td></tr>
<tr><td colspan="4">查询证实结果</td></tr>
<tr><td colspan="4">以上票据是我行承兑，真实合法有效，未挂失止付，我行未收到法院的止付通知书和公示催告，没有他行办理过查询。我行保证到期无条件付款。
被查询人签名：
承兑行章：</td></tr>
</table>

3. 实地查询

通过向承兑行查询后，贴现行认为有必要进一步了解商票相关情况的，可进行实地查询。

实地查询时，贴现行须派双人与贴现申请人一起赴承兑人所在地查询，贴现申请人不愿前往的，应与其办理交接手续，明确责任。真正做到“有疑必查、查必彻底”，以此把风险降到最低限度。

经查询有下列情况之一的，贴现行不得为持票人办理商票贴现业务：①商业汇票票面要素不真实或有不符点；②已办理挂失止付或公示催告。

提示

不应贴现的票据有哪些？

银行的查询结果一般为“××年××月××日，我行签发了××号银行承兑汇票，金额××元，真伪自辨”。这样的查询结果，只能证明所查询的汇票是存在的，但是不能证明查询方手中所持有的这张汇票是真实的。所以，查询书并不能作为鉴定银行承兑汇票真伪的依据，只能在有限的程度上减小风险发生的可能。因此，查询行更主要的是要知道不应贴现的票据有哪些？

1. 无效票据

（1）欠缺汇票的必要事项之一，即缺少汇票字样、无条件支付的委托、确定的金额、付款人名称、收款人名称、出票日期、出票人签章之一的。

（2）票据金额、日期、收款人名称涂改。

（3）票据金额中文大写与小写不一致。

（4）超过票据权利时效的票据。

（5）伪造、变造的票据。

（6）无民事行为能力人、限制民事行为能力人所签发的票据。

注意：已经背书转让的票据，无效签章不影响其他真实签章的效力。票据上的真实签章人仍应承担票据责任。

2. 受法律限制而不应贴现的票据

（1）背书时注明“不得转让”字样的票据。

（2）质押背书或委托收款背书的票据。

注意：以票据设定质押时，出质人未在票据或粘单上记载“质押”字样而另行签订质押合同、质押条款的，不构成票据质押。

（3）被公示催告的票据。

3. 其他不应贴现的票据

（1）明知或应知持票人的票据不以对价或以诈骗、欺诈等方式取得的票据，这事实上要求金融机构在办理贴现时必须依法对票据的跟单资料及交易事实履行谨慎的审查义务，以避免自己因玩忽职守成为恶意持票人。

（2）签章不规范，如银行在承兑时，有汇票专用章而未用汇票专用章的。

（3）其他有明确规定不得买人的票据。

（三）签订贷款合同及贷款发放

1. 与贴现申请人签署“银行承兑汇票贴现协议”（见表 6－16）

表 6－16 **银行承兑汇票贴现协议**

协议编号：__________号

银行承兑汇票贴现协议

甲方（买入方）：中国××银行________

乙方（卖出方）：

甲乙双方根据《中华人民共和国票据法》和其他有关法律、法规的规定，本着平等、自愿、诚实信用的原则，经充分协商达成如下条款，以资共同遵照执行。

第一条 贴现金额及份数

乙方提供银行承兑汇票（大写）______份，（小写）______份，合计票面金额人民币（大写）__________，（小写）__________，向甲方申请办理贴现；

经甲方审核，同意对上述银行承兑汇票（大写）______份，（小写）______份，合计票面金额人民币（大写）__________，（小写）__________办理贴现。

第二条 甲乙双方商定

贴现利率为______‰；实际划款金额为（大写）__________（小写）__________。

第三条 甲乙双方的权利与义务

1. 甲方托收本协议项下的银行承兑汇票时，如遇承兑行拒绝付款，甲方将按《中华人民共和国票据法》和其他有关法律、法规及本协议第五条的规定向乙方追索。

2. 甲方经审查并同意办理贴现的票款于当日划付，并在合理期间内按双方选择的划款方式将款项汇入乙方指定的银行账户；

乙方指定的银行账户为：户名________________________；开户银行________________________；账号____________________。

3. 若甲方违反本条第 2 款的规定，乙方有权要求甲方返还违约部分票据。

4. 乙方保证本协议项下票据的取得符合票据法及相关法律的规定；银行承兑汇票及其提供的所有资料合法、真实、有效，因不符合上述事项而引起的任何损失概由乙方负责。

第四条 违约责任

甲乙双方未履行协议规定的义务给对方造成损失的，应予赔偿。

第五条 追索和迟付利息的计算

甲方在其为乙方办理贴现的每份银行承兑汇票项下对乙方享有追索权。甲方应当将被拒绝付款事由书面通知乙方，乙方应保证在收到甲方追索通知之次日起 3 个工作日内，将被拒绝付款的汇票金额及迟收利息（汇票金额自到期日或提示付款日起至清偿日止，按中国人民银行规定的利率计算）划入甲方指定账户，并在甲方收妥前述款项后将票据取回。

第六条 争议的解决方式

本协议未尽事项，可由双方友好协商或诉讼方式解决，采取诉讼方式解决的应在甲方所在地人民法院提起诉讼。

第七条 协议的生效

本协议正本一式两份，自甲乙双方法定代表人（负责人）或其授权代理人签字或盖章并加盖公章之日起生效。双方各执一份，具有同等法律效力。

续表

<table>
<tr><td colspan="6">第八条　双方的其他约定
______________________________</td></tr>
<tr><td colspan="6">第九条　银行承兑汇票清单</td></tr>
<tr><td>序号</td><td>汇票号码</td><td>汇票签发日</td><td>汇票到期日</td><td>承兑银行</td><td>汇票金额</td></tr>
<tr><td></td><td></td><td></td><td></td><td></td><td></td></tr>
<tr><td></td><td></td><td></td><td></td><td></td><td></td></tr>
<tr><td></td><td></td><td></td><td></td><td></td><td></td></tr>
<tr><td></td><td></td><td></td><td></td><td></td><td></td></tr>
<tr><td colspan="3">甲方：中国××银行
____
（盖章）
法定代表人（或负责人）：
年　月　日</td><td colspan="3">乙方：____________
____
（盖章）
法定代表人：
年　月　日</td></tr>
</table>

2. 通知

信贷业务部门根据最终审批同意的意见，及时通知客户按要求填制一式五联贴现凭证，然后由贴现银行的有权签字人在贴现凭证（见图6-6）第一联上"银行审批"栏签注"同意"字样和日期，同时，与贴现申请人签署"银行承兑汇票贴现协议"一式三份，一份留公司业务部门，一份交客户，另一份协议连同承兑汇票、贴现凭证交营业部门（柜台）。签章后将贴现凭证送交会计部门办理贴现。

贴现凭证（代申请书）　**1**

填写日期：　　年　月　日　　第　号

<table>
<tr><td rowspan="3">贴现汇票</td><td>种　类</td><td></td><td>号码</td><td></td><td rowspan="3">申请人</td><td>名　称</td><td colspan="2"></td></tr>
<tr><td>出票日</td><td colspan="3">年　月　日</td><td>账　号</td><td colspan="2"></td></tr>
<tr><td>到期日</td><td colspan="3">年　月　日</td><td>开户银行</td><td colspan="2"></td></tr>
<tr><td>汇票承兑人（或银行）</td><td>名称</td><td colspan="2"></td><td>账号</td><td></td><td>开户银行</td><td></td></tr>
<tr><td colspan="2">汇　票　金　额</td><td colspan="5">人民币（大写）</td><td>千 百 十 万 千 百 十 元 角 分</td></tr>
<tr><td>贴现率</td><td>%</td><td>贴现利息</td><td>千 百 十 万 千 百 十 元 角 分</td><td colspan="3">实付贴现金额</td><td>千 百 十 万 千 百 十 元 角 分</td></tr>
<tr><td colspan="4">附送承兑汇票申请贴现，请审核。
此致
贴现银行
申请人签章</td><td>银行审批</td><td colspan="3">负责人　　信贷员</td></tr>
</table>

复核　　　　记账

此联银行作贴现借方凭证

图6-6　贴现凭证

3. 持票人对拟贴现的商业汇票当面作转让背书

会计部门收到贴现凭证后，按照有关规定进行审查，确认无误后，要求持票人对拟贴现的商业汇票当面作转让背书（见表6－17）。

表6－17　　银行承兑汇票背面式样

被背书人	被背书人	被背书人
背书人签章 年　月　日	背书人签章 年　月　日	背书人签章 年　月　日

转让背书必须加载的事项有：背书人签章；被背书人名称；背书日期。其中，前两项为绝对记载事项，如欠缺，背书无效。

小贴士

什么是转让背书？

转让背书是指以转让票据上的权利为目的所做的背书，背书人将其在票据上的权利转让给被背书人，被背书人即取得该票据上的权利。

4. 将贴现资金转入贴现申请人账户

会计部门在贴现凭证有关栏填上贴现率、贴现利息和实付贴现金额，并将第一至三联作核算凭证，进行账务处理，将贴现资金转入贴现申请人账户，第四联加盖转讫章作收款通知交贴现申请人。第五联贴现凭证和汇票按到期日顺序排列，专夹保管。

（四）贴现后管理

1. 会计部门认真保管商业汇票和贴现凭证

银行承兑汇票作为重要单证，应视同现金入库保管，做到一日一核对，严防丢失。同时，应建立银行承兑汇票专用管理登记簿，详细登记每一笔汇票的号码、金额、出票日、到期日、承兑银行及贴现单位。汇票按到期先后顺序排列，以便到期一笔，托收一笔。避免汇票到期后，因超过委托收款提示付款期限，而不得不到签发行直接提示付款。

解析

想一想

为什么要做到一日一核对？如果不这样做，可能会产生什么后果？

2. 公司业务部门对承兑人的资信变化情况要及时进行监控

3. 已办理贴现且未到期的票据办理再贴现或转贴现

对于已办理贴现的未到期商业汇票，可向中国人民银行、其他商业银行或系统内上级行办理再贴现、转贴现或内部转贴现。对已办理转贴现、内部转贴现或再贴现的，会计部门、资金管理部门应通知业务经营部门在台账上予以登记，但不得注销。如果票据到期转贴现和再贴现行不获承兑人付款，向商业银行追索时，商业银行应向贴现申请人追偿。如票据到期转贴现和再贴现行已获承兑人付款，不向商业银行追索时，信贷业务部门和会计部门方可在相关台账上作注销登记。

（五）贴现到期回收款项

1. 向承兑行办理委托收款

贴现汇票到期前15日，贴现银行信贷业务部门应通知会计部门在法定付款提示期内办理委托收款手续，向商业汇票上注明的承兑行办理委托收款。

承兑行收到贴现行通过委托收款寄来的商业汇票，应及时通知付款人兑付票款。

想一想

如果出票人账户不足支付，不能按期付款，承兑行应如何处理？

解析

收到划回的款项后，贴现行会计部门应及时将有关划款凭证复印件送达信贷业务部门，信贷业务部门在台账上对该笔贴现予以注销。

2. 向贴现申请人收取款项

如果承兑行发现收到的票据是假票、克隆票或存在其他票据欺诈行为的，可以拒绝付款给贴现行。贴现行收到承兑银行退回的委托收款凭证、汇票和拒绝付款理由书，贴现行应将被拒绝事由书面通知贴现申请人，按贴现合同约定从贴现申请人存款账户扣收，并通知信贷业务部门作注销登记。

3. 转逾期贷款

如果贴现申请人账户存款不足以收回贴现资金，不足部分转为贴现申请人在商业银行的逾期贷款，按规定计收利息，保留汇票并通知信贷业务部门继续追索。

小贴士

如何辨别银行承兑汇票票据真假

一查，二听，三摸，四比，五照。

一查：即通过审查票面的“四性”——清晰性、完整性、准确性、合法性来辨别票据的真伪。

（1）清晰性。主要指票据平整洁净，字迹印章清晰可辨，达到“两无”，即：无污损，指票面无折痕、水迹、油渍或其他污物；无涂改，指票面各记载要素、签章及背书无涂改痕迹。

（2）完整性。主要指票据没有破损且各记载要素及签章齐全，达到“两无”，即：无残缺，指票据无缺角、撕痕或其他损坏；无漏项，指票面各记载要素及背书填写完整、各种签章齐全。

（3）准确性。主要指票面各记载要素填写正确，签章符合我国《票据法》的规定，达到“两无”，即：无错项，指票据的行名、行号、汇票专用章等应准确无误，背书必须连续等；无笔误，指票据大、小写金额应一致，

小贴士

书写规范，签发及支付日期的填写符合要求（月份要求1，2月前加零，日期要求1—9前加零，10，20，30前加零）。

(4) 合法性。主要指票据能正常流转和受理，达到“两无”即：无免责，指注有“不得转让”“质押”“委托收款”字样的票据不得办理贴现。无禁令，指票据应不属于被盗、被骗、遗失范围及公检法禁止流通和公示催告范围。

二听：即通过听抖动汇票纸张发出的声响来辨别票据的真伪。

用手抖动汇票，汇票纸张会发出清脆的响声，能明显感到纸张韧性，而假票的纸张手感则软、绵、不清脆，而且票面颜色发暗、发污，个别印刷处字迹模糊。

三摸：即通过触摸汇票号码凹凸感来辨别票据的真伪。

汇票号码正、反面分别为棕黑色和红色的渗透性油墨，用手指触摸时有明显的凹凸，假票的号码则很少使用渗透性油墨，而且用手指触摸时凹凸感不明显。

四比：即借助票面“四种防伪标志”比较来辨别票据的真伪。

(1) 纸张防伪。不需借助仪器可看到在汇票表面无规则的分布着色彩纤维；汇票纸张中加入一种化学元素，如用酸、碱性物质进行涂改，汇票则会变色。

(2) 油墨防伪。汇票正中大写金额线由荧光水溶线组成，如票据被涂改、变造，此处则会发生变化，线条会消失。

(3) 缩微文字。汇票正面“银行承兑汇票”字样的下划线是由汉语拼音“HUIPIAO”的字样组成；汇票中间是由汉语拼音“HUIPIAO”字样的缩微文字组成的右斜线，横贯整个票面的宽带区域。

(4) 印刷防伪。汇票右下角的梅花花心内为小写汉语拼音H的字样。注意H字母应为空心。

五照：即借助鉴别仪的“四个灯”来辨别票据的真伪。

(1) 放大灯。在放大灯下可观测到汇票正面的印刷纹路清晰连续，且纸张无涂改变色痕迹。同时，还可通过子母放大镜的子镜观测到汇票正面清晰连续的缩微文字。

(2) 短波灯。在短波灯下可观测到汇票背面的二维标识码在灯下呈淡绿色荧光反应。

(3) 长波灯。在条波灯下可以观测到在汇票表面无规则地分布着荧光纤维；汇票正面大写金额线有红色荧光反应；汇票的左上角印有红色的承兑行行徽，呈现橘红色；汇票字样右侧有暗记，为各行行徽（工行为“ICBC”字样），长波灯下呈淡绿色荧光反应。

(4) 水印灯。在水印灯下可以观测到汇票内部排列着黑白水印相间的小梅花，以及“HP”字样，一正一倒，一阴一阳的进行排列，位置不固定，定向不定位。

案例

2019 年 3 月 12 日，华洋贸易公司与欣业有限责任公司签订了一单购销合同，华洋贸易公司卖给欣业有限责任公司一批手提电脑，交货期为 4 月 1 日，合同总价款为 250 万元，用银行承兑汇票结算。

欣业有限责任公司在合同签订后开出汇票，并且在自己的开户银行某工商银行申请承兑。该银行承兑，承兑日期为 6 月 1 日。

汇票承兑以后，欣业有限责任公司将汇票交给华洋贸易公司。华洋贸易公司拿到汇票以后，为了马上得到资金，立即向自己的开户银行某农业银行申请贴现。农业银行向工商银行查询，回答是“承兑真实、有效”。于是，某农业银行办理了贴现，将 200 万元贴现款转到华洋贸易公司的账户上。

后来，华洋贸易公司货源出现问题，无货可以提供。

欣业有限责任公司见不到货物。经过调查发现，华洋贸易公司根本没有货物，也没有准备继续履行合同的意思。欣业有限责任公司立即通知某商业银行，合同有欺诈嫌疑，要求拒绝承兑。工商银行又通知农业银行，以该承兑汇票所依据的合同是欺诈合同，合同无效。承兑也无效，拒绝对该汇票付款。

贴现银行，即农业银行声称经查询，工商银行确认“承兑真实、有效”，所以，承兑银行，即工商银行必须承担到期付款义务。

双方协商未果，起诉到法院。

请根据银行汇票贴现业务的规定，分析应如何解决上述述问题？

解析

二、特殊贴现品种

（一）商业承兑汇票保贴

想一想

收款人愿意接受商业承兑汇票还是银行承兑汇票，为什么？

解析

1. 产品定义

商业承兑汇票保贴是指在预先审定的贴现额度内，银行承诺对特定承兑人承兑的商业承兑汇票或持有的第三方承兑的商业承兑汇票保证予以贴现的业务。

2. 产品模式

商业承兑汇票保贴分为商业承兑汇票承兑人保贴业务和商业承兑汇票持票人保贴业务两种业务形式。申请保贴额度的企业既可以是票据承兑人，也可以是票据持票人。

3. 业务流程（见图 6 – 7）

（1）商业承兑汇票承兑人保贴业务

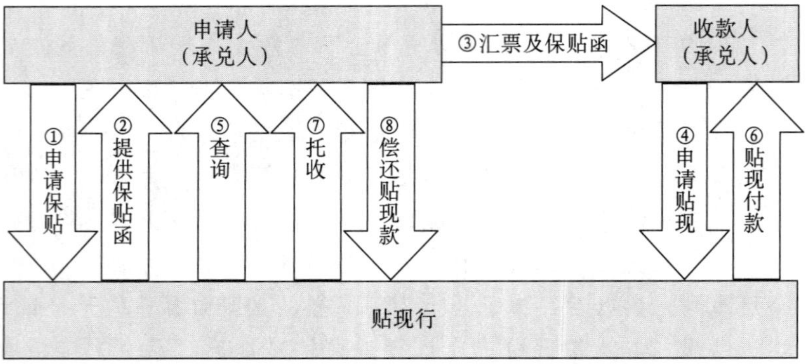

图 6－7　商业承兑汇票承兑人保贴业务

（2）商业承兑汇票持票人保贴业务（见图 6－8）

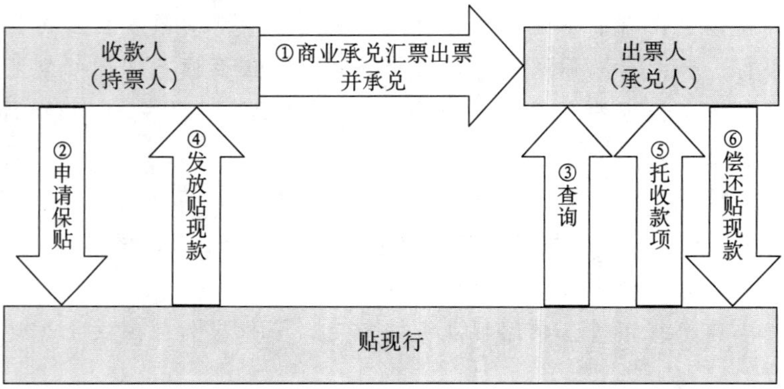

图 6－8　商业承兑汇票持票人保贴业务

4. 保贴函形式

（1）银行直接出具保贴函（见表 6－18）

表 6－18

商业承兑汇票保证保函

致：

兹有我行开户企业　　　　　有限公司（在我行开户账号：　　　　　）：签发并承兑的商业承兑汇票合计　　笔，金额合计为人民币　　万元（　　万元）。请贵行予以贴现。商业承兑汇票信息如下：

附：商业承兑汇票清单：

序号	票号	金额	出票日	到期日	出票人	承兑人	收款人
合计							

我行自愿为上述商业承兑汇票提供保证担保，保证该商业承兑汇票真实、合法、有效，具有真实、合法的商品交易背景，并保证承兑人在商业承兑汇票到期日无条件支付足额票款，否则，我行承担连带保证责任。我行保证：在贵行贴现的商业承兑汇票到期日承兑人不能足额兑付票款时，我行将无条件支付该商业承兑汇票的全额款项。

续表

保证期限：自2019年　　月　　日至贵行全部收回该笔商业承兑汇票票款为止。

兑付时间：自2019年　　月　　日起任何时间来我行兑付。

保证范围：本次商业承兑汇票贴现业务的本金、利息、违约金及贵行实现债务的一切费用（如诉讼费、律师费、保全金、执行费、差旅费等）。

（注）：1. 如有纠纷，双方可友好协商解决，协商不成，可向贵行所在地的人民法院提请诉讼。

2. 本次商业承兑汇票承兑人的印鉴与其在我行的开户预留印鉴一致

开户银行：　　　　　　　　　　账号：

3. 企业预留印鉴：

主办业务员（签字）：　　　　　　　银行：（公章）

行长：（签章）

（2）在汇票上加具保贴字样。在汇票背面批注："本行承诺对正当持票人予以贴现"，记载分行名称，并由经办行有权签字人在汇票背面签字。

（二）放弃部分追索权贴现

1. 产品定义

放弃部分追索权贴现指贴现行仅仅放弃对票据贴现申请人的追索权，并没有放弃对其他票据当事人，尤其是出票人、承兑人、背书人的追索权。

2. 适用对象

（1）经国家统计局排名销售500强或外商投资综合排名500强企业。

（2）500强企业在华关联企业。

（3）规范的上市公司。

（4）其他票源丰富的强势企业。

知识要点

1. 银行承兑汇票业务的基本规定。
2. 商业汇票贴现业务的基本规定。
3. 票据业务产品的配置要求。

操作要点

根据票据业务的基本规定及客户情况，为客户配置合适的贷款产品。

推荐阅读

解析

问题讨论

1. A公司去某煤炭公司买煤，金额500万元，A公司暂时拿不出500万元资金，3个月后才能付款。经双方商议，煤炭公司同意赊销，并同意以票据方式办理结算。请根据票据业务的基本规定，为A公司应配置适合的贷款品种？

2. 某借款人为大型空调股份有限公司，目前已成为营销网络覆盖全球100多个国家和地区、年设计产能达1 000万套的全球知名品牌。借款人与上游供应商的主要结算方式为商业承兑汇票，账期为6个月，因此借款人与上游供应商存在贴现商业汇票，提前回收货款的需求。

请分析，该借款人是否适合商业承兑汇票保贴业务？如果适合，为其配置合适的贷款产品？

3. 请上网查资料，分析烟台银行4.36亿元票据业务案例中，银行存在着哪些方面的问题？

实训

请上网查找某上市非金融企业关于银行承兑汇票及票据贴下的资料，将其填入模拟系统中。

模块三 国际贸易融资

业务一　进口信用证

任务描述

了解进口信用证的相关规定及注意事项。

PPT：进口信用证

业务描述

根据进口信用证的基本规定及客户情况，为客户配置合适的贷款产品。

知识准备

信用证（Letter of Credit，简称 L/C）支付方式是随着国际贸易的发展，在银行与金融机构参与国际贸易结算的过程中逐步形成的。信用证支付方式把由进口商履行付款责任，转为由银行付款。因此，在一定程度上解决了进出口商之间互不信任的矛盾，同时，也为进出口双方提供了资金融通的便利。所以，信用证付款已成为国际贸易中普遍采用的一种支付方式。

一、产品定义

进口信用证是指开证行根据进口商的申请向受益人（国外出口商）开具的，保证在一定期限内，凭议付行/寄单行寄来的符合信用证规定的全套单据，按照信用证条款对外付款的书面承诺。信用证是比较完善的国际贸易结算方式，由于银行信用的介入，为出口商安全收款、进口商凭合格的单据提货提供了保障。

简言之，信用证是一种银行开立的有条件的承诺付款的书面文件。

二、信用证的特点

1. 信用证是一种银行信用

信用证支付方式是一种银行信用，由开证行以自己的信用做出付款的保证。在信用证付款的条件下，银行处于第一付款人的地位。根据《跟单信用证统一惯例》（UCP600）规定，信用证是一项约定，按此约定，根据规定的单据在符合信用证条件的情况下，开证银行向受益人或其指定人进行付款、承兑或议付。信用证开出后，便构成开证行的确定承诺。可见，信用证开出后，开证银行是首先付款人，开证银行对受益人的责任是一种独立的责任。

2. 信用证是一种自足文件

信用证的开立是以买卖合同作为依据，但信用证一经开出，就成为独立于买卖合同以外的另一种契约，不受买卖合同的约束。《跟单信用证统一惯例》（UCP600）规定，信用证与其可能依据的买卖合同或其他合同，是相互独立的交易。即使信用证中提及该合同，银行也与该合同无关，且不受其约束。所以，信用证是独立于有关合同以外的契约，是一种自足文件。

3. 信用证是一种单据的买卖

在信用证方式之下，实行的是凭单付款的原则。《跟单信用证统一惯例》（UCP600）规定："在信用证业务中，各有关方面处理的是单据，而不是与单据有关的货物、服务及其他行为。"所以，信用证业务是一种纯粹的单据业务。在信用证业务中，只要受益人提交的单据符合信用证规定，开证行就应承担付款责任。反之，单据与信用证规定不符，银行有权拒绝付款。但应指出，按《跟单信用证统一惯例》（UCP600）规定，银行虽有义务"合理小心地审核一切单据"，但这种审核，只是用以确定单据表面上是否符合信用证条款，开证银行只根据表面上符合信用证条款的单据付款。所以在信用证条件下，实行所谓“严格符合的原则”。“严格符合的原则”不仅要做到“单、证一致”，即受益人提交的单据的表面上与信用证规定的条款一致；还要做到“单、单一致”，即受益人提交的各种单据之间表面上也要一致。

三、信用证的种类

信用证可根据其性质、期限、流通方式等特点，分为以下几种。

（一）跟单信用证和光票信用证

以信用证项下的汇票是否附有货运单据划分，信用证可分为跟单信用证和光票信用证。

1. 跟单信用证（Documentary L/C）

跟单信用证是开证行凭跟单汇票或仅凭单据付款的信用证。单据是代表货物或证明货物已交运的凭证。前者指提单，后者指铁路运单、航空运单、邮包收据等。国际贸易所使用的信用证大部分是跟单信用证。

2. 光票信用证（Clean L/C）

光票信用证是指开证行凭不附单据的汇票付款的信用证。有的信用证要求汇票附有非货运单据，如发票、垫款清单等，也属光票信用证。在采用信用证方式预付货款时，通常是用光票信用证。

（二）不可撤销信用证和可撤销信用证

以开证行所承担的责任为标准，信用证可以分为不可撤销信用证和可撤销信用证。

1. 不可撤销信用证（Irrevocable L/C）

不可撤销信用证是指信用证一经开出，在有效期内，未经受益人及有关当事人的同意，开证行不得片面修改和撤销，只要受益人提交的单据符合信用证规定，开证行必须履行付款义务。这种信用证对受益人较有保障，在国际贸易中，使用最为广泛。凡是不可撤销信用证，在信用证中应注明“不可撤销”（Irrevocable）字样，并载有开证行保证付款的文句。

2. 可撤销信用证（Revocable L/C）

可撤销信用证是指开证行对所开信用证不必征得受益人或有关当事人的同意有权随时撤销或修改的信用证。凡是可撤销信用证，应在信用证上注明“可撤销”（Revocable）字样，以资识别。这种信用证对出口人极为不利，因此出口人一般不接受这种信用证。需要指出的是，开证银行撤销或修改可撤销信用证的权利，并非漫无限制。按《跟单信用证统一惯例》（UCP600）规定，只要受益人依信用证条款规定已得到了议付、承兑或延期付款保证时，该信用证即不能被撤销或修改。也就是说，只要可撤销信用证已先被受益人利用，则开证银行撤销或修改通知即不发生效力。鉴于国际上开立的信用证，绝大部分都是不可撤销的，因此，在《跟单信用证统一惯例》（UCP600）中规定，如信用证中未注明“不可撤销”或“可撤销”的字样，应视为不可撤销信用证。

(三) 保兑信用证和不保兑信用证

按是否有另一银行加以保证兑付，信用证可分为保兑的和不保兑的信用证。

1. 保兑信用证（Confirmed L/C）

保兑信用证是指开证行开出的信用证，由另一银行保证对符合信用证条款规定的单据履行付款义务。对信用证加保兑的银行，称为保兑行（Confirming Bank）。按《跟单信用证统一惯例》（UCP600）规定，信用证一经保兑，即构成保兑行在开证行以外的一项确定承诺。保兑行与开证行一样承担付款责任，保兑行是以独立的“本人”（Principal）身份对受益人独立负责，并对受益人负首先付款责任。保兑行付款后对受益人或其他前手无追索权。

信用证的“不可撤销”是指开证行对信用证的付款责任。“保兑”则是指开证行以外的银行对信用证的付款责任。不可撤销的保兑的信用证，则意味着该信用证不但有开证行不可撤销的付款保证，而且还有保兑行的兑付保证。两者的付款人都是承担第一付款责任。所以，这种有双重保证的信用证对出口商最为有利。

2. 不保兑信用证（Unconfirmed L/C）

不保兑信用证是指开证银行开出的信用证没有经另一家银行保兑。当开证银行资信较好或成交金额不大时，一般都使用这种不保兑的信用证。

(四) 即期付款信用证、延期付款信用证、承兑信用证和议付信用证

按付款方式的不同，信用证可分为即期付款信用证、延期付款信用证、承兑信用证和议付信用证。

1. 即期付款信用证（Sight Payment L/C）

即期付款信用证是指采用即期兑现方式的信用证，证中通常注明“付款兑现”（Available by Payment）字样。即期付款信用证的付款行可以是开证行，也可以是出口地的通知行或指定的第三国银行。付款行一经付款，对受益人均无追索权。以出口地银行为付款人的即期付款信用证的交单地点在出口地，便于受益人交单取款，可以及时取得资金。所以，这种信用证对受益人最为有利。而付款行为开证行本身或第三国银行，交单地点通常规定在付款行所在地，受益人要承担单据在邮寄过程中遗失或延误的风险。

2. 延期付款信用证（Deferred Payment L/C）

延期付款信用证是指开证行在信用证中规定货物装船后若干天付款，或开证行收单后若干天付款的信用证。延期付款信用证不要求出口商开立汇票，所以出口商不能利用贴现市场资金，只能自行垫款或向银行借款。

3. 承兑信用证（Acceptance L/C）

承兑信用证是指付款行在收到符合信用证规定的远期汇票和单据时，先在汇票上履行承兑手续，待汇票到期日再行付款的信用证。按《跟单信用证统一惯例》（UCP600）规定，开立信用证时不应以申请人作为汇票的付款人。承兑信用证的汇票付款人可以是开证行或其他指定的银行，不论由谁承兑，开证行均负责该出口方汇票的承兑及到期付款。由于承兑信用证是以开证行或其他银行为汇票付款人，故这种信用证又称为银行承兑信用证（Banker Acceptance L/C）。

4. 议付信用证（Negotiation L/C）

议付信用证是指开证行允许受益人向某一指定银行或任何银行交单议付的信用证。议付是指由议付行对汇票和（或）单据付出对价。只审核单据而不支付对价，不能构成议付。议付信用证又可分为公开议付信用证和限制议付信用证。

（1）公开议付信用证（Open Negotiation L/C）。又称自由议付信用证（Freely Negotiation L/C），是指开证行对愿意办理议付的任何银行作公开议付邀请和普遍付款承诺的信用证，即指任何银行均可按信用证条款自由议付的信用证。

（2）限制议付信用证（Restricted Negotiation L/C），是指开证银行指定某一银行或开证行本身自己进行议付的信用证。

公开议付信用证和限制议付信用证的到期地点都在议付行所在地。这种信用证经议付后，如因故不能向开证行索得票款，议付行有权对受益人行使追索权。

四、进口信用证业务流程（见图6－9）

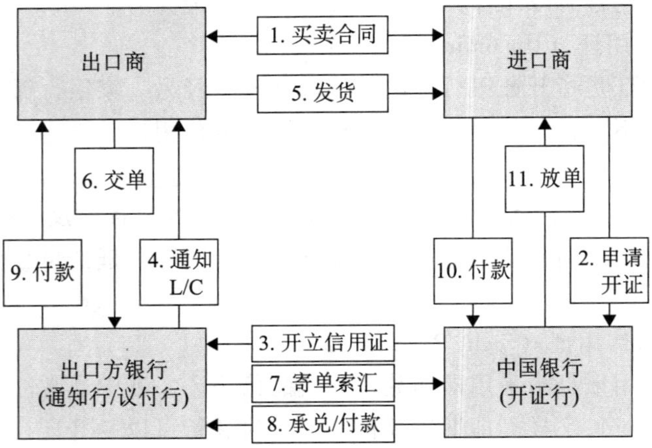

图6－9　进口信用证业务流程

■ 产品配置要求

一、受理开证申请

（一）资格审核

（1）具备流动资金贷款的一般条件。

（2）具有进出口经营权的企业和单位。

（3）以真实合法的商品交易为基础，并在赊销合同注明以信用证作为结算方式。

（4）系“对外付汇进口单位名录”在册企业。

（二）客户提交开证申请书（见表6-19）

表6-19

<table>
<tr><td>Contact Person 联系人____________
Tel No. ____________</td><td>Expiry Date 到期日</td><td>Place of Expiry 到期地点</td></tr>
<tr><td>Applicant 申请人（Full name and address，全称及地址）</td><td colspan="2">Amount 金额（Currency and figures，币种及金额小写）

□Tolerance on amount 金额浮动范围：+__ % -__ %
□Tolerance on goods quantity 货物数量浮动范围：+__ % -__ %</td></tr>
<tr><td>Beneficiary 受益人（Full name and address，全称及地址）</td><td colspan="2">Advising Bank 通知行（If blank，any bank at your option，如空白，请贵行自行选择）</td></tr>
<tr><td rowspan="2">□Place of taking in charge/dispatch from…/place of receipt 货物接管地/发运地/收货地____________
□Port of loading/Airport of departure 装货港/起飞机场__________
□Port of discharge/Airport of destination 卸货港/目的地机场 __________
□Place of final destination/for transportation to…/place of delivery 最终目的地/运至/交货地__________
Latest date of shipment 最迟装运日：____________________</td><td colspan="2">Partial Shipment 分批装运
□ allowed 允许 □ not allowed 不允许</td></tr>
<tr><td colspan="2">Transhipment 转运
□ allowed 允许 □ not allowed 不允许</td></tr>
<tr><td colspan="3">Credit available by 信用证类型 □sight payment 即期付款 □acceptance 承兑 □deferred payment 延期付款 □negotiation 议付 with 指定银行 ____________
If not chosen by us，it is at your choice. 如果我公司未选，请贵行自行决定信用证类型及指定银行。</td></tr>
<tr><td colspan="3">Description of Goods 货物描述：（Brief description without excessive detail，请简要描述，勿加入过多细节）

Price term 价格条款：□EXW □FCA □FOB □CFR □CIF □ ____________ □Incoterms2000</td></tr>
<tr><td colspan="3">□Draft（s）drawn on issuing bank for _____ % invoice value at □sight or □Term：______ days after __________.
Documents required 需提交的单据：
□ Signed Commercial Invoice in [ ] originals [ ] copies indicating this L/C No.，Contract No. and __________.
□ Signed Packing List in [ ] originals [ ] copies .
□ Full set□ __/3 set of clean shipped on board Ocean Bill of Lading marked "□Freight Prepaid □Freight Collect" made out to order of ____________，notifying □applicant □ __________ .
□ Clean Air Waybills showing "□Freight Prepaid □Freight Collect" and consigned to __________ notifying □applicant □ __________</td></tr>
</table>

续表

□ Rail Waybills showing "□Freight Prepaid □Freight Collect" and consigned to ________________. □ Insurance Policy/Certificate in duplicate blank endorsed for 110 % of the invoice value, showing claims payable at destination in currency of the draft, covering All Risks and War Risks and ________________. □ Certificate of Origin in [ ] originals and [ ] copies issued by ________________. □ Beneficiary's Certificate certifying that a whole set of document copies had been sent to the applicant and ________ □ Other documents required 其他需提交的单据：
Additional conditions 附加条款： □ All banking charges outside the Issuing Bank including reimbursing charges are for account of beneficiary. □ All documents should be issued in English and indicating ________. □ Documents must be presented within ____ days after the date of shipment but within the validity of this credit. □ Documents issued earlier than the L/C issuing date not acceptable. □ Other terms and conditions if any 其他条款，如有：
□本申请书及其后的任何修改（如有）为以下法律性文件（及其任何修改、补充和变更）不可分割的组成部分，并受其约束： □编号为________的□《贸易融资额度合同》□《信用证开证合同》□ ________。 □在信用证开立前按贵行要求存入开证保证金，作为本笔业务的一种担保，保证金比例为开证金额（含溢装金额）的____%。 □To be continued on separate continuation sheet（s）其他内容见附件。 Stamp of Applicant（申请人签章）

开证申请书是开证银行开立信用证的依据，其内容必须完整、明确。开证申请书通常包括以下内容：

（1）Date（申请开证日期）。在申请书右上角填写实际申请日期。

（2）TO（致）。银行印制的申请书上事先都会印就开证银行的名称、地址，银行的Swift Code、Telex No. 等也可同时显示。

（3）Please Issue on our behalf and/of for our account the following irrevoable Letter of Credit（请开列以下不可撤销信用证）。如果信用证是保兑或可转让的，应在此加注有关字样。开证方式多为电开（By Telex），也可以是信开、快递或简电开立。

（4）L/C NUMBER（信用证号码）。此栏由银行填写。

（5）Ex - Card No.（快递单号码）。一般不填写。

（6）Contract No.（合同号码）。填写合同的编号。

（7）Applicant（申请人）。填写申请人的全称及详细地址，有的要求注明联系电话、传真号码等。

（8）Beneficiary（受益人）。填写受益人的全称及详细地址。

（9）Advising Bank（通知行）。由开证行填写。

（10）Date and place of expiry of the credit（有效期与地点）。填写信用证的有效期与到期地点。一般信用证有效期为 1 个月至 3 个月，到期地点一般为受益人所在国家。

（11）Amount（信用证金额）。分别用数字和文字两种形式表示，并且表明币制。如果允许有一定比率的上下浮动，要在信用证中明确表示出来。

（12）Trade terms（贸易术语）。根据合同的规定用“×”选择贸易术语，也可补充在“0ther terms”后面。

（13）Partial Shipment（分批装运）、Transhipment（转运）。根据合同的实际规定打“×”进行选择。

（14）Issued by（传递方式）。传递方式有四种，即信开（航空邮寄）Issued by airmail、全电开（电报）Issued by telegrams mission、信开（快递）Issued by express delivery、简电后随寄电报证实书 With brief advice by telegrams mission，需要哪一种方式，在前面方框中打“×”，如：选用信开航空邮寄，在“Issue by airmail”前的方框中打“×”。

（15）Loading on board/dispatch/taking in charge at/from、No later than、For transportation to（装运地/港、目的地/港的名称，最迟装运日期）。按实际填写，如允许有转运地/港，也应清楚标明。Loading on board/dispatch/taking in charge at/from 填写装运港；Not later than 填写最后装运期；For transportation to 填写目的港。

（16）Credit Available with/by（议付/付款方式）。填写信用证的种类和汇票金额。填写此信用证可由银行即期付款、承兑、议付、延期付款和押汇银行名称（出口地银行）。如果信用证为自由议付信用证，则银行可用“Any Bank in…（地名/国名）”表示。如果该信用证为自由议付信用证，而且对议付地点也无限制，则可用“Any Bank”表示。

Sight Payment，表示开具即期付款信用证。即期付款信用证是指受益人根据开证行的指示开立即期汇票，或无须汇票，仅凭运输单据即可向指定银行提示请求付款的信用证。

Acceptance，表示开具承兑信用证。承兑信用证是指信用证规定开证行对于受益人开立以开证行为付款人或以其他银行为付款人的远期汇票，在审单无误后，应承担承兑汇票，并于到期日付款的信用证。

Negotiation，表示开具议付信用证。议付信用证是指开证行承诺延伸至第三当事人，即议付行，其拥有议付或购买受益人提交信用证规定的汇票/单据权力行为的信用证。如果信用证不限制某银行议付，可由受益人选择任何愿意议付的银行，提交汇票、单据给所选银行请求议付的信用证称为自由议付信用证。反之，为限制性议付信用证。

Deferred Payment，表示开具延期付款信用证。如果开具这类信用证，则需写明延期多少天付款。例如，60 天承兑付款（at 60 days from payment confirmation）。延期付款信用证指银行接到受益人所交单据（不需汇票），经审核相符后承担延期付款责任，在付款到期日再进行付款的信用证。

四种信用证有效兑付方式中选择与合同要求一致的类型，在所选方式前的方框中打“×”。

(17) BENEFICIARY'S DRAFT（汇票要求）。Against the documents detailed herein andbeneficiary's draft (s) for ________% of invoice value at ________ sight drawn on ________

受益人按发票金额________%，做成限制为________天，付款人为________的汇票。注意延期付款信用证不需要填写此项。

“at sight”为付款期限。如果是即期，需要在“at sight”之间填“××××××”或“……”，不能留空。远期有几种情况：at ×× days after date（出票后××天），at ×× days after sight（见票后××天）或 at ×× days after date of B/L（提单日期后××天）等。

应根据合同的规定，填写信用证项下应支付发票金额的百分之几。如合同规定所有货款都用信用证支付，则应填写信用证项下汇票金额是发票金额的100%；如合同规定该笔货款由信用证和托收两种方式支付，各支付50%，则应填写信用证项下汇票金额是全部发票金额的50%；依此类推。另外，还应填写汇票的支付期限，如即期、远期，如是远期汇票，必须填写具体的天数，如30天、60天、90天等。最后是填写付款人，根据《UCP600》的规定，信用证项下汇票的付款人必须是开证行或指定付款行。

(18) Documents Required（单据条款）。各银行提供的申请书中已印就的单据条款通常为十二条，从上至下一般为商业发票、运输单据（海运提单、空运单、铁路运输单据及运输备忘录等）、保险单、装箱单、数量/重量证书、装船通知和受益人证明等，最后一条是 OTHER DOCUMENTS, IF ANY（其他单据），如要求提交超过上述所列范围的单据就可以在此栏填写，比如有的合同要求 Certificate of no solid wood packing material（无实木包装材料证明）、Certificate of free sale（自由销售证明书）、Certificate of conformity（合格证明书）等。申请人填制这部分内容时应依据合同规定，不能随意增加或减少。填制单据条款时应注意：

①在所需单据前的括号里打“×”。

②然后在该单据条款后填上具体的要求，如一式几份、要否签字、正副本的份数、应包括什么内容等等，印制好的要求不完整，可在该单据条款后面填写清楚。

③必须注意的是：申请人必须根据合同规定填写单据条款，既不可随意提出超出合同规定的要求，也不能降低或减少合同规定的要求。

(19) Description of goods（商品描述）。根据合同的规定，填写货物名称、规格和包装方式。所有内容（品名、规格、包装、单价、唛头）都必须与合同内容相一致，价格条款里附带“As per incoterms 2000”、数量条款中规定“More of less”或“Abort”、使用某种特定包装物等特殊要求必须清楚列明。

(20) Additional instructions.（附加指示）该栏通常体现为以下一些印就的条款：

- All documents must indicate contract number.（所有单据加列合同号码。）
- All banking charges outside the opening bank are for beneficiary's account.（所有开证行以外的银行费用由受益人承担。）
- Both quantity and amount for each item __% more or less allowed.（每项数量与金额

允许__%增减。)

- Third party as shipper if not acceptable. (第三方作为托运人是不能接受的。)
- Documents must be presnted within xxx days after the date of issuance of the transport documents but within the validity of this credit. (单据必须在提单日后 xxx 天送达银行并且不超过信用证有效期。)
- Short form/Blank back/Claused/Charter party B/L is unacceptable. (银行不接受略式/不清洁/租船提单。)
- All docments to be forwarded in one cover, unless otherwise stated above. (除非有相反规定，所有单据应一次提交)。
- Prepaid freight drawn in excess of L/C amount if acceptable against presentation of original charges voucher issued by shipping co. /air line or its agent. (银行接受凭船公司/航空公司或其代理人签发的正本运费收据索要超过信用证金额的预付运费。)
- Document issued prior to the date of issuance of credit not acceptable. (不接受早于开证日出具的单据。)

如需要已印就的上述条款，可在条款前打“×”，对合同涉及但未印就的条款还可以做补充填写。

(21) Name, Signature of authorised person, Tel No. , Fax, Account No. (授权人名称、签字、电话、传真、账号等内容)。申请书下面是有关申请人的开户银行（填银行名称）、账户号码（Account No.）、执行人、联系电话、申请人（Transacted by）（法人代表）签字等内容。

（三）客户提交额外资料

（1）减免保证金开证呈批表（见表 6－20）。按照国际贸易的习惯做法，进口商向银行开立信用证，应向银行缴付一定比例的保证金，其金额一般为信用证金额的百分之几到百分之几十，一般根据进口商资信情况确定。

表 6－20　　减免开证保证书申请书

致：广东南海农村商业银行股份有限公司 关于我司第________________号合同项下申请开证事项一事，开证金额______，装船有限期______________，付款期限___________。开证保证金已存_________。我司特申请贵行给予我司减免保证金开立此信用证。 我司保证，最迟于上述贵行通知付款日之前，或____年____月____日之前（以较早者为准）补足保证金到位。如未能按时补足保证金，贵行有权随时对抵押品或我公司的其他财产（包括此信用证项下的货物及我司在贵行的各项存款及财产等）予以处理，并将相应的处理所得收归所有，以保障贵行利益，补偿贵行垫付资金本息及费用，我司继续履行我司与贵行签订的个合同、协议约定的义务。 申请单位签名： 盖章： ____年_____月____日

（2）进口专控商品，应具备相应的进口许可证及进口配额等批件。

（3）进口合同。

(4) 进口付汇备案表。

(5) 外贸主管部门出具的技术进口登记材料或者许可文件（如有需要）。

(6) 首次开证的客户，还应提供“进口信用证业务承诺书”（见表6－21）。

(7) 开证所需其他材料。

表6－21　　出口信用证业务承诺书

致：中国建设银行股份有限公司＿＿＿＿＿＿＿＿＿＿分（支）行

我公司因在贵行办理出口信用证业务，为方便操作，特向贵行明确以下事项：

□我公司今后向贵行提交的信用证交单申请书及信用证转让申请书均将使用我公司＿＿＿＿＿＿＿＿＿＿＿＿＿＿＿＿＿＿＿＿账号预留的印章及签字（如有）。

□我公司今后向贵行提交的信用证交单申请书及信用证转让申请书将使用以下签章形式：

＿＿＿＿＿＿＿＿＿＿＿＿＿＿＿＿＿＿＿＿＿＿＿＿＿＿＿＿＿＿

□其他事项：

＿＿＿＿＿＿＿＿＿＿＿＿＿＿＿＿＿＿＿＿＿＿＿＿＿＿＿＿＿＿

我公司在贵行办理的出口信用证业务均受本承诺书背面条款的约束。

＿＿＿＿＿公司

（公章）

年　月　日

本公司承诺如下：

1. 同意贵行依照国际商会第600号出版物《跟单信用证统一惯例》办理该信用证项下的一切事宜，并同意承担由此产生的一切责任。

2. 及时提供贵行要求我公司提供的真实、有效的文件及资料，接受贵行的审查监督。

3. 在贵行规定期限内支付该信用证项下的各种款项，包括货款及贵行和有关银行的各项手续费、杂费、利息以及国外受益人拒绝承担的有关银行费用等。

4. 在贵行到单通知书规定的期限内，书面通知贵行办理对外付款/承兑/确认迟期付款/拒付手续。否则，贵行有权自行确定对外付款/承兑/确认迟期付款/拒付，并由我公司承担全部责任。

5. 我公司如因单证有不符之处而拟拒绝付款/承兑/确认迟期付款时，将在贵行到单通知书规定期限内向贵行提出拒付请求，并附拒付理由书一式两份，一次列明所有不符点。对单据存在的不符点，贵行有独立的终结认定权和处理权。经贵行根据国际惯例审核认为不属可据以拒付的不符点的，贵行有权主动对外付款/承兑/确认迟期付款，我公司对此放弃抗辩权。

6. 该信用证如需修改，由我公司向贵行提出书面申请，贵行可根据具体情况确定能否办理修改。我公司确认所有修改当受益人接受时才能生效。

7. 经贵行承兑的远期汇票或确认的迟期付款，我公司无权以任何理由要求贵行止付。

8. 按上述承诺，贵行在对付款时，有权主动借记我公司在贵行的账户款项。若发生任何形式的垫付，我公司将无条件承担由此而产生的债务、利息和费用等，并按贵行要求及时清偿。

9. 在收到贵行开出信用证、修改书的副本之后，及时核对，如有不符之处，将在收到副本后的两个工作日内书面通知贵行。否则，视为正确无误。

10. 该信用证如因邮寄、电讯传递发生遗失、延误、错漏、贵行概不负责。

11. 本申请书一律用英文填写。如用中文填写而引发的歧义，贵行概不负责。

12. 因信用证申请字迹不清或词意含混而引起的一切后果均由我公司负责。

续表

13. 如发生争议需要诉讼，同意由贵行所在地法院管辖。 14. 我公司已对开证申请书及承诺书各印就条款进行审慎研阅，对各条款含义与贵行理解一致。 同意受理＿＿＿＿＿＿＿ 申请人（盖章）＿＿＿＿＿＿＿＿＿ 银行盖章＿＿＿＿＿＿＿＿＿＿＿＿＿＿ 负责人＿＿＿＿＿＿＿＿＿法定代表人＿＿＿＿＿＿＿ 或授权代理人签字＿＿＿＿＿＿＿或授权代理人＿＿＿＿＿＿＿

二、调查审核

（一）开证权限审核

开证金额和期限是否在经办行和省级分行或直属分行权限内，超经办行权限的，是否经上级有权审批行审批。

（二）减免保证金开证呈批表审核

该笔信用证是否在客户授信额度内开立，是否落实了100%的付款保证，是否需要进口批件和外汇局的进口付汇备案表，各有关部门及有权审批人是否签署意见。

（三）开证申请书的审核

开证申请书是银行与开证申请人之间明确权利义务的要式合同，也是银行对外开证的依据。开证申请书（制式合同文本ABCS（2001）3011）为一式三联，应主要审核以下内容：

1. 开证申请书上的签章是否齐全

2. 开证申请书上的内容应简洁、清楚、完整、合理，条款之间要衔接，金额不能涂改。如更改开证申请书上的内容，应要求开证申请人签章确认。

（四）开证申请书内容的审核

1. 审核开立方式

信用证的开立方式有电开、简电开和信开证三种。电开证又有SWIFT开证和电传开证。如遇特殊情况，需采用电传或信开方式，必须报总行国际业务部备案。

2. 审核信用证种类

根据UCP500，信用证一般分为即期付款信用证、延期付款信用证、议付信用证、承兑信用证。应注意审核信用证的种类与付款期限是否相一致。

如果信用证为可转让信用证，应指定通知行为转让行，并要求其通知转让细节。

3. 审核开证申请人

开证申请人必须与合同的进口方一致，与开证申请书背面所盖公章名称一致，应填写开证申请人的全称和详细地址。

4. 审核信用证受益人

一般情况下，信用证的受益人应与合同的出口方一致，应填写受益人的全称和详细地址，最好能够写明电话或传真号码，以便通知行尽快通知受益人。如受益人与合同不一致，应在合同中指明。

5. 审核有效期和有效地点（Date and place of expiry）

信用证的有效期不应早于开证日期。除背对背信用证和付款信用证外，信用证的有效地点一般在受益人所在国。

6. 审核币别和金额（Currency and amount）

应注意审核以下内容：

（1）申请书上的币别应为自由兑换货币，信用证金额大小写必须相符；

（2）如果信用证的金额非发票金额或合同金额，应注明汇票付款金额与发票金额的比例，其计算公式为：汇票付款比例 = 信用证结算部分金额/发票金额，英文表述为：available with any bank by negotiation of beneficiary's draft at sight for × × % of invoice value drawn on ……；在不允许分批的情况下，汇票金额也可以固定为信用证金额。

（3）如果申请书上注明金额及数量可增减（如 5% more or less bothin amount and quantity acceptable）时，信用证保证金的收取金额或开证额度的扣减应以增减幅度的上限为准。

（4）如使用“约”“大概”等类似词语描述信用证金额时，有关金额可以有不超过 10% 的增减幅度，信用证保证金的收取数额或开证额度应以增减额度的上限为准。

7. 审核付款期限（Tenor）和付款人（Drawee）

根据 UCP500 第九条的规定，汇票的付款人应为银行，不能是开证申请人。

信用证可以要求提交汇票，也可以不要求提交汇票：①如果是付款信用证，则付款人一般应为开证行；②如果为议付信用证，可指定议付行，亦可由任何银行议付；③如果为迟期付款信用证和承兑信用证，则原则上付款人应为开证行。

8. 审核最迟装运日期（Shipment date）和交单日期（Presentation date）

如信用证未规定最迟装运日期，最迟装运日期不得迟于信用证的有效期。

根据 UCP500 第四十三条的规定，如信用证未规定交单日期，则交单日期不得迟于装运日期后 21 天，同时应在信用证有效期内。

9. 审核分批装运（Partial shipment）和转运（Transhipment）

申请人应在开证申请书上注明是否允许分批装运、是否允许转运。

10. 审核装运地/港、目的地/卸货港

在信用证要求海运提单且不允许转运的情况下，装运地和卸货地都应是港口，即装货港和卸货港。

11. 审核价格条款（Price term）。应使用 Incoterm 中规定的条款。

12. 审核信用证货物描述。货物的描述应尽量简洁和明确，如果申请书带有附件，应要求申请人另在附件上加盖与信用证开证申请书上相同的印章，附件上的条款应清楚、合理。

13. 审核单据条款

（1）商业发票。应注明提交正/副本单据的份数、签发人以及要求所载的内容等。

（2）运输单据。业务人员应仔细审核运输单据条款，对于远洋运输，一般应要求提交全套海运提单或航空运单，一般不可使用货物收据。航空运单（Airway bill）属非物权单据，在法律上仅是一种收据。货到目的地，航空公司向收货人发出提货通知，收货人即可提货。在此单据下，开证行应注意落实相应付款保证。

(3) 保险单据。使用 CIF 价格条款，由受益人投保，开证申请书上应需要出具保险单的种类、保险险别、币种、投保金额或比例等。

(4) 其他单据（Other documents）。如果申请人要求商业发票、运输单据、保险单据以外的其他单据，应明确签发人及其措辞和内容。如果没有规定，根据《跟单信用证统一惯例》（UCP600）第 21 条，银行将接受受益人提交的任何措辞和内容的单据而且不负任何责任。货物收据（Cargo peceipt）是非物权凭证，银行无法控制物权。如申请人要求货物收据，尤其是在由申请人签发货物收据的情况下，银行应充分了解申请人的资信状况，开证前落实好足额的付款保证，同时可以考虑在信用证上加注控制条款，如货物收据由银行加签等。

(5) 银行费用（Banking charges）。开证申请人应在开证申请书中明确银行及国外银行费用由谁承担。

(6) 特殊条款（Special conditions）。如果申请人只是提出一些条件而未规定提交的单据时，银行应尽量要求客户将其以单据的形式表述，否则银行对这些条款可不予理会。除此以外，还应审核前后条款是否一致，如有软条款或对银行不利的条款，应反馈经办行申请人进行修改，如申请人不同意修改，应明确对此引起的风险完全由申请人承担，并提请经办行客户部门重新考虑对该笔业务的风险防范措施。

如果要求 1/3 正本提单直寄申请人，应要求受益人出具证明，说明 1/3 提单已直寄申请人，同时要求提供邮寄收据等。

（五）调查贸易背景

(1) 信用证所涉及的进口商品是否符合国家有关规定，是否在授信额度所规定的范围之内。

(2) 开证申请人对进口商品是否有基本的销售能力和销售渠道。

(3) 进口货物国内外市场价格是否稳定。

(4) 进口货物的销售周期、运输在途时间及生产周期与信用证付款期限是否匹配，进口货物价格与市场价格是否有较大出入。

三、开立信用证

（一）经审批同意后，与客户签订单笔信用证开证合同（见表 6－22）以及相应的信用证开证保证/抵押/质押合同及减免开证保证金合同

表 6－22　　开立不可撤销跟单信用证协议

进口开证合同

编号：

尊敬的客户：为了维护您的权益，请在签署本合同前，仔细阅读本合同各条款（特别是黑体字条款），关注您在合同中的权利、义务。如有任何疑问，请向经办行咨询。

甲方（全称）：______________________

续表

乙方（全称）：中国农业银行股份有限公司________________ 甲方因进口货物或服务贸易需要，向乙方申请对外开立信用证，待对外付款前再按约定时限存足对外支付款项，乙方同意在受理甲方开证申请。根据国家有关法律法规，双方当事人经协商一致，订立本合同。 第一条　开证保证金金额及存足时限 1.1 基于甲方为履行________________________（进口合同编号）合同而提出开立信用证的申请，乙方同意为甲方开立信用证。该笔信用证（编号：______________）开证币种及金额（大写）为____________________，开证前应存保证金和/或视同保证金抵质押物合计币种及金额（大写）为__________________。 1.2 如本信用证为即期的，在乙方发出《对外付款/承兑通知书》/《境内付款/承兑通知书》后 2 个银行工作日内，甲方将信用证项下款项足额存入乙方指定的账户以备乙方付款；如本信用证为远期的，在承兑或承诺到期日的 3 个银行工作日前，甲方将信用证项下款项足额存入乙方指定的账户以备乙方对外付款。 第二条　下列条件未满足的，乙方有权不办理本合同项下开证业务： 2.1 甲方在乙方处开立______________________账户。 2.2 甲方已向乙方出具《开立不可撤销跟单信用证申请书》及其他相关资料，并获得乙方审批同意。 2.3 甲方按照乙方要求提供有关文件、资料并已按照有关规定办妥与本合同项下开证有关的批准、登记及其他法定手续。 2.4 本合同项下开证有保证担保的，保证合同已签订并生效。本合同项下开证有抵押、质押担保的，有关登记及保险等法律手续已按乙方要求办妥，且该担保、保险持续有效。 第三条　甲方的权利与义务 3.1 有权按照本合同约定办理信用证开证和修改业务。 3.2 向乙方提供真实、完整、有效的资产负债表、损益表等财务报表和所有开户行名称、账号及存款余额等资料、信息，并依照乙方要求及时提供真实、有效的进口合同及有关资料，接受乙方的审查监督。 3.3 本开证项下的人民币、外币结算业务均通过甲方在乙方开立的账户办理。 3.4 办妥与本合同相关的进口、开证及履行本合同所必备的法律和行政审批手续。 3.5 向乙方交足在《开立不可撤销跟单信用证申请书》和《信用证修改申请书》中承诺的应存保证金，当实际存入保证金币种与开证币种不同时，甲方愿意承担汇率变动风险。在信用证付款前，由于汇率变动导致所缴纳保证金不足的，甲方应及时补足差额部分保证金。 3.6 遵守国际商会第 600 号出版物《跟单信用证统一惯例》、《开立不可撤销跟单信用证申请书》、《信用证修改申请书》及本合同的相关约定办理信用证开立和修改业务，并承担由此产生的一切责任。 3.7 开立不可撤销跟单信用证申请书、信用证修改申请书及附件一律用英文填写。如字迹不清或词意含混而引起的一切后果，或用中文填写而引发的歧义，乙方概不负责。 3.8 在收到乙方开出的信用证副本或信用证修改书副本后，及时核对。如有不符之处，将在收到副本后的两个工作日内书面通知乙方。否则，视为正确无误。 3.9 在《对外付款/承兑通知书》/《境内付款/承兑通知书》规定的期限内，书面通知乙方办理对外付款/承兑/确认延期付款/拒付手续。否则，乙方有权自行确定对外付款/承兑/确认延期付款/拒付，并由甲方承担全部责任。 3.10 经乙方承兑的远期汇票或确认的延期付款，甲方无权以任何理由要求乙方止付。 3.11 甲方应按本合同 1.2 约定及时存入足额款项，在乙方规定期限内支付该信用证项下的各种款项，包括信用证金额及乙方应收手续费等相关费用（包括国外受益人拒绝承担的有关银行费用等）。若发生任何形式的垫付，甲方将按合同约定无条件地及时、足额承担由此产生的债务、利息和费用等，并按乙方要求及时清偿。 3.12 发生以下事项时，甲方应于事项发生后 5 日内书面通知乙方并落实乙方认可的债权保全措施： （1）发生隶属关系变更、高层人事变动、公司章程修改以及组织结构调整； （2）停产、歇业、注销登记、被吊销营业执照或被申请破产； （3）财务状况恶化、生产经营发生严重困难或发生重大诉讼、仲裁事件； （4）变更名称、住所地、法定代表人、联系方式等事项； （5）发生对乙方债权实现有重大不利影响的其他事项。

续表

3.13 实施下列行为的，甲方应事先征得乙方同意，并落实乙方认可的债务清偿措施：

（1）实施承包、租赁、股份制改造、联营、合并、兼并、分立、合资、资产转让、减少注册资金，申请停业整顿、申请解散、申请破产以及其他足以引起本合同债权债务关系变化或影响乙方债权实现的行为；

（2）为他人债务提供保证或以其主要财产向第三人抵押、质押，可能影响本合同项下偿债能力的行为。

3.14 甲方及其投资者不得抽逃资金、转移资产或擅自转让股份，以逃避对乙方的债务。

3.15 本合同项下保证人出现停产、歇业、注销登记、被吊销营业执照、破产以及经营亏损等情形，部分或全部丧失与本合同相应的担保能力，或者为本合同项下开证担保的抵押物、质物、质押权利价值减损，甲方应当立即交足本合同约定的减免开证保证金金额或及时提供乙方认可的其他担保。

3.16 不与任何第三方签署有损于乙方在本合同项下权益的合同。

第四条　乙方的权利与义务

4.1 在甲方履行本合同约定义务、完备规定手续且通过乙方审核的前提下，乙方将为甲方办理信用证开立和修改业务。

4.2 乙方有权了解甲方的生产经营、财务活动、信用证使用等情况，有权要求甲方按期提供财务报表等文件、资料和信息。

4.3 信用证如需修改，由甲方向乙方提出书面申请，乙方有权根据具体情况确定能否办理修改。甲方确认所有信用证项下的修改当受益人接受时才能生效。

4.4 甲方如因单证有不符之处而拟拒绝付款/承兑/确认延期付款时，应在乙方《对外付款/承兑通知书》/《境内付款/承兑通知书》规定期限内向乙方提出书面拒付请求，一次列明所有不符点。乙方对单据存在的不符点有独立的终结认定权和处理权。经乙方根据国际惯例审核认为不属可凭以拒付的不符点的，乙方有权主动对外付款/承兑/确认延期付款，甲方对此放弃抗辩权。

4.5 乙方对由于邮寄、电讯传递过程中发生遗失、延误、错漏所造成的后果，不承担任何责任。

4.6 甲方出现包括但不限于 3.12、3.13、3.14 项列举的足以影响乙方权益的不利行为或情形，乙方有权要求甲方交足本笔开证业务项下所减免的开证保证金或采取其他债权保全措施。

4.7 乙方在对外付款时，有权主动借记甲方在乙方的账户款项。在甲方未按本合同约定及时足额存入款项时，或乙方依据本合同约定收回垫付本息和甲方其他应付费用时，乙方有权直接从甲方任何账户中划收，所抵消的债务及抵充顺序由乙方确定。乙方依照法律规定或者合同约定行使抵消权的，甲方异议期间为七个工作日，自乙方以书面、口头或者其他形式通知甲方之日起计算。

4.8 发生垫款后，甲方归还的款项不足以清偿本合同项下应付数额的，乙方可以选择将该款项用于归还垫款本金、利息或费用。

4.9 甲方与乙方之间存在数笔到期债务，且甲方的还款不足以清偿全部到期债务的，甲方的给付所清偿的债务及抵充顺序，由乙方确定。

4.10 甲方未履行还款义务，乙方可以就甲方的违约行为对外进行公开披露。

第五条　担保

本合同项下债权的担保方式为____________，担保合同另行签订。若采取最高额担保方式的，担保合同编号为____________。

第六条　违约责任

6.1 乙方违反本合同第四条约定义务的，除继续履行合同外，应依法承担相应责任。

6.2 甲方违反本合同 1.2 约定导致乙方垫款的，垫付款项视作逾期贷款，自垫款日起按下列第____种方式计收利息。

（1）在逾期期间按日利率万分之____（大写）计息；

（2）按垫付之日__________（大写）个月__________（LIBOR/HIBOR）+____%的利差的基础上浮百分之______（大写）计收利息。Libor/Hibor 为路透社公布的垫付之日对应期限的伦敦/香港同业市场拆借利率。

甲方对垫付款项/融资款项及逾期利息按原开证币种承担清偿责任。

6.3 甲方违反本合同项下约定义务，尚未开出信用证的，乙方有权拒绝开证；已开出信用证的，甲方应立即交足

续表

本合同约定的减免开证保证金金额，甲方未在乙方通知指示期限内交足保证金的，乙方有权按日万分之______（大写）收取违约金。

6.4 甲方违反本合同项下约定义务，乙方有权限期要求甲方纠正违约行为，有权停止办理信用证业务，有权宣布甲方与乙方签订的其他合同项下债务立即到期或采取其他资产保全措施。

6.5 本合同项下开证的任一担保人违反担保合同项下约定义务，乙方有权对甲方停止办理信用证业务、要求甲方立即交足本合同约定的减免开证保证金金额或采取其他资产保全措施。

6.6 因甲方违约致使乙方采取诉讼或仲裁方式实现债权的，甲方应当承担乙方为此支付的律师费、差旅费及其他实现债权的费用。

第七条　关于开立假远期信用证的特别约定

7.1 甲方申请开立假远期信用证，乙方应甲方要求开立远期信用证并即期对外付款或指示付款行对外付款的，视同乙方对甲方的融资。

7.2 融资天数为乙方/付款行付款日至汇票/单据到期日之间的天数。甲方承诺在汇票/单据到期日，无条件向乙方承担付款责任，偿付信用证项下所有融资的本金和利息。甲方不按期支付造成融资逾期的，自逾期之日起按6.2的约定计息。

7.3 融资利息为融资利率×融资天数×融资金额。融资利率以相关凭证的记载为准。

7.4 甲方如需提前归还融资款项的，应事先征得乙方同意。若付款行为其他银行且要求支付提前还款手续费和/或罚息的，应由甲方承担。

7.5 甲方承诺放弃向法院及其他有关部门申请止付令或冻结假远期信用证项下支付款项的权利。

第八条　争议的解决

本合同履行中发生争议，可由双方协商解决，也可按以下第____种方式解决：

8.1 诉讼。由乙方住所地人民法院管辖。

8.2 仲裁。提交______________（仲裁机构全称）按其仲裁规则进行仲裁。

在诉讼或仲裁期间，本合同不涉及争议的条款仍须履行。

第九条　其他事项

9.1 本合同相关的“开立不可撤销跟单信用证申请书”或/及“信用证修改申请书”、垫付款凭证等为本合同不可分割的组成部分。

第十条　合同的生效

本合同自双方签字或盖章之日起生效。

第十一条　本合同一式__份，双方各一份，担保人各一份，______份，具有相同的法律效力。

甲方声明：乙方已依法向我方提示了相关条款（特别是黑体字条款），应我方要求对相关条款的概念、内容及法律效果做了说明，我方已经知悉并理解上述条款。

甲方（签章）________________　　乙方（签章）______________

法定代表人________________　　负责人　________________

或授权代理人________________　　或授权代理人__________

签约日期：______年____月____日　　签约日期：______年____月____日

签约地点：____________________　　签约地点：____________________

（二）编制信用证业务参考号并登记

1. 参考号

各行进口信用证业务参考号均实行统一编号。

2. 登记

在进口信用证业务登记簿登记的主要内容有：经办行、信用证号、开证申请人、通知行、开证日期、开证币种和金额、收单行等。

（三）缮制信用证

根据规定，银行应使用SWIFT MT700和MT701格式对外开立信用证。信用证开证申请书是银行开证的依据，所开信用证必须与开证申请书完全一致。

在缮制信用证时，应注意以下条款的表述：

1. 开证行偿付承诺条款

一般表述为："We will effect payment/acceptance upon receipt of full set of documents in compliancewith the terms and conditions of the L/C."。无论国外银行是否议付了银行信用证项下单据，银行均应在收到单据审核无误后，再偿付信用证款项。

2. 信用证应明确收单行详细地址

单证处理中心可根据辖内分支行的审单水平来确定收单行的地址，将单据直接寄单证处理中心或业务经办行。

华利陶瓷厂与一塞浦路斯客户所开立并顺利支付的信用证（见表6－23）。

表6－23

TO：BANK OF CYPRUS LTD.
LETTERS OF CREDIT DEPARTMENT
NTCOSIA COMMERCIAL OPERATIONS CENTER
INTERNATIONAL DIVISION
* * * * * *
* * * * * *
TEL No.：* * * * * *
FAX：* * * * * *
TELEX No.：2451 & 4933 KYPRIA CY
SWIFT：BCYPCY2N
DATE：23rd MARCH 2019
APPLICATION FOR THE ISSUANCE OF A LETTER OF CREDIT
SWIFT MT700 SENT TO：MT700（转送至）
STANDARD CHARTERD BANK
UNIT 1－8 52/F SHUN NIND SQUARE
O1 WANG COMMERCIAL CENTRE，No. 5002，SHEN NAN ROAD EAST，SHENZHEN，PR. CHINA
渣打银行深圳分行
深南东路5002号
信兴广场地王商业大厦52楼1－8单元
电 话：82461688
27：SEQUENCE OF TOTAL 序列号
1/1 指只有一张电文
：40A：FORM OF DOCUMENTARY CREDIT（跟单信用证形式）
IRREVOCABLE 不可撤销的信用证
：200：CUMENTARY CREDIT NUMBER（信用证号码）
00143－01－0053557
：31C：DATE OF ISSUE（开证日）

续表

（如果这项没有填，则开证日期为电文的发送日期。） ：31DATE AND PLACE OF EXPIRY（信用证有效期） 050622 IN CHINA 050622（在中国到期） ：50：APPLICANT（信用证开证申请人） * * * * * * * NICOSIA（ 较对应同发票上是一致的） ：59：BENEFICIARY（受益人） CHAOZHOU HUALI CERAMICS FACTORY FENGYI INDUSTRIAL DISTRICT，GUXIANG TOWN，CHAOZHOU CITY，GUANGDONG PROVINCE，CHINA. 中国广东省潮州市潮州古乡丰益工业区华华丽陶瓷厂 ：32B：CURRENCY CODE，AMOUNT（信用证项下的金额） USD * * *7841，89 ：41D：AVAILABLE WITH.... BY....（议付适用银行） STANDARD CHARTERED BANK CHINA AND/OR AS BELOW（渣打银行或以下的） BY NEGOTIATION（任何议付行） 42CRAFTS AT（开汇票） SIGHT（即期） ：42A：DRAWEE（付款人） BCYPCY2NO10 BANK OF CYPRUS LTD（塞浦路斯的银行名） ：43：PARTIAL SHIPMENTS（是否允许分批装运） NOT ALLOWED（不可以） ：43T：TRANSHIPMENT（转运） ALLOWED（允许） ：44AOADING ON BOARD/DISPATCH/TAKING IN CHARGE AT/FROM...（装船港口） SHENZHEN PORT（深圳） ：44B：FOR TRANSPORTATION TO（目的港） LIMASSOL PORT（发票中无提及） 44C：LATEST DATE OF SHIPMENT（最后装船期） 050601 ：045A：DESCRIPTION OF GOODS AND/OR SERVICES（货物/服务描述） SANITARY WARE（陶瓷洁具） FOB SHENZHEN PORT，INCOTERMS 2000 ：046A：DOCUMENTS REQUIRED 须提供的单据文件 * FULL SET（AT LEAST THREE）ORIGINAL CLEAN SHIPPED ON BOARD BILLS OF LADING ISSUED TO THE ORDER OF BANK OF CYPRUS PUBLIC COMPANY LTD.，CYPRUS，NOTIFY PARTIES APPLICANT AND OURSELVES，SHOWING [全套清洁已装船提单原件（至少三份），作为以“塞浦路斯股份有限公司”为抬头，通知开证人和我们自己，注明.] * FREIGHT PAYABLE AT DESTINATION AND BEARING THE NUMBER OF THIS CREDIT. （运费在目的港付注明该信用证号码） * PACKING LIST IN 3 COPIES. （装箱单一式三份） * CERTIFICATE ISSUED BY THE SHIPPING COMPANY/CARRIER OR THEIR AGENT STATING THE B/L NO（S）AND THE VESSEL（S）NAME CERTIFYING THAT THE CARRYING VESSEL（S）IS/ARE： （a）HOLDING A VALID SAFETY MANAGEMENT SYSTEM CERTIFICATE AS PER TERMS OF INTERNATIONAL SAFETY MANAGEMENT CODE AND

续表

(b) CLASSIFIED AS PER INSTITUTE CLASSIFICATION CLAUSE 01/01/2001 BY AN APPROPRIATE CLASSIFICATION SOCIETY

由船公司或代理出有注明 B/L 号和船名的证明书证明他们的船是：

(a) 持有根据国际安全管理条款编码的有效安全管理系统证书；

(b) 由相关分级协会根据 2001 年 1 月 1 日颁布的 ICC 条款分类的。

* COMMERCIAL INVOICE FOR USD11，202，70 IN 4 COPIES DULY SIGNED BY THE BENEFICIARY/IES, STATING THAT THE GOODS SHIPPED：

(a) ARE OF CHINESE ORIGIN.

(b) ARE IN ACCORDANCE WITH BENEFICIARIES PROFORMA INVOICE NO. HL050307 DATED 07/03/05.

由受益人签署的商业发票总额 USD11，202，70，一式四份，声明货物运输：

(a) 原产地为中国。

(b) 同号码为 HL050307 开立日为 07/03/05 的商业发票内容一致。

：047A：ADDITIONAL CONDITIONS（附加条件）

* THE NUMBER AND DATE OF THE CREDIT AND THE NAME OF OUR BANK MUST BE QUOTED ON ALL DRAFTS (IF REQUIRED).

信用证号码及日期和我们的银行名必须体现在所有单据上（如果有要求）

* TRANSPORT DOCUMENTS TO BE CLAUSED：' VESSEL IS NOT SCHEDULED TO CALL ON ITS CURPENT VOYAGE AT FAMAGUSTA，KYRENTA OR KARAVOSTASSI，CYPRUS.

+运输单据注明船在其航行途中不得到塞普的 Famagusta，Kyrenta or Karavostassi 这些地方

* INSURANCE WILL BE COVERED BY THE APPLICANTS. 保险由申请人支付

* ALL DOCUMENTS TO BE ISSUED IN ENGLISH LANGUAGE. 所有单据由英文缮制

* NEGOTIATION/PAYMENT：UNDER RESERVE/GUARANTEE STRICTLY 保结押汇或是银行保函

PROHIBITED. 禁止

* DISCREPANCY FEES USD80，FOR EACH SET OF DISCREPANT DOCUMENTS PRESENTED UNDER THIS CREDIT, WHETHER ACCEPTED OR NOT，PLUS OUR CHARGES FOR EACH MESSAGE CONCERNING REJECTION AND/OR ACCEPTANCE MUST BE BORNE BY BENEFICIARIES THEMSELVES AND DEDUCTED FROM THE AMOUNT PAYABLE TO THEM.

修改每个单据不符点费用将扣除 80 美元（最多 40）

* IN THE EVENT OF DISCREPANT DOCUMENTS ARE PRESENTED TO US AND REJECTED，WE MAY RELEASE THE DOCUMENTS AND EFFECT SETTLEMENT UPON APPLICANT' S WAIVER OF SUCH DISCREPANCIES，NOTWITHSTANDING ANY COMMUNICATION WITH THE PRESENTER THAT WE ARE HOLDING DOCUMENTS AT ITS DISPOSAL, UNLESS ANY PRIOR INSTRUCTIONS TO THE CONTRARY ARE RECEIVED.

如果不符点是由我方提出并被拒绝，我们将视为受益人放弃修改这个不符点的权利。是说你如果提交了有不符点的单据并且被银行拒付的话，如果客人接受这些不符点，银行在没有收到你们的指示之前有权把单据 REALSE 给客人

* TRANSPORT DOCUMENTS BEARING A DATE PRIOR TO THE L/C DATE ARE NOT ACCEPTABLE. 早于开证前的运输文件不接受

* DIFFERENCE OF USD3363. 81（T. E. 30 PERCENT OF INVOICE VALUE）BETWEEN L/C AMOUNT AND INVOICES AMOUNT REPRESENTS AMOUNT PAID BY APPLICANTS DIRECT TO BENEFICIARIES OUTSIDE THE L/C TERMS WITHOUT ANY RESPONSIBILITY ON OURSELVES AND TO BE SHOWN ON INVOICES AS SUCH.

L/C 跟发票上 USD3363. 81 的差额（30% 发票额）由申请人直接用 L/C 以外的方式直接给予受益人

：71B：CHARGES BANK CHARGES OUTSIDE CYPRUS INCLUDING THOSE OF THE REIMBURSING BANK ARE FOR BEN. A/C. 在塞浦路斯以外银行产生的费用包括支付行的费用由信用证收益人负担，

：48：PERIOD FOR PRESENTATION 单据提交期限

DOCUMENTS MUST BE PRESENTED WITHIN

21 DAYS AFTER B/LADING DATE，BUT WITHIN THE VALIDITY OF THE CREDIT. 在信用证有效期内，最迟装运

续表

期后 21 天内，向银行提交单据 49：CONFIRMATION INSTRUCTIONS 保兑指示 WITHOUT 不保兑 53A：REIMBURSING BANK 偿付行 BCYPGB2L BANK OF CYPRUS UK INTERNATIONAL DEPARTMENT，87/93 CHASE SIDE，SOUTHGATE N14 5BU LONDON － UNITED KINGDOM. ：78：INSTRUCTIONS TO THE PAY/ACCEP/NEG BANK 议付行 NEGO OF DOCS THRU BANK OF CHINA LIMITED CHINA IS ALLOWED. PLEASE 可通过中国银行议付，请 DEDUCT RROM YOUR PAYMENT TO BENEFICIARIES THE AMOUNT OF USD15，00（是 15 还是 1500，请指明）于受益人的账户中扣去 USD15，00 REPRESENTING RECORDING FEES. NEGOTIATION BANK TO OBTAIN 作为记录费。 REIMBURSEMENT FROM OUR ACCOUNT WITH REIMBURSING BANK 3 BUSINESS DAYS FOLLOWING THEIR AUTHENTICATED TELEX/SWIFT ADVICE TO US，STATING A）OUR CREDIT NUMBER，B）AMOUNT CLAIMED，C）VALUE OF DOCUMENTS D）SHIPMENT/DISPATCH DATE AND E）THAT DOCS ARE IN STRICT COMPLIANCE WITH CREDIT TERMS. ON EXECUTION FORWARD TO US，BANK OF CYPRUS PUBLIC COMAPNY LTD，NICOSIA COMMERCIAL OPER. CENTER INTERN. DIV.，10 KYRIACOS MATSI AV. 1082 AY. OMOLOYITES，NIGOSIA，CYPRUS，ALL DOCS IN ONE LOT BY COURIER SERVICE AT BENEFICIARIES EXPENSE. 所有单据应由偿付行于三个工作日内通过快件形式发给我们，费用由受益人承担。 72：SENDER TO RECEIVER INFORMATION 附言 CREDIT IS SUBJECT TO U. C. P. 1993 本信用证根据跟单信用证统一惯例 UCP500（1993 年版）开出 I. C. C PUBL. NO. 500. SUBJECT TO URR ICC 525. COLLECT YOUR CHARGES FROM BENE. PLEASE ACKN. RECEIPT. CUMSTOMER'S APPROVAL.

（四）复核和签发

业务人员完成以上工作后，将所有开证材料交复核人员进行复核。复核人员复核无误并在有关凭证上签字后，按照各行内部授权逐级签批后开出信用证。

（五）通过通知行转递信用证给出口商

选择通知行，首选受益人所在地贷款行境外分行；其次是选择受益人所在地贷款行代理行；最后，如受益人所在地贷款行没有境外分行和代理行，可选择受益人所在地贷款行代理行的分行通知。

提示

编制信用证业务参考号

银行进口信用证业务参考号实行统一编号，共 14 位，编制规则如下：1—3 位为数字，为一级分行 SWIFT 代码的后 3 位；4—5 位为字符，为业务种类代码；6—7 位为数字，为年份的后 2 位数字；8—10 位为数字，用于标识二级分行或支行、分理处；11—14 位为数字，为业务流水号。例如，江苏分行 2019 年 8 月 17 日开出一笔信用证，信用证参考号应为 100LC19003××××100 为江苏分行 SWIFT 代码的后 3 位，LC 为业务代码，19 为业务发生年份的后 2 位数字，003 可以是二级分行，也可以是某个支行或分理处，后 4 位是业务流水号。

四、到单处理

开证行在收到单据后，必须以单据为唯一依据，仅仅审核其表面是否与信用证相符，如有不符点，开证行则可拒付，不得介入任何贸易纠纷。

> **提示**
>
> 根据《跟单信用证统一惯例》（UCP600）第十四条 b 款的规定，开证行处理单据的时间最迟不应超过收到单据后的 5 个银行工作日。经办行和单证处理中心应特别注意来单日期和单据的交接手续，收到单据后应及时送达有关业务人员处理。另外，在审单过程中对不符点的处理要小心，不可轻率大意，也不可过于挑剔。

（一）了解审单原则

1. 单单一致

单单一致是指受益人提交的信用证中要求的各种单据之间必须在表面上相符。具体含义是：除了符合信用证条款外，其提交的各种单据必须与同一业务有关，相互之间互相补充，并且与商业发票和货运单据的内容、文字相一致，不能彼此矛盾。否则就被认为是单证不符，开证申请人即有可能据此拒绝赎单付款。

2. 单证一致

出口方所提供的所有单据要严格符合进口方开证银行所开信用证的要求，或者说出口方制作和提供的所有与本项货物买卖有关的单据，与进口方申请开立的信用证对单据的要求完全吻合，没有矛盾。

（二）综合审核

（1）是否为本行开出的信用证。

（2）单据是否在规定的交单期或信用证有效期内提交。

（3）索偿金额是否符合信用证规定。

（4）单据的种类及其份数与随附单据是否相符。

（5）单证之间的货物描述、数量、金额、重量、体积、运输标志等是否一致。

（三）分类审核

1. 审核汇票

（1）汇票的付款人名称、地址是否正确。

（2）票上金额的大、小写必须一致。

（3）付款期限要符合信用证或合同（非信用证付款条件下）规定。

（4）出票人、受款人、付款人都必须符合信用证或合同（非信用证付款条件下）的规定。

（5）币制名称应信用证和发票上的相一致。

（6）出票条款是否正确，如出票所根据的信用证或合同号码是否正确。

（7）是否按需要进行了背书。

（8）汇票是否由出票人进行了签字。

2. 审核商业发票

（1）抬头人必须符合信用证规定。

（2）签发人必须是受益人。

（3）商品的描述必须完全符合信用证的要求。

（4）商品的数量必须符合信用证的规定。

（5）单价和价格条件必须符合信用证的规定。

（6）提交的正副本份数必须符合信用证的要求。

（7）信用证要求表明和证明的内容不得遗漏。

3. 审核运输单据

（1）运输单据的类型须符合信用证的规定。

（2）起运地、转运地、目的地须符合信用证的规定。

（3）装运日期/出单日期须符合信用证的规定。

（4）收货人和被通知人须符合信用证的规定。

（5）商品名称可使用货物的统称。但不得与发票上货物说明的写法相抵触。

（6）运费预付或运费到付须正确表明。

（7）正副本份数应符合信用证的要求。

（8）运输单据上不应有不良批注。

（9）包装件数须与其他单据相一致。

（10）唛头须与其他单据相一致。

（11）全套正本都须盖妥承运人的印章及签发日期章。

（12）应加背书的运输单据，须加背书。

4. 审核保险单据

（1）保险单据的名称是否与信用证规定相符。如信用证要求 INSURANCE POLICY（保险单），不可提交 INSURANCE CERTIFICATE（保险凭证）；如果要求 INSURANCE CERTIFI CATE，可用 INSURANCE POLICY 代替。

（2）所提交的份数是否与信用证规定相符。

（3）是否由保险公司或承保人或其代理人开立及签署。

（4）签发日期不得迟于运输单据的签发日期。

（5）保险金额和币种是否与信用证规定相符，或符合《跟单信用证统一惯例》（UCP600）第三十四条的规定。

（6）显示的内容是否与信用证的规定和其他单据的内容相符。

（7）信用证规定需在保险单据上注明的其他内容是否已注明。

5. 审核其他单据

（1）单据名称是否正确，与信用证规定是否相符。

（2）货物描述是否与信用证规定和其他单据相符。

（3）是否由信用证指定的签发人签发。

（4）内容是否与信用证的规定和其他单据相符。

(5) 信用证规定需在单据上注明的其他内容是否已注明。

提示

审单常见差错

(1) 汇票大小写金额打错。

(2) 汇票的付款人名称、地址打错。

(3) 发票的抬头人打错。

(4) 有关单据如汇票/发票/保险单等的币制名称不一致或不符合信用证的规定。

(5) 发票上的货物描述不符合信用证的规定。

(6) 多装或短装。

(7) 有关单据的类型不符合信用证要求。

(8) 单单之间商品名称/数量/件数/唛头/毛净重等不一致。

(9) 应提交的单据提交不全或份数不足。

(10) 未按信用证要求对有关单据如发票/产地证等进行认证。

(11) 漏签字或盖章。

(12) 汇票/运输提单/保险单据上未按要求进行背书。

(13) 逾期装运。

(14) 逾期交单。

五、对外付款/承兑或拒付

(一) 提示单据

国际业务部门审核完单据后，缮制"进口信用证到单/付款/承兑通知书"（见表6-24），注明审单结果，连同一套影印副本单据交客户部门（经办行），由客户部门以最快捷、安全的方式将"进口信用证到单/付款/承兑通知书"及影印单据向开证申请人提示，通知客户在规定时间内在"进口信用证到单通知书"上确认是否付款/承兑或拒付。

(二) 付款/承兑或拒付

无论采用何种处理方式，确保对外付款/承兑/拒付的时间最迟不超过收到正本单据后七个银行工作日。

1. 付款

开证行根据收到的申请人的保证金款项，通知申请人支付余款，办理对外付款。

2. 承兑

开证行应根据承兑电文格式、计算到期日，对外承兑。承兑后做好有关记录，确保到期日及时对外付款。

3. 拒付

贷款行审单后，如果发现单证不符，应采取以下处理方式：

(1) 如果时间紧急，直接对外拒付，争取时间，并保留单据听候处理，联系经办行在规定时间内通知申请人。

表 6－24

对外付款/承兑通知书

TO: Citibank　　　　　　　　　　　　　　DATE: 2019-02-05
致 美国花旗银行　　　　　　　　　　　　日期:

AB NO.　CD0000013 单据编号	Draft Amount.　USD 17500.00 单据金额
L/C NO. 信用证号	Doo Mail Dt.　2019-02-05 寄单日期
Contract NO.　25007 合同号	Tenor Type 远期期限

WE ARE IN RECEIPT OF THE AB ADVISE OF DOCUMENTS UNDER THE ABOVE MENTIONED ITEMS WHICH ARE

上述项下的到单通知业已收悉　我司

☑ AGREE TO SIGHT PAYMENT
同意即期付款

☐ AGREE TO ACCEPTANCE AND PAYMENT AT MATURITY
同意承兑并到期付款

☐ APPLY TO REFUSAL OF PAYMENT
申请拒付

美国花旗银行 ★ 00010101 ★ 外汇业务专用章

DISCREPANCY(IES):
不符点:

（2）一般情况下，将不符点的内容在到单通知书上列明，请经办行在规定的时间内通知申请人，并回复处理意见。

如果申请人不接受不符点，应立即拒付。如果申请人接受不符点，应视情节接收或者拒付（比如要求开证申请人付款赎单）。

（3）拒付应在合理时间内做出，但不迟于自收到单据之日起的第七个工作日结束。

（4）拒付必须以电讯方式做出，如不可能，则换以其他快捷方式。

（5）拒付中，开证行必须列明所有不符点。

提示

在实际工作中，经常出现以下不符点。

（1）单据中信息与信用证要求不符，容易造成信用证拒付。单据货物描述与信用证不符；提交单据类别与信用证要求不符；那此份信用证就很有可能被拒付。

（2）各单据之间信息不一致。各单据描述货物不一致；各单据间的币种不一致；单据间的唛头不一致等。

提示

(3) 信用证过期，在买卖双方达成协议，以信用证方式支付货款时，都会标明信用证的有效期，在信用证有效期后提交单据是被视为无效的，因此银行会将信用证拒付。

(4) 过期交单，过期交单指没有在规定的时间内及时提交单据，在任何情况下，单据的提交不得迟于信用证的到期日。由此可见，单据的提交时间是有严格规定的，也是十分重要的。因此如超过规定的提交时间，就会造成信用证拒付。

(5) 过期装运，目前，大多数的进出口公司都是找货代公司负责货物的订舱，装运等。如果出口商不及时关注货代的每一步运作过程。比如，集装箱的到厂时间、装货时间、提单的确认、报关等，就可能会延误船期。另外，不管是外贸公司还是工厂外贸，由于订单较多，业务员不能安排好出货时期，产量不能在装货前达到，也势必会延误船期，造成过期装运，银行也就会对信用证拒付。

业务二 福费廷

任务描述

了解福费廷的相关规定及注意事项。

PPT：福费廷

☞ 业务描述

根据银行自营福费廷的基本规定及客户情况，为客户配置合适的贷款产品。

知识准备

一、产品定义

福费廷（Forfaiting）又称票据包买或买断，是指出口地银行对出口商的已经承兑的、并通常由进口商所在地银行担保的远期债权（远期/延期付款信用证、远期商业本票、远期银行本票、远期汇票）进行无追索权的贴现，使出口商得以提前取得现款的一种出口融资方式。

换言之，福费廷是指出口商将自己未来应收的远期票据转让给买断行，以换取现金。票据买断后，若发生票据到期而无法兑现，则买断行无权向出口商追索。其实质是出口商将因远期收汇而可能发生的风险全部转嫁给买断行，同时获得买断行的即期款。

二、业务类型

（一）自营业务

自营业务是指自贴现日至汇票到期日在180天（含）以下，且承兑行在商业银行有金融机构额度，商业银行根据客户的要求对该汇票进行无追索权的贴现。

（二）转卖业务

转卖业务是指自贴现日至汇票到期日在180天（含）以下，但承兑行在商业银行无金融机构额度；或自贴现日至汇票到期日在180天以上，由商业银行将汇票卖给其他金融机构。

（三）转买业务

转买业务是指自贴现日至汇票到期日在180天（含）以下，且承兑行在商业银行有金融机构额度，商业银行根据其他金融机构的要求对该汇票进行无追索权的贴现。

转卖业务不占用金融机构额度及客户的贸易融资额度，自营业务和转买业务占用金融机构额度。

三、福费廷的业务特点

（1）无追索权。银行对出口商/背书人（前手）无追索权，包买行承担付款风险。

（2）一般为资本性商品/耐用商品融资，大型机床、成套设备、生产线等。

（3）融资期可长可短，可为1个月至10年。融资金额一般是10万美元至2亿美元。

（4）通常由进口地银行担保。

四、可融资单据

福费廷业务可融资单据主要有以下几种：①信用证；②由进口商/买方签发的本票（见图6－10）；③经进口商/买方承兑的汇票（见图6－11）；④票面担保（Per Aval）。

Per Aval	______ Amount ______ (Place and Date of Issue) At/On ______ for value received, I/We promise to pay against this Promissory Note to the the order of ______ the sum of ______ Effective payment to be made in ______ without deductions for and free of any taxes, duties or imposts of any nature. This Promissory Note is payable at ______ Issuer: ______ ______

图6－10 可融资单据——本票

Per Aval for Account of the Drawee
For Acceptance
__________________ Amount ________________
(Place and Date of Issue)
At/On __________________ for value received, pay against this Bill of Exchange to the order of ________________________
the sum of ______________________________

Effective payment to be made in ______________________
without deductions for and free of any taxes, duties or imposts of any nature.
This Bill of Exchange is payable at ________________.
Drawn on: Drawer:

图 6－11 可融资单据——汇票

小贴士

对汇票和本票的要求

必须包含的条款或文句：

1. “for value received”条款：与基础交易相关联。

2. “effective”条款：表明债务人只有按照确定的金额与币种付款才是有效付款。

3. “without deduction”条款：必须按票面金额全额付款。

4. “payable at ……（付款地）”条款：在到期日，票据将于何地向何人提示要求付款。

五、担保机构选择

由于银行是无追索权地购买出口商债权，并且承担了一切风险，因此一般均由第三方对进口商的资信情况和清偿能力进行担保。担保人常常是对进口商资信情况和清偿能力比较了解的当地银行，也可以是银行能接受的进口国政府机构。担保方式主要有两种：一种是保付签字，即担保银行在已承兑的汇票或本票上加注“Per Aval”字样，并签上担保银行的名字，从而构成担保银行不可撤销的保付责任；另外一种是由担保银行出具单独的保函。

六、自营福费廷业务流程

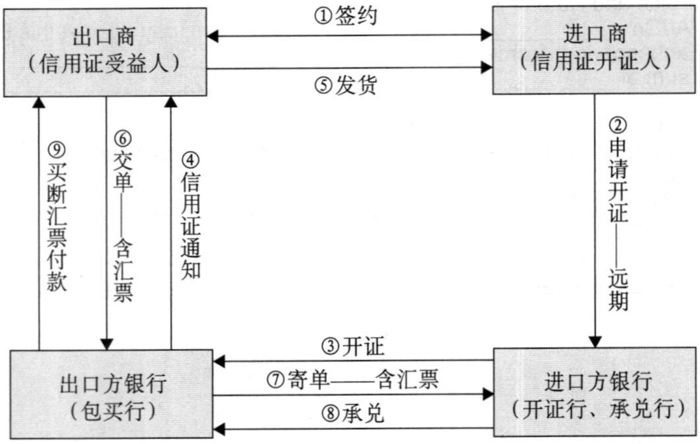

图 6－12　业务流程图

▣ 产品配置要求

一、资格审查

（一）申请条件

办理福费廷业务，借款人除具备基本条件外，还应具备以下条件：

（1）企业须具有进出口经营权。

（2）在银行开立本币或外币账户，与银行保持稳定的进出口结算业务往来，信誉良好，在商业银行或银行附属机构收付汇记录正常。

（3）融资申请具有真实的贸易背景，贸易合同必须符合贸易双方国家的有关法律规定，取得进口国外汇管理部门的同意。

（4）利用这一融资方式的出口商应同意进口商以分期付款的方式支付货款，以便汇票、本票或其他债权凭证按固定时间间隔依次出具，以满足福费廷业务需要。

（5）除非银行同意，否则债权凭证必须由银行接受的银行或其他机构无条件地、不可撤销地进行保付或提供独立的担保。

（6）银行要求的其他条件，只要银行提出任何合理的要求，叙做福费廷业务的企业都应予以满足。

（二）提交福费廷业务申请书，见表 6－25。

表 6－25　　福费廷业务申请书

编号：
致：中国银行股份有限公司__________行
我司参考号__________

续表

根据我司与贵行签订的编号为______的《福费廷业务合同》，我司特向贵行申请叙做福费廷业务。

有关交易情况如下：

□ 信用证：

1. 信用证号：______________________________

2. 开证行：______________________________

3. 信用证类型：______________________________

□ 远期承兑信用证 □议付信用证 □ 延期付款信用证 □ 其他

4. 保兑银行（如有）：______________________________

5. 信用证金额：______________________________

6. 远期/延期期限：______________________________

7. 发票号：______________________________

8. 票据/发票金额：______________________________

9. 承兑/承付银行（如有）：______________________________

10. 承兑/承付到期日（如有）：______________________________

11. 出运及交单日期：______________________________

12. 货物名称：______________________________

13. 买方名称及地址：______________________________

14. 有关交易是否涉及关联交易：□是 □否

15. 其他信息

□ 托收

1. 债权金额：______________________________

2. 远期期限：______________________________

3. 承兑/保付银行：______________________________

4. 买方名称及地址：______________________________

5. 货物名称：______________________________

6. 有关交易是否涉及关联交易：□是 □否

7. 其他信息：______________________________

□ 其他

□ 汇票

□ 本票

□ 有付款保函、备用信用证担保的债权

□ 其他可接受的债权形式______________________________

1. 债权金额：______________________________

2. 远期期限：______________________________

3. 债务人：______________________________

4. 有关交易是否涉及关联交易：□是 □否

5. 其他信息：

如果贵行确认可以对上述业务叙作福费廷业务，请向我司报价。本申请书构成上述《福费廷业务合同》不可分割的组成部分。

申请人：______________________________

有权签字人：______________

______年____月____日

（三）提供额外资料

（1）出口商情况介绍，经工商局年检的企业法人营业执照复印件和企业章程，证明企业经营合法。

（2）进口商情况介绍，说明进口商的经营方式、经营范围、企业性质及营业地址，证明进口商是一家合法经营的实体。

（3）交货情况及进口许可证（若需要），通过提交有关商业合同和交易情况说明，突出贸易背景。

（4）信用证及其项下全部修改、贸易合同副本、全套出口单据及签字、文件真实性的证明等文件；

（5）保函或银行本票副本及转让书，这些资料是做福费廷业务的企业必须向银行提交的文件，以便银行进行审核和批准。

6. 银行要求的其他资料，必要时，银行可能要求提供抵押或其他相关担保资料，也要予以提供和满足。

二、贷前调查

虽然保付行承担第一付款责任，但是鉴于应收账款的回收款项是福费廷业务的最终还款来源，因此对应收账款的贷前调查非常重要。主要是从以下几个方面开展调查：

1. 客户审查

客户应具备以下条件：

①具有进出口业务经营权；②在银行机构开立结算账户；③贸易背景真实；④无不良交易记录。

2. 业务审查

①信用证及修改通知必须为正本；②信用证项下汇票承兑、付款承诺，付款行以SEIFT电文、加押电传或者银行机构认可的；③其他方式直接发送银行机构。

3. 承兑行若在我国境内，应严格按照我国的《票据法》执行

金融机构额度审查。在以上审查通过后，银行机构应对承兑行的金融机构额度进行审查，具体程序如下：营销部门对承兑行资格进行审核并向有关部门申请承兑银行的金融机构额度审查批复。银行机构有权部门进行审核，重点审核扣减额度的银行名称、扣减额度的金额、扣减额度的期限、客户的名称及相关信用证编号等，如客户或银行机构终止办理此项业务，按程序回复金融机构额度。

三、询价

银行则根据调查情况，向出口商报价（见表6－26）。

表6－26

福费廷业务询价单
致：中国××银行________________分行
现我行客户________________________________申请办理福费廷业务。

续表

信用证编号：________________ 开证行：________________ 保兑行：________________ 承兑/承诺付款行：________________ 包买币种、金额：________________ 付款期限：________________ 贴现融资期限：________________ 我行确认出口商贸易背景真实。 询价银行：________________ 联系人：________________ 联系电话：________________ 日期：________________

四、报价

银行对福费廷业务进行效益测算，核算贴现成本及收益。

福费廷业务的收费包含贴现利息、承诺费和宽限期贴息三个部分，具体各项收费通过合同约定。

（一）承诺期与承诺费

承诺期即出口商承诺卖出票据（在实际业务中表现为向包买银行递交融资申请）的日期到实际包买融资日的期限。承诺期对包买银行来说也是承担期。包买银行基于自身利益，一般限定14日内不收费，如果超过14日则要收费，这笔费用即承诺费，也是银行在承诺期内对安排融资的资金调动成本的补偿。较合理的承诺费率是1%，对于风险较大的业务可以适当提高。目前，由于竞争原因，多数银行把承诺费降低到0.5%左右。

（二）贴现息

由票面金额按一定贴现率计算而成。贴现率一般以LIBOR利率为基准，在考虑进口国国家风险、开证行信用风险、贴现期限长短和金额的基础上加一定点数。贴现利息是包买银行开展福费廷业务的主要收益。

（三）宽限期与相应贴现利息

宽限期即从票据或应收账款到期日至包买银行实际收款日的估计延期天数。在计算宽限期的贴现利息时，将宽限期计入实际融资期从而计入贴现期。目前，实际业务中，我国包买银行一般预计宽限期为2—15天。

（四）报价

银行根据自己的测算结果向出口商报价（见表6-27），内容包括银行同意受理的福费廷业务的票据数量及金额，贴现率和承担费。因为不同国家的风险及信用额度不一样，可做福费廷的期限、金额、贴现率也有所差别。出口商若接受报价，则在报价表上签字后退回。

表 6-27

报价单

致：

针对贵行提出的福费廷业务申请，现确认最终报价如下：

贴现利率：________________；

贴现融资币种、金额：________________；

宽限费：__________；

预计国外银行扣费：________________。

收到贵行同意回执后，该报价即成为不可撤销的最终报价，无论何种原因导致不叙做该笔业务，贵行均需承担业务承诺费__________。

中国××银行__________分行

__________年____月____日

五、签约与放款

（一）签约

出口商与银行达成协议（见表 6-28），将信用证款项让渡函（见表 6-29）与出口单据一同交与申办行。

表 6-28

福费廷业务协议

编号：福费廷协议____年____字____号

甲方（包买方）：________银行________________分/支行

地址：________________________

主要负责人：____________________

乙方（出售方）：____________________

地址：________________________

法定代表人：____________________

为加速乙方资金周转，避免出口项下的外汇及利率风险，乙方特向甲方申请办理福费廷业务。为明确甲、乙双方的责任及有关事项，经甲、乙双方协商，特签订本协议，双方共同遵守。

第一条　福费廷的含义及性质

本协议中的福费廷是指甲方按一定的价格和费率以贴现的形式买断乙方未到期的国际贸易应收账款的贸易融资行为。

本协议中的错币种 NRA 福费廷是指乙方为在甲方开立 NRA 账户的境外机构，在乙方同意承担汇率风险的情况下，甲方按一定的价格和费率以外币贴现的形式买断乙方未到期人民币远期信用证或保付票据项下的应收账款的贸易融资行为。

本协议中买卖的标的为乙方以融资票据/单据形式表现的应收账款债权。有关该票据/单据项下的应收账款债权（包括付款请求权）在叙做福费廷业务时由乙方完全转让给甲方。

第二条　买卖标的

指以有关票据/单据形式表示的应收账款债权及其他一切权利，包括但不限于：付款请求权、担保权益、对任何

续表

第三人的追索权等，但不包括：乙方对贸易合同项下相对人及/或任何相关第三人的责任、义务。

若乙方向甲方转让信用证项下的应收账款，则乙方须提交如下有关票据/单据：

（一）信用证及其修改书（如有修改）的原件。

（二）经银行承兑的汇票正本或承兑行的加押承兑函电。

（三）发票。

（四）纸质报关单复印件或符合监管政策及我行规定的其他报关证明以及运输单据复印件；

（五）乙方抬头并加盖乙方预留印鉴的款项让渡函。

（六）甲方要求的其他单据。

若乙方向甲方转让非信用证项下的应收账款，乙方须向甲方提交的有关票据/单据为：

1. 票据正本（若由银行保付的，在票据上应有银行记载担保或保付字样，若经银行承兑的，在票据上应有银行承兑文句。乙方应将该票据背书转让给甲方。除非另行书面同意，甲方不接受包买已经过背书转让的票据）。

2. 若有银行为票据出具担保的，应提交为票据担保付款的保函，及担保行同意让渡的确认函（电）。

3. 发票。

4. 乙方抬头并加盖乙方预留印鉴的款项让渡函。

5. 甲方要求的其他单据。

甲方有权视情况增减对票据和单据的要求。

第三条　交易办理

在协议期间内，甲方应对乙方的福费廷业务申请意向逐笔进行审核。经审核同意后，双方签署《福费廷交易确认书》予以确认。乙方应视交易具体情况按照本协议第二条要求向甲方提交票据/单据，甲方经审核无误后向乙方支付福费廷包买价。

在协议期间具体叙做福费廷业务时，乙方应在有关的福费廷交易确认书、款项让渡函上加盖乙方在甲方处预留的印鉴；甲方则应加盖其银行业务专用章。双方认可以上签章的有效性。

第四条　乙方承诺与保证

（一）在本协议项下办理每笔福费廷业务，乙方均须及时向甲方提交第二条所述票据/单据。甲方对经审核不符合要求的票据/单据有权拒绝接受办理福费廷业务。

（二）融资票据/单据提交以甲方确定的种类和内容为准。

（三）根据本协议第二条所提交的所有票据和单据真实、合法；贸易背景真实、合法，并且符合国家有关规定或甲方要求。

（四）乙方将融资票据所涉及的权利完全合法地转让予甲方。

（五）乙方所转让的权利不存在任何限制或瑕疵或其他任何阻碍甲方行使权利的不利因素。

（六）融资票据/单据项下权利的转让并不导致甲方应承担贸易合同项下乙方的任何义务，乙方对贸易合同项下的各项义务仍负有全面履行之责。

（七）如乙方向甲方申请办理错币种 NRA 福费廷业务的，乙方同时另行承诺和保证如下：

1. 乙方同意承担错币种 NRA 福费廷业务项下的汇率风险，并承担甲方向乙方发放错币种 NRA 福费廷融资因汇率变动而产生的亏损和收益。

2. 按甲方的要求向甲方存入保证金，该资金自进入保证金账户即视为特定化和移交甲方占有，作为甲方向乙方发放错币种 NRA 福费廷融资因汇率变动可能产生的亏损的质押担保。

3. 如甲方向乙方发放错币种 NRA 福费廷融资因汇率变动导致亏损的，甲方有权直接从乙方在甲方开立的账户做相应的扣除，不足部分甲方有权再向乙方追索。

第五条　包买价格

包买价格依贴现率/融资利率、宽限期、福费廷业务费用三部分确定。

（一）贴现率/融资利率。双方同意选择以下第____种贴现法：

1. 直接贴现法

计算公式为：

续表

贴现净额 = 票面金额 - 贴现利息 = 票面金额 - 票面金额 × 贴现率（年率）×（贴现天数 + 宽限期）/360（365）（计息基础根据币种而定）。

贴现天数：从贴现付款日（含该日）起计算到票据/单据到期日（含该日）止

2. 复利贴现法。计算公式为：贴现净额 = FV/(1 + R% ×182/360) N1 ×(1 + R% ×183/360)

N2 ×（1 + R% ×Stub/360）

FV：贴现票据面值

R%：半年复利贴现率

N1：182 天为期的数值

N2：183 天为期的数值

Stub：剩余天数

3. 其他。计算公式为：

（有关计算公式应在签订协议前填入）

（二）宽限期：是从票据/应收账款到期日到实际收款日的估计延期天数，计入贴现天数。

（三）福费廷业务费用：

1. 承诺费：____________。承诺费率____，最低人民币 ____元。

承诺费计算天数是从签署福费廷交易确认书之日起（含该日），至我行贴现付款之日或乙方取消交易之日止（不含该日）。承诺费以年率表示，甲方有权选择于贴现日贴现付款之日或福费廷交易取消之日向乙方收取。其中不足一个月按一个月收取。

2. 福费廷交易费。本协议项下具体交易的贴现率、宽限期及福费廷业务费用以双方就具体交易所签署的《福费廷交易确认书》为准。

第六条　融资及款项划转及债权转让

（一）福费廷项下款项划转前提：甲方收到本协议第二条规定的票据和单据，并经审核认为可以接受。

（二）款项划转：在满足上述条件下，甲方按《福费廷交易确认书》将约定包买款项通过银行转账方式划至乙方账户内。乙方对包买金额有异议的，应在甲方划账后的 3 个工作日内通知甲方，双方按本协议第五条确定的方式核对。乙方逾期未提出异议的，视为接受甲方划转的金额。

（三）债权转让：只要甲方将本条第 2 款所述款项付至乙方账户后，即为支付全部的转让对价，相应票据项下的应收账款债权即正式转让至甲方。

第七条　追索权的放弃及除外

甲方为乙方提供福费廷业务后，甲方取得相关票据/单据项下的应收账款债权（包括依照票据/单据等法律文件向开证行/担保行要求付款的权利），同时放弃对乙方的追索权。但以下情形除外：

（一）票据/单据涉及的贸易不真实或违反法律、法规、规章的。

（二）本协议项下转让的应收账款所涉及的票据/单据虚假。

（三）乙方违反本协议第四条任意一款的承诺与保证事项或其他条款中的约定义务的。

（四）本协议项下转让的应收账款所涉票据/单据的相应信用证/保函遭法院止付的。

（五）因任何原因导致本协议效力出现瑕疵或阻碍甲方行使被让渡的所有权利事项。

（六）乙方投保甲方认可的保险公司的险种后，因下列原因导致保险公司拒绝赔付的：

1. 乙方自身原因。

2. 发生保险合同约定的除外责任情形。

3. 乙方与甲方之间的债权转让导致保险单规定的被保险人义务无法得到履行。

出现上述情况之一的，甲方对以上票据/单据的买卖保留完全的追索权，即甲方有权要求乙方承担甲方因此而产生的全部经济损失。在此，甲方有权以包买金额为基数，自票据/单据到期之日起，按照中国人民银行关于逾期贷款利息的规定向乙方计收逾期支付违约金，乙方同时须赔偿甲方其他相关的损失及费用。

乙方办理本协议项下任一笔福费廷业务未完全按本协议及“福费廷交易确认书”的规定交单/票或单方取消甲乙双方已签署的“福费廷交易确认书”所确定的福费廷业务的，甲方有权根据“福费廷交易确认书”确定的承诺费率所

续表

计算的金额向乙方收取承诺费。 出现本条以上约定事项时，甲方有权从乙方存款账户或其他账户中直接扣收款项或以其他方式向乙方追偿。 第八条　协议期间 本协议自双方法定代表人/主要负责人或其授权代理人签字（或盖名章）并加盖单位公章/合同专用章后生效，协议期间____年，期间届满前若双方没有异议，协议期间自动续期______年，此后亦按此方式顺延。 上款所称“协议期间”是指甲方为乙方办理福费廷业务的发生期间，在该期间内双方通过签署“福费廷交易确认书”办理的具体交易，即使所转让的应收账款是在本协议期间届满以后才到期的，仍然适用本协议的有关约定；本协议期间届满后，任一方在本协议项下的权利未得到实现或义务未履行完毕的，则本协议将到本协议项下所有权利得以实现及所有义务得到履行之日方才失效。 第九条　法律适用及纠纷解决 （一）本协议适用中华人民共和国法律。 （二）双方在本协议项下发生的纠纷，应先行协商解决。协商不成的，任一方可（以下二者择一）： （1）向甲方所在地人民法院提起诉讼。 （2）向____仲裁委员会申请仲裁。 第十条　其他 （一）本协议的未尽事宜，由甲、乙双方协商解决，并签订有关补充协议。 （二）乙方向甲方提交的所有融资票据/单据和双方签署的《福费廷交易确认书》均作为本协议的附件，与本协议具有同等法律效力。 本协议一式两份，双方各持一份，具有同等效力。 甲方：银行股份有限公司__________　乙方：__________________ （盖章）________________________　（盖章）____________________ 主要负责人或其授权代理人：______　法定代表人主要负责人/授权代表人：__________ 日期：__________________________　日期：______________________

表 6－29　　　　**款项让渡函**

Letter of Assignment Date（日期）：______________________________ To：Industrial and Commercial Bank of China Dear Sirs（敬启者）， Re：L/C Issuing Bank（开证行）：____________________ L/C No.（信用证编号）：__________________________ Ad. No.（信用证通知编号）：______________________ L/C Amount（信用证币种、金额）：____________________ L/C Tenor（信用证期限）：________________________ Importer（进口商名称）：_________________________ Description of Goods（货物）：______________________ L/C Expiry Date（信用证效期）：_____________________ Latest Shipment Date（最迟装运期）：________________ Partial Shipments（分批装运）：Allowed/Prohibited Shipment（运输起止地）From __________ To ____________

续表

In consideration of your purchase of export bills without recourse to ourselves, we hereby irrevocably and unconditionally assign all our rights, title and interest in and to the proceeds due to ourselves, under the above mentioned Letter of Credit to you with the following terms and conditions:

关于贵行无追索权买断我司出口单据事宜，我公司现不可撤销和无条件地将我公司在上述信用证项下的所有权益让渡给贵行，具体条款如下：

1. Seller（卖方）: ______________________________

2. Purchaser: Industrial and Commercial Bank of China (hereinafter referred to "the bank")

3. Price & Charges（价格和费用）:

Discounting Commission（贴现利率）: LIBOR plus (　)% p. a.

Grace period（宽限期）:

Commitment Fee（承诺费率）:

Bank charges（银行费用）:

4. The Seller represents and warrants to the Bank that:

a. The L/C presented by the Seller is valid and includes all amendments thereof.

b. The bills and any and all ancillary documents provided by the Seller are genuine, complete and in strict compliance with the terms and conditions of the L/C and related to the underlying shipment of goods mentioned in the L/C from China to <country of destination>.

c. The Seller has lawful power and authority to transfer any and all of its right, title and interest to the Bills and the L/C. The Seller shall complete any and all requirements (including limitless endorsement) and procedures necessary for transfer of such right, title and interest.

d. The seller shall pay the commitment fee in case the seller do not perform the letter of assignment.

卖方保证： a. 卖方提交的信用证真实有效，并附有全部修改。 b. 卖方提交的单据和所有附属单据均为真实、完整和严格符合信用证条款的，其所涉及信用证项下货物从中国运往（目的地）。 c. 卖方拥有转让其单据和信用证项下权益的合法权利，并将完成转让其权益的一切必要手续，包括非限制性背书。 d. 若卖方未能履约，愿意承担承诺费用。

5. The purchase hereunder shall be available subject to the satisfactory review by the Bank of the following documents (For the avoidance of doubt, the Bank has the sole discretion to cancel the transaction hereunder upon review of the following documents):

a. Bill of exchange (if any) endorsed by the Seller to the Bank and other related documents, and

b. Such other documents as the Purchaser may reasonably request.

5. 银行将在审查下述单据满意后买入单据。为防止异议，银行在审单后有权自行取消该笔业务：

a. 卖方背书给银行的汇票（如有）和其他相关单据，及

b. 银行合理要求的其他单据。

6. Others

a. Under Usance L/C, the Bank shall not be required or liable to pay the Seller the net discounted proceeds with respect to the purchase hereunder until the Banker have received tested telex or SWIFT confirmation from the issuing bank directly confirming that the underlying bill (s) of exchange and /or documents have been honored by the issuing bank and are held by them in their safe custody to the Bank' s order together with their confirmation of the maturity date and the amount payable and that this will be paid withoutdeduction to the order of the Bank.

b. The Seller shall reimburse the Bank for any costs and expenses, including legal expenses, which the Bank may incur in

续表

connection with this assignment. Should the issuing bank or acceptor fail for any reason whatsoever to make full payment under the relevant draft at maturity, the seller shall take all necessary actions to assist the Bank, at the Bank' s reasonable cost and expense to obtain payment to such amounts.

c. Payments of the bill of exchange (if any) at maturity shall be made in full without deduction for any present or future taxes, duties, levies or imposts of whatsoever nature and the Seller shall be responsible for such deducted taxes, duties, levies or imposts.

d. All charges of the L/C issuing or confirming or drawee Bank stipulated in the L/C as for the beneficiary' s account shall be for the Seller' s account.

e. Terms and conditions in this letter are also valid when shipping documents are assigned to the bank (i. e. final purchasing bank) through another Bank.

6. 其他条款

a. 远期信用证项下，银行只有在收到开证行直接以加押电传或 SWIFT 报文方式确认开证行已承兑/承诺付款，持票听候银行指示，并确认到期日不加扣减地依据银行指示付款的通知后方能支付给卖方货款。

b. 卖方应偿付银行有关让渡的合理费用。如开证行或承兑/承诺付款行到期后因任何原因不能全额支付汇票款项，卖方应采取所有必要措施协助银行追讨货款，并向银行支付相关合理费用。

c. 汇票项下款项到期应全额支付，不应扣减现在或将来的任何种类的税款。如有，应由卖方承担。

d. 所有信用证规定应由受益人承担的开证行或保兑行或付款行的费用应由卖方承担。

e. 本协议的条款同样适用于我行包买他行的款项让渡。

7. If the Issuing Bank or Acceptor fails to honor (or indicates its unwillingness or inability to pay) any Draft/documents within 30 calendar days of the due date of payment of the relevant Draft/documents for any reason related to fraud or fraudulent activities (such as the Seller commits any forgery or fabrication of or on any Credit, Draft and/or acceptance, or on any part thereof, or the Seller commits any fraud or fraudulent activities in the delivery of goods or performance of work in relation to the Credit, Draft and/or the acceptance, etc.), or pursuant to a court injunction or other freezing order, then the Seller shall repay the principal amount of the relevant payment to the Bank on demand. Upon the Seller' s repayment of the Payment, the Bank will assign or transfer to the Seller all of its rights or title in and to the relative Draft/documents.

7. 如果开证行或承兑/承诺付款行在汇票到期日 30 天内因欺诈行为（如卖方伪造或捏造全部或部分信用证，汇票或承兑/承诺付款书，或卖方在信用证项下的交货和（或）与信用证，汇票及承兑/承诺付款书等有关的行为中有欺诈行为）不能付款（或声明不愿或不能付款），或执行法院止付令及其他冻结令，卖方应根据银行的要求偿还相关款项。卖方还款后，银行应将相关汇票的权益让渡或转让给卖方。

8. The Bank or the final purchasing bank reserve the right to terminate or amend the terms in the event there is a delay in presentation of documents to them in accordance with the relevant L/C.

8. 银行或最终买断行有权在卖方交单延迟的情况下取消或更改本协议条款。

9. This letter of assignment shall be governed by, and interpreted in accordance with the laws of Peoples Republic of China. The Seller now irrevocably submit to No. __ as follows in any action proceeding arising out of or relating to this agreement:

(1) the jurisdiction of the courts of the Peoples Republic of China.

(2) the arbitration of China International Economic and Trade Arbitration Commission。

9. 本让渡协议由中华人民共和国法律管辖和解释。本协议项下产生的任何争议将采用下列第____种方式解决。

(1) 在中华人民共和国法院通过诉讼解决。

(2) 提交中国国际经济贸易仲裁委员会进行仲裁。

10. The Chinese version shall be binding.

10. 协议的表述以中文为准。

Yours Faithfully

(签名)

（二）审单

银行机构要按照规定的审批权限对报批材料齐全性、信息充分性、内容一致性和格式规范性等做出合规性审查意见，交贷款审批人员审批，下发审批批复。

（三）放款

在办理福费廷业务前，银行机构要与客户签订相关协议。营销部门根据有权部门统一金融机构额度的批复及信贷审批同意的批复，首先根据应收款金额扣除福费廷利息、国外银行扣费及银行机构相关费用，将净额按照与客户约定的方式支付给客户，办理入账处理。

办理完上述手续后，信贷经营部门应于当日登记台账。台账应包含：业务编号、批复编号、信用证编号、通知号、承兑付款行名称、应收款金额、申请人名称、发票号、汇票编号、付款到期日、收到付款日期等。

银行机构应在按照规定未出口单位办理结汇或入账手续后，出具核销专用联，并在核销专用联上注明“福费廷业务”。

小贴士

福费廷的适用对象

需做福费廷业务的企业需具有进出口经营权并具备独立法人资格。由于福费廷业务主要提供中长期贸易融资，所以从期限上来讲，资本性物资的交易更适合福费廷业务。以下情况适合叙做福费廷交易。

1. 为改善财务报表，需将出口应收账款从资产负债表中彻底剔除。

2. 应收账款收回前遇到其他投资机会，且预期收益高于福费廷全部收费。

3. 应收账款收回前遇到资金周转困难，且不愿接受带追索权的融资形式或占用宝贵的银行授信额度。

业务三　国际双保理

任务描述

掌握国际双保理的相关规定及注意事项。

PPT：国际双保理业务

☞ 业务描述

根据国际双保理的基本规定及客户情况，为客户配置合适的贷款产品。

知识准备

一、产品定义

国际保理业务是银行接受出口商的委托，向出口商提供进口商的信用额度调查、信用证风险担保、应收账款管理和贸易融资的综合性服务项目；是集融资、结算、财务管理和信用证担保于一身的融资结算方式。国际保理业务可以分为有追索权保理和无追索权保理。

国际双保理业务指出口保理商（出口商所在国的保理商）与出口商签订保理协议，负责与出口商联系，接受其债权转让并提供融资服务；进口保理商（进口商所在国的保理商）负责与进口商联系，评估进口商的资信并向出口保理商提供信用额度，接受出口保理商的债权再转让，催收应收账款并承担进口商的信用风险。这种遵循“市场靠近”原则的组织安排使得国际保理业务过程中的风险得以降低。

二、国际双保理流程（见图6－13）

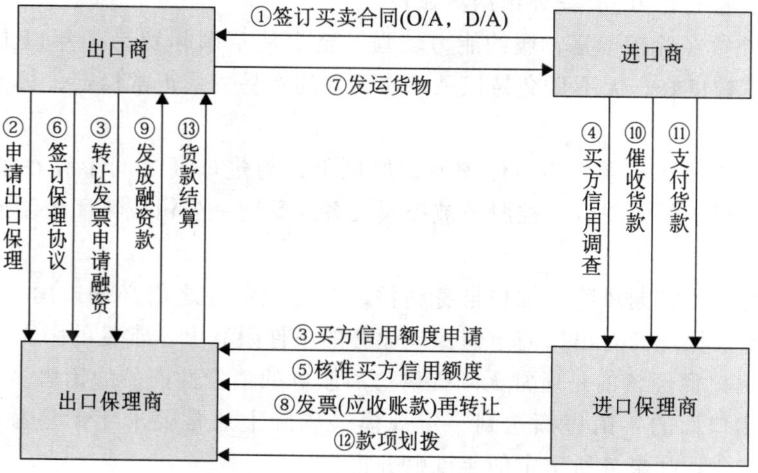

图6－13　国际双保理业务流程

三、角色和责任

国际保理业务的基本功能为：向卖方提供融资、信用担保、应收账款管理、收取未付款发票款项。在上述工作中，进、出口保理商在遵循下列原则的基础上进行职能划分。

（1）出口保理商对卖方负责向卖方提供融资及应收账款管理。

（2）进口保理商对买方负责，向出口保理商提供信用担保，并收取未付款发票款项。进口保理商位于买方国家，可以在本国国内市场上承担资信评估和交流、沟通的工作。

（3）出口保理商和进口保理商互相承担责任。双方签订保理商协议明确各自权责。

（4）在双保理机制中存在三个合同关系：卖方与买方之间签订的买卖合同或服务合同；卖方与出口保理商之间签订的出口保理合同；进、出口保理商之间签订的保理商合同。

通常，进口保理商和买方之间不存在合约关系。但是，如果债权转让合法有效，买方负有向进口保理商付款的法律义务。

产品配置要求

一、出口商保理商（出口商银行）接收出口商申请

（一）资格审查

1. 基本条件

（1）满足流动资金贷款基本条件。

（2）具有进出口经营权，且未被外汇局列入结汇“关注企业”名单，未因违法经营招致监管部门处罚。

（3）在银行已开立本/外币结算账户。

（4）外贸经验较丰富，履约能力较强。至少从事国际贸易 1 年以上，以往贸易往来正常、信誉良好、无不良交易记录；与买方的贸易关系正常稳定，买方的历史付款记录正常。

（5）在办理无追索权出口保理时，原则上，与进口商之间不存在关联关系，此关系包括但不限于附属关系、控股与被控股关系或受同一公司或集团控制或管理的关系。

2. 限制条件

保理商为了控制风险，维护自身利益，在开展业务之前必须未雨绸缪，预先防范。这主要表现在保理商对出口商申请保理业务的条件限制上。常见的限制性条件主要有：

（1）出口商经营的是通常无须提供售后服务的消费性商品的销售。

（2）出口商的年销售额达到一定规模（国际上通常要求年销售额在 10 万英镑以上，并且有会计师事务所审定的年度财务报告）。

（3）出口商经营批发业务而非零售业务。

（4）调查客户的资信甚至核定信用额度。对于普通企业来说，了解和掌握客户的资信变化、逐一核定合理的信用销售额度，是比较难于做到的。但是保理商或者本身是商业银行，或者是大银行的附属机构，又可以通过国际保理商协会的代理网络获得信息，在资信调查方面就比较有优势了。

（二）提交申请资料

1. 出口保理申请书（表6－30）

表6－30

出口保理申请书

Factoring Application

致：招商银行________行　　保理商业务编号 ReferenceNo. EF ____________

To：China Merchants Bank

我司兹申请以下出口保理服务（We hereby apply for export factoring service as below，with the choice marked with ×）。

双保理服务要求（Two－factor Service Required）							
	□无追索权 Nonrecourse	□	仅需保理商催收 Collection only	□	有追索权 Recourse	□	需要融资 Financing
单保理 Single－Factor service			□有追索权单保理（发票贴现）Invoice Discounting				

现提供以下真实资料，以便贵行通过进口保理商评定买方的信用额度。

The true information is provided for assessing the buyer's Credit through your import factor.

一、出口商资料

*1. 公司名称（中文）：____________________________

公司地址（中文）：______________________________ 邮政编码（Zip）：__________

*2. 公司名称（英文）：____

公司地址（英文）：____

3. 开户银行：______________________ 账号（A/C）：______________________

*4. 出口产品或服务（中文）：__________ 出口产品或服务（英文）：__________

*5. 付款期限：O/A ________ Days from □shipment date，□invoice date；其他（请说明）__________

*6. 发票币种：□美元　□欧元　其他币种（请注明）__________

*7. 预计年出口销售额：__________万美元

*8. 预计进口国买家数量：□个；预计对进口国发票总张数：□张；

*9. 预计对进口国的年赊销额：__________万美元；预计与申请额度的进口商的年交易额：__________万美元

10. 预计其他方式出口年销售额：__________万美元

*11. 是否选择了其他出口保理商：□是　□否

12. 价格条款：□FOB　□CFR　□CIF　□其他，请注明________

*13. 与进口商是否有业务往来 □无　□有；已有____年

14. 进口商付款记录：□准时　□有延迟，大概延迟________天　□目前有逾期　□尚无经验

出口商资料填写要求：

（1）公司名称：公司英文名称必须与贸易合同、形式发票/订单上名称完全相同。

（2）公司地址：要求同上。

（3）开户银行：若在办理银行开户，填写分支行名称及账号；他行开户，则填写主账户。

（4）出口产品或服务的中英文名称：填写商品统称多种商品。

（5）付款期限：提单日期或发票日期之后O/A若干天；或者如实改为D/A。有如30天、60天、90天的，则填写最长的，但一般不要超过90天。

宽限期：系指在付款到期日后，贵公司额外还给予买家的付款宽限天数。

续表

若未商定过，一般不填写。

（6）发票币种：若出现多种货币，如实填写货币代码。

（7）预计出口年销售额：以下预计数尽可能准确，不应与今后实际数相差过大

（8）与申请额度的买方发生的年交易额：不可浮夸，以免实际转让发票额相差过大，让保理商有理由减责或追加费用。

二、进口商资料

1. 买方注册号 Registration No.：________ or VAT Number：________

*2. 公司名称（Name）：________

地址：________

城市（City）：________ 省/州（Province/State）：________ 邮编（Postcode）：________

国家（Country）：________

*3. □允许□不允许进口保理商与进口商直接联系

进口商联络人（Contact Name）：________ 电话（Tel. No.）：________

传真（Fax No.）：________ Email：________

4. 进口商往来银行账号（A/C No.）：________

银行名称（Name of Bank）：________

分行名称（Name of Branch）：________

5. 合同/订单号码（Sales Contract/Order Number）：________

备注：

进口商资料填写要求：

（1）买方的注册登记号码或增值税号码：为便于进口保理商的信息搜集工作，请您尽量提供买方的上述号码。

（2）买方名称地址：请如实填写，必须与贸易合同、订单或形式发票等合约一致。

（3）允许进口保理商直接联系：我行主要提供公开型无追索权双保理业务，因此一般允许进口保理商与进口商联系并请提供买方的联系人和联系方式。

（4）往来银行和账号：填写的目的是便于进口保理商掌握进口商的信用评估信息。

（5）同订单号码：如果现在已与境外签约，请提供。

2. 买方信用额度评估申请（表6－31）

表6－31　　买方信用额度评估申请（Credit Assessment Request）

保理商给买方编号 Buyer No.：

1. Buyer Company Registration No.：________ or VAT Number：________

2. 名称（Name）：________

地址（Street and number PO Box）：________

城市（City）：________ 省/州（Province/State）：________ 邮编（Postcode）：________

国家（Country）：________

3. [X] 允许进口保理商与进口商直接联系（Buyer contact allowed）

联络人（Contact Name）：________ 电话（Tel. No.）：________

传真（Fax No.）：________ Email：________

4. 往来银行账号（A/C No.）：________

银行名称（Name of Bank）________

续表

分行（Name of Branch）：______ 往来保理商（Factors）：______ 5. 申请额度（Amount of Credit Assessment request）：______ 6. 额度启用时间（Valid from date）：______ 7. 合同/订单号码（Sales Contract/Order Number）：______ 8. 最迟发货日期（Latest shipment date）：______ 9. [ ] 本公司在进口国没有代理商（We have not any agent in buyer' s country） [ ] 本公司在进口国有以下代理商（We have the agent in buyer' s country as below）： 名称（Name）：______ 地址（Address）：______ 联络人（Contact name）：______电话（Tel. No.）：______ 公司联系人（Contact）： 电话（Tel）： 传真（Fax）： 邮箱（E-mail）：
银行要求 填妥后请交正本，并将电子版发送至：___ 和______
公司签章（Signature & Stamp） 日 期（Date）：
买方信用额度评估申请填写要求： （1）买方的注册登记号码或增值税号码：为便于进口保理商的信息搜集工作，尽量提供买方的上述号码。 （2）买方名称地址：如实填写，必须与贸易合同、订单或形式发票等合约一致。 （3）允许进口保理商直接联系：银行现在提供的主要是公开型的保理业务，因此一般允许进口保理商与进口商联系并请提供买方的联系人和联系方式。 （4）往来银行和账号：填写的目的是便于进口保理商掌握买家的信用评估信息。 往来的保理商：若有，请提供。 （5）申请额度：指无追索权保理下，进口保理商为买方承担坏账担保的信用额度 信用额度 = 公司对该买家的年销售额/360 × OA 天数 × 1.5 若申请有追索权保理或仅作催收，该额度填写为 0 （6）额度启用时间：填写期望启用该额度的时间。 （7）合同订单号码：如果现在已与境外签约，需提供。 （8）最迟发货日期：若贸易合同规定了最迟发货日期，则填写。 （9）如果公司在买方所在国有代理商或经销商，需提供其名称和地址。

二、选择进口保理商

根据进口商分布情况，出口保理商选择进口保理商，通过由国际保理商联合会（Factors Chain International，简称 FCI）开发的保理电子数据交换系统 EDIFACTORING 将有关情况通知进口保理商，请其对进口商进行信用评估。通常出口保理商选择已与其签订过“代理保理协议”、参加 FCI 组织且在进口商所在地的保理商作为进口保理商。

三、进口保理商初步确定进口商的信用额度

进口保理商根据所提供的情况，运用各种信息来源对进口商的资信进行调查，并将调查结果和可以向进口商提供赊销金额的具体建议通知出口保理商，既核定信用额度，同时提出报价。按照 FCI 的国际惯例规定，进口保理商应最迟在 14 个工作日内答复出口保理商。

四、出口保理商报价并与出口商签订出口保理协议。

出口保理商接到进口保理商的信用额度和报价后，决定自己的条件和报价，并将结果告知出口商，如出口商同意，便办理出口保理业务。经办行根据业务类型，与出口商签订“无追索权出口保理协议”或“有追索权出口保理协议”。该协议属于框架性总协议，客户只需在初办业务时签署，以后针对各买方、各额度下的发票转让都适用。

表 6－32　　出口保理协议

编号：__________

鉴于______公司（以下简称“卖方”）拟采用国际保理方式向____（进口商名称，以下简称“债务人”）出口__ ______（货物名称），并已委托××银行总行/______分行（以下简称“出口保理商”）向______（国外进口保理商名称，以下简称“进口保理商”）提出初步信用评估申请并获得核准，为保证此项业务能按照国际保理业务的标准程序继续进行，卖方与出口保理商于____年____月____日特签署本协议。

总　则

第一条　卖方同意出口保理商自签署本协议之日起遵循事前已与进口保理商签定的《国际保理业务协议》及国际保理商联合会（FCI）制定的《国际保理业务惯例规则》办理相关业务。

卖方保证其在此过程中尽最大努力协助出口保理商在上述协议和规则下履行义务、享有权利。

第二条　本协议在文字表述上引用了国际保理业务中某些重要的术语。这些术语的定义如下：

1. 国际保理：是卖方（出口商）在采用赊销（O/A）、承兑交单（D/A）等信用方式向债务人（进口商）销售货物时，由出口保理商（在卖方所在国与卖方签有协议的保理商）和进口保理商（在债务人所在国与出口保理商签有协议的保理商）共同提供的一项集商业资信调查、应收账款催收与管理、信用风险控制及贸易融资于一体的综合性金融服务。

2. 国际保理业务的标准程序：是国际保理商联合会（FCI）各会员间业务联络的标准程序。它由FCI制订和颁布的《联络手册》做出规定。

3. 初步信用评估：是卖方为了测算其对特定债务人采用信用销售时能获得多少信用担保而通过出口保理商向进口保理商提出信用调查申请，由进口保理商据以对债务人进行初步调查评估后将结果通知卖方的过程。初步信用评估结果不构成对进口保理商的一项有确定约束力的信用承诺。

4. 正式信用额度：是进口保理商为特定债务人核定的信用销售额度。卖方在额度内以信用销售方式向债务人销售货物所产生的信用风险由进口保理商承担。该额度可以是一个可循环使用的信用额度，也可以是针对某一单笔交易的额度。

5. 应收账款：用发票表示的且债务人尚未偿还的销售货款。

6. 发票：是由卖方出具给债务人的一份债权单据，它列明所发运货物的详情以及债务人应付的金额。

7. 发票到期日：即应收账款到期日。因应收账款是用发票来表示的，故有此称。

8. 贷项清单：是由卖方向债务人出具的一份债务单据，用于因退货、货物降价、修正差错等原因引起的对原应收账款的调整。

9. 争议：债务人和卖方之间因相关的货物或发票出现歧义而造成债务人对有关应收账款提出的抗辩、反索或抵销等。争议的结果是应收账款的收款可能被终止。

10. 担保付款：进口保理商就已核准的应收账款因债务人既未提出争议，又未能于规定的期限内付款而自行垫款支付。

11. 发货：用通常的运输工具或卖方自己的运输工具将订购的货物发运给债务人或指定人。

12. 转让通知文句：是卖方（出口商）向债务人（进口商）说明应收账款已经转让并仅付给进口保理商的书面通知。转让通知文句通常记载在发票上，但在某些情况下也可能另外出具信函。

正式信用额度的申请、通知及生效

第三条　出口保理商保证自本协议签署之日起五个工作日内为卖方向进口保理商申请正式信用额度。（ ）该额度为循环信用额度（ ）该额度为单笔额度，只适用于第（　　）号商务合同/订单下的交易，不可循环使用。最迟装运期为______年____月____日。

第四条　无论为卖方申请的正式信用额度将来是否获得进口保理商的核准，出口保理商保证在收到进口保理商有

续表

关通知后的两个工作日内通知卖方。 第五条　若申请的正式信用额度获得进口保理商的核准，卖方保证在基础交易合同规定的期限内按约定向进口商发运货物。若卖方在约定的期限内未向进口商发货并叙做保理业务，出口保理商有权按自定的收费标准向卖方收取资信调查费。 第六条　在信用额度规定的有效期内，卖方向进口商发货所产生的应收账款余额应不超过进口保理商核准的信用额度，超限额发货所产生的应收账款将不受进口保理商的核准，但超出限额的应收账款（或其部分）将补足限额内已被债务人或进口保理商偿还或贷记的金额。这些应收账款（或其部分）的替代将按它们付款到期日的顺序进行并始终仅限于当时已被偿还或贷记的金额。卖方对应收账款及其转让的保证与陈述。 第七条　卖方保证自正式信用额度获得核准的通知收到之日起将把随后产生的对债务人的所有应收账款全部交由出口保理商处理，即使在这些应收账款仅获部分核准或根本未核准的情况下也是如此。 第八条　卖方保证向出口保理商提交的每笔应收账款均代表一笔在正常业务过程中产生的真实善意的货物销售，据以向进口保理商转让的应收账款所涉及的货物销售符合凭以核准应收账款的相关信息中所述及的卖方的经营范围和付款条件。 第九条　卖方保证无条件地享有向进口保理商转让的每笔应收账款的全部，包括与该应收账款有关并可向债务人收取的利息和其他费用的权利。

五、出口保理商及进口保理商签订协议

通过协议，出口保理商将债权转让给进口保理商，由后者向进口商收款并承担相应责任。

六、出口商与进口商签订贸易合同并发货寄单

签订保理协议后，出口商便可以以商业信用的方式与进口商签订贸易合同，并根据合同法或，准备好相关单据。

七、出口商转让债权并获得融资

（一）出口商转让债权

（1）出口方按合同装运货物后，将正本发票、提单、原产地证书、质检证书等单据寄送进口商，将载有“转让条款”的发票副本及报关单（正本）、商务合同（或订单）、发票、运输单据、保险单据等有关单据交国内出口保理商。

发票务必载明：转让条款、付款条件和付款到期日贵公司转让的所有发票均应记载转让条款（Assignment Clause）。转让条款的作用是表明发票所示应收账款的债权已转让给保理商，以便保理商依法催收。其文字内容或贴纸由出口保理商提供。

（2）提交“债权转让通知书”。

（3）出具“未结清货款确认函”。

提示

出口商转让给应收账款必须符合以下条件：

1. 应收账款可保理：

（1）应收账款尚未到期，且账龄不超过180天。

（2）应收账款债权不存在任何其他权利限制（未被设定抵、质押权，

提示

以及其他任何形式的担保)。

2. 商品交易可保理:

(1) 商品交易真实、合法。

(2) 出口商品质量可靠,不易变质、破损,在国际市场上价格相对稳定,出口商品质量标准清晰,不易产生贸易纠纷。

3. 合同条款可执行:

(1) 基础贸易合同的成立和生效没有任何附带条件;

(2) 合同条款合理可行,不得载有"销售不成即可退货"的条款,不存在法定禁止转让或约定禁止转让的情形。

4. 进口国政治经济局势稳定

(二) 出口保理商审核资料

1. 审核商业发票

(1) 除非属隐蔽型保理,所有发票必须载明转让条款(Assignment Clause)。双保理项下使用保理商提供的格式;单保理项下使用银行格式。

(2) 买方名称地址、货名、付款条件等事项与"出口保理信用额度核准通知书"(双保理)或合同、订单上的记载(单保理)是否一致;付款到期日计算准确等。

2. 审核运输单据、保险单等合约规定的其他商业单据

(1) 贸易当事人、货物装卸港、起讫地等应该与发票及合约、订单一致。

(2) 若对其真实性置疑,可向签发单位查询。

3. 审核应收账款债权转让声明书(正本)

(1) 该声明书的作用是为了证明卖方已经向银行转让发票项下的账款以及后续转让手续合格。该单据由银行留存备用,只有在必要时才提交给进口保理商或司法部门。

(2) 卖方应该打印、签发,每批转让时出具。

4. 审核保理介绍函(Introductory Letter)

(1) 该单据的作用是卖方通知买方有关账款转让的安排。

(2) 除非属隐蔽型保理,卖方必须以其信笺打印、签发给买方。介绍函的内容措辞,如系双保理,使用保理商提供的格式;如系单保理则使用银行格式。交单时,该单据已经买方签收(正本或传真件均可,由银行留存备用);若未经买方签收,则需提交正本,连同商业单据一并由银行代替卖方以快递邮寄给进口商(若系 DA 方式则邮寄给代收行)。经办行将快递凭据副本存档备查。

5. 审核未结清货款确认函

主要是为了向保理商澄清在开始保理合作之前,买卖双方还有多少赊销项下货款尚未结清(仅银行留存备用)。

6. 审核交易真实性

海关出口货物报关单或出口加工区出境货物备案清单等(经办行审核正本,留存副本),应与发票内容相符,且真实有效。

核查报关单以后,经办人在正本上签署或盖戳表明"已在银行办理保理业务",然

后退还出口商；在留存副本上，由经办人签署注明“已核正本”。

（三）提供融资

若出口商有融资需求，出口保理商应出口商申请提供发票金额一定比例融资。经办行对出口商提供的融资金额不得超过进口保理商对该客户核准信用额度的80%，不得超过总行对单一客户的融资权限。出口双保理业务确认书，见表6－33。

表6－33　出口双保理业务确认书

出口商名称：＿＿＿＿＿＿＿＿
出口商地址：＿＿＿＿＿＿＿＿
出口商品名称和类别：＿＿＿＿＿＿＿＿
发票金额：＿＿＿＿＿＿＿＿
申请保理金额：□循环　　□单笔
最后核定的保理额度：＿＿＿＿＿＿＿＿
保理期限：＿＿＿＿＿＿＿＿
已保理金额：＿＿＿＿＿＿＿＿
剩余额度：＿＿＿＿＿＿＿＿
手续费：＿＿＿＿＿＿＿＿
我行最后确认的单笔融资金额：＿＿＿＿＿＿＿＿
融资期限：＿＿＿＿＿＿＿＿
融资利率：＿＿＿＿＿＿＿＿
罚息：＿＿＿＿＿＿＿＿
中国××银行＿＿＿＿＿＿分（支）行
（公章或授权章）
（有权签字人签字）
年　月　日

（四）寄单

出口保理商在收到副本发票及单据（若有）当天将发票及单据（若有）的详细内容通过EDIFACTORING系统，通知进口保理商。

八、货款收回

（一）正常收回

1. 进口保理商于发票到期日前若干天开始向进口商催收

进口保理商代收货款后，将货款转付给出口保理商（在D/A方式下，代收行将款项付给进口保理商，或由进口商直接付给进口保理商并给予代收行确认，再由进口保理商将款项付给出口保理商）。

2. 出口保理商扣除融资本息及有关保理费用后，再将余额付给出口商

相关的保理费用包括：①服务费。按应收账款总金额的一个固定百分比收取，这已包括信用风险保障以及账户管理和催收服务所应收取的费用。该笔费用于银行收到出口单据时收

取。②贴现率。按实际融资的多少收取费用，费率与其他一般贸易融资的利率相当。贴现费按月计算复利，结清货款余额时收取。③单据处理费。按每份发票收取固定的费用。

（二）进口商未能支付应收账款

（1）若进口方因为信用或财务等原因到期后未能支付应收账款，进口保理商负责催收

①无追索权出口双保理项下，进口保理商须在应收账款到期日后90天内支付全额保理款项，若进口保理商在应收账款到期后90天仍未能付款，出口保理商须在保理额度内向出口商支付全额保理款项。若出口保理商已提供融资，出口保理商无权向出口商追索，但可向出口商收取融资利息。

②有追索权型出口双保理项下，若进口商由于财务或资信原因不能付款，进口保理商须在应收账款到期日后90天内支付全额保理款项，若进口保理商在应收账款到期后90天仍未能付款，出口保理商不承担付款责任，若出口保理商已提供融资，则有权向出口商追索。

（2）如因货物质量、出口商欺诈或其他财务资信原因造成保理款项难以从进口保理商处收回的，银行应及时向出口商行使追索权，追回保理款项和相关利息及费用。

提示

进口保理商的信用担保只包括因进口商资信原因导致的不付款，以及因国家风险、不可抗力和自然灾害造成的付款风险，而对因贸易纠纷导致的进口商不付款，进口保理商将不负责赔偿。根据国际保理商联合会（FCI）制定的《国际保理统一规则》，如果因商品数量和质量、服务水平、交货期限等贸易纠纷引起进口商拒付，即使在核定的信用限额内，进口保理商也将免除信用担保责任。问题的关键在于该规则没有对贸易纠纷的认定做出明确规定，导致了国际保理业务潜在的不足。这种不足表现为三个方面。

首先，没有明确界定提起贸易纠纷的合理原因。贸易纠纷本应该以买卖双方间的贸易合同判定出口商是否存在违约，但在实务中，可能出现不管提起贸易纠纷的理由是否合理，只要进口商在规定时间内寻找借口甚至怀疑商品质量存在问题而拒不付款，就可以暂时免除进口保理商在核定信用额度下的赔付责任，使得出口商和出口保理商承担风险。

其次，没有确定进口保理商对贸易纠纷进行审核的责任。《国际保理统一规则》规定：由出口商负责判别进口商所提出的贸易纠纷是否存在，并证明所提出的纠纷不合理。而没有规定进口保理商对贸易纠纷进行审核的责任，可能导致进口商为了拖延甚至拒绝付款而提出假贸易纠纷。

最后，没有明确规定提出贸易纠纷时所需的书面文件。《国际保理统一规则》没有规定进口商需要提供书面证明文件。这就可能使进口商提出的贸易纠纷缺乏真凭实据，而仅仅凭借口头说明，进口保理商就轻易认定存在贸易纠纷，免除自己担保付款的责任。

知识要点

1. 进口信用证的相关规定及注意事项。

2. 福费廷的相关规定及注意事项。

3. 国际双保理的相关规定及注意事项。

操作要点

根据各项贷款产品的基本规定及客户情况，为客户配置合适的贷款品种。

推荐阅读

推荐阅读

问题讨论

1. 随着国际贸易竞争的日益激烈，国际贸易买方市场逐渐形成，对销售商有利的现金、信用证等结算逐年下降，赊销日益盛行。然而，赊销贸易方式在促进交易达成的同时，也给出口商提出了新的难题，暨出口应收账款的安全性及融资压力、企业融资困难、对进口商当地的贸易惯例和法律法规不熟悉、对市场和经济环境的变化不敏感等。

请分析，银行应如何利用自身优势协助解决上述问题？

2. 2004 年 1 月甲国 A 公司拟与乙国 B 公司签订长期供货合同，A 公司遂委托甲国 C 银行作为保理商对 B 公司进行资信调查。后 A 公司在 C 银行授予的信用额度（200 万美元）内与 B 公司签约并开始发货，每批货发运后，即将发票副本转交给 C 银行，由 C 银行向 B 公司收取货款。2005 年 4 月，B 公司突然停止按合同支付最近一次供货的货款共计 100 万美元，理由是货物质量不合格。由于 C 银行已将该批供货的部分货款预先支付给 A 公司，C 银行遂要求 A 公司退还已垫付货款。各方遂起争端。

根据国际保理业务的规定及操作要求，分析 A 公司是否应当向 C 银行退还预付款。

实训

1. 根据下述给出的合同资料，填写开证申请书，要求格式清楚、条款明确、内容完整

Date: May 25th, 2009.

The buyer: East Agent Company.

Address: Room 2401, Worldtrade Mansion, SANHUAN Road 47#, Beijing, P. R. China

The seller: LPG international Corporation.

Address: 333 Barron Blvd. , Ingleside , International (united states)

Name of commodity: MEN'S Denim Utility Short.

Specifications: Color, MEDDEST SANDBLAS

Fabric content: 100% COTTON.

Quantity: 2000 Cartons.

Price term: FOB new York, USD 285/ CARTON.

Total Amount: USD570, 000.00.

Country of origin and manufacturers: UNITED STATES OF AMERICA, VICTORY FACTORY.

Partial shipment and transshipment are prohibitted.

SHIPPING MARK: ST.

NO. 1…UP

Time of shipment: Before July 15, 2009.

Place and date of expiry: China, JULY 30, 2009.

Port of shipment: New York.

Port of destination: XINGANG Port, Tianjing of China.

Insurance: To be covered by buyer.

Payment: By irrevocable freely negotiable L/C against sight drafts For 100pct of invoice value and the documents detailed hereunder.

Documetns:

1. Invoices in triplicate.
2. Packing list in triplicate.
3. Full set of clean on board bills of lading made out to order and blank endorsed notifying the applicant with full name and address marked freight collect.
4. Certificate of origin in duplicate.
5. Beneficiary's certified copy of fax to the applicant within 1 day arter shipment advising goods name of vessel, invoice value, date of shipment, quantity and weight.

Other terms and conditions:

1. L/C to be issued by teletransmission.
2. The buyer shall bear all banking charges incurred inside the issuing bank.
3. All documents must be mailed in one lot to the issuing bank by courier service.

4. Presentation period: within 10 days after the date of shipment.

2. 根据下述资料，请分析以下情况是否属于实质性不符点

（1）信用证要求受益人提交的汇票必须显示以下字样“本汇票依据 86 - 122 - S 信用证开出”，受益人提交的汇票中显示信用证号码为：“86 - 122 - 5”。

（2）Postal code in the applicant's address read “10001” instead of “10010”。

（3）The credit showed the beneficiary's telephone number as 123456 whereas the invoice showed beneficiary's telephone number as 123465。

（4）信用证要求一份单据的出具时间是 2020 年，但受益人提交单据却误将出具时间显示成 2019 年。

3. 根据下述资料，请为 A 公司配置合适的贷款产品

A 公司是一家专业从事医疗诊断设备生产的美国公司，预计今年将实现销售收入 3 000万美金，其中 90% 来自于国内的销售。但是，随着国内市场的饱和和成熟，公司必须尽快地开发国际市场。公司计划在未来两到三年内，将海外销售的比重提高到 40%。在开拓市场的过程中，A 公司获悉 C 国有一家 B 公司，在 C 国专业经销医疗设备，对 A 公司的产品，一种遥控影像系统有极大的需求。

在实际接触的过程中，C 国的 B 公司提出，由于其本身只是经销商，资金的占用比较大，因此希望在支付方式上比较宽松，提出由 C 国当地的银行作保证，付款期限为两年。但是，C 国的经济和政治现状不能令 A 公司满意。从一家加拿大的权威机构的调查来看，C 国政府对那些没有经过国家有关法律直接保证的债务纠纷的处理，通常比较专断，也不重视国际惯例。

这样出口商要想获得这份订单，就必须面对两大问题：①C 国的进口商显然没有能力通过当地银行融资解决资金问题；②C 国现行的法律体系使进口商未来付款的不确定性增强。出口商于是试图通过出口信用保险来回避风险，但是美国进出口银行对 C 国的状况和长达两年的时间不予通过，因此，这种方式似乎行不通了。

4. 根据下述资料，请为各公司配置合适的贷款产品

（1）南京某公司向英国出口化工产品，销售毛利率为 20%，因信用证费用高，境外进口商不愿意以信用证方式结算，而且要求赊销 90 天，企业举棋不定，非常为难。经调查，出口产品每年可为企业增加 1 000 多万美元收入，而且这样的订单还接连不断，但企业现有资金已不足以支持大量的备货出口。

（2）广州某装饰公司，专门为广州本田汽车配套生产座椅，产品外销市场前景很好，但企业规模很小，要扩大生产面临着资金周转困难。如果按国内质抵押物贷款方式，很难从银行获得贷款支持。

模块四
个人贷款

业务一 个人住房贷款

PPT：个人住房贷款

任务描述

1. 了解个人住房贷款的品种。
2. 掌握各项个人住房贷款产品的配置要求。

☞ 业务描述

根据各项个人住房贷款产品的基本规定及客户情况，为客户配置适合的贷款品种。

▣ 知识准备

一、个人住房贷款品种

（一）按照贷款的资金来源划分

1. 自营性个人住房贷款

自营性个人住房贷款是指商业银行向在中国大陆境内购买、建造、大修各类型房屋的自然人发放的贷款。

2. 公积金个人住房贷款

公积金个人住房贷款是指商业银行接受各市（县）人民政府和军队、煤炭、铁道、石油等系统住房公积金管理中心委托，利用委托人提供的住房基金，根据委托协议受托发放的贷款。公积金个人住房贷款属于委托贷款，由住房公积金管理中心负责决策和审批，商业银行不承担贷款风险。

3. 个人住房组合贷款

个人住房组合贷款是指对按时足额缴存住房公积金的职工在购买、建造、大修各类型住房时，商业银行同时为其发放公积金个人住房贷款和自营性个人住房贷款而形成的特定贷款组合。鉴于个人住房组合贷款是由公积金个人住房贷款和自营性个人住房贷款两个独立的贷款品种组成，因此，抵押物相同。

（二）按住房交易形态划分

1. 个人（首次交易）住房贷款

个人（首次交易）住房贷款是指商业银行向在中国大陆境内住房一级市场购买各类型住房的自然人发放的贷款，俗称“一手房”个人住房贷款或称新建房个人住房贷款。

2. 个人再交易住房贷款

个人再交易住房贷款是指商业银行向在中国大陆境内住房二级市场购买住房的自然人发放的贷款，俗称“二手房”个人住房贷款。

3. 个人住房转让贷款

个人住房转让贷款是指当尚未结清个人住房贷款的客户出售用该贷款购买的住房（含商业用房）时，商业银行向购买该住房的自然人发放的个人住房贷款。

小贴士

上述所交易的住房称为转让住房，出售转让住房的贷款客户称为住房转让人，向银行申请个人住房贷款用于购买转让住房的自然人称为借款人，住房转让人尚未结清的个人住房贷款称为原借款。个人住房转让贷款俗称“转按贷款”

（三）按贷款的用途划分

1. 个人住房贷款

个人住房贷款是指商业银行向在中国大陆境内购买各类型住房的自然人发放的贷款。

2. 个人自建房贷款

个人自建房贷款是指商业银行向在中国大陆境内自行建造各类型房屋的自然人发放的贷款。

3. 集资建房个人住房贷款

集资建房个人住房贷款是指商业银行向参加单位集资建房的职工发放的住房贷款。

4. 个人组合贷款

个人组合贷款是个人在申请购买住房贷款时，同时申请其他品种的个人贷款。目前主要有住房与购车组合贷款、住房与装修组合贷款等。个人组合贷款中不同贷款品种参照相应的贷款办法，按照不同的期限、金额、利率等规定执行。

（四）根据所购房屋是现房还是期房划分

1. 现房按揭

现房按揭指购房人以所购买的房屋产权作担保向银行借款。购房人需将房屋的产权证书交付给银行占有。

2. 期房按揭

期房按揭又称楼花按揭。购房人以所购买的“预售合同项下的权益”作担保向银行借款。购房人将与开发商签订的住房预售合同原件之一交给银行占有。在购房人取得房屋所有权之前，如果购房人不能按期偿还发生贷款合同解除或撤销的事由，银行有权请求“预售合同下的权益”变价并优先受偿。在购房人取得房屋所有权后，原来的期房按揭转为现房按揭。

二、贷款偿还方式

（一）借款人按以下规定偿还贷款本息：

（1）贷款期限在1年以内（含1年）的，实行到期一次性还本付息，利随本清。

（2）贷款期限在1年以上的，按月偿还贷款本息。借款人可选择“等额本息”还款法（即每月以相等的金额偿还贷款本息），或选择“等额本金”还款法（即每月以相等的金额偿还贷款本金，利息随本金逐月递减）。

①等额还款法（等额本息还款法）。计算公式如下：

$$每月供款额=\frac{月利率\times(1+月利率)^{供款总期数}}{(1+月利率)^{供款总期数}-1}\times贷款金额$$

等额还款法的特点是在整个还款期内，每个月的还款额保持不变（遇调整利率除外），优点在于借款人可以准确掌握每月的还款额，有计划地安排家庭的收支。

（3）递减还款法（等额本金还款法）。计算公式如下：

每月供款额 = 贷款金额/供款总期数 +（贷款本金 - 已还本金）×月利率

递减还款法的特点是本金在整个还款期内平均分摊，利息则按贷款本金余额逐日计算，每月还款额在逐渐减少，但偿还本金的速度是保持不变的，较适合于还款初期还款能力较强、并希望在还款初期归还较大款项来减少利息支出的借款人。

贷款产品配置

一、个人住房商业贷款

（一）贷款受理

1. 资格审核

除了参照个人贷款的要求之外，还应具备以下条件：

（1）有合法有效的购买、建造、大修住房的合同、协议以及贷款行要求提供的其他证明文件。

（2）有银行规定的最低额度以上的自筹资金，并保证用于支付所购住房的首付款。

（3）有贷款行认可的资产进行抵押或质押，或（和）有足够代偿能力的法人、其他经济组织或自然人作为保证人。

（4）贷款行规定的其他条件。

2. 准备贷款申请资料

（1）提交借款申请表（见表6－34）。

（2）提交额外资料。

①有效的购买（建造、大修）住房合同、协议及相关批准文件。

②用于购买（建造、大修）住房的自筹资金的有关证明。

③（预）售许可证或楼盘的房地产权证（现房）（复印件）。

④规定的其他文件和资料。

表 6－34　　　　**个人住房借款申请书**

申请人姓名		性别	□男　□女	民族	
身份证号码					
（其他证件名称及号码）					
户籍所在地					
配偶姓名		性别	□男　□女	民族	
身份证号码					
（其他证件名称及号码）					
户籍所在地					
借款申请					
借款金额（元）	大写		小写		
借款期限					
借款用途	□购买住房　□购买商铺　□自建住房　□维修住房				
申请借款种类					
还款方式	□等额本息还款法 □等额本金还款法 □等额累进法：等额递增、等额递减 □等比累进法：等比递增、等比递减				
还款来源	□个人收入　□家庭收入				
借款申请人基本情况					
出生日期	____年__月__日		国籍/地区		
婚姻状况	□未婚　□已婚　□丧偶　□离婚				
健康状况	□良好　□一般　□差		职　业		
最高学历	□研究生及以上　□大学　□大专　□中专、高中及技校　□初中以下				
职　　称	□高级　□中级　□初级　□无职称		所属行业		
是否有执业资格	□是　　　　□否				
现工作单位					
进入现单位工作时间	____年__月		本地居住时间	____年	
居住状况	□自有住房□贷款购买住房□与亲属合住□集体宿舍□租房□其他				
社会保障号码			住房公积金账号		
住房储蓄账号			是否有本行信用卡	□是　□否	
是否 VIP 客户	□是　□否		是否参加养老保险	□是　□否	
是否参加失业保险	□是　□否		是否缴纳公积金	□是　□否	
是否参加医疗保险	□是　□否		是否享受住房补贴	□是　□否	

续表

联系电话		移动电话	
传真电话		E－Mail	
通讯地址		邮政编码	
借款申请人收支情况			
主要经济来源	□工资收入 □个体经营者收入 □其他非工资性收入		
其他经济来源		供养人数	
申请人月收入	元		
家庭月收入	元	家庭月支出	元

借款申请人资产负债表

个人资产	金额（万元）	个人负债	金额（元）	月还款金额（元）	起止日期	负债类型
房产		购房所欠贷款				
汽车		购车所欠贷款				
债券		其他所欠贷款				
股份（股票）		其他负债				
银行存款		合计				
合计						

共同申请人信息

姓　　名		与借款申请人关系	
现工作单位		电　　话	
身份证号码		户籍所在地	
（其他证件名称及号码）			
通讯地址		邮政编码	
共同申请人收支情况			
主要经济来源	□工资收入 □个体经营者收入 □其他非工资性收入		
其他经济来源		供养人数	
共同申请人月收入	元		

担保资料

□抵押	抵押物名称	
	抵押物所有人	
	抵押物价值（元）	
□质押	质押权利名称	
	质押权利所有人	
	质押权利价值（元）	
□保证	保证人名称	
	保证人联系方式与地址	
□抵（质）押加保证	抵押物（质押权利）名称	
	保证人名称	
	保证人联系方式与地址	

续表

□抵押加阶段性保证	抵押物名称				
	保证人名称				
	保证人联系方式与地址				
拟购房资料					
售房单位（全称）					
销售许可证编号			房屋坐落位置		
房屋类型	□经济适用房　□商品房　□别墅　□其他				
房屋结构	□框架结构　□砖混结构　□框剪结构　□其他				
房屋形式	□期房　□现房		房屋户型		
房屋建筑面积	M^2		单位售价	元/ M^2	
房屋价值	元		已付购房款	元	
售房合同编号			交房日期	年　月　日	
房屋所有权证编号					
自建、大修房屋资料					
房屋坐落地址					
城建部门批准文号				房屋结构	
建筑面积	平方米	层数		自建房屋造价	元
原房屋价值	元	增加建筑面积	平方米		
大修房屋费用（元）	大写：		小写：		
计划开工日期	年　月　日	计划竣工日期	年　月　日		
借款申请人声明					
1. 以上申请书及其所附资料所填内容为本人所填，且完全属实。本人承担因填写不实所引致的一切法律责任； 2. 本人承认以此申请书作为向贵行借款的依据。报送的资料复印件可留存贵行作备查凭证； 3. 经贵行审查不符合规定的借款条件而未予受理时，本人无异议； 4. 本人保证在取得银行贷款后，按时足额偿还贷款本息。 申请人签字： 年　月　日 共同申请人签字： 年　月　日					

（二）贷前调查

1. 审核借款人提交资料

除了参照个人贷款的要求之外，还应注意审核：

（1）首付款证明。首付款证明材料包括开发商开出的发票或收据，借款申请人支付首付款的银行进账单等。

提示

1. 开发商开出的首付款收据应与银行进账单同时使用，作为首付款证明材料。

3. 首付款证明应由售房单位开具并加盖售房单位的财务专用章，原件与复印件一致，首付款金额达到贷款条件要求。

3. 交款单据上列明的所购房产应与购房合同或协议一致。

4. 发票为税务局核发的商品房专用发票。

（2）购房合同或协议。

①借款申请人提交的商品房销售合同或协议上的房屋坐落地与房地产开发商的商品房销售许可证或售房单位的房地产权证是否一致。

②根据当地实际情况审核购房合同的交易鉴证和销售登记手续是否办妥。

小贴士

合同鉴证是指房地产行政管理部门根据法律规定，为维护房地产交易秩序和购房者合法权益，防止开发商“一房二卖”、抵押房不经告知就出售等违法操作而实施的一种登记、备案行为。

③合同签署日期是否明确。

④所购住房是现房还是期房，交房日期是否明确；所售住房面积、售价是否明确、合理等。

⑤商品房买卖合同中的卖方是否是该房产的所有人，签字人是否为有权签字人或其授权代理人，所盖公章是否真实有效。

⑥商品房买卖合同中的买方是否与借款人姓名是否一致等。

2. 偿债能力调查

除了参照个人贷款的要求之外，还应注意调查：

（1）房价收入比，考察借款人购买住房的能力。计算公式为：

房价收入比 = 住房价格/家庭年收入

（2）还贷收入比，考察借款人归还贷款本息的能力。计算公式为：

还贷收入比 = 月均还款额/家庭月均收入水平

家庭月均净收入水平是指月均收入扣除各项基本生活支出后的净额，月均还款额指当借贷关系成立后，借款人平均每月应当归还的贷款本息。

3. 调查借款申请人购房行为的真实性，是否存在“假按揭”嫌疑

案例

某房地产开发商工作人员带着5份个人贷款申请材料（材料齐全）到建设银行某分行申请个人贷款，共计金额800多万元。该行查询个人征信系统发现了很多疑点：①该批借款人的工作单位为该开发商或其关联公司，其中两人的工作单位与为其出具收入证明的单位不一致；②这5个人在其他商业银行已有700多万元贷款余额，且每月收入不足以偿还其已有贷款的月还

款额；③这5个人都有过逾期记录。

请判断客户是否有“假按揭”嫌疑。

解析

4. 编制借款人资信评估表（见表6-35）

表6-35　　个人住房贷款借款人资信评估表

年　月　日

指标类别	指标名称（最高分数）	标准值	分数值
个人素质	年龄（9分）	18~25	5
		26~50	9
		51~65	6
	受教育程度（15分）	高等教育	15
		中等教育	10
		初等教育	5
	管理人员		10
	技术人员		10
	军人		8
	职员		8
	农民		5
	其他		4
	无职业		2
	小计（34分）		
单位性质	国家机关、科教文卫、部队系统、金融保险、邮电通讯、水电气供应		10
	工业交通、商业贸易、房地产建筑、农林牧渔、社会服务		8
	其他		5
	小计（10分）		
月收入还贷比	月还款额/家庭月收入额（25分）	<40%	25
		≤50%	20
		≤60%	15
		>60%	0
	小计（25分）		
现住房状况	产权性质（2分）	自有	2
		共有	1
		租赁	-1
	住房面积（2分）	50 m^2	2
		50 m^2（含）以下	1
	小计（4分）		

续表

指标类别	指标名称（最高分数）	标准值	分数值
抵押物变现能力	区位类型（10分）	一类地区	10
		二类地区	8
		三类地区	6
		四类地区	3
	房屋现状（6分）	期房	4
		初次交易现房	6
		多次交易现房	4
	建筑品质（4分）	优良	4
		良好	3
		一般	2
		差	0
	小区配套（4分）	优良	4
		良好	3
		一般	2
		差	0
	小计（24分）		
综合印象	印象良好		3
	印象一般		0
	小计（3分）		
贷款保护能力	申请贷款金额/抵押物价值	≤40%	15
		≤60%	10
		≤50%	0
	是否有履约保险	有	8
		无	0
	加分项		
置业动机	自主	一套	0
		二套	-2
		三套	-4
		三套以上	-8
	经营	一套	0
		二套	-4
		三套	-8
		三套以上	-12
	减分项		
总得分		资信等级	

续表

指标类别	指标名称（最高分数）	标准值	分数值
	建议发放________成________年的贷款		
评定人意见	签字：		

（三）贷款发放

1. 注意落实贷款发放条件

（1）确认借款人首付款已全额支付。

（2）办理保险。借款人必须办理财产保险，明确经办行为第一受益人，保险单正本交由经办行保管。保险金额不得低于贷款金额；保险费用由借款人支付；可以采用一次性或分次投保两种方式，保险期限不得短于贷款期限，贷款未清偿之前不得中断或撤销保险。可由经办行代办保险业务。

（3）办理公证。经办行认为有必要的，可以要求对借款合同进行公证，公证费用由借款人承担。

（4）落实担保条件。

①对以取得所有权证书的房屋抵押的，要在贷款发放前办妥抵押登记手续，并取得“房屋他项权证”。

②对以预售商品房或者在建工程抵押的（个人自建房贷款可以在建工程抵押），要按照当地房地产管理部门规定办理预售商品房和在建工程抵押登记手续，并需由第三方提供阶段性连带责任保证，一般由房屋销售商根据与银行的协议提供这种保证。抵押人取得房地产权属证书后，要重新办理房地产抵押登记，并取得“房地产他项权证”。

③对以贷款行认可的权利质押的，在贷款发放前，贷款行要取得质押权利凭证，并对质押权利凭证进行查询和认证，办妥冻结止付手续；需要办理登记的，还要办妥质押登记手续。

④对自然人作为保证人的，应明确并落实履行保证责任的具体操作程序。对保证人有保证金要求的，应要求保证人在贷款行存入不少于六期还本付息额的保证金。

（5）确认售房人已在商业银行开立结算账户。对采取委托扣划还款方式的借款人，要确认其已在商业银行开立还本付息账户用于归还贷款。

2. 贷款划付

贷款发放条件落实后，贷款发放岗位人员应通知借款人持本人身份证件到会计柜台办理贷款发放及划款手续。会计部门按借款合同约定的方式划款。

（1）除个人自建房贷款外，其他贷款品种均应采用专项提款方式，即将贷款转入售房人在贷款行开立的存款账户内，或者将贷款转入房产交易双方指定的在贷款行开立的存款账户内，并按贷款用途监控资金的使用。

（2）个人自建房贷款可以采用将贷款直接转入借款人在贷款行开立的存款账户的方式，但贷款行必须与借款人以合同或协议的形式对资金的使用与提取等内容作书面约定，保证贷款使用符合合同要求。

(四) 贷后管理

主要是注意防范以下风险:

1. 抵押物灭失

抵押物灭失主要是指因不可抗力、意外事件而导致抵押物灭失的风险。

按揭期间内,火灾、风灾、龙卷风等自然灾害或城市规划拆迁等人为因素都可能导致按揭物毁损或灭失。

想一想

地震后住房贷款是否应该继续归还?

2. 抵押物价值贬损的风险

案例

上网查资料,分析香港电影明星钟镇涛破产原因。

解析

3. 抵押权与工程款优先权的冲突

最高人民法院于 2002 年 6 月 20 日做出了《关于建设工程价款优先受偿权问题的批复》,明确规定:工程承包人被发包人拖欠的建设工程款优先于有抵押权的债权受偿。

提示

银行在决定向某一个具体楼盘发放按揭贷款之前,可以采取以下措施:首先,需要调查该施工项目是否存在拖欠工程款的情况,甚至可要求开发商提供按施工进度支付工程款的凭据;其次,需要关注施工项目竣工时间。根据最高人民法院于 2002 年 6 月 20 日做出的《关于建设工程价款优先受偿权问题的批复》,建设工程款优先受偿权的行使期限为工程竣工后六个月,超过六个月则丧失优先权。再次,仔细审查施工单位工程欠款中所包含的劳务费和材料费。上述批复特别强调工程款优先权的范围限于施工单位实际支出的劳务费和材料费。

4. 抵押权实现的政策风险

当出现购房人不能按期偿还银行贷款达到一定的程度(主要是累计达到几期或连续未付款达到几期),依据银行与购房人之间的按揭借款合同,银行作为债权人及抵押权人有权要求购房人偿还全部借款,如果借款人不能偿还,有权依法处理作为抵押物的房屋。但在实践中,这种权利受到最高人民法院司法解释关于保护借款人生存权的严重冲击。2004 年 10 月最高人民法院发布的《关于人民法院民事执行中查封、扣押、冻结财产的规定》第 6 条规定:“对被执行人及其所扶养家属生活所必需的居住房屋,人民法院可以查封，但不得拍卖、变卖或者抵债。”2005 年 12 月最高人民法院《关于人民法院执行设定抵押的房屋的规定》第 6 条规定：“被执行人属于低保对象且无法自行解决居住问题的，人民法院不应强制迁出。”

案例

某借款人家庭人口三人，向银行借款购置了 300 平方米的住房。还贷期间，出现断供。银行贷后调查中，发现这是借款人唯一住房。请分析，在不违背国家有关规定的情况下银行应如何处置？

观看录像：老赖现形记

（http：//tv. cntv. cn/video/C10331/44ac94cff92d45f398b49f8357ef95d8）

分析，银行和法院的处置是否合适？

5. 借款人“断供”风险

个人住房贷款贷后检查表（见表 6－36）

表 6－36　　个人住房贷款贷后检查表

<table>
<tr><td>借款人</td><td></td><td>借款时间</td><td colspan="3"></td></tr>
<tr><td>贷款金额（万元）</td><td></td><td>贷款余额（万元</td><td></td><td>发放时间</td><td></td></tr>
<tr><td rowspan="2">贷款形态</td><td>正常□</td><td></td><td></td><td rowspan="2">检查方式</td><td></td></tr>
<tr><td>违约□</td><td>违约期数（月）</td><td></td><td></td></tr>
<tr><td colspan="6">贷款人及贷款重大变化情况：
1. 借款人有违法违纪等不良贷款行为，受到法律、信用证、经济制裁或处罚。□
2. 借款人职业处于不稳定状态，收入明显下降。□
3. 借款人健康状况恶化或遭受重大人身伤害，丧失或部分丧失劳动能力。□
4. 借款人死亡，宣告死亡或丧失民事行为能力，且无合法继承人、受遗赠人或法定继承人，受遗赠人拒绝履行合同。□
5. 借款人有套取银行资金的行为。□
6. 借款人或抵押人未经贷款人同意，擅自将设定抵押权或质权的财产或权益拆迁、出租、出售、转让或重复抵押。□
7. 借款人拒绝贷款人的贷后检查或提供虚假材料、信息。□
8. 借款人居所和联系方式变动，贷款人不能有效判断借款人及贷款有关情况。□
9. 因抵押物贬值、抵押物趋于或低于贷款金额及抵押权益受到损害。□
10. 期房项目未按正常进度完工或未在约定时间内办妥房地产权证。□
11. 保证人资格及能力出现问题。□
12. 新法律、法规实施使借款合同及相关合同存在法律方面的缺陷和问题。□
13. 贷款手续及信贷档案不齐全，重要文件或凭证遗失，对债权时限有实质性影响。□
14. 贷款人已要求履行保证、保险责任及诉诸法律的借款案由。□
15. 其他。□</td></tr>
</table>

二、个人住房公积金贷款

1. 贷款期限

公积金贷款期限一般不超过借款人法定退休年龄内的剩余工龄，特殊情况下可延长至退休后的 5 年，且最长期限不超过 30 年。

2. 贷款利率

公积金贷款利率按照国家规定的公积金贷款利率执行。小于商业贷款利率。

3. 担保方式

三种方式：抵押、质押、保证。

实践中常见的是：住房置业担保公司所提供的连带责任担保。

4. 职责分工和操作模式

（1）职责分工（见图6－14）。

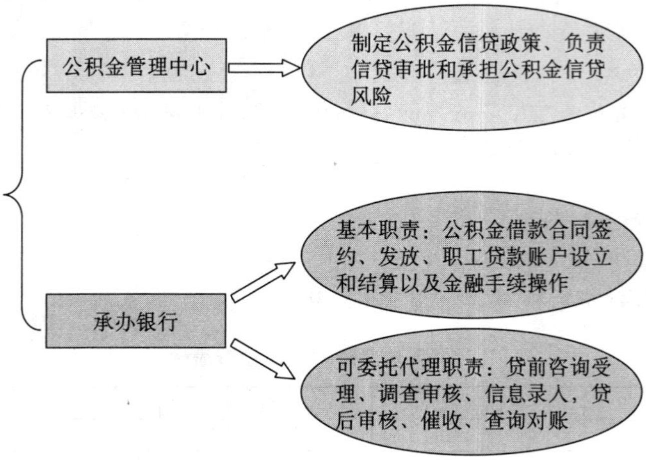

图6－14 职责分工

（2）操作模式（见图6－15）。

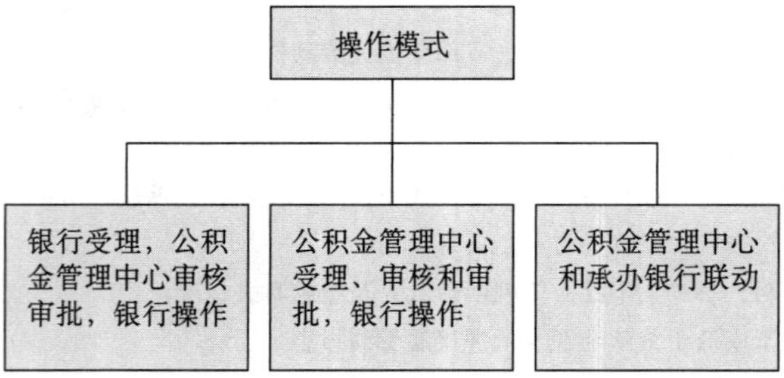

图6－15 操作模式

5. 公积金个人住房贷款与商业银行自营性个人住房贷款的区别（见表6－37）

表6－37

区别	公积金个人住房贷款	商业银行自营性个人住房贷款
承担风险的主体不同	公积金管理中心	商业银行
资金来源不同	公积金管理部门归集的住房公积金	银行自有信贷资金
贷款对象不同	住房公积金缴存人	符合相关条件的自然人
贷款利率不同	相对较低	相对较高
审批主体不同	各地方公积金管理中心	商业银行

■ 产品配置要求

（以银行受理操作模式为例）

（一）申请及受理

1. 提交额外资料

（1）住房公积金缴存卡（证）。

（2）住房认购书、购房合同或装修合同。

（3）首付款发票。

（4）住房公积金借款申请表（见表6－38）。

表6－38　住房公积金借款申请表

（一）申请人基本情况										
申请人姓名（A）		性别		出生年月		婚姻状况		联系电话	家庭	
有效身份证件类型		证件号码							单位	
户口所在地									手机	
现住址									邮编	
现工作单位及部门				现单位工作年限					已工作年限	
单位地址									邮编	
单位性质	按行政关系来源性质分类			按所有制分类			按单位性质分类			
职务				职称						
学历				毕业学校						
工作履历填写近3年工作变化	单位名称			工作时间			主管业务		职位	
				自　年　月至　年　月						
				自　年　月至　年　月						
				自　年　月至　年　月						
月均收入　元	其中：1. 工资收入（税前）　元　2. 奖金津贴补贴　元　3. 兼职收入　元									
单位登记号				个人登记号			是否作信用评估		是	
（二）拟购房情况										
所购房屋地址	区　小区（项目）									
	具体购房地址（以购房合同所载地址为准）：									

续表

房屋所有权证所载地址							
所购房屋性质							
购房首付款（元）		房屋总价（元）		建筑面积（M^2）		单价（元/M^2）	
				套内面积（M^2）		单价（元/M^2）	
售房人	名称			电话			
	地址						
拟交房日期		购房合同编号		房屋所有权证编号	字第　　号		
（三）家庭财务情况（申请人夫妻共有财产和负债）							
财产总额	元	其中：	1. 银行存款　元 3. 股票现值　元	2. 有价证券　元 4. 其他财产　元			
月均支出	元	其中：	1. 生活费　元 4. 房租　元	2. 子女教育　元 5. 税金　元	3. 赡养费　元 6. 其他　元		
家庭负债情况	元	其中：1. 贷款　元　2. 私人借款　元　3. 其他　元					
财产抵押情况	无	是否拥有个人产权住房	否	是否租赁公有住房	否		
现住房产权人	单位	与申请人（A）关系	其他				
（四）拟借款情况							
拟申请住房公积金借款金额	（大写）　元（小写）　元	借款期限	年				
是否组合贷款		组合贷款中商贷金额	（大写）　元（小写）　元				
借款人拟提供担保情况	○××市住房贷款担保中心连带责任保证　○抵押担保　○质押担保 ○抵押加保险　○抵押加连带责任保证　○连带责任保证						
还款方式	○自由还款方式						
申请人（A）签名：　申请人（B）签名：　申请人（C）签名： 年　月　日							

2. 初审

根据委托协议，银行对借款人是否符合贷款条件，提供资料是否完整、有效，以及提供的担保是否合法、安全、可靠等进行初审，提出初审意见，将公积金借款申请资料一并报送当地住房公积金管理中心。

小贴士

如果在“住房公积金管理中心住房公积金贷款借款申请表”选择住房贷款担保中心连带责任保证，则借款人需要向该中心申请出具保证书，提交资料与“申请及受理”环节的要求基本一致。

（二）资金划账

住房公积金管理中心审批通过后，向银行出具“委托贷款发放通知书”，将委托资金划入在银行开立的委托贷款基金账户。

（三）签约发放

根据委托协议，银行依据住房公积金管理中心书面通知，与借款人签订借款合同和担保合同，落实贷款担保、办理抵（质）押手续后，为借款人建立贷款账户和办理贷款资金划付手续，向借款人出具借款回单，及时向住房公积金管理中心报送贷款发放明细资料。

业务二 个人教育贷款

任务描述

1. 了解个人教育贷款的品种
2. 掌握个人教育贷款产品的配置要求

PPT：个人教育贷款

业务描述

根据各项个人教育贷款的基本规定及客户情况，为客户配置合适的贷款品种。

知识准备

个人教育贷款品种

一、国家助学贷款

由银行向客户发放的由中央财政或地方财政贴息，用于借款人本人或直系亲属、法定被监护人在国内高等学校就读全日制本、专科或研究生所需学杂费和生活费用的助学贷款。

（一）用途

帮助高校家庭经济困难学生支付在校学习期间所需的学费、住宿费及生活费的银行贷款。

（二）类型

1. 生源地助学贷款

由学生或其合法监护人，向家庭所在地的农村信用社、银行等金融机构申请办理。

2. 高校助学贷款

向就读高校办理的助学贷款。

（三）贷款对象

中华人民共和国（不含香港特别行政区、澳门特别行政区和台湾地区）普通高等学校中家庭经济困难的全日制本专科生（含高职生）、第二学士学位学生和研究生。

（四）还款期限

贷款学生应在毕业后1—2年内开始偿还贷款本金，6年内还清贷款本息。国家鼓励毕业后收入较好的贷款学生提前还清贷款本息。2004年8月份以前签订的贷款合同（包括毕业生还款协议），一般规定贷款学生在毕业后四年内还清贷款本息。

（五）贷款利率

国家助学贷款利率按照中国人民银行公布的法定贷款利率和国家有关利率政策执行。贷款学生在校学习期间的助学贷款利息全部由财政补贴，并由有关部门直接支付给经办银行，贷款学生毕业后的利息由贷款学生本人全额支付。2004年8月份以前签订贷款合同的学生，其在校学习期间以及毕业后到最终还款前的利息，一半由财政负担，一半由学生本人负担。

（六）合作院校管理

（1）国家助学贷款的合作院校和经办机构范围由一级（直属）分行确定，并报总行（信贷管理部）备案。与国家助学贷款合作院校的协议由二级分行（含）以上机构签订，对未按规定与二级分行（含）以上机构签订合作协议的院校，各经办机构不得向其学生发放国家助学贷款。

（2）在校学生申请国家助学贷款的，要由商业银行认可的介绍人推荐。介绍人原则上应为借款人所属院校的学生处负责人或工作人员。介绍人应协助贷款经办行做好以下工作：

①选择符合条件的借款人，组织借款人填写申请审批表、借款合同和借据等资料，出具推荐信，并在推荐信、申请审批表、借款合同和成绩单上签字盖章；

②开具借款人学习期间所需学杂费与生活费用的证明；

③借款人在校期间出现休学、转学、出国留学或定居、退学、被开除、伤残、死亡、失踪等情况的，及时通知贷款经办行，并协助贷款经办行采取相应的债权保护措施；

④借款人毕业离校前，将借款人的毕业去向、就业单位名称、居住地址和联系电话等信息以书面形式告知贷款经办行。并协助贷款经办行与借款人签署补充协议；

⑤建立和管理借款人的居住地址和有效联系方式等有关档案资料；

⑥国家助学贷款合作协议中约定的其他有关事宜。

（3）在校学生申请国家助学贷款时，要提供一名银行认可的见证人。见证人原则上应为借款人的班主任、专职辅导员或系主任。见证人应协助贷款经办行做好以下工作：

①向贷款经办行提供见证人本人的身份证和工作证；

②向贷款经办行证明借款人的身份；

③协助介绍人和贷款经办行全面了解借款人情况，包括借款人家庭主要成员的单位、经济状况、居住地址、联系电话，以及借款人居住地址、联系电话等；

④在申请审批表和借款合同上签字盖章；

⑤在借款人未偿清贷款本息前与其保持联系，并以书面形式及时向贷款经办行提供借款人的最新去向及有效联系方式；

⑥敦促借款人履行按时还款义务。

二、商业助学贷款

贷款人向借款人发放的用于借款人本人或其法定被监护人就读国内小学、中学、普通高校及攻读硕士、博士等学位或已获批准在境外就读中学、大学及攻读硕士、博士等学位所需学杂费用和生活费用（包括出国的路费）的一种人民币贷款及外汇贷款。

■ 产品配置要求

（一）国家助学贷款受理申请

1. 资格审核

申请国家助学贷款应具备以下基本条件：

（1）家庭经济困难的本专科生（含高职生）、第二学士学位学生和研究生；

（2）具有中华人民共和国国籍，年满 16 周岁的需持有中华人民共和国居民身份证；

（3）具有完全民事行为能力（未成年人申请国家助学贷款须由其法定监护人书面同意）；

（4）诚实守信，遵纪守法，无违法违纪行为；

（5）学习努力，能够正常完成学业；

（6）因家庭经济困难，本人及其家庭所能筹集到的资金，不足以支付其学习期间的学习和生活基本费用；

（7）有合适的介绍人和见证人（老师或同学）；

（8）生源地助学贷款申请条件同上并附加一条。

学生本人入学前户籍、其父母（或其他法定监护人）户籍均在本县（市、区）。

2. 提交材料

国家助学贷款受理工作由借款人所在学校负责。由借款人向其所在学校指定部门提出申请，由其所在学校收齐借款人申请资料，并确认借款人所提供资料的真实性后，将贷款申请资料和学校的审核意见一并交贷款经办行。要求提供的材料：

（1）国家助学贷款申请表（见表6－39）。

表6－39　　国家助学贷款申请表

<table>
<tr><td>借款人姓名</td><td colspan="2"></td><td>性别</td><td colspan="2">□男　□女</td><td>出生年月</td><td>年　月</td></tr>
<tr><td>学院</td><td colspan="2"></td><td>专业</td><td></td><td>学制</td><td>学号</td><td></td></tr>
<tr><td>户籍所在地</td><td colspan="5"></td><td>邮政编码</td><td></td></tr>
<tr><td>家庭居住地</td><td colspan="5"></td><td>邮政编码</td><td></td></tr>
<tr><td>身份证号码</td><td colspan="5"></td><td>家庭电话</td><td></td></tr>
<tr><td>家庭人口</td><td colspan="2"></td><td>家庭月收入</td><td></td><td colspan="2">家庭人均月收入</td><td></td></tr>
<tr><td rowspan="6">家庭成员及其经济收入情况</td><td>称谓</td><td>姓名</td><td>年龄</td><td>身份证号码</td><td>职业</td><td>工作单位</td><td>月收入</td></tr>
<tr><td></td><td></td><td></td><td></td><td></td><td></td><td></td></tr>
<tr><td></td><td></td><td></td><td></td><td></td><td></td><td></td></tr>
<tr><td></td><td></td><td></td><td></td><td></td><td></td><td></td></tr>
<tr><td></td><td></td><td></td><td></td><td></td><td></td><td></td></tr>
<tr><td></td><td></td><td></td><td></td><td></td><td></td><td></td></tr>
<tr><td>家庭经济困难概况</td><td colspan="7"></td></tr>
<tr><td>高考成绩</td><td colspan="7"></td></tr>
<tr><td>申请贷款类型</td><td colspan="7">□学费贷款　□生活费贷款</td></tr>
<tr><td>申请贷款金额</td><td colspan="7">总额＿＿＿元　其中：学费贷款＿＿＿元　生活费贷款＿＿＿元
（按现行政策规定，学生通过申请国家助学贷款，每人每学年最高不超过6 000元贷款数额。）</td></tr>
<tr><td>贷款期限</td><td colspan="7">贷款：＿＿＿个月　自＿＿＿年＿＿月至＿＿＿年＿＿月＿＿
（国家助学贷款的期限一般不超过八年。国家助学贷款利率按中国人民银行规定的同期利率执行，不上浮。现行年利率为：三至五年（含）：5.58%，五年以上：5.76%。）</td></tr>
<tr><td>申请贷款年度</td><td colspan="7">200＿＿—200＿＿学年　200＿＿—200＿＿学年　200＿＿—200＿＿学年</td></tr>
<tr><td colspan="8">本人保证以上填写内容真实无误，严格遵守国家、经办银行以及国家助学贷款的各项规定，承诺正确使用所贷款项并按规定履行还款义务。
借款申请人：　　　年　　月　　日</td></tr>
<tr><td colspan="8">学院审核意见
（签章）：</td></tr>
</table>

（2）本人学生证和身份证复印件（未成年人须提供法定监护人的有效身份证明和书面同意申请贷款明）。

（3）本人对家庭经济困难情况说明。

（4）乡、镇、街道民政部门和县级教育行政部门关于其家庭经济困难的证明。学生本人对其提供证明材料真实性承担法律责任，见表6－40。

表 6－40

学生家庭经济困难证明

系：________ 专业：________

学生本人基本情况	姓名		性别		出生年月		民族
	身份证号码		政治面貌		入学前户口	□城镇□农村	
	家庭人口数		毕业学校		个人特长		
	孤残	□是□否	单亲		烈士子女	□是□否	
家庭通信信息	详细通信地址						
	邮政编码		联系电话		（区号）—		
家庭成员情况	姓名	年龄	与学生关系	工作（学习）单位	职业	家庭人均年收入（元）	健康状况
影响家庭经济状况有关信息	学生家庭遭受自然灾害、突发意外事件、家庭成员因残疾、年迈而劳动能力弱、家庭成员失业、家庭欠债等情况的说明： （注：可另附详细情况说明）						
学生家庭所在地（居）委会意见	单位意见： （加盖公章） ____年____月____日 联系电话：						
家庭所在地乡镇或街道民政部门意见	单位意见： （加盖公章） ____年____月____日 联系电话：		学生家庭所在地县（区）民政部门意见		单位意见： （加盖公章） ____年____月____日 联系电话：		

（5）见证人承诺书 6－41。

表 6－41

见证人承诺书

××商业银行××分行

编号

我自愿成为助学贷款学生　　　　，共同借款人　　　　　　的诚信见证人，并承诺履行以下职责：

一、协助介绍人全面、详实了解借款学生及共同借款人家庭经济的有关情况。

二、保持与借款学生及共同借款人联系，及时、准确地反馈借款人家庭经济变化情况；及时、准确地向贵行提供借款人的最新有效通讯联系方式，或工作单位、住址。

三、协助县资助办督促借款人按期还本付息。

如借款人不能按期还本付息，本人不承担连带还款责任。

见证人：签名

与借款人关系：

工作单位及职务：

身份证号：

联系电话：

年　月　日

（6）入学新生还须提供入学通知书；

（7）学校学费证明；

（8）银行或学校要求提供的其他证明文件和资料。

3. 学校初审

学校机构对学生提交的国家助学贷款申请材料进行资格审查，对其完整性、真实性、合法性负责，初审工作将在收到学生贷款申请后20个工作日内完成。

此项工作完成后，学校机构进行为期5天的公示，并对有问题的申请进行纠正。

初审工作无误后，学校机构在10个工作日内，在审查合格的贷款申请书上加盖公章予以确认，将审查结果通知学生，将调查资料提交经办行。

（二）国家助学贷款发放

国家助学贷款实行一次申请、一次授信、分期发放的方式，即学生可以与银行一次签订多个学年的贷款合同，但银行要分年发放。一个学年内的学费、住宿费贷款，银行应一次性发放；一个学年内的生活费贷款，银行（或学校）按10个月逐月发放给学生。

小贴士

贷款学生有下列行为之一，银行可以停止发放贷款并清偿贷款本金：

（1）未按合同规定的用途使用贷款的；

（2）有违法乱纪行为，受校方行政处分或有关部门刑事处罚的；

（3）中途退学、被校方开除或取消学籍的；

（4）学习成绩差，无法完成学业的；

（5）出国留学或定居的；

（6）被宣告失踪、死亡、丧失完全民事行为能力或劳动能力的。

（三）国家助学贷款偿还

（1）毕业离校60日前，学校会组织借款学生与经办银行办理还款确认手续，经办银行会派人上门服务，为借款学生讲解还款有关事宜，并解答借款学生的咨询。

①借款学生毕业离校前，学校应组织借款学生与经办银行办理还款确认手续，制订还款计划，签订还款协议。借款学生与经办银行办理上述手续后，学校方可为其办理毕业手续。

②对于毕业后当年继续攻读学位的借款学生，要在毕业前向原所在学校提出展期申请，并提供继续攻读学位的相关证明。原所在学校审核通过后，由原经办银行为其办理展期手续。

（2）借款学生毕业后，自己需全额支付贷款利息。经办银行允许借款学生根据就业和收入水平，自主选择毕业后24个月内的任何一个月起开始偿还贷款本金。具体还贷事宜，由借款学生在办理还款确认手续时向经办银行提出申请，经办银行进行审批。

（3）银行通常为借款学生设计了两种还款方式：等额本息还款法和等额本金还款法。

（4）生源地信用助学贷款的还款期限和还款方式。原则上按全日制本专科学制加10年确定，最长不超过14年。学制超过4年或继续攻读研究生学位、第二学士学位的，相应缩短学生毕业后的还贷期限。学生在校及毕业后两年期间为宽限期，宽限期后由学生和家长（或其他法定监护人）按借款合同约定，按年度分期偿还贷款本金和利息。

（5）国家助学贷款代偿制度。从 2006 年起，中央部门所属普通高等学校中全日制本专科生（含高职）、研究生、第二学士学位的应届毕业生，自愿到西部地区和艰苦边远地区县以下基层单位工作、服务期达到 3 年以上（含 3 年）的学生，实施相应的学费和助学贷款代偿。每个高校毕业生每学年代偿学费和国家助学贷款的金额最高不超过 6 000 元。贷偿所需资金，由中央财政安排。

小贴士

违约的借款学生应承担什么后果？

（1）国家助学贷款的借款学生如未按照与经办银行签订的还款协议约定的期限、数额偿还贷款，经办银行应对其违约还款金额计收罚息。

（2）经办银行会将已毕业学生的个人基本信息和还款情况录入中国人民银行的个人信用信息基础数据库，以供全国各金融机构依法查询。如国家助学贷款毕业学生违约情况严重，将影响其向金融机构申请办理其他个人消费信贷。

（3）按还款协议进入还款期后，对于连续拖欠还款行为严重的借款人，有关行政管理部门和银行将通过新闻媒体和网络等信息渠道公布其姓名、公民身份号码、毕业学校及具体违约行为等信息。

（4）违约人承担相关法律责任。

（四）商业助学贷款

与国家助学贷款不同的是，商业助学贷款更关注确保贷款本息按时偿还的措施，因此，基本要求提供担保，很少发放信用贷款。具体见表 6－42。

表 6－42　　国家助学贷款与商业性助学贷款的区别

	国家助学贷款	一般商业性银行助学贷款
贷款经办机构	中国工商银行、中国农业银行、中国银行、中国建设银行	商业银行和城乡信用社
贷款对象	无力支付学费、住宿费和生活费的全日制本、专科学生（含高职生）、研究生和第二学士学位学生	年满 18 周岁具有完全民事行为能力的在校大学生、研究生
贷款利息	按法定贷款利率执行，国家财政给予 50% 贴息	按法定贷款利率执行
贷款担保	无担保信用贷款	采用保证担保、抵押担保、质押担保等形式；担保人可以为法人也可以为自然人
学校介入程度	学校负责协助经办银行办理	学校一般只负责证明借款学生的学生身份及其在校表现
贷款额度	贷款数额每人每学年最高不超过 6 000 元	一般在 2 000 元至 20 000 元之间力度较大
贷款期限	最长毕业后 4 年内，可展期	各商业银行规定期限不同
贷款减免偿还措施	无	无

业务三 信用卡

任务描述

1. 了解信用卡的品种
2. 掌握信用卡还款计费要求
3. 信用卡产品配置要求

PPT：信用卡

业务描述

1. 根据客户提供资料，进行初审，判断客户是否合法合规。

2. 根据客户消费及取现情况，计算应收取的利息及手续费。

3. 根据各项信用卡的特点、要求及客户情况，为客户配置合适的信用卡产品。

知识准备

一、信用卡类型

（一）按照信用卡信息存储媒介划分

按照信用卡信息存储媒介划分，可以分为磁条卡和芯片卡。

（二）按照信用卡从属关系划分

按照信用卡从属关系划分，可以分为主卡和附属卡。

1. 主卡

发卡机构对于年满一定年龄，具有完全民事行为能力，具有稳定的工作和收入的个人发行的信用卡。

2. 附属卡

主卡持卡人为自己具有完全民事行为能力的父母、配偶、子女或亲友申请的情况下，由发卡机构发放的信用卡。主卡和附属卡共享账户及信用额度，也可由主卡自主限定附属卡的信用卡额度，主卡持卡人对于主卡和附属卡所发生的全部债务承担清偿责任。

（三）按照持卡人信誉地位和资信情况不同划分

按照持卡人信誉地位和资信情况不同划分，可以分为白金卡、金卡和普通卡。

（四）按照信用卡发卡对象不同划分

按照信用卡发卡对象不同划分，可以分为公司卡和个人卡。

（五）按照信用卡使用范围不同划分

按照信用卡使用范围不同划分，可以分为国际卡和国内卡。

（六）按照信用卡账户设置不同划分

按照信用卡账户设置不同划分，可以分为单币卡和双币卡。双币卡就是一张信用卡同时有人民币消费和外币消费两种功能。除其他费用外，各行还收取1%—2%的汇兑手续费。

▣ 产品配置要求

一、申请受理

若首次办卡，需提供资料（参照项目二中的模块二）。

若再次申请该行信用卡，则可简化。

二、银行初审

1. 核实资料

审核身份证明文件复印件、工作证明原件、工资收入证明原件及申请表格填写是否完整。如果证件不足，通知客户补充。

2. 对客户评分（见表6－43）

按照一定的标准对各项目打分，按照合计得分确定是否发卡以及发卡的类别和信用额度（从0—50分，建议拒绝；50分以上80分以下，建议批普卡；80分以上，建议批金卡）。

三、查询

银行用身份证验证系统查询并核实客户身份证资料真伪，在个人征信系统中查询客户有无不良信用记录。

四、电话核实

随机抽取部分客户资料，致电客户本人及所在单位，核实本人信息及单位信息真实性。

表 6－43 信用卡评分表

第一部分　职业、职务分值	
请选择您的职业	请选择小分类 ▼
职业具体描述	选择上面的职业，这里自动显示对应的详细描述。
请选择您的职务	◉ 无职务 ○ 中层管理人员 ○ 高层管理人员
第二部分　收入、资产分值	
年收入	◉ 5万元以下 ○ 5—10万元 ○ 10—20万元 ○ 20万元以上
自有房产价值（无贷款）	◉ 无 ○ 50—100万元 ○ 100万元以上
自有汽车价值（无贷款）	◉ 无 ○ 10—25万元 ○ 25万元以上
该银行存款	◉ 无 ○ 20—50万元 ○ 50万元以上
学历	◉ 无 ○ 大专 ○ 本科 ○ 硕士以上
职称	◉ 无 ○ 初级 ○ 中级 ○ 高级以上
可选	□ 该银行代发工资客户 □ 相关资料填写齐全 □ 该银行员工亲属 □ 该银行有个人贷款且还款信用记录良好客户 □ 该银行重点发展客户
验证码:	6411 [刷新验证码]

五、通过全部信贷审核后，批准发卡或拒绝批卡

六、卡邮寄到持卡人手上，由持卡人按照指定的方法，在电话银行或网上银行激活

小贴士

银行拒绝发卡原因，主要有：

（1）客户评分不足；（2）个人信用记录；（3）其他原因：提交文件不全，未提供永久住宅地址，未提供本人或直系亲属或兄弟姐妹的固定住宅电话，未提供单位电话，超过要求（补件）的时间，收入/工作证明/财产证明文件不符要求，漏接征信电话等、未在申请表上签名等。

银行客服不会告知客户被拒原因，也不会退还申请资料给本人。此为行业规范，只能说综合评分不足。

七、透支消费及取现

八、还款

（一）透支消费还款

1. 若在免息期内还款

可享受免息还款期待遇，无须支付账单日前一个月内发生的，自记账日至还款日期间的透支利息。即免还利息，仅还消费金额。

专业术语解释：

（1）账单日。银行打印对账单的日子（每月最后一个工作日或银行自动分配）。

（2）还款日。免息还款的最后一天、结单日后20天或固定的一天。

（3）免息期。从消费日起至到期还款日的期间。

解析

边学边做

中国银行信用卡的账单日是随机安排的，假设某位客户的账单日为每月的6日，还款日是账单日之后的第20天，即每月26日。

请分析以下日期消费的免息期：6月2日消费；6月3日消费；6月10日消费；7月6日消费。

想一想

在每个月的哪天消费，可以享受最长免息期？

2. 若超过免息期，银行收取相关费用

（1）利息。目前我国信用卡计息方式分两种，一种是全额罚息，一种是未清偿部分计息。全额罚息是指在还款日后，无论当月信用卡是否产生了部分还款，只要未足额还款，发卡行都会对持卡人按照总消费金额计息。其计算公式为：

所用款项从记账日起至还款日止的透支利息 + 未还部分从还款日至账单日利息。

解析

边学边做

假如某持卡人在 2013 年 3 月 8 日消费 8 000 元，账单日每月 7 日，还款日每月 25 日，在 4 月 25 日还款日只还了 7 999 元，少还了 1 元。

基于上述两种计息方式，请计算在账单日客户应还多少利息？

（2）滞纳金。各行滞纳金规定不一。例如，招行信用卡的滞纳金为最低还款金额未还足部分的 5% 且 10 元起步。

边学边做

假设某客户信用卡透支 3 000 元，最低还款额是 370 元，还了 70 元。应缴纳多少滞纳金?

（二）信用卡分期付款还款

（1）对申请分期付款，各行一般都有最低消费额。如 500—1 600 元不等。

（2）部分银行利息可免。

（3）手续费则一般不免。各行不同，一般在每期 0.5%—0.8%，分期收或一次性收取。

边学边做

小张购买一件 3 万元商品，申请 12 个月分期，A 和 B 银行手续费率分别为 0.72% 和 0.5%。请分别计算两家银行的手续费? 将计算结果折算成一年期年贷款利率，你会得到什么启示?

（三）信用卡透支取现还款

费用包括：包括手续费、预借现金利息、手续费利息三笔费用。

（1）各银行间手续费不同。但如果跨行取现，则会另外收费。

（2）银行的每日借款利息均为万分之五。

边学边做

小王从 A 银行信用卡取现 2 000 元，借款 50 天，假定手续费为 3%。请计算小王支付的手续费及利息费用。

解析

想一想

信用卡的收费共有多少种？

解析

知识要点

1. 个人住房贷款品种
2. 个人教育贷款品种
3. 信用卡品种
4. 各项个人贷款产品的配置要求

操作要点

根据各项个人贷款产品的基本规定及客户情况，为客户配置适合的贷款品种。

推荐阅读

问题讨论

1. 上网查找北京“森豪公寓”虚假按揭骗贷款案，分析银行受损原因。

2. 上网查找各家银行信用卡类型，以某家银行为例，分析各类信用卡的适用对象。

解析

实训

1. 根据你某个亲朋好友目前的情况，填制信用卡评分表，判断其是否符合银行信用卡客户的要求？

2. 对自己毕业五年后的情况做个预测，将预测情况填入到个人住房借款人资信评估表，判断自己是否符合借款要求？

7 项目七 撰写贷前调查报告

学习目标

知识学习目标：

1. 了解公司贷款调查报告的撰写要求，掌握贷前调查报告的主要撰写内容。
2. 了解个人贷款调查报告的撰写要求，掌握贷前调查报告的主要撰写内容。

技能训练目标：

根据贷款调查报告的撰写要求，结合调查情况，撰写贷款调查报告。

工作任务

应完成的工作任务：

1. 根据公司贷款调查报告的撰写要求，结合调查情况，撰写公司贷款调查报告。
2. 根据个人贷款调查报告的撰写要求，结合调查情况，撰写公司贷款调查报告。

完成工作任务应提交的标志性成果：

撰写公司贷款贷前调查报告：公司贷款贷前调查报告。

撰写个人贷款贷前调查报告：个人贷款贷前调查报告。

PPT：撰写公司贷前调查报告

模块一
撰写公司贷款贷前调查报告

业务一　流动资金贷款

任务描述

1. 了解公司贷款调查报告的撰写要求。
2. 了解贷前调查报告的构成。
3. 掌握贷前调查报告的主要撰写内容。

☞ 业务描述

根据调查情况，撰写公司贷款调查报告。

业务操作一　了解贷前调查报告的撰写要求

一、报告要始终围绕主题来写

贷款申请审批报告的主题就是贷款的可行性及这笔贷款的金额、期限、利率确定的合理性。与主题关系密切的方面写深写透，要有数据、有情况、有分析、有问题、有意见、有结论；与主题关系不密切的情况尽量不写。

二、报告要突出重点

一篇好的贷款申请审批报告篇幅不一定长，关键是能抓住重点。

（1）企业资本情况。要把该企业的资本构成、主要投资者、投资比例、资本到位情况以及企业有无虚假验资或抽逃资本现象等写出来。通过这些情况的介绍，企业的资本构成及真实情况就可一目了然。而非仅一句“注册资本××万元”，其他有关情况不做介绍。如果该企业资本构成情况、谁是最大的股东、注册资本是否真实都不清楚，审批贷款的有关部门就无法判断决策。

（2）企业资产情况。在写企业的资产情况时，不能照搬企业的报表数字，必须把企业的真实净资产搞清楚，要把应提未提、应摊未摊的费用，两年以上的应收账款、库存积压物资等等影响企业净资产的因素剔除，在此基础上计算出企业的资产负债率及其他有关指标。这样才能反映企业的真实资产负债情况。

（3）由于贷款对象、贷款种类、贷款方式以及贷款项目的不同，调查报告突出的重点也不可能相同。如：为一个老企业申请更新改造贷款，除全面介绍有关情况外，要重点抓住更新改造后产品的产量、质量有多大的提高，给企业带来多大经济效益等，来说明贷款的可行性。如果贷款户是个专营店或代理商，则应重点介绍其营销策略和专营、代理商品的市场情况。

三、调查是写好报告的基础

报告必须在调查研究的基础上实事求是地反映客观情况，避免用“大概”“可能”“数十万”等含糊词汇，或“如果……就……”等假设词语。要尽量多地掌握第一手材料，对转引的第二手材料要认真核实后再使用。

四、调查报告要一分为二

既要写成绩，也要写问题；既要写优势，也要写劣势。再好的企业也存在问题，再好的项目也存在风险。如：企业管理当中还存在哪些漏洞，担保抵押还有哪些问题，所有这些问题的存在对这笔贷款有什么影响，应采取什么防范措施等等，都要分析透彻。这样，才能为贷款发放、贷款管理、贷款收回打好基础，更好地规避风险。

五、语言平实，结构通畅

调查报告的语言应平实、简明，应尽量不用或少用文学语言。

业务操作二　了解贷前调查报告的构成

调查报告主要由标题、正文、尾部三部分组成。

（1）标题公文式标题，即开头冠以“关于……”为起语，如“关于××公司申请流动资金贷款100万元的调查报告”。标题的拟制要求简介、扼要、清楚、明了，使人一看即能把握调查的对象是什么。

（2）正文部分主要写明调查的内容，这是该报告的重点部分。

（3）尾部主要写明两项内容：一是调查人的书名，二是制作的年、月。

业务操作三 掌握贷前调查报告的主要内容

一、企业基本情况

企业概况主要包括企业名称、法人代表、企业性质（国有、集体、股份、私营等)、法定地址、注册资金总额、股份的主要构成、生产经营范围、经济核算形式、成立时间、所属行业、职工人数、演变过程、老企业名称、收购（拍卖、转让)、总价格(其中出资现金金额)、债务转让金额等，属关联企业的还要说明关联企业的有关情况。

二、经营和财务状况

（1）经营情况。企业规模、主营项目、主导产品的产销情况、市场占有率、在同行业中的地位和发展前景等。

（2）财务状况。①近三年主要财务数据及财务指标；②货款回笼情况；③水电水费交纳情况。

三、银行融资及信用状况

银行融资及信用状况主要包括企业的开户情况、信用记录。

四、融资用途

融资用途应包括企业申请贷款的原因、用途和用款计划，是否符合国家有关政策和银行信贷政策，市场前景如何，预计效益如何，自有资金多少，尚缺资金多少，多长时能收回成本，什么时间能还清贷款等。

五、担保分析

属于抵押担保的贷款应写清抵押物的名称、所在具体地点、权属情况、租赁情况、数量和质量状况、评估价值、价值是否稳定、变现能力等。属于保证担保方式的贷款应写清保证担保人基本情况（同借款人基本情况)、资产负债状况，分析评估担保资格、保证人的代偿能力、担保人的资金来源等。

六、效益分析

效益分析包括给银行带来的利息收入、相关存款、手续费用收入及其他收益（包括与借款人相关的其他客户的开发、社会知名度的扩大等)。

七、调查结论

调查人要在进行调查基础上，总体评价企业的“现金流量，财务、偿还、管理状况”，结合借款用途、还款来源和计划、借款项目的自筹资金到位情况明确以下事项：

①贷与不贷；②贷款方式；③贷款金额；④贷款期限；⑤贷款利率；⑥还款方式等。

八、调查人签名

贷前调查必须由两名以上信贷员参加，调查报告要有两名以上贷款调查人签名，并写清调查时间。

业务操作四　资料上传及移交

经初步判断符合贷款条件的，受理人应将贷款调查报告电子版、所有收齐的资料及拍摄的照片的电子影像信息上传至处理中心，做审查审批的参考；将纸质材料交与文书档案部门。如不符合条件，将申请资料退还借款申请人，并向借款申请人说明情况。

工作实例

关于××市达胜经贸有限公司2019年度评级授信及200万元循环贷款的调查报告

中国建设银行××省行授信审批部××市分部：

××市达胜经贸有限公司（以下简称达胜公司）向我行申请循环贷款200万元，购买汽车起重机及配件用以销售，循环使用期限两年，利率执行实际借据期限对应基准利率上浮15%，按贷款金额的0.5%收取年承诺费，以张××个人商服及其土地使用权作抵押。我部对此进行了调查，现将评级、授信、贷款情况报告如下：

一、企业基本情况

达胜公司是于2019年11月15日经××市工商行政管理局××分局注册登记的民营企业，法人代表是张××，公司位于××市××区××园区，注册资本500万元，其中：股东张××以货币资金形式出资450万元，占注册资本90%；股东巍××以货币资金形式出资50万元，占注册资本10%。该公司属于批发零售行业中型企业，主要经营范围为机械设备及配件、金属材料（不含有色金属）、建筑材料、化工产品（不含危险品及剧毒品）、汽车（不含小轿车）、井下工具、水暖配件、装潢材料、汽车配件、工程机械设备租赁。公司符合我行小企业贷款准入标准。

法人代表张××，大学本科学历，有13年的行业从业和管理经验。我行通过特别关注客户信息系统及人行征信管理系统对其企业、个人信用状况进行查询，报告显示该企业及全部股东信用状况正常，无任何不良信用记录。

达胜公司财务管理较规范，现有员工36人，公司下设销售部、售后服务部、财务部、备件部、人事部、风险控制部6个部门。

二、经营和财务状况

（一）经营情况

达胜公司成立于2014年，以销售汽车起重机及配件为主，以销售五金材料、建筑材料、水暖配件、汽车及汽车配件为辅，为××重工科技发展股份有限公司工程起重机分公司签约经销商，是××重工科技在该区域唯一指定特约经销商。公司拥有销售部2处，配件仓库3处，产品销售以油田为主，辐射周边地区，正致力于发展成为××重工科技××省总代理。

（二）财务状况

主要财务数据及财务指标见表7-1、表7-2。

表7-1　资产负债表

单位：万元

项　目	2017年末	2018年末	2019年7月
一、资产总额	478	744	600
1. 流动资产	478	743.34	600
货币资金	136	231	154
存货	296	300	273
应收账款	41	207	155
预付账款	5.3	5	18
二、负债总额	159	99	74
1. 流动负债	159	98	73
应付账款	148	88	71
应付福利费	5	5	5
应交税金	6	5	-3
三、所有者权益	320	645	526
四、主营业务收入	955	3 882	2 420
五、利润总额	120	445	326

表7-2　财务指标表

评价项目		2017年年末	2018年年末	2019年7月	行业平均值
营运能力	流动资产周转率（次）	2.19	6.35	3.60	5.10
	应收账款周转率（次）	15.66	31.31	13.37	16.01
盈利能力	销售利润率（%）	15.81	13.37	16.19	12.76
偿债能力	资产负债率（%）	33.19	13.31	12.33	50.95
	流动比率（%）	301.30	751.31	811.03	140.74
	速动比率（%）	115.09	448.48	441.89	112.31
发展能力	销售增长率（%）	-12.06	306.49	-37.66	12.66
	总资产增长率（%）	22.51	55.32	-19.35	11.88

（1）2018年年末，该公司资产总额743.43万元，较上年增加265万元，全部为流动资产，其中：①货币资金231万元，较上年增加95万元，全部为银行存款；②应收账款207.34万元，较上年增加166万元，应收A油田有限责任公司第四采油厂起重机款61.6万元，应收B油田有限责任公司第六采油厂起重机款14.17万元，应收B油田有限责任公司第一采油厂起重款89.7万元，应收胜利油田物资集团起重机款41.9万元；③存货300万元，较上年增加4万元，主要包括汽车起重机一台250万元，起重机配件50万元；④预付账款5万元，较上年减少0.3万元，为预付××汽车维修有限公司2万元配件款，预付××汽配商店3万元配件款。

负债总额98万元，较上年减少60万元，全部为流动负债。其中：应付账款88万元，较上年减少60万元，包括应付××重工科技股份有限公司工程起重机分公司起重机款57万元，应付××中联重科专用车有限责任公司起重机款31万元；

所有者权益645万元，较上年增加325万元，其中实收资本200万元，较年初无变化；未分配利润445万元，较上年增加325万元，为净利润转入。

2018年，实现主营业务收入3 882万元，较上年增加2 927万元，实现利润总额445万元，较上年增加325万元，主要是公司对个人客户销售的起重机增加。

（2）截至2018年末，该公司资产负债率14.08%，优于行业平均值，流动比率751.31%，优于行业平均值，速动比率219.08%，优于行业平均值，表明企业具有较强的偿债能力；销售利润率22.1%，优于行业平均值，表明企业的获利能力较强。

（3）截至2019年7月末，该公司资产总额600万元，全部为流动资产，较年初减少144万元，原因是：①货币资金154万元，较年初减少77万元，公司付起重机款使得银行存款减少；②存货273万元，较年初减少27万元，为库存售出；③应收账款为155万元，较年初减少52万元，为收回上年的应收账款。负债总额74万元，全部是流动负债，较年初减少24万元，原因是：①应付账款71万元，较年初减少17万元，主要为偿还××重工科技起重机款；②应交税金-3万元，较年初减少8万元，为进项税抵扣。③预收账款1万元，较年初增加1万元，为预收配件款。所有者权益526万元，较年初减少119万元，其中实收资本200万，无增减变化；未分配利润326万元，较年初减少119万元，为该公司进行利润分配。

截至2019年7月末，本期实现销售收入2 420万元，较上年同期增加了509万元，实现利润326万元，较上年同期增加了155万元，主要是因为公司进一步加大了对个人客户的销售规模。

（三）货款回笼情况

截至2019年7月末，该公司前12个月实现销售收入4 391万元，经查阅该公司在农业银行的对账单，前12个月销售归行463万元，查阅法人张

××个人农行卡的银行对账单，前12个月销售归行174万元，合计归行637万元，销售归行率14.51%。企业已向我行承诺，贷款期内，销售货款通过我行账户结算，结算金额不低于400万元。企业有一定的现金流量，并能够满足偿还我行贷款。

（四）水电税费缴纳情况

2018年，达胜公司全年缴纳各项税款6万元，较上年增加0.2万元，电费1.5万元，较上年增加0.08万元，水费1万元，0.04较上年增加万元。企业无拖欠税款及水电费情况，说明企业经营正常，销售收入稳定。

三、银行融资及信用状况

达胜公司在农业银行支行开立基本存款账户。在交通银行支行开立一般存款账户。达胜公司2019在交通银行的信用等级为A－级。获得交通银行授信额度为200万元。截至调查日，该公司无融资，无对外担保情况，无不良信用记录，且非我行2019年6月份违约企业及其关联企业名单关联客户。

四、融资用途

达胜公司2019年2月9日与××重工科技发展股份有限公司工程起重机分公司签订经销协议书，协议规定汽车起重机销售额任务目标为3 000万元、销售量任务目标为25台，备件销售目标为80万元。为完成代理协议，达胜公司需购进××重工科技起重机4台，合计金额300.5万元，现自有资金100.5万元，资金缺口200万元，因此向我行申请贷款，借款用途合理。

五、担保方式

该笔贷款以张××的个人商服及其土地使用权作抵押，抵押物位于××区工业开发小区。该抵押物建筑面积900平方米，2019年5月18日经××房地产估价有限公司进行评估，评估价值310.11万元，我行通过内评确定该评估对象于估价时点（2019年5月24日）的总价为310.11万元。根据内部评估结果，抵押率为64.50%。经调查，该抵押物目前无对外出租，处于闲置状态。

六、收益分析

该笔贷款循环使用期限两年，拟执行实际借据期限对应基准利率上浮15%，按贷款金额的0.5%收取年承诺费。符合我行中型企业贷款定价的原则及贷款浮动定价标准。

七、调查意见

（一）评级调查意见

达胜公司属于中型零售业，根据我行《信用等级评定办法》，对其2019年度信用等级进行了评定，我行申请评定其2019年度信用等级为A级。

（二）贷款调查意见

经调查，达胜公司财务经营状况良好，第一还款来源充足；抵押物权属清晰，价值充足有效，变现能力较强；企业无不良信用记录，借款用途合理，我行贷款风险较小。因此，同意为达胜公司发放循环贷款200万元，循环使用期限2年，以张××个人商服及其土地使用权作抵押，执行实际借据期限对应基准利率上浮15%。

信贷员：××× ××× 经理：×××

中国建设银行××分行公司业务部

2019年8月20日

PPT：撰写个人贷款贷前调查报告

模块二
撰写个人贷款贷前调查报告

任务描述

1. 掌握自然人消费贷款调查报告的主要撰写内容。
2. 掌握个体工商户及小型企业贷款调查报告主要撰写内容。

☞ 业务描述

根据调查情况，撰写贷款调查报告。

业务操作一 掌握自然人消费贷款贷前调查报告的主要内容

表7－3 自然人消费贷款贷前调查的主要内容

一、借款申请人概况

借款申请人（姓名）______，性别______，年龄______，身份证号码______，户籍所在地______，财产共有人（含配偶）为（姓名）______，供养人口共______人。

本次借款用途为_____，现已支付首期款_____元，占所购资产总价_____元的_____%，申请个人贷款金额为_____元，期限_____年，借款额度占所购资产总价的_____%。

二、借款申请人还款保障状况

（1）根据借款申请人提供的资料，经本人实地调查核实后，其经济收入（月）______元，加上配偶收入（月）______元，家庭月收入合计为______元，而借款申请人按月支付我行贷款本息为______元，占月收入的______%，因此本人认为借款申请人经济状况较好，收入较稳定，第一还款来源充足。

（2）借款申请人以____________作为借款的（保证□ 抵押□ 质押□）担保，第二还款来源充足，有关手续合法有效。

□保证人（姓名）______，评定得分为______分；

续表

□抵押物为______，评估价值为______元； □质物为______，质物价值______元。 （3）借款申请人负债金额______，占家庭年收入的______%，处于（过度□ 适度□）负债状况。 三、借款人综合分析 （1）借款申请人向本行提交的购销合同及其首期款收据、借款申请人及配偶身份证明、经济收入证明、财产共有人出具的申明书，经律师协查，本人核实，均为真实、合法、有效。 （2）本人经电话查询、实地走访，借款申请人基本情况如下： ①现居住房系：自有房□ 租住房□ 无□ 其现居住房详细地址：____________________，已居住______年； ②现工作单位为：____________________，在现单位工作时间为______年； ③现有效联系方式：住宅电话____________________；其他方式______________； ④学历（职称）为：博士□ 硕士（高级职称）□ 本科（中级职称）□ 大专□ 中专以下□ ⑤信用卡：有□（卡号____________________）无□ ⑥基本生活设施有：彩电□ 冰箱□ 空调□ 电话□ 钢琴□ 电脑□ 音响□ 洗衣机□ 其他大件耐用消费品□ ⑦身体健康状况：良好□ 一般□ 较差□ ⑧不良嗜好：有□ 无□ ⑨不良信用记录：有（欠水费□ 欠电费□ 欠煤气费□ 欠话费□ 恶意透支□）无□ 四、其他需要说明的情况 五、综合意见 根据以上调查，经本人核实、评定，借款申请人综合得分为______分，其第一和第二还款来源均有保障，符合个人贷款条件，贷款安全性、流动性和效益性良好。本人拟同意对借款申请人（姓名）______ 发放个人消费贷款（金额）______元，贷款成数为______成，贷款期限______年（自______年______月______日至______年______月______日），年利率______%。同时在贷款审批完毕后，本人将及时办妥抵押登记及保险等相关手续，从而全面防范贷款风险。 调查人（签字）： 年 月

业务操作二 掌握个体工商户及小型企业贷前调查报告的主要内容

一、调查报告的基本情况

要写清贷户的姓名、年龄、性别、文化程度、家庭成员、住址、从事职业专业技能、诚信程度等。

二、资产负债情况

详细写清贷户家庭固定资产状况，具体细目、数量、平方面积、坐落位置、购建时间、现价值及流动资产现货、应收货款、现金、机械设备、名称、数量、现价值。负债情况写清贷款金额、贷款形态、欠息金额和其他负债等，计算资产负债比例。

三、家庭经营情况

写清贷户的家庭生产经营项目、投资规模、经营周期、产值、销售收入及利润等情况，全面综合评估客户的收入状况。

四、贷款方式

属于担保方式的贷款，写清担保人基本情况与资产负债状态、分析评估担保资格；属于抵押贷款，要写清抵押物的名称，存放具体地点、数量、估价；房产写明结构坐落位置、间数、层数、平方面积，写清占地和建筑面积、附简易平面图；还款的来源等。

五、提出调查结论

业务操作三　资料上传及移交

经初步判断符合贷款条件的，受理人应将贷款调查报告电子版、所有收齐的资料及拍摄的照片的电子影像信息上传至处理中心，做审查审批的参考；将纸质材料交与文书档案部门。如不符合条件，将申请资料退还借款申请人，并向借款申请人说明情况。

工作实例

关于高峰申请个人住房贷款的调查报告

一、借款申请人概况

借款申请人高峰，性别男，年龄23，身份证号码429001××××××××4512，户籍所在地××市××镇天河口居委会，未婚。本次借款用途为购房，现已支付首期款79 900元，占所购资产总价259 900元的30.7%，申请个人贷款金额为180 000元，期限20年，借款额度占所购资产总价的69.3%。

二、借款申请人还款保障状况

(1) 根据借款申请人提供的资料，其经济收入（月）3 500元，而借款申请人按月支付我社贷款本息为1 374.01元，占家庭月收入的39%，因此本人认为借款申请人经济状况较好，收入较稳定，第一还款来源充足。

(2) 借款申请人以所购的房产作为借款的抵押担保，第二还款来源充足，有关手续合法有效。

抵押物为所购东方豪庭2栋2单元902房产，评估价值为259 900元。

三、借款人综合分析

(1) 借款申请人向本社提交的购房合同及其首期款收据、借款申请人身份证明、经济收入证明，经本人核实，均真实、合法、有效。

(2) 本人经电话查询、实地走访，借款申请人基本情况如下：

①现居住房系：租住；其现居住房详细地址：本市粮食车队。已居住1年，月租金300元。

②现工作单位为××市公共交通有限责任公司，在现单位工作时间为4年，为该单位汽车修理工。

③现有效联系方式为158××××671。

④学历为：中专。

⑤信用社存款账号：135163××××0026。

⑥身体健康状况：良好。

⑦不良嗜好：无。

⑧不良信用记录：无。

⑨原购房套数：无。

四、其他需要说明的情况

其担保人为褚××，户籍所在地为北郊×××村四组。身份证号：420619×××××××2340。夫妻二人共同在交通大道开了一间汽车修理店，家庭资产80万元。家庭年收入15万元。

五、综合意见

根据以上调查，经本人核实、评定，其第一和第二还款来源均有保障，符合个人贷款条件，贷款安全性、流动性和效益性良好。本人同意对借款申请人高峰发放个人住房贷款180 000元，贷款成数为7成，贷款期限20年（自2018年8月至2038年8月），年利率4.9%。同时在贷款审批完毕后，本人将及时办妥抵押登记等相关手续，从而全面防范贷款风险。

调查人：黄×× 孙××

××分行个人业务部

2019年8月25日

工作实例

关于体工商客户张××申请十五万抵押贷款的调查报告

一、客户概况

张××，男，汉族，19××年6月6日出生，现年××周岁，住××县××镇××大道××大厦5号。身份证编号：51012719××06060010，联系电话4×××9841。

婚姻状况：离婚，独身。

历史经营项目：餐饮、休闲娱乐、房屋合伙承建。

现经营“××鞋城”鞋店，个体工商户营业执照注册号：××工商一所500×××028352-1。

税务登记证正在报办中（见税务登记证工本费发票），营业场所：××

县××镇××大道××大厦5号，经营范围及方式：鞋类零售。

家庭财产价值合计54万余元，其中房屋门面价值约24万元，货币资金3万余元（陆续筹资中），鞋店经营流动资金约9万元，对外投资约18万元（其中重庆××建设公司“××”项目部伙食团承包经营资金6万元，××区房屋合伙承建投资约12万元），无负债。

该客户20世纪90年代以来，一直与包括××分社在内的信用社网点有存款业务往来，2012年至2014年与××主社有贷款业务往来，信誉良好。

二、个体经营现状

“××鞋城”鞋店经营场所面临××城区××大道，该街道为旧城与××新城、××开发区交通枢纽，商业辐射范围为××城区旧城、××新城、××开发区和××…以及××国道、××至××道路沿线农村。

鞋店目前经营场所门面二通，营业面积约70平方米。

鞋店经营鞋类品牌有“奥康”“阿斯达”等。

鞋店服务对象为农民、城镇中等及以下收入水平消费者，消费人群广泛。

因经营人张××为社会残疾人氏，鞋店享受国家免税经营优惠。

鞋店目前月销售收入约5万元，销售成本约4万元，月利润约1万元。

三、贷款原因、金额、期限及方式

张××的短期经营策略为对鞋店增加资金投入，做大规模，形成规模经营效益。中期经营策略为在资金充足、加盟代理关系成熟的情况下增加知名品牌代理，使鞋店逐步走上品牌效益的道路。

本次规模经营计划资金投入20万元，资金用作成品鞋经营流动资金，已自筹5万元（其中已投入使用近2万元），资金缺口15万元。

张××申请贷款金额15万元，贷款期限24个月。鞋店经营收入作第一还款资金来源，贷款方式为抵押担保。

四、拟设置抵押物品现状

张××拟作为贷款抵押的物品类型为门面房屋，房屋权证编号：×××房地证2006字第00××4号，权利人：张××，坐落：××县××镇××大道××大厦B幢商住楼（××信用分社正对面）。房屋使用情况：张××鞋店经营场所。

1. 土地状况

用途：商服用地；使用权类型：出让；使用权面积：8.39平方米；共有使用权面积：812.9平方米；使用权终止日期：2039年9月29日。

2. 房屋状况

结构；砖混；所在层数：1层；建筑面积34.97平方米；用途：非住宅。

3. 抵押物价值

2019年2月20日，重庆××会计师事务所有限公司对该宗房地产进行了预评估，每平方米单价为 7 000 元，市场价值为 24.48 万元，调查人员予以认同。

五、贷款客户偿债能力分析

依据调查人对客户经营的“××鞋城”商店实地考察和结合本地鞋类经营同行业信息综合分析认为，该鞋店“月销售收入约 5 万元，销售成本约 4 万元，月利润约 1 万元”合理。并依据本地区普通家庭平均年支出 1 万元计算贷款客户张××贷款期可供偿还贷款的现金流量为：

现金流量 = 月利润 1 万元 × 贷款期 24 个月 = 24 万元

可供偿还贷款现金流量 = 现金流量 24 万元 − 家庭平均年支出 1 万元 × 2 年 = 22（万元）

不考虑客户分期偿还贷款本金因素，贷款客户张××贷款期应偿还贷款本息计算如下：

贷款期内利息 = 贷款本金 15 万元 × 贷款期限 24 个月 × 贷款月利率 8.04‰ = 2.89（万元）

贷款本息 = 贷款本金 15 万元 + 贷款期内利息 2.89 万元 = 17.89 万元

结论：张××贷款期内可供偿还贷款现金流量大于贷款期应偿还贷款本息。

六、调查结论

建议对个体工商客户张××发放贷款金额 15 万元，期限 24 个月，贷款年利率 9.648%。

调查经办人×××、×××，调查主责任人××对本报告真实性负责。

请审查。

调查经办人：

2019 年 3 月 8 日

知识要点

1. 公司及个人贷前调查报告的撰写要求。
2. 贷前调查报告的构成。
3. 贷前调查报告的主要撰写内容。

操作要点

根据调查情况，撰写公司客户及个人客户贷前调查报告。

推荐阅读

推荐阅读

问题讨论

1. 你认为撰写贷款调查报告，除了认真调查之外，客户经理还应具备什么技能？

2. 某广告公司因经营活动需要，向银行申请贷款。贷前调出报告显示：本次申请贷款抵押物为等级在该公司名下的一宗商住用地，土地使用权面积为26.7亩，经甲资产评估公司评估，该宗土地价值为3 866万元，每亩144万元，计划申请抵押贷款1 500万元。

还款计划为：按月结息，分期还本。第19个月开始还贷，贷款满两年开始还本金300万元，第三年还本金1 200万元。具体为：自贷款之日起，第19个月至第24个月，每个月还本50万元，计300万元；第25个月至第30个月，每个月还本金80万元，计480万元；第31个月至到期日，每个月还本金120万元，计720万元。

（1）请计算：根据客户提供资料，抵押率是多少？

（2）请分析：银行是否有必要进一步开展担保调查？如果开展，应主要调查哪些事项？

（3）请分析：还款计划是否合理？是否需要调整？

实训

1. 上网查找某上市非金融企业资料（已经申办了贷款，但尚未归还完毕），搜集申请贷款所需基本资料，编制贷款调查报告。

2. 调查你所在学校周围的个体商贩、学生开立的商铺或家庭所在地个体商户，了解其资金需求状况，为其编制贷款调查报告。

8 项目八 贷款审查审批

学习目标

知识学习目标：

掌握贷款审查的基本内容。

技能训练目标：

通过贷款资料的审查审批，说明潜在风险，并能根据具体情况，提出合适的审查意见。

工作任务

应完成的工作任务：

通过贷款资料的审查审批，做出总体评价，提出改进意见和相应的风险防范措施。

完成工作任务应提交的标志性成果：

1. 公司贷款审查审批：公司贷款审查报告。
2. 个人贷款审查审批：个人贷款风险审查意见表。

模块一 公司贷款审查审批

PPT：公司贷款审查审批

任务描述

1. 掌握公司贷款审查的基本内容。
2. 分析贷款存在的问题和风险点。

业务描述

通过对公司贷款申请进行审查审批，指出借款人存在的问题以及可能存在的信贷风险，提出改进意见和相应的风险防范措施。

知识准备

提示

按照业务流程，信贷业务部完成贷前实地调查后，在信贷系统中将贷款提交给审查岗审查，同时将纸质文档资料及影像资料同时移交给审查岗，审查岗对借款人资料的完整性、合规性和风险性等进行审查，审查通过之后移交贷审会评审，决定贷与不贷。如果银行权限上收，则最后还要移交上级行审批部门进行最终审批。

一、审贷分离

审贷分离是指将信贷业务办理过程中的调查和审查环节进行分离，分别由不同层次机构和不同部门（岗位）承担，以实现相互制约并充分发挥信贷审查人员专业优势的信贷管理制度。具体表现为：

1. 岗位分离

在基层经营单位，如信贷规模较小的支行，由于人员限制，无法设立独立的部门履行信贷审查的职能，一般设置信贷业务岗和信贷审查岗，由信贷审查岗履行信贷审查的职能。

2. 部门分离

在分行乃至总行等较高层级的单位，应分别设置信贷业务经营部门和授信审查部门，前者履行贷前调查和贷款管理职能，后者履行信贷审查职能。

3. 地区分离

有的商业银行设立地区信贷审批中心，负责某个地区辖内机构超权限的贷款审批，旨在通过地区分离、异地操作来保证贷款审批的独立性。

二、分级审批

分级审批的主要依据是授信额度，各级行必须在权限范围内办理信贷业务，不得超权限。

1. 直接授权

银行总部对其相关授信业务部门授予全部或部分信贷产品一定期限、一定金额内的授信审批权限。

2. 转授权

受权人（被授权人）可在授权权限内向所辖二级分行（或分支机构）负责人转授一定的授信审批权限。

案例

农行 N 分行 2018 年 4 月对 N 市支行的转授权书中规定：农行 N 市支行办理存单质押贷款的单笔审批权限为 200 万元，办理短期、中期流动资金贷款单笔审批权限为 200 万元。2019 年 10 月 17 日，该行采取化整为零的方式，在一天之内向同一企业发放 5 笔短期流动资金贷款，每笔 300 万元，共计 1 500 万元。

提问：该支行上述贷款是否在其审批权限内？为什么？

解析

3. 临时授权

被授权人因故不能履行业务审批职责时，可以临时将自己权限范围内的信贷审批权限授予其他符合条件者代为行使，并且到期自动收回。

提示

对同业争夺激烈的优良客户，确需简化手续和程序。银行现有制度没有规定或需突破银行现有政策制度的信贷业务，应实行特事特办制度。特事特办审批人为总行行长。

业务操作一 审查岗开展贷款业务审查

一、基本资料审查

（一）准入条件审查

受理贷款时审查其主体是否符合经办行贷款准入条件，如果客户主体不符合规定要求，可直接退审，不必进入下一审查环节。按照有关法律和管理规定，准入条件审查主要有以下三个方面。

1. 确认客户真实性

借款人和担保人应当具备法律规定的主体资格，如果借款人和担保人不具备相应的主体资格或者主体资格存在法律问题，那么借款人与贷款行签订的借款合同以及相应的其他合同可能被认定为无效。因此，审查人员首先应该审查借款人及担保人的主体资格是否合法合规，是否符合银行的要求。重点审查公司类客户其经营证照是否真实，有无涂改等造假现象，是否在有效期限内，是否办理年检等；个人客户要审查其身份证是否真实并与其他证明资料相互对照。

2. 审查贷款项目的政策性、合法性

属于特种行业的审查是否持有有效的特种行业从业许可证；属于房地产开业企业的审查是否持有齐全的资质证件；审查贷款项目是否符合国家政策，是否为高耗能、高污染、产能过剩行业的劣质企业，是否是商业银行已退出的领域；审查个人经营项目是否合法合规；审查公司或个人经营是否正常，有无亏损；审查产品销售合同是否真实等。

3. 审查公司资信程度

审查公司关联企业、公司股东及其配偶在金融机构贷款情况，以亲朋名义在银行贷款情况，对外担保情况，有无不良信用记录，有无大额或有负债或重大涉讼案件等；审查公司法人代表或个人有无赌博、吸毒、赖账不还等劣迹，有无道德风险等。审查报告中要对以上情况作专门介绍，并将人民银行的查询记录附后佐证。

（二）资料完整性审查

资料完整性审查主要是看资料是否齐全完整，特别是关键性资料是否缺漏，缺漏资料应作理由充分的说明。

应审查借款人、担保人（物）及具体贷款业务有关资料是否完整、齐备，申报资料及其内容应当合法真实有效。不同类型的产品需要客户提供的资料是不一样的，作为审查岗需要根据不同产品的要求，审查借款人的资料是否齐全和完整。对于申请表及借款合同等需要借款人填写和签字的文件，需要查看填写是否符合公司要求，字迹是否清晰可辨，签名是否有遗漏等。

（三）资料合规性审查

（1）资料及文本签字要求。应审查调查人是否两人以上，调查人是否在调查采集的每份资料右上角加盖“调查核对，资料真实”章，并签名。目前多数银行盖的是“与原件核对相符”章，贷前调查关键是调查人承诺调查资料的真实性，而“与原件核对相符”章仅是确认和辨别资料是否真实的一个环节，并不能证明该资料是否真实，也不是调查人对资料真实性的承诺，所以统一改盖“调查核对，资料真实”章为宜。此外，所有签名只能由本人手写，不能代签，不许盖私人名章。“贷款审批表”中调查报告、审查报告等落款处除负责人、调查人、审查人签字外，还应加盖部门公章，凸显部门行为，弱化个人色彩。凡未按以上要求盖章和签字或一人调查的申报资料，一律不予受理。

（2）审查调查报告应参加调查人是否到位，是否签字。按照有关贷款管理规定，上报的贷款材料、调查报告落款要由本人签名，以示负责。

（3）审查申报资料内容是否衔接一致；资料是复印件的是否模糊不清等。

（4）主责任人未按规定签字的，要求有关人员补充签字。

（5）信贷业务未进行调查、评估的，终止信贷审查，将该信贷业务退回申报行。

（6）信贷业务未按规定内容进行调查、评估或虽进行调查、评估，但调查或评估报告有重大漏项，财务、市场分析出现重大失误的，暂停信贷审查，应要求客户部门或下级行补充完善，或要求其重新调查、评估。

案例

2019 年 2 月 22 日，××集团公司以虚构资产、伪造财务报表与供销合同向××分行申请贷款 800 万元，用于城陵粮库和东郊粮库之间 50 000 吨米的购销贸易。××分行在权限内将其信用等级核定为 A。负责贷前调查的信贷员章××、科长吴××在贷前调查中偏听企业情况汇报，既未对资产的真实性予以核查，也未就合同的可靠性进行核实，以至于供销合同上载明的账号是虚构的、合同章私刻痕迹明显，经营现金流一直呈流出状态等情况，贷前调查均未察觉，反而在报告中提出“公司现金流量充足、营利性强、偿债能力强、授信风险小、发展前景广阔”等，从而影响了各授信审批环节的决策。

解析

提问：在审查时仅看信贷调查结论可以吗？发现申请贷款资料明显不真实，审查人员怎样处理才符合岗位职责要求？

（四）贷款操作流程审查

审查调查人员是否按规定履行了实地调查职责，调查人员与申请人是否为关系人，授信调查意见是否客观、详实，是否按照公司业务流程操作。

二、审查第一还款来源

第一还款来源是审批发放贷款的前提和依据，是合同履约的主要来源。第二还款来源只能作为补充和保障。

（一）财务风险审查

（1）必须提供近两年及借款人申请贷款日上月资产负债表和损益表，并对报表科目作明细分析。办理了年度审计的应提供上年度审计报告，关注其年度审计报告反映的问题，并审查其提供会计师事务所的报表与提交我行的报表是否一致。

（2）审查资产负债表和损益表。报表必须字迹清晰，有单位公章及相关负责人签章；按照“资产 = 负债 + 所有者权益”的会计平衡公式，审查借贷方是否平衡、上年结转是否真实、近两年来财务变动是否异常等情况。

（3）重点审查科目。应重点审查的科目包括应收及其他应收款、存货、固定资产、无形资产、短期及长期负债、应付及其他应付款，所有者权益和损益类科目等。

（4）审查应收及其他应收款，应付及其他应付款进行账龄统计、列出大户名单；

存货分类统计、存货积压的原因分析；固定资产和无形资产分类统计、固定资产清单、购置价值、入账价值等；短期及长期负债明细，包括贷款银行名、借款方式、借款金额、借款期限等；所有者权益和损益类科目是否真实合理。

(5) 分析现金流。分析现金流要从两个方面考虑：一是现金流的数量，如果企业总的现金流为正，则表明企业的现金流入能够保证现金流出的需要。二是现金流的质量，这包括现金流的波动情况、企业的管理情况，如销售收入的增长是否过快，存货是否已经过时或流动缓慢，应收账款的可收回性等等。最后是企业所处的经营环境，如行业前景，行业内的竞争格局，产品的生命周期等。所有这些因素都会影响企业产生未来现金流的能力。

案例

阳光公司申请贷款时提交的财务数据显示，2017 年末该公司销售收入为 5 458 万元、应收账款 57 万元，而 2018 年 10 月销售收入下降为 778 万元、应收账款 34 元，贷款调查报告未说明原因；而同时提交的贷款资料中有阳光公司与华北油田及大庆油田的供货合同。其中，阳光公司与华北油田物资公司签订销售合同为 3 000 台，总销售额达 1 740 万元。

提问：阳光公司提交的各项贷款资料数据符合逻辑吗？如果发现借款材料不合理，审查人员应如何处理？

解析

(二) 非财务风险审查

非财务风险审查主要包括对企业性质、发展沿革、品质、组织架构、经营环境、行业分析、行业地位、产品、生产技术等的分析审查。

要审查企业主的信息包括年龄、受教育程度、婚姻及子女状况、是否本地人、发展历史及从业经验、信用状况、是否担任重要社会职务、个人资产及负债状况、是否存在其他投资、有无对外担保等。

案例

A 公司于 2018 年 8 月 16 日向 C 县联社申请项目贷款 1 000 万元，用于该公司建设新型干法水泥生产线，该项目总投资 9 800 万元，资本金 2 000 万元。公司业务部于 2018 年 12 月 17 日出具项目评估报告，授信评审部于 2019 年 1 月 8 日出具审查报告，联社贷审会于 2019 年 1 月 6 日审批。C 县联社贷审会由主任邓某、联社副主任王某、王某和财务部总经理刘某组成，无信贷管理、风险管理和授信评审等部门人员参加。C 县联社于 2019 年 1 月 20 日向 A 公司发放项目贷款 1 000 万元，期限 1 年，利率 7.2‰，用途为建设新型干法水泥生产线，以该公司价值 1 200 万元工业出让土地使用权作抵押。

解析

审阅档案资料：

一是借款人征信报告。借款人在某商业银行有逾期贷款余额 500 万元，表外欠息 50 万元（报告打印日期 2018 年 9 月 17 日）。而 A 公司还欠 C 县联社辖内 H 信用社贷款 100 万元。

二是信用评级及授信资料。A 公司于 2017 年被 C 县联社评为 A + 级，最高综合授信3 000万元［该社规定“法人客户授信方案的有效期原则上为1年，AA+级（含）以上客户（不含关联客户）授信有效期最长可以为两年（从授信方案批准之日起计算）。未按规定时间和要求报送授信申请材料致使新的授信方案未能按时审批的，原授信方案到期后不能办理任何融资业务”］。

提问：请依据贷款审批要求指出上述贷款审批中存在哪些问题。

通常企业的流动资金贷款都应以其正常经营活动产生的现金流作为还款来源，因此应重点审查申请人的生产经营活动是否正常，销售回款是否及时。信审员可以通过调查企业的电、水、气使用量，企业的购销合同及执行、纳税情况，申请人的银行现金往来、个人储蓄以及申请人个人控制资产经营的情况，以判断申请人的经营状况是否正常，是否有稳定、充足的还款来源。申请人的财务报表分析可以作为判断还款能力的辅助手段。对于有其他银行债务的授信申请人，要审查其以往履约记录，分析债务到期时间，判断其在偿还其他银行债务之后是否会出现资金缺口，是否会影响生产经营，是否有充足资金偿还贷款。

三、担保风险审查

（1）担保人提交的资料是否齐全、是否符合法律和本机构的要求；

（2）对保证贷款，要审查保证人的主体资格、信誉状况、代偿能力、保证的方式和保证责任、与借款人的关系及对借款人的“制约”能力等情况。

（3）分析抵质押物是否符合法律规定及本机构要求，要重点审查资产评估方法是否正确，价格是否合理，抵质押物变现能力强弱，抵押率的计算是否科学，对债权的保障力度，是否需要另行追加保证担保或抵押物。

（4）如果是担保公司提供担保，要审查担保机构的资信及经营管理情况。

（5）审查是否提供抵（质）押物实景彩色照片。将抵押物拍成实景彩色照片，主要是为了加深贷审会成员对抵押物的直观认识和了解贷审会成员一般不亲临抵押物现场调查。所以凡提交的抵押物照片要装订入申报资料中，以便供贷审会成员传阅。

四、法律文书的规范和严谨性审查

（1）审查公司董事会或股东会同意贷款的决议和同意抵押的决议合法性；审查个人贷款申请书、财产共有人同意抵押承诺的合法性。尤其对公司贷款要注意审核其参加董事会或股东会的人数是否符合章程规定；董事会或股东会决议书内容是否完整。

董事会或股东会同意贷款的决议书内容应包括承贷银行全称、贷款用途、贷款金额、贷款期限、还款计划、贷款方式等。

董事会或股东会同意抵押的决议书内容应包括借款人和承贷银行全称、贷款用途、贷款金额、贷款期限、抵押物具体情况（含抵押物名称、地理位置、数量、状况等）、法律责任等。

（2）决议或承诺必须本人到场在经办行监督下签字，本人因故不能到场的，应有授权委托书，不能由法定代表人一人独签或找人代签，防止因决议无效，导致贷款或抵押行为无效。

（3）防范股东假冒、虚假签字的方法。一是本人出示身份证，当场签字，并加按手印；二是核对公司成立时的章程中股东签字或贷款是股东提供的签字式样，核对笔迹。三是可查阅股东在我行原来贷款时的签字资料。

（4）注意审查决议或合同所加盖的公司印章是否为工商部门登记备案的真实印章，如果签约人不是公司法定代表人的，还要注意审查授权委托书的真实性，避免被骗而造成贷款损失。

（5）涉及不明确的法律问题，应由法律顾问对贷款行为及担保情况进行审查，并出具法律意见书。

提示

审查结论中要明确贷与不贷，指出借款人存在的问题以及本行可能存在的信贷风险，提出对本笔贷款的管理要求。如需补充资料，则通知业务人员。

补充资料的规定：

（1）补充资料只能由信贷部门调查，逐项作答，形成简明扼要的书面材料，调查人签字，打印上报。

（2）客户提供的经银行调查人员核实的证件、合同、报表、发票等证据类资料可作为附件。

（3）补充资料要及时、迅速，尽量减少贷款在途时间，不要无故拖延，耽误贷款审批。

业务操作二　撰写贷款审查报告

审查人员应当在全面论证、平衡风险收益的基础上，提出审查结论，包括授信业务的种类、币种、金额、期限、利率或费率、还款方式、担保方式和限制性条款等。为贷款审查委员会审议、决策提供基础资料和基本依据。

一、了解审查报告内容

（1）客户基本情况，包括客户概况、经营证照、关联企业、资产负债、生产经营、贷款用途、还款来源及计划等；

（2）客户资信；

（3）抵押物情况；

（4）风险提示；

（5）审查意见。

二、掌握审查报告要求

审查报告应内容精练，重点突出，语言措辞严密，判断得体，不得用模糊语言，不要说大话、假话、空话，少说美化的好话。要对照审查目标有重点地进行取舍，去伪存真，去粗取精，抓住主要的、关键性的问题来写。

1. 标题

同贷款调查报告的标题一样，贷款审查报告的标题，应当简明扼要地概括贷款审查的主要内容并标明材料的文种，一般应当标明受理贷款审查的金融机构。主要由受理贷款审查的金融机构名称、客户名称、贷款项目名称、贷款种类、信用社金额和文种词组成。如《×××联社关于对×××股份有限公司年产×××吨×××项目申请×××万元固定资产贷款的审查报告》。其中的“×××联社”为金融机构名称，“股份有限公司”为借款人名称，“×××万元”为贷款金额，“年产×××吨×××项目”为贷款项目名称，“固定资产贷款”为贷款种类，“审查报告”为文种词。

2. 开头

同贷款调查报告的开头一样，完整的贷款审查报告也应当有个简练的开头。

贷款审查报告的开头一方面应当写明贷款审查的缘由、客户名称、申请贷款的项目名称、申请贷款金额等情况；另一方面应当点明借款的可行与不足之处。例如：“接到××××年××月××日×××递交的关于×××有限公司责任申请×××万元流动资金贷款的调查报告及项目的有关材料之后，我们组织人员对客户的基本情况进行了审查。审查认为×××较为可行，但存在×××问题，现将审查情况报告如下”，或者“现将审查出的问题报告如下”。开头部分之所以写明接到贷款客户部门移交“贷款调查报告及有关资料”的年月日，主要是为了显示从受理该笔业务到审查结束的时间长短，从而促使审查岗提高审查效率。

3. 基本资料审查

（1）基本政策及规范化运作审查。基本政策及规范化主要介绍借款人及担保人有关资料是否齐备，贷款投向是否符合本行的信贷准入政策，信用等级评定及授信管理是否符合有关信贷管理方面的规章制度，信贷业务内部运作资料是否齐全合规。如果符合要求，就写明“借款人及担保人资料齐备，贷款投向符合×××，信贷业务内部资料齐全，符合报批要求”。如果不符合有关要求，就指出存在的具体问题。

（2）主体资格审查。主体资格审查主要介绍借款人是否具备规定的有效证件，借款申请手续是否齐全，组织机构是否合理，产权关系是否明晰，是否具备准入资格，法定代表人、主要部门负责人有无不良记录，借款人在本行及他行的信用记录，贷款用途是否合规合法，是否符合国家有关政策等等。如果没有问题，就作肯定性回答，如“该企业所属行业属于××支持类行业，具备行业准入条件；信用等级为AAA，具备借款人资信准入资格”。如果存在问题，就一一明确指出，如“××市××局属于国家机关，不具备担保资格”“借款人××公司总经理李××，曾在××县××厂任厂长，李××任厂长期间，该厂以改制为名使××行的××万元贷款悬空”“该项目未取得环保部门的许可，不符合贷款条件”。对借款人的还款记录及履行能力的评价不可回避。

4. 第一还款来源审查

（1）财务风险审查。财务风险审查主要介绍对借款人财务风险及现金流量风险的审查中发现的问题，包括借款人的偿债能力、营运能力、盈利能力、还款来源、还款计划、还款能力等方面是否存在问题；来自经营活动的现金流量是否足够偿还贷款本息，当年取得的现金有多少是依靠经营活动取得的，有多少是依靠投资活动及筹资活动得来的等。如果这些因素对贷款的安全性较为有利，可以点出，以体现对贷款的支持。如果影响贷款的安全性，要一一详细指出，并加以分析，以引起重视。对借款人的现金流量能否足额偿还贷款本息等问题不可回避。

（2）非财务因素风险审查。非财务因素风险审查主要介绍贷款项目是属于国家重点支持、地方重点支持、一般支持还是属于限制支持项目；项目的合法性手续是否齐全，建设及生产条件能否落实；贷款项目所在地区的信用及法律环境如何；借款人所处行业的风险大小及在本行业的位置如何；借款人的信用等级类别，以及与本行的往来关系情况。借款人（项目）产品竞争程度，产品的性能、质量、价格优势及不足，替代产品对该产品的影响程度等。如果存在人为夸大产品市场需求及销售前景等情况，要特别指出以引起注意。如果这些因素对贷款的安全性较为有利，可以点出，以体现对贷款的支持。如果影响贷款的安全性，要一一详细指出，加以分析，以引起重视。对借款人所在地区是否为贷款高风险区等情况不应回避。

5. 第二还款来源审查

第二还款来源审查要重点回答银行持有的担保权益，在大于还是等于或小于贷款本息和执行担保所可能发生的费用。对保证贷款，要介绍保证人的财务实力、履约意愿和履约动机的审查情况。对抵押贷款，除回笼抵押物是否合规合法之外，要重点回答对抵押物的评估方法，抵押物的变现难易程度，最终的可能变现价值，贷款抵押率的计算是否正确等情况。对质押贷款，要回答质物的价值评估情况，出质人、开出存单等质物的金融机构是否出具了有关书面证明等。还要介绍借款人的抵（质）押物变现后能否足额抵偿贷款，能否全部消除贷款风险，是否需要调整固定资产抵押部分另加保证担保或抵押物等情况。如果上述因素对贷款的安全性较为有利，可以点出，以体现对贷款的支持。如果影响贷款的安全性，要一一详细指出，并加以分析，以引起重视。对抵押物变现难易度、实际变现额、银行持有的担保权益是否大于贷款本息和执行担保可能发生的费用等问题不可回避。

6. 综合审查结论

综合审查结论要对承贷主体、还款能力、发展前景等做出总体评价，明确贷与不贷的结论，对贷款金额、期限、用途、币别、利率、用款方式、担保方式、还款来源与方式提出明确意见，指出借款人存在的问题以及本行可能存在的信贷风险，提出改进意见和规避风险的限制性条款。同意放款的限制性条款通常包括：要求借款人资本金足额到位，否则不能发放新贷款；针对贷款担保不足等问题，要求调整固定资产抵押部分，降低抵押率或者另加保证担保；制订分期还款计划，并将还款计划列入借款合同；与企业签订协议，开立还款专用账户，加强对企业销售收入的有效管理；经营行与借款人、保证人三方达成协议，经保证人书面同意，办好企业原欠贷款本息的债务落实手续；要根据客户获得的订单、已经取得的订单承诺或购货合同核定所需要原材料以及正常的生产经营费用逐笔发放贷款；制定贷后管理方案，明确贷后管理责任；贷款发放后派驻客户经理，跟踪资金流向，跟踪原材料购进，跟踪库存商品，跟踪产品销售，跟踪货款回笼；××行和××行至少××个月对客户生产经营状况、贷款使用及安全情况进行一次检查，并将检查结果上报××行等。

工作实例

关于安徽××电子材料有限公司申请流动资金贷款（授信）的审查报告

一、贷款（授信）方案

贷款（授信）方案。2019 年 9 月安徽××电子材料有限公司向我行申请流动资金贷款800 万元，经我行信贷人员初步调查，符合贷款条件，现经审查，同意该公司申请贷款800 万元，期限为 1 年，年利率为 9.512%，由安徽××电子股份有限公司提供担保，还款来源包括但不限于企业的经营收入。

二、贷款（授信）资料审查情况

（一）贷款资料完整性审查

经我行调查、审查，安徽××电子材料有限公司本次向我行申请 800 万元贷款提供的基本情况材料、财务报表、担保资料（还款来源）和其他材料真实、完整。

（二）贷款（授信）流程合规性审查

根据本行的贷款操作规程或管理办法规定，安徽××电子材料有限公司本次申请 800 万元贷款从申请到上报期间的每个程序在时间先后上符合要求。该笔贷款业务符合本行信贷授权规定。

三、借款人基本情况审查

（一）贷款（授信）资格审查

安徽××电子材料有限公司是由安徽××电子股份有限公司和世界 500 强之一的韩国××集团下属子公司×××株式会社于 2014 年 12 月合资建设的中外合资企业。公司地处安徽省铜陵经济技术开发区××工业园，依法注册成立，证件齐全，均在有效期内，相关证件按要求进行了年审。该公司是一家以高科技为依托，专业生产电容器用 BOPET 薄膜及其他电子材料的厂家。

经我行审查了解，安徽××电子材料有限公司及其法定代表人王××信用情况良好，无不良记录，今后违约风险较小。

（二）授信情况

经我行查询借款人征信及侧面调查了解，该企业在我行及他行金融机构贷款授信情况如下：

贷款种类	贷款金额	贷款日	到期日	利率	担保
工行国内保理	1 700 万元	2019. 9. 7	2020. 3. 6	6. 71	××电子股份有限公司
工行流动资金贷款	450 万元	2018. 12. 20	2019. 12. 19	6. 56	××电子股份有限公司
浦发银行	2 000 万元	2018. 11. 23	2019. 11. 22	6. 116	××电子股份有限公司

经我行调查，截至目前以上贷款为正常类贷款，该单位及相关集团客户无授信用信超比率的情况出现，授信用信情况正常。

四、财务风险审查

（一）财务分析

1. 短期及长期偿债能力分析

2019年8月末流动比率和速动比率分别为109.32%、97.27%，较2018年年末有大幅上升，主要是负债的减少，其中应付票据到期减少2 000万元，向工商银行铜陵分行石城路支行的长期借款余额1 200万元到期已归还，同时企业的其他应付款也减少69.27%，这主要是企业的经营良好，导致负债减少，从而使得短期偿债能力提升。2019年8月企业的资产负债率为28.58%，企业的资产负债率偏低，是由于负债较年初减少43.85%，负债的下降，从侧面反映企业在今后的融资能力较强。

2. 盈利情况

2018年企业的销售收入为9 869.35万元，净利润为1 006.38万元，利润率为10.20%，较2017年实现扭亏为盈的局面，处于行业较好水平。2019年8月企业累计收入为9 791.40万元，净利润为1 229.76万元，利润率为12.56%，2018年以来企业出现供销两旺，经营情况日趋良好。

3. 现金流分析

纵观企业的现金流自2018年以来一直处在上升，企业有足够的现金流偿还我行贷款。

（二）还款来源审查

安徽××电子材料有限公司拥有为一条BOPET电容器膜生产线，总投资2 400万美元；分别从德国、法国、韩国、奥地利等国及国内知名厂家购进21世纪世界最先进的PET制膜设备，采用SKC公司PET制膜技术。该生产线年产3—12μm电容器用PET膜2 600吨。公司生产的电容器用聚酯薄膜占据了一定的优势地位，市场巨大，经济效益和社会效益相当可观。2018年企业实现销售收入6 494.44万元，2011年以来企业的销售收入增长较快，到2019年8月企业累计实现销售收入9 791.40万元，净利润为1 229万元，若企业保持稳步经营，这对企业今后贷款的如期归是有力保证。

五、非财务风险审查

安徽××电子材料有限公司主营电容器用BOPET薄膜。公司拥有一条BOPET电容器膜生产线，总投资2 400万美元，分别从德国、韩国、奥地利等国及国内知名厂家购进21世纪世界最先进电容器PET制膜设备，采用SKC公司PET制膜技术。该生产线年产3—12μm电容器用PET膜2 600吨，该项目于2015年10月开工建设，2017年12月竣工投入生产，给企业带来巨大经济效益。随后企业又对现有设备进行改良，产品得到广大客户的认可，代表着当前和未来国内外市场的发展方向。2018年企业实现销售收入6 494.44万元，截至2019年8月企业累计实现销售收入9 791.40万元，可以看出企业的产品具有一定的科技含量，市场占有率较好，从而创下良好效益，经营风险较小，但由于市场竞争激烈，产品更新换代快，在此我行建议该公司应不断更新技术，保持企业的良好发展局面。

安徽××电子材料有限公司预计营运资金需求约为 2 345.44 万元，2018 年企业供销两旺，经营情况良好，对资金需求较大，公司目前自有货币不足，资金缺口较大。且该公司于 2019 年 9 月 13 日与珠海裕华聚酯有限公司签订了购买原材料（有光切片 F109）的合同，资金压力较大。经我行审查，用途真实，符合我行贷款条件。

该企业与我行合作多次，系我行重点支持单位，经查询征信系统及我行长期接触了解，企业及法定代表人信用情况良好，无不良信用记录，今后违约可能较小。

六、担保情况审查

安徽××电子材料有限公司向铜陵铜都××银行申请流动资金贷款 800 万元，担保方式为保证，保证单位为其母公司安徽××电子股份有限公司。安徽××电子股份有限公司注册资本 40 000 万元，为国家重点新高技术企业，该公司资金实力雄厚，经济效益好，2010 年实现销售收入 75 910.53 万元，2019 年前 7 个月累计实现销售收入 50 489.17 万元，2019 年以来企业的销售收入有明显提高，具备担保能力。

七、审查结论

（1）借款人申请情况属实，资金用途明确，经营风险小，还款来源充足，贷款方式为保证，同意贷款 800 万元，期限为 1 年，执行利率为 9.512%，还款来源包括但不限于企业的经营收入。

（2）因该单位申请 800 万元流动资金贷款，为确保该笔贷款业务的真实性，应要求其提供税票及相关材料，采用受托支付方式发放该笔贷款。贷款发放后我行应加强贷后管理，并定期对借款人进行走访，随时了解客户的经营状况，以掌握其收入和资金变动情况，确保信贷资金安全。

主审查人签字：　　　　　　部门负责人签字：

审查结束后，对不符合国家产业政策、信贷政策的，将材料退回调查岗，并做好记录；对移送资料不齐全、调查内容不完整的，可要求调查岗补充、完善；对审查后符合各项贷款条件的，填制好“贷款审查报告”后，贷款审查经办人和主责任人在审查表上签字后连同有关资料，交本部门内部管理岗（贷款综合管理岗）登记。登记后，移交贷款审查委员会审批。

业务操作三　贷款评审委员会集体评审

贷款申请材料、贷款调查报告及贷款审查报告一起提交到一个民主的专家评审机构——

贷款评审委员会，由委员会进行集体评审和民主表决，形成是否做该项业务的决议。

一、解析贷审会结构

一般情况下，各管辖、直属分行及辖属分支行均应设立贷审会。

贷审会实行委员制，管辖分行、直属分行设委员 7 名或 9 名，辖属行设委员 7 名。其中：主任委员 1 名，由分管授信业务的副行长担任，其他委员由综合计划、授信管理、公司业务、风险资产管理、国际业务等部门负责人及熟悉国家金融政策和相关法律法规、熟悉银行有关授信业务制度和管理办法、具有丰富信贷经验、办事公正的专家型人员担任。贷审会的日常办事机构设在授信管理部门。

二、注意审批范围

除以下四种情况可以不提交贷审会审议外，其余授信业务必须提交贷审会审议。

（1）在分行审批权限 30% 额度以内的 A 级客户的授信业务（首笔授信除外）。

（2）有足额保证金、足额存单或国家债券质押的授信业务。

（3）符合银行有关业务管理规定的银行承兑汇票贴现业务。

（4）由总行确定的可接受备付信用证或保函的银行在其授信额度内开出足额备用信用证或保函作为担保的授信业务。

三、了解审查过程

贷审会由主任委员主持召开。首先由经办部门公司业务人员介绍项目的基本情况和初步意见，授信管理部门发表审查意见，然后委员对审议内容进行提问、讨论，在充分发表意见的基础上再付诸表决，贷审会成员独立作出各自的审批决策，至少 2/3 以上票数才能通过。

贷审会认为审查依据不充分的，可要求经办部门补充材料，报授信管理部门审查后再议。

提示

怎样让你的贷款顺利通过贷审会？

点明你的客户优势，如：良好的信贷记录、充足的偿还能力、长期的经营历史/稳定的业务关系……

把自己当作贷审委员会的一员：你需要听到什么？

不要纠缠于不重要的细节，关注重要方面；

使用表格作为指南：表格为你勾勒出要点；

牢记：贷审委员会期待你展示贷款调查的结果；

一定要给出你的贷款建议等。

审查人在审查表中签署审查意见，并将审查意见录入公司信贷管理系统，同时在公司信贷管理系统中将贷款申请、贷款审查表发送签批人。

业务操作四 超权限贷款评审

贷审会对授权内的贷款进行审批，对超出审批权限的贷款提出呈报意见，并填写贷款调查、审查、审（报）批表审（报）批部分。对超出审批权限的贷款，连同有关资料，呈报上级行。

上级行根据贷款审批授权进行贷款审批，并将审批结果正式通知下级行。

业务操作五 问责审批人审批

以业务发起报告、尽职调查结论、贷款审查报告及委员会决议为主要判断依据，对是否叙做贷款项目做出决策

委员会同意的项目，问责审批人有权否决

委员会否决的项目，问责审批人不能同意，但可以要求做一次重议

业务操作六 反馈审批结论，资料移交

审批结束后，信贷审批部负责整理归纳审批结论及全体审批人意见，并将结论及审批意见及时通知申报行（部）。

审批结论为同意（含附加条件同意）的，经办行可直接进入发放环节。

审批结论为不同意的，申报行可申请复议。一笔信贷业务只能复议一次。

模块二 个人贷款审查审批

PPT：个人贷款审查审批

任务描述

掌握个人贷款审查的基本内容。

☞**业务描述**

通过对个人贷款申请进行审查审批，说明潜在风险，并能根据具体情况提出合适的审查意见。

业务操作一　贷款业务审查

一、基本要素审查

银行审核借款人提供的申请资料是否齐备完整，从借款人所提供资料的形式和逻辑上判断资料是否真实有效。

二、主体资格审查

银行审核借款人和保证人是否具有完全民事行为能力，个人贷款使用用途是否符合国家相关法律法规以及该行制度对借款人、保证人的基本条件规定。

三、信贷政策的审查

银行审核贷款用途、贷款金额、贷款期限、贷款利率、还款方式、支付方式等是否符合该行制度要求。

四、信贷风险的审查

贷款资料不全的，审查审批人要通知贷款经办行尽快补齐。

具体审查内容见表8－1

表8－1　　银行信贷业务风险审查意见表（个人贷款）

<table>
<tr><td>贷款经营单位</td><td colspan="6"></td><td>借款人名称</td><td></td></tr>
<tr><td>贷款金额</td><td colspan="4"></td><td>期限</td><td></td><td>是否已与本行建立信贷关系</td><td></td></tr>
<tr><td>风险审查项目</td><td colspan="8">风险审查内容及风险评价</td></tr>
<tr><td rowspan="8">资料完整性及有效性审查</td><td rowspan="8">资料明细</td><td rowspan="8">个人贷款基础资料</td><td colspan="6">借款人贷款申请书</td></tr>
<tr><td colspan="6">借款人有效身份证、户口簿</td></tr>
<tr><td rowspan="3">婚姻状况</td><td colspan="5">未婚：单身证明</td></tr>
<tr><td colspan="5">已婚：结婚证、其配偶的职业、收入情况</td></tr>
<tr><td colspan="5">离婚未再婚：离婚证、法院判决书、未再婚证明</td></tr>
<tr><td colspan="6">借款人收入证明材料</td></tr>
<tr><td colspan="6">借款人职业证明材料</td></tr>
<tr><td colspan="6">借款人信用证明材料</td></tr>
</table>

续表

<table>
<tr><td rowspan="25">资料完整性及有效性审查</td><td rowspan="24">资料明细</td><td rowspan="24">个人贷款基础资料</td><td colspan="2">借款人家庭收入及主要资产、负债和对外担保材料</td></tr>
<tr><td colspan="2">贷款用途证明材料（如经济合同、创业计划、税务发票、留学证明等）：</td></tr>
<tr><td colspan="2">提供保证或抵（质）押担保证明材料，公司给个人提供保证担保需提供董事会或股东会同意担保或抵质押的决议</td></tr>
<tr><td colspan="2">经××市商业银行个人贷款申请书</td></tr>
<tr><td colspan="2">贷款调查报告</td></tr>
<tr><td colspan="2">贷款尽职调查意见表</td></tr>
<tr><td colspan="2">××市商业银行要求的其他材料</td></tr>
<tr><td rowspan="4">◇汽车消费贷款</td><td>个人收入证明材料</td></tr>
<tr><td>购车协议</td></tr>
<tr><td>汽车型号、发动机号、价格等证明材料</td></tr>
<tr><td>汽车用途证明</td></tr>
<tr><td rowspan="4">◇个体经营者贷款</td><td>营业执照</td></tr>
<tr><td>近三个月完税凭证</td></tr>
<tr><td>经营收入状况</td></tr>
<tr><td>税务登记证明及其他</td></tr>
<tr><td rowspan="5">◇下岗失业人员小额担保贷款</td><td>劳动保障部门核发的再就业优惠证</td></tr>
<tr><td>经当地劳动保障部门初审机构推荐材料</td></tr>
<tr><td>落实在本市的经营项目证明材料</td></tr>
<tr><td>劳动技能证明材料</td></tr>
<tr><td>政策性担保基金组织提供的担保材料</td></tr>
<tr><td rowspan="4">◇住房贷款</td><td>购房协议、合同</td></tr>
<tr><td>用于购房的自筹资金证明或预付款收据</td></tr>
<tr><td>拟提供给我行抵（质）押、保证担保等证明材料</td></tr>
<tr><td>公积金贷款需具备的相关材料</td></tr>
<tr><td colspan="2">风险评价</td><td colspan="2"></td></tr>
<tr><td rowspan="5">借款人主体资格审查</td><td colspan="2" rowspan="4">审查要素</td><td colspan="2">是否为年满18周岁至60岁具有完全民事行为能力的中国公民</td></tr>
<tr><td colspan="2">是否有稳定收入来源</td></tr>
<tr><td colspan="2">有无重大不良信用记录</td></tr>
<tr><td colspan="2">是否具备我行个人贷款的其他资格条件</td></tr>
<tr><td colspan="2">风险评价</td><td colspan="2"></td></tr>
<tr><td rowspan="4">借款人资信情况审查</td><td colspan="2" rowspan="3">审查要素</td><td colspan="2">借款人资信状况</td></tr>
<tr><td colspan="2">担保人资信状况</td></tr>
<tr><td colspan="2">在我行贷款记录及还款情况</td></tr>
<tr><td colspan="2">风险评价</td><td colspan="2"></td></tr>
</table>

续表

贷款用途审查	审查要素	申请贷款用途
		相关合同材料
		是否符合《××市商业银行个人贷款管理办法》有关规定
	风险评价	
借款人还款能力审查	审查要素	借款人收入来源及稳定性分析
		担保方式及其相关资料
		还款方式可行性分析
	风险评价	
风险审查综合意见	主要风险揭示	
	风险控制措施评价及建议	
	审查经办人	签名： 年 月 日
风险审查中心副主任意见	签名： 年 月 日	
风险审查中心主任意见	签名： 年 月 日	
分管副行长意见	签名： 年 月 日	

业务操作二 电话核实

审查人要拨打借款申请人电话，对借款申请人借款行为和贷款用途进行核实，并记录拨打电话时间和内容。对无法联系借款申请人的，审查审批人要通知贷款经办行联系借款申请人。

案例

近几年，北京市一中院连续审理了数起以汽车消费贷款方式进行诈骗的案件，涉案金额少则千万余元，多则超过亿元。

某年9月初，涉案金额达1亿多元的国内最大一起车贷诈骗案，在北京市一中院一审判决。该案主犯陈×、施×犯合同诈骗罪，分别被判处无期徒刑。×行××支行汽车金融服务中心主任李××犯合同诈骗罪、违法发放贷款罪，两罪并处判有期徒刑20年。李××在任职期间，违反规定为蓄意诈骗购车贷款的经销商发放车贷共计1.3亿余元。案发后，尚有被骗贷款1亿余元没有退还。

案例点评：银行内部对相关人员监督制约不力，成为滋生内外勾结共同犯罪的土壤。从进行家访的外勤人员到最终签字的主管副行长，银行的车贷需经四层审核。但由于单纯追求业绩，加之业务量大，通常外勤人员和车贷中心主任就能对车贷审核起决定性作用，接下来的两层审核大多时候成了走过场，失去了应有的监督、制约功能。

提问：个贷业务量日渐增大，银行在发展业务的同时，如何不让审批过程流于形式、发挥个贷审查审批应有的制约功能？

业务操作三　撰写贷款审查报告

一、借款申请人家庭基本情况审查

家庭基本情况调查主要包括申请人的姓名、性别、年龄、婚姻状况、户籍、常住地、职业、健康程度、家庭人口、信誉、有无不良嗜好、家庭成员的相关情况和家庭资产负债情况。

例如，×××，女，汉族，31岁，已婚，户籍地址为××市贵池区木闸乡惠民村桥河组×号，现租住在翠微苑小区。申请人现从事网吧经营行业，注册有个人独资企业，企业名称为顶星网吧，持有网络文化经营许可证和公安局核发的安全审核意见书，经营场所位于池州市贵池区兴佳小区×号楼×××－×××号门面。申请人丈夫×××，34岁，为市公安局驾驶员。经社会调查和查看个人征信系统，×××夫妇信誉状况良好，无不良嗜好。申请人家庭资产约75万元，银行负债9万元。

二、借款申请人目前授信、用信及本次申报贷款（授信）情况审查

（1）借款申请人在他行授信及用信情况。例如，×××夫妇目前在他行无负债。

（2）借款申请人在我行授信、用信及本次申请贷款（授信）情况。

承前例：

×××配偶×××在我行木闸分理处有农户贷款9万元，未到期，信用记录良好。

三、业务的合规性审查

（1）信贷授权权限：符合总行对个私部的信贷经营授权；

（2）贷款程序：该笔信贷业务符合我行规定的流程和办理时限，不存在减程序或逆程序操作问题；

（3）贷款对象主体资格和准入：×××是否符合法律法规和我行相关规定，具备借款主体资格；

（4）贷款金额：该笔贷款金额是否超过本行风险限额和单户限额；

（5）贷款授信期限：该笔贷款期限是否符合本行个人房产抵押贷款的规定；

（6）贷款用途：该笔贷款用途是否符合本行个人房产抵押贷款规定；

（7）贷款担保方式：该笔贷款担保方式、担保率等是否符合本行担保管理办法和个人房产抵押贷款规定。

四、申报资料及内容完备性审查

（1）调查报告对借款申请人家庭基本（经营）情况、资产负债情况、人品、职业、健康等对贷款有重要影响的要素进行了比较准确、充分表述，且提供了身份证、户口簿、营业执照、个人征信查询记录等必要的证明材料；

（2）调查报告对借款申请人还款能力进行了细致分析，比较充分，且提供了银行流水等必要的证明材料；

（3）调查报告对担保的有效性进行了分析，分析比较充分，且提供了抵押人身份证、户口簿、房产证、购房发票等证明材料；

（4）调查报告对贷款用途、贷款金额、贷款期限的合理性进行了分析，提供了购货合同的证明材料，通过购货合同确认贷款金额合理。贷款金额与申请人家庭经营净收入比较，贷款期限合理。

五、风险分析

（1）分析、揭示借款人的收入风险、经营管理风险、行业风险、市场风险及担保风险等。

（2）提出相应的风险防范措施。

承前例：

虽然目前由于网吧数量相对固定，经营收入比较稳定，但随着家庭和办公电脑的普及和茶楼、浴池等休闲场所都逐渐配备电脑，其经营收入下降成为必然，因此从长远看该行业成长性较差。

另外，从经营风险来看。文化主管部门对该行业监管力度较大，如有违规经营行为，处罚措施严厉，此外还有安全管理的风险，如果出现火灾和其他突发事件，将直接关系到其能否持续经营。

六、提出审查意见

在全面论证、平衡风险收益的基础上，提出审查结论。

承前例：

同意对×××发放房产抵押贷款人民币21万元，期限3年，用途为购电脑设备，按月结息，分年还款。贷款利率执行基准利率上浮30%，以其亲戚吴××名下位于××区青阳路以东胜利路已北城北花园C区×幢×××室抵押。同时要求：

（1）放款前办妥我行为第一顺序抵押权人的抵押登记手续和对抵押物承租人履行抵押告知手续，并要求其在告知书上签字；

（2）严格按照《个人贷款管理暂行办法》的要求发放贷款和支付信贷资金；

（3）要求借款人的经营收入必须全部归集到其在我行开立的账户，并加强安全管理和合规经营；

（4）加强贷后管理，定期检查其在我行账户资金流量，发现异常要立即查明原因。定期现场查看经营情况和抵押物实物状态。

审查人（签名）： 年 月 日

审查人在审查表中签署审查意见，并将审查意见录入公司信贷管理系统，同时在个人信贷管理系统中将贷款申请、贷款审查表发送签批人。

业务操作四 贷款签批

贷款签批人（贷款经办行行长或经授权的副行长）收到贷款资料后，在审阅审批意见和有关资料后，结合本行经营管理情况，最终决定贷款是否发放，签署签批意见，并在个人信贷管理系统中录入签批意见。

业务操作五 反馈审批结论，资料移交

审批结束后，有权审批行信贷审批部负责整理归纳审批结论及全体审批人意见，并将结论及审批意见及时通知申报行（部）。

审批结论为同意，经办行可直接进入发放环节。

审批结论为不同意的，申报行可申请复议。一笔信贷业务只能复议一次。

> 目前我国对个人贷款业务的审批采取区别对待的办法，即一定金额（或评分值）以内的贷款可以简化手续，在一个部门内分岗位调查和审批。超过一定金额（或评分值）的贷款则实行两个部门审贷分离。
>
> **提示**

案例

质押合同纠纷案

原告：佟×、齐×

被告：中国××银行××县梨树营业所（以下简称某营业所）、被告中国××银行××县支行（以下简称某支行）

被告：金×、马××

解析

2018年1月1日，原告佟×、齐×经佟××介绍将存于某支行白山营业所金额为1 200元的0245628号存单，金额为5 700元的0245629号存单交付给金×，当时双方约定金×负责将此未到期存单中的6 000元提前支取，借给金×，借款期限为一年，金×将剩余存款900元及利息返还给二原告。当时二原告未向金×提供身份证明，金×未给二原告出具欠据。后金×未将此存单存款支出。借款到期后，佟××代原告向金×催要借款，金×未偿还借款亦未将存单返还给原告。2019年6月，马××与被告营业所签订的借字（1998）第4号借款9 500元合同，金×未经原告同意将二份存单用于借款质押，被告营业所在办理借款手续时未见存单所有人身份证明，亦未审查出借款合同出质人栏中签字非存单所有人佟×、齐×本人签字。借款当时金×为被告营业所职工，任会统工作，现金×、马××下落不明。被告营业所无独立承担民事责任的能力，其民事责任由被告总行承担。原告齐×至起诉时仍系未成年人，无身份证。二原告的二份存单现保存在被告营业所处。

法院根据《中华人民共和国担保法》第六十四条、《中华人民共和国经济合同法》第七条第一款、第十六条、《中华人民共和国民法通则》第一百〇六条第二款之规定，判决如下：

一、被告营业所及×行将原告存于某支行白山营业所的0245628号、0245629号存单返还给二原告，如不能返还，赔偿原告存单金额及存款同期银行利息损失。

二、被告金×、马××负连带赔偿责任。

案件受理费286元、公告费用及实际支出费用1 000元由四被告负担。

提问：根据以上事实及有关规定，被告营业所在办理此笔质押贷款业务中是否存在过错，被告营业所及其总行是否应将存单返还给二原告？

知识要点

1. 审贷分离的操作规程
2. 分级审批的审批授权
3. 公司贷款审查的主要内容
4. 个人贷款审查的主要内容

操作要点

通过贷款资料的审查审批，撰写贷款审查报告，说明潜在风险，并提出有效防范措施。

推荐阅读

推荐阅读

问题讨论

解析

银行贷款程序环节很多，从贷前调查评级、贷款审查审批、贷款合同签订、贷款的发放、贷后管理直到贷款的回收。目前银行广泛推行网上在线e站式贷款，以此为客户提供优质高效的信贷服务，这种情况下，银行的贷款业务是否能责任到一人完成呢？

实训

1. 上网查找某上市非金融企业贷款资料，分组（7人一组）扮演贷款审查委员会不同的角色，根据贷审会工作流程对该公司进行具体贷款业务的审查审议。

2. 上网查找个人贷款案例进行分组讨论，分析审批环节中出现的漏洞。

9 项目九 贷款合同签订及贷款支付

学习目标

知识学习目标：

1. 掌握公司贷款及个人贷款合同的主要条款。
2. 了解填写贷款合同的注意事项。
3. 了解贷款支付方式。

技能训练目标：

根据要求，规范填写及签订贷款合同，落实担保手续，审核贷款支用条件。

工作任务

应完成的工作任务：

1. 根据要求，规范填写及签订贷款合同。
2. 合同签订后，落实担保或交付等手续。
3. 审核贷款支用条件。

完成工作任务应提交的标志性成果：

1. 公司贷款合同签订及贷款发放：贷款合同、担保合同、授信业务审批条件落实情况审查表、借款借据。

2. 个人贷款合同签订及贷款发放：贷款合同、担保合同。

模块一 公司贷款合同签订及贷款支付

PPT：公司贷款合同签订及贷款支付

任务描述

1. 掌握公司贷款合同的主要条款。
2. 了解填写公司贷款合同的注意事项。
3. 了解贷款支付方式。

☞业务描述

1. 根据要求，规范填写及签订公司贷款合同。
2. 合同签订后，落实担保或交付等手续。
3. 审核贷款支用条件。

知识准备

一、公司贷款合同的主要特征

银行贷款合同是格式合同，主要表现在：银行贷款合同的内容完全由银行一方事先拟定，在各商业银行总行制定的统一格式下，合同的主要条款呈现统一性、标准性和规范性。借款人只能表示接受或者拒绝，而不能做出修改或者变更。

想一想

如果格式合同的当事人就格式条款发生争议，根据我国目前的法律规定，应作有利于贷款人还是借款人的合同解释？

解析

二、公司贷款合同的主要条款解释

1. 贷款的种类

银行业务系统根据公司贷款各项业务类型，例如国际保理业务、固定资产贷款等自动生成。

2. 币种

币种分为人民币贷款和外汇贷款。

3. 金额

本栏应填写本金金额，不包括利息或其他费用。

4. 用途

借款人有义务按照约定的贷款用途使用贷款，不得挪用，贷款人有权利监督、检查借款人的贷款使用情况，如发生挪用，贷款人有权利按照有关规定收取罚息。

小贴士

《贷款通则》对贷款用途的限制

（1）借款人不得用贷款从事股本权益性投资，国家另有规定的除外；

（2）借款人不得用贷款在有价证券、期货等方面从事投机经营；

（3）除依法取得房地产资格的借款人以外，不得用贷款经营房地产业务；依法取得经营房地产资格的借款人，不得用贷款从事房地产投机；

（4）借款人不得套取贷款用于借款牟取非法收入。

5. 贷款期限

贷款期限指根据借款人的生产经营周期、现金流量、还款能力和贷款人的资金供给能力由借贷双方共同商议后确定，并在贷款合同中载明。借款人不能按期归还贷款的，应当在贷款到期日之前，向贷款人申请贷款展期。是否展期由贷款人决定。申请保证贷款、抵押贷款、质押贷款展期的，还应当由保证人、抵押人、出质人出具同意的书面证明。已有约定的，按照约定执行。

小贴士

短期贷款展期期限累计不得超过原贷款期限；中期贷款展期期限累计不得超过原贷款期限的一半；长期贷款展期期限累计不得超过 3 年。国家另有规定者除外。借款人未申请展期或申请展期未得到批准，其贷款从到期日次日起，转入逾期贷款账户。

6. 贷款利率及利息计收方式

贷款人应当按照中国银行业监管机关规定的贷款基准利率允许浮动的上下限，确定每笔贷款利率。如果签订的是浮动利率，合同履行期间如遇国家调整法定利率或变更法定计息方法，则贷款合同项下借款利率或计息方法也作相应调整。

想一想

如果签订的是固定利率，是否也需要调整？

解析

利息从借款人第一次提款日起按实际提款额和实际提款天数计算，按季结息的，每季度末月的 20 日为结息日；按月结息的，每月的 20 日为结息日。具体结息方式由借贷双方协商确定。如贷款本金的最后一次偿还日不在付息日，则借款人需在贷款本金的最后一次偿还日付清全部应付利息。借款人须于每一付息日当日付息，贷款人也可以从借款人存款账户中直接扣收。

对贷款期内不能按期支付的利息按贷款合同利率按季或按月计收复利，贷款逾期后改按罚息利率计收复利。

贷款展期，期限累计计算，累计期限达到新的利率期限档次时，自展期之日起，按展期日挂牌的同档次利率计息；达不到新的期限档次时，按展期日的原档次利率计息。

小贴士

贷款利息的计算通常“算头不算尾”，即提款日计利，还款日不计利。生息天数以实际天数为准。

贷款清偿时，利随本清。

7. 提款

（1）贷款合同应规定，借款人提款时应具备的先决条件。贷款合同并不都是在签字后立即执行提款，有些必须等到合同所规定的某些条件已经具备的时候才能执行提款，甚至在贷款开始执行后，通常还要求在以后每次提款时要满足进一步的条件。这些条件就是提款的先决条件。

想一想

银行这样做的目的是什么？

解析

先决条件的内容可以因情况的不同而有所不同，一般可以分为两类：一类是涉及贷款合同项下全部义务的先决条件；另一类是涉及每一笔贷款的先决条件。

①贷款合同项下全部义务的先决条件。设定涉及贷款合同项下全部义务的先决条件的目的，是为了保障贷款人的利益。这类先决条件通常可能包括：

A. 提供借款人的公司营业执照、组织文件，如公司章程等；

B. 提供借款人对于借款的一切必要的文件，包括股东大会或董事会的决议、授权委托书等；

C. 按照约定由借款人在贷款人的营业场所开立账户；

D. 提供律师意见书；

E. 提供有关的项目协议；

F. 办妥约定的担保手续、监管手续等；贷款人经核保确认担保合同的订立是担保人真实意思的表示；

G. 提交提款通知、提款的授权委托书；

H. 借款人在签订贷款合同时所做的陈述和保证，在其提取贷款之日仍然保持正确，没有发生任何实质性的不利变化；

I. 借款人没有发生任何违约事件，或有可能构成违约的其他事件。

②每一笔贷款的先决条件。固定资产项目贷款，由于项目投资较大，资金一般都分期投入，银行通常要求借款人应根据项目的实际进度制订出提款计划。

小贴士

上述可以在合同中约定的提款先决条件，并非合同成立的条件，而是合同已经成立的前提下借款人在提款时应当具备的条件。只要借款人一旦具备约定条件，贷款人就负有放款之义务。

（2）贷款合同通常都规定借款人可提取贷款的具体期限，并规定借款人应在提款前若干天通知贷款人。贷款合同一般不规定借款人承担提取贷款的义务，而只是授予借款人在需要资金时有提取贷款的选择权，但如果借款人届时不提取贷款，贷款人通常会要求借款人支付一笔贷款人承诺贷款的费用，以补偿贷款人因所承诺贷款的资金搁置而造成的损失。

8. 还款

（1）贷款合同应该明确还款计划，借款人必须按照还款计划还款。还款方式一般有两种，即：还款期结束前一次性归还全部贷款或在还款期内分次还款。

（2）提前还款。如借款人根据自身需要提前还款，应提出书面申请，经贷款人同意方可提前还款。

9. 担保方式

贷款合同应该明确担保方式，保证、抵（质）押或其中某几种方式。担保合同项下债务履行其间，如遇保证人财务状况恶化或因其他原因导致偿债能力明显下降，或遇抵押物、质押物贬值、毁损、灭失，致使担保能力明显减弱或丧失时，贷款人有权要求借款人更换保证人或重新提供新的抵押物、质押物担保该合同项下债务。

小贴士

贷款合同可以设置担保条款，也可以另行签订担保合同。

10. 违约事件及其处理

违约事件是指合同当事人不履行合同规定义务的情况，分借款人违约和贷款人违约。

（1）借款人违约事件及其处理。借款人违约事件包括：

①借款人采用欺诈手段隐瞒真实情况，提供虚假证明材料。

解析

想一想

银行为什么会主动请求法院判定贷款合同无效？

A 企业向某银行申请贷款，依照贷款审查的有关规定，该银行对 A 企业提交的财务报表和项目报告进行了审查，在认定 A 企业财务状况良好、项目有市场前景的基础上，银行同意向该企业发放贷款，双方签订贷款合同，约定贷款金额为 500 万元，分 3 次贷给 A 企业，贷款期限为 2 年。银行在发放第一笔贷款之后，发现 A 企业提供的财务报表属于虚假报表，于是停止向其继续发放贷款，同时向法院提起诉讼，要求法院认定贷款合同无效，并要求 A 企业立即归还已经获得的贷款并支付相应的贷款利息。

②不按照借款合同规定用途使用贷款的。

③借款人未按合同约定偿还或支付到期本金、利息、费用及其他任何应付款项。

④借款人在其他贷款合同或担保合同下发生了违约事件，或保证人、抵押人、质押人在担保合同项下发生违约事件，可能影响借款人履行合同项下的义务。

什么是不安抗辩权？　小贴士

此条款颇有“先下手为强，后下手遭殃”的味道，即试图赶在借款人其他贷款合同项下的债务出现偿还危机之前采取救济措施，以避免自己处于比其他债权人更糟的处境。

不安抗辩权是指先给付义务人在有证据证明后给付义务人的经营状况严重恶化，或转移财产，抽逃资金，以逃避债务，或者丧失商业信誉，以及有丧失或者可能丧失偿还债务能力的其他情形时，可中止自己的履行，对方未在合理的期限恢复履行能力并且未提供适当担保的，中止履行的一方可以解除合同。不安抗辩权是一种自助权，先履行方有证据表明对方不能履行对等给付的危险时可中止履行合同而无须经对方同意或经过诉讼、仲裁程序。

具体到借款合同而言，贷款人按照合同约定发放贷款，即为先履行债务的当事人，借款人即后给付义务人，如出现经营状况恶化、转移财产、逃避债务、丧失商业信誉、有丧失或者可能丧失履行债务能力的其他情形，贷款人如有证据证明则可中止履行合同并通知借款人。本案中贷款人经营状况恶化，无力还债，发生重大诉讼等都属于行使不安抗辩权的前提。一般情况下借款人不能在合理期限内恢复履行能力并且提供适当担保，贷款人可以解除合同提前要求借款人偿还贷款。

银行在行使该权利时应注意以下几点：①有确切证据证明借款人有经营状况恶化、逃避债务等情形。②将中止合同通知借款人。③只有在借款人未恢复履行能力且未提供适当担保的情况下，贷款人才可以解除合同。

⑤借款人拒绝或阻挠贷款人对贷款使用情况进行监督检查的。

⑥未经贷款人同意，借款人将设定抵押权或质押权的房屋或有价证券拆迁、出售、转让、赠予或重复抵押的。

⑦保证人违反保证合同或丧失承担连带责任能力，抵押物毁损不足以清偿贷款本息，质押物明显减少影响贷款人实现质押权的，而借款人未按要求落实新保证或新抵押（质押）的。

⑧借款人因任何原因停止项目建设或生产经营、终止营业或被宣告破产。

⑨借款人违反了合同中有关其义务的任何其他规定。

如出现上述任何违约事件，贷款人有权分别或同时采取下列措施：

①限期借款人纠正违约事件；

②停止借款人提款或取消借款人尚未提用的借款额度；

③宣布贷款合同项下的借款本息全部立即到期，贷款人有权立即从借款人在贷款人开立的存款账户中扣款用于偿还被贷款人宣布提前到期的所欠全部债务；

④宣布借款人在与贷款人签订的其他贷款合同项下的借款本息立即到期，要求借款人立即偿还贷款本息及费用。

（2）贷款人违约事件及处理。贷款人违约事件包括：

①贷款人无正当理由未按本合同约定向借款人提供贷款；

②贷款人违反本合同约定擅自加收或变相加收贷款利息或其他费用。

如出现上述违约事件，借款人有权同时或单独采取下列措施：

①限期贷款人纠正上述违约事件；

②提前还款，并且不支付任何提前还款损失赔偿金。

11. 费用

除法律另有规定外，与贷款合同有关的费用均由借款人支付或偿付。

12. 债权、债务转让

未经贷款人书面同意，借款人不得将贷款合同项下任何权利、义务转让给第三人。如经贷款人书面同意，借款人将贷款合同项下权利、义务转让给第三人，则该第三人应无条件地遵守该合同的全部条款。

13. 合同的补充、变更和解释

贷款合同经借贷双方书面同意可以修改或补充；合同的任何修改和补充均构成贷款合同不可分割的一部分。

如遇国家法律、法规或司法实践的任何变化导致贷款合同某些条款成为非法或失去强制执行性，贷款合同其他任何条款的合法性、有效性和强制执行性均不受影响。同时借贷双方当事人应密切合作，尽快修改本合同中成为非法、无效或失去强制执行性的有关条款。

14. 争议、管辖和放弃豁免

贷款合同的订立、效力、解释、履行及争议的解决一般均适用中华人民共和国法律。在合同履行期间，凡因履行合同所发生的或与合同有关的一切争议、纠纷，双方可协商解决。协商不能解决时，当事人任何一方可以依法直接向人民法院起诉。借款人不得以解决争议为由拒不履行其在贷款合同项下的任何义务。

除司法解决之外，借贷双方可协商采取仲裁解决争议。仲裁程序按照中华人民共和国仲裁法和仲裁委员会规则执行，在仲裁期间，借款人不得以解决争议为理由拒不执行其在贷款合同项下的任何义务。

15. 合同生效条件及有效期

贷款合同经借贷双方的法定代表人或授权代理人签字或加盖公章后生效，有效期至合同项下借款本息及相关费用清偿完毕之日为止。

小贴士

在贷款合同中，也可以约定该合同的生效条件。例如担保文件的取得、担保合同的签订、抵押登记的办理、质押物的交付、公证书的出具等。

16. 其他条款

合同当事人认为应当在合同中约定的其他事项，而本合同条款未涉及的，由双方协商一致后在其他约定事项中填列。尤其是对一些可能合法，但不利于保护信贷资产的潜在风险，必须周密考虑。其他约定事项应报同级法律部门审查。

业务操作一　填写合同

一、总体原则

应当做到标准、规范、要素齐全、数字正确、字迹清晰、不错漏、不潦草，防止涂改。

二、固定条款不得修改

除按要求填写预留空白栏外，信贷人员不得对标准信贷法律文书中固有条款作文字解释性说明或修改。确有必要进行修改的，必须按照商业银行法律性文件审查程序进行审查后方可签（出）具。

三、预留空白栏的填写

（1）对于空白栏后有备选项的，应在横线上填好选定的内容后，对未选定的内容加横线表示删除。

（2）文书条款中的单个空白栏，如根据实际情况不准备填写内容的，应加盖“此栏空白”字样的印章。

（3）标准法律文书中“其他约定事项”等条款中连续多个空白栏，如根据实际情况不准备填写，应加盖“以下空白”字样的印章。

四、金额、数字和期限的填写

（1）金额的填写，一律用中文大写数字进行填写，如壹、贰、拾、佰、零等。但金额需同时用阿拉伯数字与中文大写数字表示的，或需依据国际惯例要求填写的除外。

（2）文书中“____年____月____日”中的日期，“%”“‰”等符号前拟填写的数字，应该用阿拉伯数字进行填写。

（3）文书中“____个工作日”“提前____日”“万分之____”“每____个月”等空白栏中，应用中文大写数字填写，如壹、贰、叁、拾等。

（4）关于借款期限的填写：借款期限为整年的，借款期限的最后一日，为借款期限起始日在对年对月对日的前一日。

五、书写工具

为保证文书字迹清晰、不易褪色、不易篡改，填写文书应使用钢笔、毛笔，打印或者印刷，不得使用铅笔、圆珠笔书写。用钢笔书写时，应使用蓝黑或碳素墨水。

业务操作二　审核合同

（1）合同填写完毕后，填写人员应及时将合同文本交合同复核人员进行复核。同笔贷款的合同填写人与合同复核人不得为同一人。

（2）合同复核人员根据审批意见复核合同文本及附件条件填写的完整性、准确性、合规性。主要包括：文本书写是否规范；内容是否与审批意见一致；合同条款填写是否齐全、准确；文字表达是否清晰；主从合同及附件是否齐全。

（3）复核人员应就复核中发现的问题及时与合同填写人员沟通，并建立复核记录，交由合同填写人员签字确认。

业务操作三　签订合同

一、签订贷款主合同（见表9-1）

（1）除乙方以外的合同其他当事人为法人或其他组织的情况下，签字人应为法定代表人或负责人本人签字（注意：不应为签字人的私章）。如果签字人为授权代理人，应仔细核实其授权委托书，确保其签字行为属于授权事项，且在授权有效期内，以防止发生无权代理的法律后果。

（2）此处的“乙方”为商业银行的各级分支机构，因此“公布”应为相应的分支机构的公章，签字人则为该分支机构的负责人或授权代理人。应当注意的是，如果签字人为授权代理人，则应在授权委托书中详细、准确地规定授权事项。

（3）客户基本资料的填写。标准法律文书中的合同封面等处，通常需要填写客户名称、住所、法定代表人等客户基本资料。这些资料对于确定客户身份、日常业务联系、诉讼文书的填写及送达等具有重要意义，因此应当认真填写。

①对于“借款人”“保证人”“抵押人”“出质人”“甲方”“丙方”等处，应填写当事方的正式名称全称，并应与该方在签字盖章处所盖公章上的名称相符（对于法人或非法人组织客户），或与该方有效身份证件上名称相符（对于个人客户）；

②客户是法人的，“法定代表人（负责人）”一栏应填写法定代表人名字；客户是法人以外的其他组织的，该栏应填写主要负责人名字。

③关于“住所”栏，客户是法人或非法人组织的，应填写其有效《营业执照》上注明的场所。

④其他诸如“基本开户行”“账号”“电话”等栏，均应如实填写。

（4）关于合同文本骑缝章。文本超过一页的合同书，以及所有打印后粘贴于格式合同上的条款，都应当加盖骑缝章。当事人为自然人的，应当在骑缝处签字。

> **提示**
>
> 骑缝章的最大的作用是能够对多页整体文书（或合同）中单独存在的页面的真实性进行确认，由于公章保管在自己处，而一旦对方对盖有骑缝章的页面有更换的话，很容易被发现。盖时，一个章同时盖在几页上，能形成一个完整确认体就可以了。
>
> 两种盖法：第一种是把合同卷起来，把章盖在散开的页侧面。第二种是在所有对开的两页纸的中缝处盖章。

（5）合同中如有小的笔误，应重写上正确内容并加盖“更正章”。

表 9－1　　借款合同

合同编号：　　　　年　　字　　号

流动资金借款合同

借款人（甲方）：________________

住所（地址）：________________

法定代表人：________________

贷款人（乙方）：________________

住所（地址）：________________

法定代表人（负责人）：________________

目　　录

第一条　借款种类

第二条　借款用途

第三条　借款金额和期限

第四条　借款利率和计息

第五条　还款资金来源及还款方式

第六条　担保

第七条　双方的权利和义务

第八条　违约责任

第九条　合同的生效、变更、解除和终止

第十条　争议的解决

第十一条　其他事项

第十二条　附则

甲方因本合同 2.1 条的需要，特向乙方申请借款。乙方同意向甲方贷款。为明确双方的权利、义务，根据《合同法》、《贷款通则》和其他有关法律、法规，甲、乙双方经平等协商一致，订立本合同。

第一条　借款种类

1.1　本合同项下的借款为（中期或短期）流动资金借款。

第二条　借款用途

2.1　本合同项下的借款用途为：________________________________

____

________________________________。

续表

2.2　　未经乙方书面同意，甲方不得改变本合同中确定的借款用途。

第三条　　借款金额和期限

3.1　　本合同项下的借款金额为人民币（大写）__________元（小写）______________元（大小写不一致时，以大写为准，下同）。

3.2　　本合同项下的借款期限为______个月，自______年______月______日起至______年______月______日止。

3.3　　甲方应按本合同3.2条的约定一次性提取借款，如因特殊原因经乙方书面同意可提前或推迟______日提款。实际提款日和还款日以甲、乙双方办理的借据上所记载的日期为准。借据或借款支取凭证是本合同不可分割的组成部分，除日期以外，其他记载事项如与本合同不一致的，以本合同为准。

第四条　　借款利率和计息

4.1　　本合同项下借款自实际提款日起依据实际借款天数按日计息（日利率=年利率/360），按____（月/季）结息，结息日为_______________（每月的20日/每季末月的20日），结息日为非银行工作日的，则顺延至下一个银行工作日。借款到期，利随本清。

4.2　　本合同项下的借款利率按下列______方式确定：

4.2.1　年利率为______%的固定利率，合同期内不调整。

4.2.2　本合同利率确定为在中国人民银行相应档次基准利率基础上____（上/下）浮____%。合同利率实行一期一调整，以______（年/半年/季/月）为一期。第一期的利率确定时间为贷款合同生效日，由乙方按贷款合同生效日的相应档次的中国人民银行基准利率和双方约定的浮动幅度确定第一期利率，即年利率____%，第二期及以后各期的利率确定时间为贷款合同生效日的对应日，由乙方按贷款合同生效日的对应日的相应档次的中国人民银行基准利率和双方约定的浮动幅度确定当期利率。如遇调整当月不存在与贷款合同生效日对应的日期，则以该月最后一日为对应日。[①]

分期提款的，一期内无论分几次提款，都按贷款合同生效日或对应日确定的当期利率执行，并在下一期贷款合同生效日的对应日同时调整。

4.2.3　　其他方式：____

____

____。

乙方于利率变更之日起30日书面通知甲方，但通知送达与否不影响执行。

4.3　　如遇中国人民银行调整利率或利率确定办法，则按中国人民银行的有关规定办理。

第五条　　还款资金来源及还款方式

5.1　　甲方偿还本合同项下借款本息的资金来源于但不限于：

5.1.1 ____；

5.1.2 ____。

5.2　　无论甲方作为一方当事人的其他任何合同对甲方的还款资金来源有任何约定，该约定均不能影响甲方在本合同项下还款义务的履行。无论出现何种情况，甲方都不得援用5.1条而拒绝履行其在本合同项下的还款义务。

5.3　　甲方应按本合同约定按时足额支付利息，并按下列______项的约定偿还借款本金：

5.3.1　　一次还本，甲方应于________年______月____日偿还全部借款本金；

5.3.2　　分次还本，具体还本金额和日期如下：

5.3.2.1 ______年____月____日，金额（大写）______元

（小写）______元；

① 贷款合同生效日的对应日，是指贷款合同生效日满一期之后的相应日期，如，贷款合同生效日为某年5月9日，则以一月为一期的第二期对应日为该年6月9日；以一季为一期的第二期对应日为该年8月9日；以半年为一期的第二期对应日为该年11月9日，以一年为一期的第二期对应日为次年5月9日，以后各期依此类推。

续表

5.3.2.2 ______年____月____日，金额（大写）______元
（小写）________元；
5.3.2.3 ______年____月____日，金额（大写）______元
（小写）________元；
5.3.2.4 ______年____月____日，金额（大写）______元
（小写）________元；
5.3.2.5 ______年____月____日，金额（大写）______元
（小写）________元；
（期数较多时可附页）
5.4　甲方于本合同约定的结息日或还本日前在乙方开立的账户上备足当期应付之利息或本金，并授权乙方于约定的结息日或还本日从甲方账户主动划收。
第六条　担保
6.1　本合同项下借款的担保方式为：______________________________。
6.2　甲方有义务积极协助乙方并使乙方与担保人就本合同之具体担保事项签订编号为：____________的担保合同。
6.3　本合同项下之担保如发生了不利于乙方债权的变化，经乙方通知，甲方应按要求另行提供令乙方满意的担保。
第七条　双方的权利和义务
7.1　甲方的权利、义务：
7.1.1　按本合同约定期限和用途提取和使用借款；
7.1.2　甲方提前还款，应经乙方同意，并补偿乙方的预期收益损失及其他费用。
7.1.3　对贷款审查过程中所提供材料的真实性、准确性、完整性负责；
7.1.4　自觉接受乙方对本合同项下借款使用情况的调查、了解及监督；
7.1.5　积极配合乙方对其有关生产、经营和财务情况的调查、了解及监督，并有义务向乙方提供相关各期的损益表、资产负债表等报表资料；
7.1.6　按本合同之约定清偿本合同项下的借款本金及利息；
7.1.7　承担本合同项下有关费用的支出，包括但不限于用于公证、鉴定、评估、登记等事项的费用；
7.1.8　对乙方向其寄出或以其他方式送达的催收函或催收文件，签收后应在3日内将回执寄出；
7.1.9　如进行承包租赁、股份制改造、联营、合并、兼并、合资、分立、减资、股权变动、重大资产转让以及其他足以影响乙方权益实现的行动时，应至少提前30日通知乙方，并经乙方书面同意，否则在清偿全部债务之前不得进行上述行为；
7.1.10　变更住所、通讯地址、营业范围、法定代表人等工商登记事项的，应在有关事项变更后7日内书面通知乙方；
7.1.11　如发生对其正常经营构成危险或对其履行本合同项下还款义务产生重大不利影响的任何其他事件，包括但不限于涉及重大经济纠纷、破产、财务状况的恶化等，应立即书面通知乙方；
7.1.12　发生歇业、解散、停业整顿、被吊销营业执照或被撤销时，应于事件发生后5日内书面通知乙方，并保证立即归还借款本息。
7.2　乙方的权利、义务：
7.2.1　要求甲方提供与本借款相关的全部资料；
7.2.2　依本合同约定或法律规定从甲方账户上划收依本合同约定甲方应偿付的借款本金、利息、复利、罚息及所有其他应付费用；
7.2.3　对甲方逃避乙方监督、拖欠借款本金及利息或其他严重违约行为，有权实行信贷制裁，有权向有关部门或单位予以通报，有权通过新闻媒体实现公告催收；

续表

7.2.4　依本合同约定按期足额向甲方提供借款（因甲方原因造成迟延的除外）； 7.2.5　对甲方提供的有关其债务、财务、生产、经营等方面的资料及情况保密，但本合同另有约定和法律法规另有规定的除外。 第八条　违约责任 8.1　本合同生效后，甲、乙双方当事人均应履行本合同所约定的义务。任何一方不履行或不完全履行本合同所约定义务的，应当依法承担违约责任。 8.2　甲方未按本合同3.3条约定办理并提取借款的，乙方有权按合同利率按日计收迟延违约金。 8.3　乙方未按本合同3.3条约定办理并提供借款的，按合同利率按日支付迟延违约金。 8.4　未经乙方书面同意，甲方提前归还本合同项下借款的，乙方有权依照本合同约定的借款期限和利率计收利息。 8.5　甲方到期不偿还本合同项下借款本金及利息的，乙方有权限期清偿，甲方授权乙方扣收甲方开立在中国工商银行及其所有分支机构的所有账户中的资金以抵偿本合同项下的债务。同时对逾期借款按合同利率加收____（30%—50%）的利率计收罚息，并对未支付利息按合同利率加收____（30%—50%）的利率计收复利。 扣划款项为外汇的，按扣划日乙方所公布的外汇买入价折算。 8.6　甲方未按本合同约定用途使用借款的，乙方有权停止发放贷款、有权提前收回部分乃至全部借款或解除合同，并对甲方违约使用的借款根据违约使用天数按合同利率加收（50%—100%）的罚息，并对未支付的利息按合同利率加收____（50%—100%）的利率计收复利。 8.7　借款期内甲方不能按期支付的利息按本合同约定的利率计收复利，借款逾期后改按8.5条约定的利率计收复利。 8.8　甲方使用借款如同时出现8.5、8.6所列情形的，乙方应择其重而处罚，不能并处。 8.9　甲方有下列行为之一的，应在收到乙方通知后7日内予以改正并采取令乙方满意的补救措施，否则乙方有权提前收回部分乃至全部借款；不能收回的，按逾期借款利率按日计收违约金： 8.9.1　向乙方提供虚假的或者隐瞒重要事实的资产负债表、损益表和其他财务资料的； 8.9.2　不配合或拒绝接受乙方对其使用借款情况和有关生产经营、财务活动监督的； 8.9.3　未经乙方同意转让或处分，或者威胁转让或处分其资产重要部分的； 8.9.4　其财产的重要部分或全部被其他债权人占有，或被指定受托人、接收人或类似人员接管，或者其财产被扣押或冻结，可能使乙方遭受严重损失的； 8.9.5　未经乙方同意进行承包、租赁、股份制改造、联营、合并、兼并、合资、分立、减资、股权变动、转让以及其他足以影响乙方权益实现的行动而危及乙方债权安全的； 8.9.6　发生变更住所、通讯地址、营业范围、法定代表人等工商登记事项或对外发生重大投资等情况使乙方债权实现受到严重影响或威胁的； 8.9.7　涉及重大经济纠纷或财务状况恶化等，使乙方债权实现受到严重影响或威胁的；其他任何可能导致乙方借款合同项下债权实现受到威胁或遭受严重损失的。 8.9.8　其他任何可能导致乙方借款合同项下债权实现受到威胁或遭受严重损失的。 第九条　合同的生效、变更、解除和终止 9.1　本合同经甲、乙双方签字并盖章后生效；有担保的，自担保合同生效后生效。至本合同项下借款本金、利息、复利、罚息、违约金及所有其他应付费用偿清之日终止。 9.2　有下列情形之一的，乙方有权解除合同，并要求甲方提前归还贷款本息，赔偿损失： 9.2.1　甲方发生歇业、解散、停业整顿、被吊销营业执照或被撤销时； 9.2.2　本合同项下之担保发生了不利于乙方债权的变化，且甲方未能按乙方要求另行提供所需担保的； 9.2.3　甲方未按期归还借款或未按约定用途使用借款、借款欠息或其他严重的违约行为。 9.3　甲方如要求贷款展期，应于本合同到期日前30日向乙方提出书面申请及担保人同意继续担保的书面意见，经

续表

乙方审查同意，并签订展期协议后，本合同项下借款才相应展期；在双方签订展期协议前，本借款合同继续执行。 9.4　本合同生效后，除本合同已有之约定外，甲、乙任何一方都不得擅自变更或提前解除本合同，如确需变更或解除本合同，应经甲、乙双方协商一致，并达成书面协议。书面协议达成之前，本合同继续执行。 第十条　争议的解决 10.1　甲、乙双方在履行本合同过程中所发生的争议，首先应由甲、乙双方协商解决；协商不成的，则按下列第________项方式解决： 10.1.1　由____________________进行仲裁； 10.1.2　在乙方所在地法院通过诉讼方式解决。 第十一条　双方约定的其他事项 11.1 ____。 11.2 ____。 11.3 ____。 第十二条　附则 12.1　本合同附件是本合同不可分割的组成部分，与本合同正文具有同等法律效力。 12.2　合同履行中，如某个提款、还款日为非银行工作日，则顺延至下一个银行工作日。 12.3　本合同一式____份，甲方、乙方、_____方各执一份，具有同等法律效力。 甲方（公章）：　　　　　　　　　　乙方（公章）： 法定代表人（或负责人）：　　　　　法定代表人（或负责人）： （或委托代理人）　　　　　　　　　（或委托代理人） ____年___月___日　　　　　　　　　____年___月___日

二、签订担保合同（以抵押担保为例说明）（见表9－2）

> **提示**
>
> 物权法规定，主债权债务合同无效，则担保合同无效，但法律另有规定的除外。

表 9－2 **抵押合同**

合同编号

抵押权人（全称）：×××银行＿＿＿＿＿＿＿＿＿＿＿＿＿＿＿＿＿＿＿＿＿＿＿＿＿＿

抵押人（全称）：(1) ＿＿＿＿＿＿＿＿＿＿＿＿＿＿＿＿＿＿＿＿＿＿＿＿＿＿

(2) ＿＿＿＿＿＿＿＿＿＿＿＿＿＿＿＿＿＿＿＿＿＿＿＿＿＿

(3) ＿＿＿＿＿＿＿＿＿＿＿＿＿＿＿＿＿＿＿＿＿＿＿＿＿＿

为了确保＿＿＿＿＿＿＿＿＿＿＿（下称债务人）与抵押权人签订的编号为＿＿＿＿＿＿的＿＿＿＿＿＿（下称主合同）的切实履行，抵押人愿意为债务人依上述主合同与抵押权人所形成的债务提供抵押担保。根据国家有关法律法规，当事人各方经协商一致，订立本合同。

第一条　被担保的主债权种类、本金数额

本合同所担保的主债权种类为本金数额＿＿＿＿＿＿＿＿＿＿＿＿＿＿（币种及大写金额）。

第二条　抵押担保范围

本合同抵押担保范围包括：主合同项下的全部债务本金、利息、复利、罚息、违约金、损害赔偿金、律师费、诉讼费、抵押物处置费、过户费、执行费等抵押权人实现债权的一切费用。

第三条　抵押物

(1) 抵押人同意以下列财产＿＿＿＿＿＿＿＿＿＿＿＿＿＿＿＿＿＿（详见编号＿＿＿＿＿＿的抵押物清单）作为抵押物，上述抵押清单为本合同组成部分。

(2) 上述抵押物暂作价人民币（大写）＿＿＿＿＿＿＿＿＿＿＿＿＿＿，其最终价值以抵押权实现时实际处理抵押物的净收入为准。

第四条　抵押权的效力

抵押权的效力及于抵押物的从物、从权利、代位权、附和物、加工物和孳息。

第五条　抵押物的占管

(1) 本合同项下抵押物由抵押人占管，抵押人对抵押物负有妥善管理的义务。抵押权人有权监督和检查抵押物的管理情况。

(2) 在本合同有效期内，未经抵押权人书面同意，抵押人不得对抵押物做出赠予、转让、出租、出售、再抵押或其他任何方式的处分。经抵押权人书面同意，抵押人转让、出租、出售抵押物所得价款，应用于提前清偿所担保的主合同项下债务，或向抵押人和抵押权人商定的第三人提存。

(3) 本合同有效期内，抵押物毁损、灭失或被征用的，抵押人应及时采取有效措施防止损失扩大，同时立即通知抵押权人。抵押人由此所获得的保险金、赔偿金、补偿金等优先用于偿还主合同项下债务。

(4) 本合同有效期内，抵押物价值减少的，抵押权人有权要求抵押人恢复抵押物的价值或提供抵押权人认可的担保；抵押人拒绝恢复或者不提供担保的，抵押权人有权宣布主合同项下债务提前到期，可以要求债务人履行债务，也可以提前行使抵押权。

第六条　抵押物的保险

(1) 抵押人须根据抵押权人的要求办理有关保险，抵押权人为该项保险的第一受益人。

(2) 抵押人应将抵押物的保险单据原件交与抵押权人保管。

(3) 在本合同有效期内，抵押人不得以任何理由中断或撤销保险。如保险中断，抵押权人有权代为办理保险手续，一切费用由抵押人承担。抵押权人有权从抵押人的任何账户上划收上述款项。

(4) 抵押物发生保险事故的，保险金应优先用于偿还主合同项下债务及相关费用。

第七条　抵押登记

抵押人应在本合同签订后＿＿＿＿天内到有关登记机关申办抵押登记手续，并将抵押物的他项权利证书、抵押登记文件的正本原件及其他权利证书交抵押权人保管。

第八条　抵押权的实现

(1) 主合同项下债务履行期限届满，抵押权人未受清偿的，抵押权人有权依法以抵押物折价、或者拍卖、变卖抵押物的价款优先受偿。上述“期限届满”包括抵押权人依照国家法律、法规的规定或主合同的约定宣布主合同项下债务提前到期的情形。

续表

(2) 抵押人为两人以上的，抵押权人行使抵押权时有权处置任一或各个抵押人的抵押物。

第九条　　抵押人声明与承诺

(1) 抵押人对抵押物具有充分的、无争议的所有权或处分权。

(2) 抵押物依法可以流通或转让。

(3) 抵押物不存在被查封、被扣押、被监管、重复抵押等情况。

(4) 抵押人没有隐瞒抵押物项下拖欠税费、工程款等款项及抵押物出租的情况。

(5) 抵押人已就本合同项下抵押事宜征得抵押物共有人同意。

(6) 抵押物不存在其他影响抵押权实现的情形。

第十条　　违约责任

(1) 本合同生效后，抵押权人和抵押人均应履行本合同义务，任何一方不履行约定义务的，应当承担相应的违约责任，并承担由此给对方造成的损失。

(2) 抵押人在本合同第九条中作虚假声明或不履行本合同第九条的承诺，或未经抵押权人同意擅自处理抵押物，或违反本合同约定拒绝或拖延办理抵押登记手续，或违反本合同约定拒绝或拖延办理抵押物保险，或其他违反本合同约定或影响抵押权人实现抵押权的行为，给抵押权人造成损失的，应当承担全部赔偿责任。

第十一条　　费用承担

本合同项下抵押物的登记、评估、保险、鉴定、公证、提存等费用由抵押人承担。

第十二条　　争议的解决

本合同履行中发生争议，可由各方协商解决，也可按以下第________种方式解决：

(1) 诉讼。由抵押权人住所地人民法院管辖。

(2) 仲裁。提交____（仲裁机构全称）按其仲裁规则进行仲裁。

在诉讼或仲裁期间，本合同不涉及争议的条款仍须履行。

第十三条　　其他事项

(1) 抵押人已收到并阅知所担保的主合同。

____

____

第十四条　　合同的生效

本合同自各方签字或盖章之日起生效。依法需办理抵押登记的，自登记之日起生效。

第十五条　　本合同一式______________份，各方各持______________份，效力相同。

第十六条　　提示

抵押权人已提请抵押人注意对本合同各印及条款作全面、准确的理解，并应抵押人的要求做了相应的条款说明。签约各方对本合同含义认识一致。

抵押权人（盖章）	抵押人（盖章）
负责人	法定代表人
或授权代理人	或授权代理人
抵押人（盖章）	抵押人（盖章）
法定代表人	法定代表人
或授权代理人	或授权代理人

签约日期　　年　月　日

签约地点

业务操作四　落实担保或交付等手续

一般情况下，合同自双方当事人签字或盖章时生效。但是，若法律法规有特别规定或当事人另有约定的，应依法律规定或者合同的约定，在合同签订后，办理相关后续手续，合同才能生效。

一、抵押贷款生效条件

1. 抵押权自抵押合同生效时设立

根据《担保法》规定以动产设定抵押，例如：生产设备、原材料、半成品、成品；交通运输工具；正在建造的船舶、航空器，无论是否办理了抵押登记，抵押权均自抵押合同生效之日起设立。

2. 抵押权自登记生效

根据《担保法》规定建筑物和其他土地附着物；建设用地使用权；以招标、拍卖、公开协商等方式取得的荒地等土地承包经营权；正在建造的建筑物等进行抵押的，抵押权自登记时设立。

上述规定表明，凡以上述物品作为抵押物的，物抵合同的登记是合同成立的法定程度和必要条件，应登记而未登记的合同是无效合同。对抵押合同办理登记是有利于债权人的，一是可以通过登记部门对抵押物的真实性进行审查；二是可以有效地避免重复抵押；三是还可以取到证明作用。因而应严格按照规定办理登记，需要注意的是合同签订日与生效日的关系。以往合同签订日就是合同生效日，但抵押合同则不然，法律规定抵押合同登记日为生效日，因此，签订合同时，要考虑合同签订后还有一个登记过程，合同上提供贷款日期，一定不能早于合同登记之日，否则就会出现贷款之日早于合同生效之日的问题。

《民法典》实施后的区别

提示

物权法不再限制重复抵押行为

《物权法》规定，同一财产向两个以上债权人抵押的，拍卖、变卖抵押财产所得的价款依照下列规定清偿：①抵押权已登记的，按照登记的先后顺序清偿；顺序相同的，按照债权比例清偿；②抵押权已登记的先于未登记的受偿；③抵押权未登记的，按照债权比例清偿。

《物权法》还规定，抵押权人应当在主债权诉讼时效期间行使抵押权；未行使的，人民法院不予保护

二、质押贷款生效要件

（1）以汇票、本票、支票、债券、存款单、仓单、提单出质的，应当在合同约定的期限内将权利凭证交付质权人，质押合同自权利凭证交付之日起生效。

（2）以依法可以转让的股票出质的，以依法可以转让的商标专用权、专利权、著作权中的财产权出质的，必须到相关的部门办理质押登记，质押合同自登记之日起生效。

办理质押物登记的相关部门参见表9－3。

表9－3

	抵、质押物	登记结构
抵押	土地使用权	核发土地使用权证书的土地管理部门
	城市或者乡、村企业厂房	土地、房产管理部门或当县级以上政府规定的部门
	在建工程	房地产管理部门
	车辆	公安交管部门的车辆管理所
	船舶	船籍所在地船舶登记机关
	航空器	国务院民用航空主管部门
	海域的使用、确认等	海洋行政主管部门
	森林、林地、林木	县级以上林业主管部门
	生产设备、原材料、半成品、成品	抵押人住所地的工商行政管理部门
	探矿权、采矿权	矿业权许可证原发证机关
质押	基金份额、证券登记结算机构登记的股权	证券登记结算机构
	其他股权	工商行政管理部门
	外商投资企业股权	原审批机关批准后，向原登记机关办理备案；按公司法组建的公司，还需向工商行政管理部门办理登记
	农村电网电费收益权	由各级人民政府规定
	公路收费权	地市级以上交通主管部门
	高校公寓收费权	省级教育行政部门
	商标专用权	国家工商行政管理局商标局
	专利权	国家专利局
	著作权	国家版权局制定机构
	记账式国债	中央证券登记结算公司或中央国债登记结算公司
	一级托管的记账式企业债券	中央国债登记结算公司
	公开上市交易的企业债券	证券登记结算机构
	外资企业外债项下外汇收入	所在地外汇局
	应收账款	中国人民银行应收账款质押登记公示系统

（3）有些合同，法律法规规定须交付合同标的物方才生效的，合同当事人亦应依规定办理。具体包括：①动产质押采用实物交付生效，即以出质人将质物交给银行实际占有为贷款质押合同的生效要件。②权利质押，若财产权利有财产凭证可移交的，如汇票、本票、支票、债券、存款单、仓单、提单等，采用权利凭证交付生效的原则，质押合同自财产权利凭证交付之日起生效。

依合同的约定办理债权强制公证。在人民法院认可强制执行公证效力的地区，合同签订后，当事人还可以依合同约定，到公证机构办理债权强制公证，赋予合同债权强制执行的效力。具有强制执行效力的公证的债权，当债务人不按合同约定履行还款义务时，贷款银行可以依公证机构出具的执行公证书，直接向被执行人住所地或者被执行财产所在地人民法院申请强制执行，而不必经过诉讼审理程序。

业务操作五 合同效力审查

合同依法成立，便具有法律效力。而凡不符合法律规定的要件的合同，即使已经成立，也不能产生法律效力，属于无效合同。

一、无效合同认定标准

（一）全部无效合同

（1）订立合同主体不合格，表现为：①无民事行为能力人或者限制民事行为能力人订立合同且法定代理人不予追认的。但有例外：纯获利益的合同和与其年龄、智力、精神健康状况相适应而订立的合同，不需追认，合同有效；②代理人不合格且相对人有过失而成立的合同；③法人和其他组织的法定代表人、负责人超越权限订立的合同，且相对人知道或应当知道其超越权限的。

（2）订立合同内容不合法，表现为：①违反法律、行政法规的强制性规定的合同；②违反社会公共利益的合同；③恶意串通，损害国家、集体或三人利益的合同；④以合法形掩盖非法目的合同；⑤无处分权的人处分他人财产的合同，无效。但有两例外：事后经权利人追认的，有效；事后取得处分权的，有效。

（3）意思表示不真实，即意思表示有瑕疵，如：一方以欺诈、胁迫的手段订立合同，损害国家利益的。

（二）部分无效合同

（1）一方以欺诈、胁迫的手段订立的损害国家利益的合同；

（2）恶意串通，并损害国家、集体或第三人利益的合同；

（3）合法形式掩盖非法目的的合同；

（4）损害社会公共利益的合同；

（5）违反法律和行政法规的强制性规定的合同；

（6）对于造成对方人身伤害或者因故意或重大过失造成对方财产损失免责的合同条款。

（7）提供格式条款一方免除责任、加重对方责任、排除对方主要权利的条款无效。

二、无效合同处理

对于无效合同，根据我国《合同法》规定应：①返还财产（包含不能返还或者没有必要返还时的折价补偿这一特殊方式）。当事人因该无效合同取得的财产，应当予以返还；不能返还或者没有必要返还的，应当折价补偿。②赔偿损失。有过错的一方应当赔偿对方因此所受到的损失，双方都有过错的，应当各自承担相应的责任。③收归国有或返还集体。

案例

2018年2月，A公司业务经理部经理张某以公司名义与工商银行某分行签订贷款合同，贷款金额300万元，2019年2月归还。贷款合同没有加盖A公司的公章，只有该公司总经理兼董事长李某的签章。合同签订以后，该银行依合同约定将贷款汇入公司的银行账户，公司即将这笔贷款作为流动资金和购销业务资金统一开支使用。2019年2月，A公司偿还了200万元贷款及相应利息。后来张某辞职，公司遂以“张某贷款未经公司的同意，总经理兼董事长李某的章放在财务部门，由别人代盖的，章未经李某同意；未加盖公司的单位公章；张某擅自贷款，不应算在公司账上”为由，认为贷款合同无效，拒绝归还剩余贷款本息。于是该分行向法院提起诉讼。

根据贷款合同的填写要求，分析银行贷款合同是否有效？A公司是否应承担违约责任？

解析

案例

2018年8月1日，甲企业与某银行A支行签订贷款合同，贷款金额110万元，期限一年。合同中写明的贷款用途为技术改造。后双方因还款问题发生纠纷，该支行提起诉讼。

法院在进行事实审查的过程中，发现该个体工商户长期生产一种国家禁止生产的、严重污染环境的产品，其申请贷款的真实用途是购置生产该产品的设备和原料。同时，法院还发现该支行在进行贷前审查的过程中已经知道了该笔贷款的真实用途，但为了避免合同被认定无效，故在合同中写明贷款用途为技术改造。

分析：根据公司类贷款合同的内容，判断贷款合同是否有效？

假设银行在贷款发放过程中不知道企业的非法借款用途，法律后果会有什么变化？

解析

业务操作六　贷款支付

一、审核贷款支用条件

贷款合同并不都是在签字后立即执行提款，有些必须等到合同所规定的某些条件已经具备的时候才能执行提款，甚至在贷款开始执行后，通常要求在以后每次提款时还要满足进一步的条件。主要有：

（1）借款人已按贷款人要求开立用于提款、付息及还款的账户。

（2）直到提款日为止，借款人已向贷款人提供贷款人要求提供的所有文件和资料且这些文件和资料继续保持有效。

（3）合同中规定的借款人应交纳的费用已经交清。

(4) 借款人没有违约行为发生。

(5) 资本金到位落实。

(6) 担保类文件齐全。

(7) 银行要求的其他条件。

审核完毕，填写授信业务审批条件落实情况审查表（见表9-4）。

表9-4　　　　　　　　授信业务审批条件落实情况审查表

客户全称				
申请信贷业务品种				
信贷业务金额				
信贷业务期限				
审批文件文号				
信贷业务审批条件	已落实	正在落实	无法落实	备注
一、信贷业务签约条件				
二、授信支用条件				
三、拟争取条件				

审查结论：

□签约条件已经落实，可以进行合同合规性审查。

□签约条件没有落实，不能与客户签订信贷业务合同。

□授信支用条件已经落实，可以办理授信业务。

□授信支用条件没有落实，不能办理授信业务。

审查人签字：

审查时间：　　　　　　年　　　月　　　日

二、审核并签署借款借据

借款人填妥借款凭证（见表9-5）后送银行。银行审核借款人名称、提款日期、提款用途、印鉴是否与借款人的预留印鉴相符、金额、账号等。审核无误后，在相应栏目签字，再交有关主管签字。

表 9 – 5

借款借据

中国××银行　　　借款借据（样表）

（科目）　　年　月　日　借款合同编号（　　）　　　　银零　　贷字第　号

<table>
<tr><td rowspan="4">借款人</td><td rowspan="4"></td><td>还款账号</td><td colspan="10"></td><td rowspan="9">备注</td></tr>
<tr><td>客户号</td><td colspan="10"></td></tr>
<tr><td>贷款账号</td><td colspan="10"></td></tr>
<tr><td>系统合同号</td><td colspan="10"></td></tr>
<tr><td rowspan="2">借款金额
（币别）</td><td colspan="2" rowspan="2">（大写）</td><td>千</td><td>百</td><td>十</td><td>万</td><td>千</td><td>百</td><td>十</td><td>元</td><td>角</td><td>分</td></tr>
<tr><td></td><td></td><td></td><td></td><td></td><td></td><td></td><td></td><td></td><td></td></tr>
<tr><td>贷款期限</td><td>年</td><td>最后到期日</td><td colspan="3">年　月　日</td><td colspan="3">期数</td><td colspan="4">期</td></tr>
<tr><td>借款用途</td><td colspan="2"></td><td colspan="5" rowspan="2">还款方式（请打“√”）
选其一，不选项请划掉</td><td colspan="5">□分（　　）期归还</td></tr>
<tr><td>月利率</td><td colspan="2">‰</td><td colspan="5">□到期本息一次还清</td></tr>
<tr><td colspan="14">借款人在此不可撤销地授权贵行将此笔借款直接付至以下账户。
开户名：＿＿＿＿＿＿＿＿　　户　名：＿＿＿＿＿＿＿＿
账　号：＿＿＿＿＿＿＿＿　　借款人：＿＿＿＿＿＿＿＿</td></tr>
<tr><td colspan="5">信贷员意见：</td><td colspan="5">科长/经理意见：</td><td colspan="4">处长/行长意见：</td></tr>
</table>

三、贷款支付

客户经理对借据入账账号与借款合同、预留存折核对一致后，在企业信贷管理系统中录入放款账号和还款账号等，并将电子合同发送主机；同时将签署生效的申请审批表和借据交柜面会计人员，由柜面会计人员按规定向借据载明的账户发放贷款。

（1）固定资产贷款，支付方法分为贷款人受托支付和借款人自主支付两种。其中，单笔金额超过固定资产项目总投资的5%或超过500万元人民币的贷款资金支付，应采用贷款人受托支付方式。

小贴士

受托支付是指贷款应根据借款人申请的贷款用途，直接支付给借款人的交易对象，而不再是借款人本身。以此保证贷款支付到位，防止贷款被挪用。具体操作是：贷款资金发放到借款人账户的同时，贷款人按照借款人委托将资金支付给指定的借款人交易对手，贷款资金瞬时通过借款人账户，不在借款人账户中停留；仅限于转账方式。

（2）流动资金贷款。具备下列情形之一的，采用受托支付：①与借款人新建立信贷业务关系且借款人信用状况一般；②支付对象明确且单笔支付金额较大；③贷款人认定的其他情形。

模块二 个人贷款合同签订及贷款支付

PPT：个人贷款合同签订及贷款支付

任务描述

1. 掌握个人贷款合同的主要条款。
2. 了解填写个人贷款合同的注意事项。
3. 了解贷款支付方式。

☞业务描述

1. 根据要求，规范填写及签订个人贷款合同。
2. 合同签订后，落实担保或交付等手续。
3. 审核贷款支用条件。

▣ 知识准备

一、个人贷款合同的主要条款解释

（1）贷款种类：个人住房借款、个人耐用消费品贷款、个人住房装修贷款、个人助学贷款、个人汽车贷款以及除此之外的允许办理的其他信贷业务品种。

（2）金额。

（3）期限。

（4）利率：按照人民银行的有关规定执行。

（5）提款方式：住房借款采取直接提款或专项提款方式。

（6）还款（参照公司贷款合同）。

（7）担保方式：个人贷款一般要求担保。

（8）费用（参照公司贷款合同）。

（9）债权债务转让（参照公司贷款合同）。

（10）违约事件及其处理（参照公司类客户借款合同）

（11）合同的补充、变更和解释（参照公司贷款合同）。

（12）争议、管辖和放弃豁免（参照公司贷款合同）。

（13）合同生效条件及有效期（参照公司贷款合同）。

（14）其他条款（参照公司贷款合同）。

业务操作一　填写合同

（参照公司贷款合同）

业务操作二　审核合同

（参照公司贷款合同）

业务操作三　签订合同

（1）如果甲方为自然人，应为本人签字（注意：不应为签字人的私章）。银行应注意核实签字人的身份，防止他人假冒。

（2）客户基本资料的填写。客户是自然人的，住所地址应当详细到街道、门牌号和楼层房号。其他内容参照公司类客户借款合同（见表9－6）。

表9－6　个人借款/担保合同

编号B：[　] 字 [　　] 行 [　　] 支行 [　　] 年 [　　] 号

个人借款/担保合同

借款人：________________

贷款人：________________

抵押人：________________

出质人：________________

保证人：________________

特别提示：借款人和担保人在签订本合同之前，请务必仔细阅读本合同全部条款，特别是对黑体部分予以重点关注。如有任何疑问或不明之处，请及时向贷款人及专业人士咨询。本合同一经签订，即视为各方理解并同意本合同全部条款。

本合同各方根据有关法律法规，在平等、自愿的基础上，为明确责任，恪守信用，签订本合同，并承诺共同遵守。

借贷条款

第一条　贷款种类和金额

贷款人根据借款人的申请，同意向其发放以下第______种贷款，金额为人民币________（大写：________）元（大小写不一致时，以大写为准）。

A. 个人汽车消费贷款　　B. 个人综合消费贷款

C. 个人质押贷款　　D. 个人信用贷款

E. 个人经营贷款　　F. 一般商业性助学贷款

续表

G. 其他：____________

第二条　贷款用途

本合同项下贷款用途为____________。未经贷款人书面同意，借款人不得将贷款挪作他用，贷款人有权监督贷款的使用。

第三条　贷款期限

本合同项下贷款期限为____________，实际放款日与到期日以借据为准。借据为本合同的组成部分，与本合同具有同等法律效力。

第四条　利率

4.1　贷款利率以中国人民银行公布的同期同档次贷款利率为基准利率，______（上/下）浮______%，据此确定年利率为______%，并按下列公式换算：月利率 = 年利率/12，日利率 = 年利率/360。

4.2　贷款发放前，基准利率调整并适用于本合同项下贷款的，适用新的基准利率并按第4.1条的约定重新确定贷款利率；贷款发放后遇基准利率调整，贷款利率按以下第______种方式处理：

A. 贷款期限在一年（含）以下的，执行本合同利率，不分段计息；贷款期限在一年以上的，自每次基准利率调整之日的次年1月1日开始，按该次调整后的基准利率（如基准利率在一个日历年度内经两次或两次以上调整的，以该日历年度内最后一次调整的基准利率为准）及上述第4.1条约定的利率浮动比例确定并执行新的利率；

B. 在贷款期限内不调整；

C. 其他：____________。

第五条　放款

5.1　贷款人发放或继续发放贷款的前提条件是：本合同项下担保已经生效并持续有效（信用贷款除外），且借款人在本合同项下未发生任何违约情形。

5.2　借款人授权贷款人将贷款分______次划入下列账户，贷款利息自实际放款日起计算。

户名：____________________

账号：____________________

开户行：____________________

第六条　还款

6.1　经协商一致，借款人按下列第______种方式偿还贷款本息：

$$\text{每月本息还款额} = \frac{\text{贷款本金} \times \text{月利率} \times (1 + \text{月利率})^{\text{还款月数}}}{(1 + \text{月利率})^{\text{还款月数}} - 1}$$

A. 按月等额本息还款法（按月计息）

$$\text{每月本息还款额} = \frac{\text{贷款本金}}{\text{贷款期月数}} + (\text{贷款本金} - \text{已归还贷款本金}) \times \text{月利率}$$

B. 按月等额本金还款法（按月计息）

C. 按月等额本金还款法（按日计息）：

D. 到期一次性还本付息；$\text{每月本息还款额} = \frac{\text{贷款本金}}{\text{贷款期月数}} + (\text{贷款本金} - \text{已还本金}) \times \text{日利率} \times \text{本期实际天数}$

E. 按月付息，按______（月/三个月/六个月/一次性）还本；

F. 其他：______________。

6.2　借款人________（享有/不享有）宽限期，宽限期为________，自实际放款之日起开始计算。在宽限期内，借款人按月付息，不偿还贷款本金；宽限期满后按月还本付息。

6.3　每期还款日为实际放款日次月起的每期对应日；无对应日的，还款日为该期最后一日。最后一期还款日为贷款到期日。

6.4　借款人指定其在贷款人处开立的下列个人结算账户作为还款账户。

户名：____________________

账号：____________________

开户行：____________________

6.5　在每期还款日前，借款人应向还款账户中足额存入应偿还的贷款本息，并授权贷款人于每期还款日从还款账户

续表

中划收；借款人有未偿付的贷款本息或其他费用的，应及时存入还款账户，并授权贷款人随时划收。如果还款账户中的款项不足以支付本合同项下的到期应付款项，贷款人按费用、利息、本金的顺序划收。
6.6 若还款账户发生挂失、冻结、止付、结清，或借款人需要变更还款账户的，借款人应到贷款人处办理还款账户变更手续。
在变更手续生效前，若原还款账户已无法足额划款，借款人应到贷款人处办理柜面还款。借款人未及时办理还款账户变更手续或未及时到贷款人柜面还款导致未按期足额清偿到期贷款本息及其他费用的，借款人应承担违约责任。
第七条 提前还款
7.1 借款人提前偿还全部或部分贷款的，应于拟定提前还款日前15天向贷款人提交书面通知。
7.2 借款人提前还款应满足下列条件。
A. 按如下标准向贷款人支付补偿金：________________
B. 部分提前还款的，还款金额不少于：________________
C. 在提前还款时，在本合同项下不存在到期应付未付的任何款项，包括但不限于贷款本金、利息、罚息、违约金、补偿金和其他费用。
D. ________________。
7.3 提前还款部分按第四条约定的利率和实际占用天数计收利息；借款人提前偿还全部贷款本金的，应结清全部利息。
7.4 由于借款人提前还款而造成贷款期限发生变化的，未偿还部分按下列第____种方式确定贷款利率：
A. 按原贷款利率计息；
B. 自缩短期限之日起，贷款利率按调整后的实际贷款期限所对应的基准利率和第4.1条约定的利率浮动比例确定并执行，但缩短期限前已计收的利息不予追溯调整。
第八条 贷款展期
借款人不能按期归还本合同项下贷款，需要办理贷款展期时，应在贷款到期前30天向贷款人提出书面申请，经贷款人审查同意展期的，双方另行签订展期协议。如贷款人不同意展期，则借款人仍应按本合同约定偿还贷款本息。
第九条 罚息
9.1 借款人未按合同约定日期（包括被宣布提前到期）偿还的贷款，贷款人有权按罚息利率按日计收利息；对不能按时支付的利息，按罚息利率计收复利。罚息利率按在第四条约定的利率基础上加收______%确定。
9.2 借款人未按合同约定使用的贷款，贷款人有权按罚息利率按日计收利息；对不能按时支付的利息，按罚息利率计收复利。罚息利率按在第四条约定的利率基础上加收______%确定。
9.3 贷款利率按第4.2条的约定进行调整的，利率调整后罚息利率亦相应变动，其变动周期与利率变动周期一致。
第十条 贷款担保
10.1 除信用贷款外，担保人自愿向贷款人提供合法有效的______（保证/抵押/质押）担保，具体约定见本合同的相关担保条款。贷款担保为最高额担保的，贷款人和担保人应另行签订最高额担保合同，本合同中涉及担保的有关条款不再适用。
10.2 本合同项下担保发生了不利于贷款人债权的变化的，借款人应及时按贷款人要求另行提供经贷款人认可的合法有效的担保。
第十一条 违约及违约责任
11.1 发生下列一项或多项情形的，构成借款人违约：
A. 借款人未完全适当地遵守或履行其在本合同项下的任何承诺、保证、义务或责任；
B. 借款人或担保人提供虚假资料或隐瞒重要事实；
C. 借款人死亡或被宣告死亡、失踪或被宣告失踪，或者成为限制民事行为能力人或丧失民事行为能力，而无继承人、受遗赠人、监护人或财产代管人，或其继承人、受遗赠人、监护人或财产代管人拒绝代借款人履行本合同项下义务的；
D. 借款人涉及刑事案件、诉讼、仲裁、纠纷，对其偿债能力产生不利影响的；
E. 借款人的其他任何债务在到期（包括被宣布提前到期）后未予清偿，或者借款人不履行其应当承担的担保责任或其他义务，已经或可能影响借款人在本合同项下义务的履行的；
F. 发生第10.2条所述情形，借款人未另行提供贷款人认可的新的担保的；
G. 在个人经营贷款中，借款人的经营实体拒绝或不配合贷款人对其财务和经营情况进行调查、了解和检查的；
H. 影响或可能影响贷款本息按期足额偿还的其他情形。
11.2 借款人连续三个月或累计六次未按时足额偿还贷款本息，或发生其他违约情形的，贷款人有权停止发放尚未发

续表

放的贷款，宣布贷款提前到期，要求借款人提前清偿全部或部分贷款，以及所产生的利息、罚息及其他费用，直至解除合同。
11.3 借款人违约，除第11.2条的约定外，贷款人有权采取本合同约定和法律规定的其他措施。
第十二条 扣收
12.1 借款人未按照约定偿还到期（包括提前到期）贷款本金、利息、罚息、违约金、补偿金或其他费用的，贷款人有权从借款人开立在中国工商银行及其分支机构的所有账户中扣收相应款项用以清偿，但是贷款人应当通知借款人。对于因借款人联系方式变更造成贷款人无法通过电话或信函通知的，贷款人可以通过公证送达等各种法律认可方式履行告知义务。
12.2 贷款人扣收借款人未到期的定期存款时，需全部提前支取的，按支取日挂牌公告的活期存款利率计付利息；需部分提前支取的，提前支取部分按支取日挂牌公告的活期存款利率计付利息，其余部分到期时按该笔定期存款开户日的定期存款利率计付利息。因扣收而产生的利息损失，由借款人承担。
第十三条 费用
订立和履行本合同所需的登记、公证、评估等费用，以及由于借款人和担保人没有按照合同约定履行各自的义务，贷款人为实现债权而产生的律师费、评估费、拍卖费等所有费用由借款人承担。贷款人为保障自身利益先行垫付的费用，贷款人有权随时向借款人追偿，并从贷款人垫付之日起计收活期存款利息。
第十四条 共同借款
本合同如涉及二人以上（含）共同借款，任一借款人均应履行本合同项下义务，对全部贷款承担连带清偿责任，贷款人有权向任一借款人追索未偿还的贷款本息和应付未付的其他费用。

抵押条款

本合同项下贷款由借款人或第三方提供抵押担保时，抵押人承诺并遵守如下条款：
第十五条 抵押物
15.1 抵押人自愿向贷款人提供抵押担保，抵押物详见《抵押物清单》。《抵押物清单》作为本合同附件，与本合同具有同等法律效力。
15.2《抵押物清单》对抵押物价值的约定，不作为贷款人处分该抵押物时的估价依据，不对贷款人行使抵押权构成任何限制。
15.3 贷款人抵押权的效力包括抵押物产生的孳息、抵押物的从物、从权利、附属物、添附物，以及因抵押物毁损、灭失或被征用而产生的保险金、赔偿金、补偿金或其他形式的替代物。
15.4 抵押人应妥善保管和使用抵押物，保证抵押物的完好，贷款人有权随时检查抵押物的使用管理情况。抵押权存续期间，抵押人出租抵押物的，应当通知贷款人并将抵押事实告知承租人，且出租期限不得长于贷款期限。以其他方式处分抵押物的，应事先征得贷款人书面同意，并将抵押事实告知买受人等相关人员。由此取得的收益，按照第15.7条的约定处理。
15.5 抵押物发生或可能发生毁损、灭失的，抵押人应及时告知贷款人，并立即采取措施防止损失扩大，及时向贷款人提交有关主管机关出具的毁损、灭失证明。
15.6 抵押人的行为足以使抵押物价值减少的，应立即停止其行为；造成抵押物价值减少时，抵押人应及时恢复抵押物的价值，或提供与减少的价值相当的担保。
15.7 抵押人所获得的抵押物的赔偿金、补偿金、保险金以及处分抵押物所得收益，贷款人有权选择下列方式进行处理：
A. 清偿或提前清偿借款人在本合同项下的债务；
B. 存入贷款人指定账户，以担保借款人债务的履行；
C. 用于修复抵押物，以恢复抵押物的价值；
D. 双方另行约定的其他方式。
抵押人或借款人提供符合贷款人要求的新担保的，抵押人可将上述价款自由处分。
15.8 抵押人因隐瞒抵押物存在权属争议、被查封、被扣押、已设定抵押或已出租等情况，而给贷款人造成损失的，应向贷款人予以足额赔偿。

续表

18.4　贷款人在处分抵押物过程中所产生的实现债权的费用，应当从拍卖或者变卖价款中优先扣除。
质押条款
本合同项下贷款由借款人或第三方提供质押担保时，出质人承诺并遵守如下条款：
第十九条　质物
19.1　出质人自愿为借款人在本合同项下的债务向贷款人提供质押担保，质物详见本合同附件《质物清单》。《质物清单》作为本合同附件，与本合同具有同等法律效力。
19.2　《质物清单》对质物价值的约定，不作为贷款人处分质物时的估价依据，不对贷款人行使质押权构成任何限制。
19.3　贷款人质押权的效力包括质物所生的孳息，以及因质物毁损、灭失或被征用等而产生的保险金、赔偿金、补偿金或其他形式的替代物。
19.4　质物价值发生了不利于贷款债权的变动的，贷款人有权要求借款人或出质人补足质物价值，借款人或出质人应在贷款人要求的时间内补足。
19.5　质物移交贷款人保管的，贷款人负有妥善保管质物的义务，因保管不善造成质物灭失或者毁损的，贷款人应当承担民事责任。贷款人不能妥善保管质物可能使其灭失或者毁损的，出质人可以要求贷款人将质物提存，或要求提前清偿债务而返还质物。
19.6　出质人所获得的质物的赔偿金、补偿金、保险金以及处分质物所得收益，贷款人有权选择下列方式进行处理：
A. 清偿或提前清偿借款人在主合同项下的债务；
B. 存入贷款人指定账户，以担保主合同项下债务的履行；
C. 用于修复质物，以恢复质物的价值；
D. 双方另行约定的其他方式。
出质人或借款人提供符合贷款人要求的新担保的，出质人可将上述价款自由处分。
第二十条　担保范围
质押担保范围包括：本合同项下全部贷款本金、利息、罚息、复利、违约金、补偿金、质物保管费用、贷款人实现债权的费用和借款人所有其他应付费用。
第二十一条　交付和登记
21.1　本合同签订后，出质人应将质物或权利凭证交付贷款人，贷款人验收无误后应向出质人出具收押凭据，质物的保管费用由出质人承担。
21.2　本合同项下质物依法须办理质押登记的，出质人和贷款人应及时到有关登记机关办理质押登记手续；登记事项发生变化依法需进行变更登记的，出质人和贷款人应及时办理变更登记。借款人按照合同约定履行完毕各项义务后，贷款人应积极协助出质人办理注销登记手续，并将相关权属文件退还出质人。
第二十二条　质物的处分
22.1　发生下列情形之一，贷款人有权将质物拍卖、变卖、兑现、提现，以所得价款优先受偿或按第19.6条约定的其他方式处理；或经与出质人协商将质物折价以抵偿借款人所欠债务：
A. 贷款到期（包括被宣布提前到期）借款人未予清偿；
B. 发生第19.4条所述情形，出质人或借款人未按贷款人要求补足质物价值；
C. 贷款人与出质人约定将质物兑现或提现偿还到期债务；
D. 贷款人依法可以处分质物的其他情形。
22.2　质物的兑现或提现日期先于债务履行期届满日的，贷款人可以在质物到期日兑现或提现，并与出质人协商，将所得价款提前清偿所担保的债权或存入贷款人指定账户，以担保借款人债务的履行。
22.3　质物的兑现或提现日期后于债务履行期届满日，借款人在债务履行期届满后30天内仍未清偿债务的，贷款人有权将质物提前兑现或提现，以所得价款清偿所担保的债权，因提前兑现或提现产生的损失由出质人承担；如果质物在借款人债务履行期届满30天内到期的，贷款人应在质物到期日按第21.1条约定的方式处分质物。

续表

22.4 处分质物的所得在偿还质押担保范围内借款人的全部债务后还有剩余的，贷款人应将剩余部分及时退还出质人。

保 证 条 款

本合同项下贷款由第三方提供保证担保时，保证人承诺并遵守如下条款：

第二十三条 保证方式

保证人自愿向贷款人提供连带责任保证。

第二十四条 保证范围

保证担保范围包括：本合同项下全部贷款本金、利息、罚息、复利、违约金、补偿金、贷款人实现债权的费用和借款人所有其他应付费用。

第二十五条 保证期间

保证期间为本合同项下贷款到期之日起两年；贷款人依据合同约定宣布贷款提前到期的，保证期间为贷款提前到期之日起两年。

第二十六条 扣收

保证人不按本合同约定履行保证担保责任的，保证人授权贷款人从保证人开立在中国工商银行及其分支机构的所有账户中扣收相应款项用以清偿。扣收保证人的定期存款的，按第12.2条的约定执行。贷款人扣收时应当通知保证人。

其 他 条 款

第二十七条 转让

27.1 贷款人无须征得借款人和担保人同意，可将其在本合同项下的权利转让给其他方。贷款人权利的转让应当通知借款人和担保人，通知可以书面通知或在公开媒体上发布公告等形式做出。由于贷款人权利转让需要变更抵押或质押登记的，抵押人或出质人应予配合。

27.2 未经贷款人书面同意，借款人和担保人不得将其在本合同项下的任何权利、义务转让给其他方。

第二十八条 担保人承诺

担保人承诺：发生下列情形之一，无需经担保人同意，担保人仍应继续按照约定履行担保责任：

28.1 借款人和贷款人协商同意变更借贷条款，但是未加重借款人的责任的；

28.2 贷款人宣布贷款提前到期的；

28.3 贷款利率依据第四条约定进行调整而导致利息增加的；

28.4 贷款人将其在本合同项下的权利转让给任何其他方的。

第二十九条 保险

29.1 如果贷款人要求，抵押人/出质人应办理抵押物/质物保险，保险期限应不短于贷款期限，保险金额应不低于贷款金额。保险费用由投保人负担。

29.2 保险单中应当注明贷款人为第一受益人，并且保险单中不应有任何限制贷款人权益的条款。保险单中应当特别约定，一旦发生保险事故，保险人应将保险赔偿金直接划付贷款人指定账户。保险赔偿金应按照本合同第15.7条或第19.6条的约定处理。

29.3 在贷款人在本合同项下的债权未得到全额清偿前，抵押人/出质人不得以任何理由中断或撤销保险；如保险中断或撤销，贷款人有权代为办理保险手续，相关费用由借款人和抵押人/出质人承担。

第三十条 公证

如果贷款人要求，各方应对本合同进行强制执行公证。借款人和担保人同意本合同经公证后具有强制执行效力，借款人或担保人不履行本合同项下义务的，贷款人可以依法向有管辖权的人民法院申请执行。

第三十一条 通知

发生下列情形之一，借款人和担保人应当立即通知贷款人：

续表

31.1　借款人的其他任何债务在到期（包括被宣布提前到期）后未予清偿，或者借款人未予履行其应当承担的担保责任或其他义务； 31.2　涉及刑事案件、诉讼、仲裁、纠纷，对其偿债能力产生不利影响的； 31.3　地址、联系方式、工作单位发生变更； 31.4　抵押物被查封、扣押、冻结、征用、被列入拆迁范围或发生权属争议的； 31.5　担保人为法人或其他组织的，其经营机制发生变化，包括但不限于：股份制改造、承包、租赁、合并、分立、联营、合资或合作；歇业、解散、停业整顿、被吊销营业执照、被撤销工商行政登记；企业章程、法定代表人、股权等发生变更； 31.6　影响或可能影响贷款本息按期足额偿还的其他情形。 第三十二条　保密 贷款人应依据有关法律规定，对借款人和担保人为订立和履行本合同向贷款人提供的有关非公开信息保密，但下列情形除外： 32.1　贷款人有权依据有关法律法规或其他规范性文件的规定或金融监管机构的要求，将有关本合同的信息和其他相关信息提供给中国人民银行个人信用信息基础数据库、企业信用信息基础数据库和其他依法设立的信用数据库，供具有适当资格的机构或个人查询和使用，贷款人也有权为本合同订立和履行之目的，通过中国人民银行个人信用信息基础数据库、企业信用信息基础数据库和其他依法设立的信用数据库查询借款人和担保人的相关信息。 32.2　借款人、担保人在本合同项下发生违约行为时，贷款人有权视违约情况公开违约信息，或以催收为目的将有关信息提供给催收机构。 32.3　法律法规或其他规范性文件规定的其他情形。 第三十三条　独立性 本合同任何条款的无效或不可执行，不影响其他条款的有效性和可执行性，也不影响整个合同的效力。其中，借贷条款部分或全部无效/被撤销或被解除，不影响抵押条款、质押条款或保证条款的效力，担保人仍应按照约定承担担保责任。 第三十四条　争议解决 本合同履行过程中发生纠纷，各方应积极协商解决；协商不成，按下列第______种方式解决： 34.1　提交________仲裁委员会在________进行仲裁。 34.2　向贷款人所在地人民法院提起诉讼。 34.3　____。 第三十五条　其他 35.1　贷款人未行使或部分行使或迟延行使本合同项下的任何权利，不构成对该权利或任何其他权利的放弃或变更，也不影响其进一步行使该权利或任何其他权利。 35.2　本合同各条款的标题仅为方便查阅而设，不对合同条款的内容和解释构成任何限制和影响。本合同中的“担保人”分别指抵押人、出质人或保证人；本合同项下有两种或两种以上担保的，“担保人”指所有提供担保的合同当事人。 35.3　本合同自各方当事人签字（盖章）之日起生效。抵押或质押担保依据有关法律规定必须办理登记或交付才能生效的，相关条款和内容自签订之日起成立，于登记或交付之日生效。 35.4　本合同一式________份，合同当事人和________________各执一份，具有同等法律效力。 第三十六条　补充条款 ____ ____。 贷款人已提请借款人和担保人对本合同各条款，特别是黑体部分作全面、准确的理解，并应借款人和担保人的要求对相应条款做出说明，借款人和担保人确认对本合同内容不存在误解或疑义。

续表

抵押物清单 单位：平方米，元

房产抵押			
房产抵押物	抵押人	建筑面积	抵押物价值
房产 1			
房产 2			
房产 1 地址			
房产 2 地址			
汽车抵押			
车牌号码		车辆类型	
厂牌型号		车架号码	
发动机号		购车价款	
机动车登记证书编号			

质物清单 单位：元,%

出质人	质物名称	编号或账号	质物价值

贷款人（公章）： 授权代理人（签字）：

借款人（签字）： 共同借款人（签字）：

保证人（公章）： 法定代表人或授权代理人（签字或盖章）：

抵押人（签字）： 抵押物共有人（签字）：

出质人（签字）： 质物共有人（签字）

合同签署日期：________年____月____日

业务操作四 落实担保或交付等手续

（参照公司贷款合同）

业务操作五　合同效力审查

（参照公司贷款合同）

业务操作六　贷款支付

（参照公司贷款合同）

除了例外情况，采取受托支付。例外情形主要包括：借款人无法事先确定具体交易对象且金额不超过30万元人民币的；借款人交易对象不具备条件有效使用非现金结算方式的；贷款资金用于生产经营且金额不超过50万元人民币的；法律法规规定的其他情形。经营性贷款不超50万元，借款人可自主支付。

小贴士

自主支付是指贷款人在确认借款人满足合同约定的提款条件后，根据借款人的提款申请将贷款资金发放至借款人账户后，由借款人自主支付给符合合同约定用途的借款人交易对象。

知识要点

1. 公司贷款合同的主要条款及填写贷款合同的注意事项。
2. 个人贷款合同的主要条款及填写贷款合同的注意事项。
3. 公司贷款支付方式。
4. 个人贷款支付方式。

操作要点

1. 规范填写及签订公司贷款合同。
2. 规范填写及签订个人贷款合同。
3. 办理登记及交付等手续。
4. 审核贷款支用条件。

推荐阅读

推荐阅读

解析

问题讨论

某地贷款标语是：人死债不烂，父债子来还。请问是否合法？

实训

上网查找某上市非金融企业资料（已经申办了贷款，但尚未归还完毕），根据教材中给定的贷款合同模板，结合搜集的内容，规范填制及签订贷款合同。

10 项目十 贷后管理

学习目标

知识学习目标：

1. 了解公司客户及个人客户贷后检查内容。
2. 掌握公司贷款及个人贷款风险分类的认定标准。
3. 了解不良贷款各种处置方法及适用情况。

技能训练目标：

1. 通过贷后检查，发现潜在风险，并提出化解措施。
2. 选择合适的方法，处置不良贷款。

工作任务

应完成的工作任务：

1. 通过贷后检查，发现潜在风险并提出合理的防范化解措施。
2. 根据分类标准，判断贷款是否属于不良贷款。
3. 能根据具体情况，选择合适的方法，处置不良贷款。

完成工作任务应提交的标志性成果：

1. 公司贷款贷后检查及到期处理：贷款出账及资金流向监控审批表、贷后检查表、还本付息通知书、公司客户信贷业务档案的基本内容表、公司客户信贷业务档案移交清单。

2. 个人贷款贷后检查及到期处理：个人贷款贷后检查报告、个人信贷业务档案卷内文件目录、个人客户信贷业务档案移交清单。

3. 公司客户不良贷款分类及处置：催收逾期贷款本息通知书、督促履行保证责任通知书、展期协议。

4. 个人不良贷款分类及处置：个人贷款逾期催收通知书（借款人）、贷款逾期催收通知书（保证人）。

模块一 贷后检查及到期处理

业务一 公司贷款贷后检查及到期处理

任务描述

1. 了解公司客户贷后检查内容。
2. 掌握公司贷款到期处理方法。

PPT：公司贷款后检查及到期处理

☞ 业务描述

通过贷后检查，发现潜在风险并提出合理的防范化解措施

业务操作一 掌握检查方法和检查内容

一、了解检查方法

（一）非现场监测

（1）通过多种渠道，如工商、税务部门、借款人及担保人竞争对手、上级主管部门、人民银行征信系统、政府管理部门、金融同业、新闻媒介等方面获取信息，尽早发现预警信号，指导现场核查。

（2）通过贷款台账、客户账户管理系统、资金流向监控表以及企业征信系统，每日监测和控制客户贷款账户往来、贷款出账、额度使用中出现的异常情况，尽早发现预警信号。

小贴士

企业征信系统（中国人民银行征信中心网址 http://www.pbccrc.org.cn）

企业信用信息基础数据库：中国人民银行于1997年开始筹建银行信贷登记咨询系统，该系统主要从商业银行等金融机构采集企业的基本信息、在金融机构的借款、担保等信贷信息，以及企业主要的财务指标。在该系统多年运行基础上，2005年开始了“企业征信系统”的建设，企业信用信息基础数据库将属于同一个企业的所有信息整合在其名下，形成该企业的信用档案，并在查询时生成信用报告。与以前相比，收集的系统信息量增大且内涵丰富，大大提高了贷款审批效率、决策参考能力和预警能力等。

（二）现场检查

通过实地走访查看借款人及担保人的主要办公、生产或经营场所、建设工地，与其主要负责人、财务主管直接接触和交流，以及查阅会计账册、会计凭证、存货等方法，通过重大事件报告与贷后检查报告对发现的主要风险点和预警信号及时汇报并提出解决措施。

1. 询问

（1）询问企业高管；

（2）询问财务人员；

（3）询问普通工作人员。

2. 审核

（1）审核贷款用途；

（2）审核合同履行情况；

（3）审核近期合同、订单情况；

（4）审核财务报表；

（5）审核水电费等情况。

3. 抽查

（1）对抵押物进行抽查；

（2）对企业财务报表数据进行抽查；

（3）对企业的生产情况进行抽查。

4. 观察

（1）对高管神情、面貌进行观察；

（2）对企业员工面貌、工作状态进行观察；

（3）对经营场所进行观察；

（4）对于一些能直接通过销售系统而清楚知道经营情况及收入情况的客户，如彩票投注站、汽贸企业等，要求客户打印相关销售数据。

提示

重大突发事件包括但不限于：

（1）借款人涉及偷、逃、骗税等违法经营行为，或重大金额违约等诉讼和仲裁案件，或结算账户被海关、法院、税务等执法部门查封；

（2）内部高管人员（主要股东、高层领导人或财务人员等）特别是法人代表出现异常人事变动，甚至失踪、被拘审、“双规”或监视居留；

（3）借款人改制对银行债务可能产生不利影响，存在逃废债倾向；

（4）借款人失去不可替代的关键原材料；

（5）借款人因遭受重大灾害等不能获得赔偿导致重大损失；

（6）借款人未按约定用途使用贷款，尤其是挪用贷款炒股票或房地产；

（7）借款人与银行同业往来情况出现异常变动；

（8）贷款抵（质）押物严重贬值或被变相处置，或保证人出现重大突发事件导致保证能力下降等。

发现重大突发事件应第一时间传递汇报。

二、掌握检查内容

贷后管理应根据不同类型的客户、不同类型的贷款、不同的贷款条件以及贷款所处的不同时期来分类，确定现场检查的频率以及非现场检查的内容、形式和频率。

（一）按行业类别进行分类检查

（1）生产型企业：关注生产情况、主要原材料的价格变化、库存等。

（2）贸易型企业：关注上下游的关系、应收账款的回收等。

（二）按担保方式进行分类检查

（1）抵（质）押类：抵押品的价值变化、保管情况、是否被变卖、续保情况、质押凭证是否到期等。

（2）担保类：保证人的生产经营情况、财务状况、工作情况、担保意愿是否发生改变等。

（3）信用类：工作情况、家庭情况等。

（三）按贷款的不同阶段开展检查

1. 首次跟踪检查

对项目贷款、新客户首笔信用、新增信用（低风险业务、个人消费贷款、个人扶贫贷款除外），经营行客户部门必须在信贷业务发生 15 天内，按规定进行首次跟踪检查，并填制“信贷业务发生后首次跟踪检查表”（见表 10－1），重点检查客户是否按照合同约定用途使用信贷资金以及限制条款。

表 10－1　　**贷后首次跟踪检查表**

检查日期

客户名称					
贷款种类		贷款金额（万元）		贷款期限	
约定借款用途					
实际借款用途（信贷资金出账方式、用途、去向、提供佐证资料复印件）：					
限制性条款落实情况（提供佐证资料复印件）：					
担保落实情况：					
借款人签章 借款人签章：　　　　年　月　日					
有无其他风险因素：					
风险综合评价、主要问题及处理建议： 客户经理签字：　　　　年　月　日					

2. 日常检查

信贷业务发生后，客户部门按规定对客户进行日常跟踪检查，填制“信贷业务发生后定期检查表”（见表 10－2），未尽事项，可附专题报告说明。重点检查客户是否按约定使用信贷资金以及风险状况的变化。

表 10－2　　**贷后定期跟踪检查表**

借款人名称：________________________ 授信金额：________万元　余额：________万元　品种：______________ 授信期限：______________授信利率：______________ 所属机构：________________________ 检查人员：经办客户经理：______________ 检查日期：________年____月____日

续表

一、财务情况检查记录

（一）财务状况变动情况

财务指标	检查期现值	上期	授信基准期
1. 资产负债率			
2. 销售利润率			
3. 流动比			

变动原因：______________________________

____

（二）财务数据变动情况

财务数据	本期	上期
1. 销售收入		
2. 销售成本		
3. 税前利润		
4. 应收账款		
5. 应付账款		
6. 其他科目（与上期数据相比，有20%以上交动的逐项列明）		

二、现场走访检查记录

（一）检查记录

检查时间	地点	参加检查人员	企业接待人员

（二）检查内容（如选择“是”需说明具体情况）

1. 管理人员情况

检查期内法人代表、主要股东及管理人员有无变化 □是 □否

检查期内企业管理人员是否有出境情况 □是 □否

企业法人代表或实际控制人是否有异常情况 □是 □否

管理人员上班是否有异常变化 □是 □否

2. 经营情况

经营场所是否发生变化 □是 □否

生产经营开工情况是否有异常 □是 □否

生产或经营环境是否混乱 □是 □否

续表

员工工资发放是否正常　□是　□否 检查期内库存及存货是否有大幅度变化　□是　□否 3. 法人代表或管理人员面谈 是否有对外重大投资（企业及个人）　□是　□否 是否存在经营困难状况　□是　□否 有无重大经营调整　□是　□否 是否有新的经营和发展计划　□是　□否 4. 财务人员面谈 检查期内企业是否有新增对外担保等　□是　□否 检查期内合作银行是否有变动　□是　□否 5. 销售人员面谈 企业上下游是否有大的变化　□是　□否 销售回笼账期及付款账期是否有大的变化　□是　□否 其他异常情况说明： 三、企业外部采集信息记录 采集信息对象（网络、媒体等） 信息内容____________________ 四、人行征信系统检查记录 查询信息时间：____________________ 是否有不良信用记录　□是　□否 有无受到环保、工商、税务等部门的处罚记录　□是　□否 有无新增大额他行融资或总体融资量增加　□是　□否 检查期内有无新增大额对外担保　□是　□否 企业主是否有不良个人信用记录　□是　□否 需要补充这明的情况：____________________ ____________________ 五、授信审批条件及资金用途检查 是否落实授信审批条件和要求　□是　□否 授信资金用途是否正常　□是　□否 情况说明：____________________ ____________________ 审批意见中提示的风险点及防范措施的跟踪落实情况：____________________ ____________________ 六、担保/抵押检查记录

检查时间	地点	参加检查人员	企业接待人员

业务操作二　风险预警

综合上述获取的信息，进行充分加工和利用，判断贷款总体风险状况，提出和上报预警信号。

小贴士

贷款风险预警是对还未明确出现风险的贷款进行潜在性风险的预测，与已出现风险后的贷款跟踪管理不同，风险预警需要在大量的不确定信息中去发现那些对贷款安全有潜在影响的因素，需要信贷员有高度的责任感、敏锐的洞察力和长期广泛的信息渠道。

一、缺乏合作诚意

1. 联系不畅

与客户关键人员失去联系或联系不畅。比如：企业负责人、财务人员频繁更换手机号码，经常无法联系，即使联系上，人在本地却谎称在外地出差，故意躲避公司人员。

2. 不提供资料

（1）不提供或不按期提供定期报表。

（2）不愿提供定期报表以外的信息。

（3）不愿意提供银行的交易流水。

（4）对需要通过所得税纳税单来判断客户经营规模、营利能力真实性时，客户不愿意提供相应资料。

3. 不配合检查

（1）事先约定的会谈时间被无故推迟。

（2）现场贷后检查时，关键人员避而不见。

（3）拒绝或不能对报表数据提供明细。

二、现金流异常

通过银行流水，判断其流水是否符合其现金流的特点，对于大额进出，要求提供对方信息、销售/采购合同等，判断其资金是否流向非经营性交易方。

三、外部评价差

（1）同业内对授信客户评价不佳。

（2）上下游合作伙伴对授信客户有负面评价。

（3）客户的邻里、朋友对其产生负面评价。

四、出现不稳定因素

1. 队伍不稳定

（1）财务主管、会计人员频繁更换。

（2）销售、生产、技术等核心部门的关键管理人员离职或被更换。

（3）客户、员工对企业没有信心。

2. 家庭矛盾

（1）主要股东或实际控制人、关键岗位管理人员家庭矛盾，包括婚姻关系紧张、离婚、析产等。

（2）家庭共同创业的产权纠纷。

3. 合作伙伴产生矛盾

（1）股东要求退出。

（2）联营方不再合作。

（3）共同创业的管理者退出。

（4）客户流失。

五、产生纠纷

1. 因诚信原因产生纠纷

（1）在对方付款后故意不提供相应的产品或服务。

（2）为获得非法利益无理缠诉。

2. 因管理原因产生纠纷

（1）因重大质量、技术事故引起诉讼或仲裁。

（2）为他人担保引起纠纷。

3. 因履约能力的原因产生纠纷

因支付能力造成合同违约。

六、财务信息虚假、财务指标异常

1. 财务报表不可信

（1）注册会计师对客户定期报告出具保留或否定的审计意见。

（2）会计差错明显，报表之间、报表数据之间不衔接。

（3）虚构应收账款。

（4）资产负债表上所列资产没有对应实物。

（5）所有者权益来源不真实。

（6）客户提供的财务信息与贷款行掌握的非财务信息有很大的差异，信息之间无法得到交叉验证。

2. 指标异常

（1）某个财务数据偏离正常值，且得不到合理解释。

（2）主要原材料库存畸高畸低，超过或不能满足正常生产需要。

（3）产品库存异常增长。

3. 利益流失

（1）在表外、账外另有资产负债未在资产负债表上反映或列示。

（2）以公司资产对外投资，但权益不在公司名下。

（3）资产处置后，现金未流入公司账户。

（4）非公允关联交易。

七、客户资金链紧张

1. 长期占用授信，贷款只能增加不能减少

（1）不能减少授信总额。

（2）存量贷款依赖借新还旧。

（3）贷款到期后要求展期。

（4）靠临时融资归还到期贷款。

（5）在多家银行融资，通过融资维持银行信用，缓解资金紧张的矛盾。

2. 缺乏资金安排计划

（1）业务经营计划没有配套相应的财务计划。

（2）授信申请的提出时间、额度与财务计划不符，具有偶然性、突然性。

（3）授信需求超过经营增长幅度。

（4）客户对应收账款管理缺乏计划，影响资金周转。

（5）杠杆率过高，经常用短期债务支付长期债务。

3. 融资不计成本

从私人、典当行、小额贷款公司、担保公司及其他企业高息借款。

4. 同业调整融资条件

（1）同业提高利率。

（2）同业提高担保条件。

（3）同业调减授信额度。

（4）提前归还其他银行融资。

5. 出现资本缺口

（1）资本支出与实力不相适应。

（2）借入流动资金贷款后，资本支出增加。

（3）增资扩股资金不到位。

（4）自筹资金不到位。

6. 经营环境恶化

（1）供应商紧缩商业信用。

（2）销售回款不畅，被动延长结算期间。

八、担保条件弱化

1. 抵押品价值高估

（1）客户对资产预期价值过于乐观。

（2）评估机构在客户授意下高估抵押品价值。

（3）资产估价方法不当。

（4）抵押率过高。

2. 抵押品管理不当

（1）抵押品被抵押人不合理使用。

（2）银行无法控制抵押品和质押权。

（3）权属争议。

3. 保证人担保能力下降

（1）工作收入出现不利变动。

（2）对外投资出现重大失误。

（3）生产经营出现问题。

九、主营业务出现问题

1. 主营业务市场份额萎缩

2. 营利能力下降

（1）主导产品被迫以降价手段争取市场，导致毛利率下降。

（2）客户对上游产品涨价缺乏成本转嫁能力，导致毛利率下降。

（3）非经常性损益支撑盈利。

3. 盲目投资

（1）跨行业扩张。

（2）盲目追逐投资热点。

（3）投资过于分散。

（4）从核心业务抽调资源到其他领域。

十、管理混乱

（1）成本和费用失控。

（2）材料损耗上升、产品正品率下降。

（3）现场管理混乱。

（4）设备管理混乱。

设备维护差、带病运行、设备故障率上升、备品备件不足。

业务操作三　汇总检查情况，撰写检查报告

汇总检查情况后，应撰写检查报告（见表10－3）。

表 10－3　　　　贷后检查报告

关于______公司______万元贷款第____期检查报告

为确保____（行）信贷资金正确使用，防止出现违规行为，____市____区______（行）客户经理________于____年____月____日对____________________公司贷款开展了一次贷后检查，现将检查结果报告如下：

一、基本情况

×××公司于20××年×月×日向____市____区______（行）申请贷款（含表外敞口、商票贴现）万元，用途为：________________________（要具体与调查报告、授信合同、借款合同一致）。

企业实际办公地点：

联系人员：

联系电话：

授信额度：________万元，授信期限：____年____月____日—____年____月____日；

担保方式：抵押、保证、质押等，担保人名称____________（含抵押人、质押人）

用信额度：________万元，月利率：____‰，用信期限：____年____月____日—____年____月____日；

(用信逐笔填写)

二、贷后检查主要项目

(1) 批复中限制性条款的执行情况。

(2) 实际借款用途：是否与合同约定一致，并注明用于何处；贷款资金使用产生的效益

如何（回笼情况）。

(3) 贷款资金流向：是否按合同约定使用，并注明收款人；与上报的贷后相关大额支付资料是否一致；资金运用上是否出现违规行为（如其他应付款在贷后大量减少）等。

(4) 借款人生产经营情况，如合同签订及执行情况、人员数量变化情况、开工情况、存货（注意通过库存时间、积灰厚度判断是否为积压货物）、原料变化情况等；项目贷款（含固定资产贷款）主要检查项目的进展情况。

(5) 借款人的管理情况，如食堂费用、用车费用、生产下脚料的处理等。

(6) 银行账户往来情况，如开户数量是否与其业绩相适应（侧重在贷款行的往来及贡献度）、所有银行账户资金与会计报表是否相当；大额资金进出的用途是货款还是往来款等；(贸易型企业此项要重点分析)。

(7) 财务分析，如经营性现金净流量、投资和筹资活动产生的现金净流量、应收应付变化情况、其他应收应付变化情况、销售及净利润变化情况等（贸易型企业此项要重点分析，详见附件）。

(8) 非财务因素的分析，如重大合同的毁约、账户被冻结（要企业提供加盖银行业务公章的近期基本户或主要账户的流水账)、重大安全事故、涉及诉讼、行业的景气程度，受宏观经济影响程度或受宏观调控影响程度；经营过程中的风险分析，如企业规模、所处发展阶段、产品的技术含量是否跨行业经营；管理风险，如企业主要管理者（财务主管、主要技术人员、高管）流动情况；借款人的还款意愿：企业阶段性的还款情况，特别是本年度的还本付息情况(如借款人贷款本金是否在到期前归还，贷款利息是否在结息前足额存入账户中)。

(9) 担保情况：抵押物是否完好，手续是否完整，是否存在贬值风险、要求保险的第一受益人是否为贷款行等；保证人是否存在重大变故等影响其代偿能力。

(10) 借款人信贷档案资料情况：档案资料是否按规定及时、完整、有效地归档，授信相关合同的完整性，年检资料是否及时归档，报表资料是否真实、及时归档。

(11) 授信后的信用情况（结算上有无透支、他行是否有不良记录、主要经营者个人是否有不良记录）。

(12) 分期还款计划执行情况。

(13) 借款人承诺兑现情况。

(14) 借款人对贷后检查的配合情况。

(15) 其他。

(注：贷后检查内容包括但不限于上述列举的项目)

三、附件

(一) 主要经营指标分析

1. 五大经营指标情况分析

续表

（1）销售利润率指标分析：（期末销售利润/期末销售收入净额）×100%。 （2）存货周转率指标分析：期末产品销售成本/[（期初存货+期末存货）/2]×100%。 （3）销售收入增长率指标分析：（本年销售收入－上年销售收入）/上年销售收入×100%。 （4）应收账款周转率指标分析：期末销售收入/[（期初应收账款余额+期末应收账款余额）/2]×100%。 （5）净资产增长率指标分析：[（年末净资产－年初净资产）/年初净资产]×100%。 2. 两块经营资金指标情况分析 （1）销售收入，即主营业务收入分析。主要是根据企业利润表中主营业务收入情况，特别是多行业的企业，应分别进行其主营业务的分析。 （2）应收账款变化情况分析。 ①前10位（或较大额度）的客户的资金是否流动、是否稳定，结算现状、交易情况与上年有否变化？②估计坏账损失程度，应列表说明：客户名称、金额、账龄、占用原因等。 3. 经营三项费用情况分析 （1）国、地税各项税款情况分析。 （2）电费、水费（或其他能源消耗）情况分析。 （3）支付给职工工资（应付工资）情况分析。 （二）主要偿债能力分析 1. 五大财务指标分析。 （1）资产负债率指标分析：（期末负债总额/期末有效资产总额）×100%。 （2）流动比率指标分析：（期末流动资产/期末流动负债）×100%。 （3）或有负债指标分析：（期末或有负债/期末净资产）×100%。 （4）总资产周转率指标分析：期末销售收入/[（期初资产总额+期末资产总额）/2]×100%。 （5）现金流量分析。对经营活动的现金流量、投资活动的现金流量、筹资活动的现金流量进行分析。 2. 三块资金分析。 （1）货币资金情况分析。①分析白条抵库及资金去向；②分析银行存款结构、在哪家银行，存款的来源是什么？是销货款还是其他款项？ （2）固定资产变化情况分析：①房产变化情况分析；②无形资产变化情况分析；③机器设备变化情况分析。 （3）其他应收账款情况分析 分析最大5户的资金来源（是否与注册资金有关系）。 **四、检查结论** （1）对客户生产经营情况的评价； （2）对客户财务状况的评价； （3）对客户管理情况的评价； （4）对客户发展前景的评价； （5）对客户贷款风险状况的总体评价。 **五、建议采取的措施** □继续支持该企业 □退出该企业 □按常规实施贷后管理和检查 □帮助借款人改善经营管理 □要求借款人提出更详细的还款计划 □列为特殊关注对象，加大贷后检查频率 □从严核定最高综合授信额度，控制对该客户融资总量

续表

□更换担保单位、补足抵（质）押物 □不再办理收回再贷业务 □停止发放新贷款 □提前收回客户未使用的贷款 □落实专人负责清收 □追索保证单位连带责任 □依法处置贷款抵押物、质物、质押权利 □与客户协商以物抵贷 □依法提起诉讼 □提请法院宣告其破产还债 □其他措施 检查人签名：

业务操作四　贷款到期处理

借款人有义务按照借款合同的约定及时清偿贷款本息，银行有权依照借款合同约定从借款人账户上划收贷款本金和利息。对于借款人提前还款的，要按照借款合同约定进行。借款人不能按照合同规定偿还贷款的，应当承担违约责任，并加付利息。

一、提前还款

1. 借款人向银行递交提前还款申请

2. 银行审查及审批

（1）客户经理审查借款人提前还款日之前所有的到期贷款本息，借款人提前还款是否符合本行相关规定，审查通过后还要提交相关人员审批。

（2）审批通过，客户经理通知借款人办理手续。

3. 银行会计部门按规定从借款人账户划扣贷款本息

4. 解除抵（质）押权

（1）提前还清全部信用的，银行退还抵（质）押权利凭证，及时与抵（质）押人共同向登记部门办理登记注销手续，并登录信贷数据库相关信息，按规定归档。

（2）提前结清部分贷款的，办理部分解除抵（质）押权手续。

5. 贷后总结评价

在贷款本息清偿以后，银行的客户经理和贷款检查岗要及时进行贷款的总结、评价，以提高贷后管理的经验。

二、正常回收

1. 向借款人发送“还本付息通知书”（见表 10－4）

贷款人在短期贷款到期7天之前、中长期贷款到期1个月之前，应当向借款人发送还本付息通知单；借款人应当及时筹备资金，按时还本付息。

表10-4　　还本付息通知书

还本付息通知书 编号： ________(借款人全称)： 贵（公司）于____年____月____日由________提供（抵、质押）担保与我行签订____号借款合同，从我行借款人民币（大写）________，此笔借款将于____年____月____日到期。 望在收到本通知后，积极回笼资金，并于借款到期日前将款项存入在我行开立的账户上，确保按合同约定期限足额还本付息。 贷款人（章）： 送达人（签字）： 年　月　日 -- 今收到××××银行（营业部）___年__月__日签发的编号为___《还本付息通知书》。 特此复函。 借款人（公章）： 签收人（签字）： 年　月　日 注：本通知书一式两份，借款人签收后退贷款人一份作为回执，借款人留存一份。

2. 借款人按合同约定方式还本付息

（1）借款人收到还本付息通知书后，主动按时还本付息；

（2）如借款人与贷款行签订了“划款授权书”，贷款经办行可按约定自行从借款人账户划扣贷款本息。

3. 解除抵（质）押权

借款人还清全部贷款本息后，银行退还抵（质）押权利凭证，及时与抵（质）押人共同向登记部门办理登记注销手续，并登录信贷数据库相关信息，按规定归档。

4. 贷后总结评价。

业务操作五　信贷登记与档案管理

一、信贷登记

（1）信贷管理系统登记。贷款形态变化（如收回、展期或逾期等）要及时在中国人民银行及贷款行信贷管理系统进行登记、调整。

(2) 信贷台账登记。客户经理要逐户建立台账，监督贷款收回、贷后检查、贷款质量监测、不良贷款催收等贷后管理工作。

二、档案整理

为全面掌握贷款企业情况，经办行要对开户企业建立贷款档案，主要详见表10－5。

表 10－5　　公司客户信贷业务档案的基本内容表

权证类档案内容	抵押	抵押物评估报告或作价依据
		抵押物所有权、使用权证或证明文件
		已办理抵押登记的他项权证或有关证明文件
		抵押物清单
		抵押物保险单
		抵押公证书
	质押	权利质押中的各种有价单据
		质物评估报告或作价依据
		质物所有权、使用权证或证明文件
		已办理质押登记的他项权证或有关证明文件
		质押物清单
		质押物保险单
		质押公证书
	保证保险为担保	保证保险单
其他内容		信贷业务申请报告和申请书
		信贷业务调查报告
		信贷业务调查审查审批表
		审贷会（风险会）会议纪要
		本级行向上级行的推荐审查意见
		上级行的贷款审批意见
		贷款法律审查意见
		信贷业务借款合同（协议书）
		借据
		担保合同、担保协议或担保函
		核保书或抵（质）押核实书
		贷后跟踪检查记录
		到、逾期贷款本息催收通知及回执
		…………

三、档案移交

客户经理将整理好的档案（纸质、电子档案）（见表10－6），在规定的工作日内，移交档案管理部门。

表 10－6　　　　公司客户信贷业务档案移交清单

序号	企业代码	标题（内容）	页数	日期	密级	是否原件	备注
移交人			接收人			移交日期	
移交部门负责人			接收部门负责人				

案例

银行在贷后管理中存在着哪些方面的问题？

A 公司是一家以经营五金、家电、百货、服装为主的集体所有制企业。A 公司于 2014 年 9 月 22 日从某银行支行贷款 300 万元，用于经营周转，期限为 1 年。贷款到期后，该公司法定代表人以资金正用于正常周转中为由，申请贷款展期。该支行在没有进行调查的情况下，为该公司办理了 8 个月的展期手续。展期期满后，该公司却迟迟不归还贷款，经多次催收，才发现该笔资金早已被该公司弄到外地挪作他用。该支行为此派专人去外地催收该笔贷款，先后收回贷款 95.6 万元。由于 A 公司不在本地经营，也通过电话了解其经营状况。该公司一直谎称其经营状况良好，并承诺 2017 年下半年或年底前会归还一半本金。由于当时该公司并未拖欠息，信贷员也没有经过认真调查，直到 2018 年该公司依旧不能归还贷款，经过进一步调查了解，才得知该笔资金早已被该公司挪用于经营一些非法项目，并在 2017 年就因炒汇被公安局罚没资金 600 万元，又因非法组装进口汽车倒卖而被公安部门没收汽车 14 辆。

解析

基于以上原因，A 公司已经没有资金进行经营周转，企业亏损严重，资不抵债，已经濒临破产，没有能力归还银行贷款。该支行为了有效清收此笔贷款，就上述贷款起诉了 A 公司并申请强制执行。在法院执行的过程中，由于未办理抵押登记手续，而且未将抵押房产的房产证收回由支行保管，所抵押的房产早已被 A 公司变卖，没有任何财产可供执行。加之 A 公司由于在 2017 年连续两次违法经营被没收财产停业已近三年，工商部门因其连续两年未参加年检，已注销了其营业执照，税务部门也已注销了其税务登记证。故 A 公司所在地区中级人民法院于 2019 年 2 月 28 日裁定终结执行，至此，该企业所欠支行的贷款本金 220 余万元本金及利息，形成不良资产。

业务二 个人贷款贷后检查及到期处理

任务描述

1. 了解个人客户贷后检查内容。
2. 掌握个人贷款到期处理方法。

PPT：个人贷款贷后检查及到期处理

☞ 业务描述

通过贷后检查，发现潜在风险并提出合理的防范化解措施。

业务操作一 掌握检查方法及检查内容

一、了解检查方法

1. 非现场监测

（1）通过多种渠道，如工商税务部门、上级主管部门、政府管理部门、金融同业、新闻媒介等方面获取信息，尽早发现预警信号，指导现场核查。

（2）逐户登记个人贷款贷后管理台账，对抵（质）押物登记（存单国债的止付）、重要权证保管、信贷资金使用用途、信贷资料整理入档与保管等情况进行合规性检查和说明，尽早发现预警信号。

2. 现场检查

通过实地走访查看借款人的主要办公、居住场所及担保物，与客户进行直接的联系，通过贷后检查报告对发现的主要风险点和预警信号提出处理建议并及时汇报。

二、掌握检查内容

1. 首次跟踪检查

对个人消费贷款，经营行客户部门必须在信贷业务发生 15 天内，按规定进行首次跟踪检查，并填制“信贷业务发生后首次跟踪检查表”（见表 10 –7）。

2. 日常检查

信贷业务发生后，客户部门按规定对客户进行日常跟踪检查。个人生产经营贷款比照法人客户贷款管理，原则上每季检查一次，个人消费贷款一级分行可根据实际需要确定检查频率。

表 10－7　　个人贷款贷后检查表

<table>
<tr><td colspan="6">借款人基本情况</td></tr>
<tr><td>借款人姓名</td><td></td><td>贷款种类</td><td></td><td>担保方式</td><td></td></tr>
<tr><td>贷款金额</td><td></td><td>贷款期限</td><td></td><td>贷款余额</td><td></td></tr>
<tr><td>检查方式</td><td colspan="5">□电话检查：□实地检查</td></tr>
<tr><td>检查原因</td><td colspan="5">□首次检查；□日常检查；□逾期检查；□其他</td></tr>
<tr><td colspan="6">检查内容</td></tr>
<tr><td colspan="6">1. 当前贷款现状
（1）在他行或个人借款总额____________万元。
（2）结欠我公司及保证、抵押情况
该户在我公司贷款共____________笔、金额为____________万元。
其中：
a. 有____笔、____万元为担保贷款。
担保方情况：________________________________
从检查情况来看，担保人的生产经营情况____________（正常、不正常），财务状况（正常、不正常），担保人与借款人关系____（正常、不正常），____（有、没有）发生影响公司债权安全的重大事项。
担保________（有、无）风险。
b. 有________笔、____________万元为抵押贷款。
抵押物情况：________________________________
从检查情况来看，抵押物保管、保存____（是、否）完好，抵押物现值____（有、没有）重大变化，抵押率____（是、否）控制在规定的范围内。借款人____（是、否）擅自改变抵押物的占管人、使用人，____（是、否）擅自转让、赠与、出租、设定担保物权等，抵押____（有、无）风险。
2. 借款人生产经营情况，实地查看借款人供、产、销情况，了解经营环境是否有所变化，了解借款人每月是否如期纳税？
说明________________________________
3. 借款人的财务变化，经实地调查核对，至________年________月末，该客户个人总资产____________万元；总负债为万元，资产负债率为__________%。
4. 检查贷款____（是、否）按计划使用，____（是、否）存在挪用贷款的现象。
说明________________________________
5. 借款人当前信用报告信用显示____（是、否）正常，还款意愿____（好、一般、差），____（是、否）有能力如期偿还贷款。
6. 了解借款人家庭变化情况，是否会对贷款产生影响。
____
________________________________</td></tr>
<tr><td>检查日期</td><td></td><td>检查地点</td><td></td><td>借款人签名</td><td></td></tr>
<tr><td colspan="6">贷后检查（续）</td></tr>
</table>

业务操作二　风险预警

（1）借款人未按合同约定的日期和金额归还贷款本息；

（2）借款人有违法、违纪等不良行为，受到法律、行政、经济制裁或处罚；

（3）借款人职业处于不稳定状态，收入明显下降（如借款人从业单位倒闭或行业整体衰退；借款人处于失业、半失业状态，失去稳定收入来源或仅依靠最低生活保障或社会救济生活等）；

（4）借款人健康状况恶化或遭受重大人身伤害，丧失或部分丧失劳动能力；

（5）借款人死亡、宣告失踪或死亡及丧失民事行为能力，且无合法继承人、受遗赠人，或法定继承人、受遗赠人拒绝履行合同；

（6）借款人有套取银行信用、挪用贷款行为；

（7）借款人所购房屋及其他财产遇不可抗拒的自然灾害或社会灾难，导致损失或灭失；

（8）借款人或抵押人未经贷款人同意，擅自将设定抵押权或质权的财产或权益拆迁、出租、出售、转让、馈赠或重复抵押；

（9）借款人拒绝或阻挠贷款人的贷后检查或提供虚假材料、信息；

（10）借款人居所和联系方式经常变动，贷款人不能有效判断借款人情况和贷款实际使用情况；

（11）因抵（质）押物贬值，抵（质）押物价值趋于或低于贷款金额及抵（质）押物或抵（质）押权益受到损害，抵（质）押权难以或不能实现；

（12）期房项目未按正常进度完工或在约定的时间内未能办妥房地产产权证，进行有效抵押；

（13）保证人资格及能力出现问题（如保证人为法人的，其资信等级降低或处于被兼并、重组、破产状态；保证人为自然人的，其收入或其他财产下降等）；

（14）新法律、法规实施使借款合同及相关合同存在法律方面的缺陷和问题；

（15）贷款手续及信贷档案不齐全，重要文件或凭证遗失，对债权实现有实质性影响；

（16）贷款人已要求履行保证、保险责任及诉诸法律的借款案由；

（17）抵押物出现负资产（抵押物的现时价值低于贷款余额）的情形；

（18）存在贷款欺诈和其他风险隐患。

业务操作三　汇总检查情况，撰写检查报告

对检查情况汇总后，应撰写检查报告（见表10－8）。

表 10 - 8　　个人贷款贷后检查报告

<table>
<tr><td>借款人</td><td colspan="2"></td><td>借款时间</td><td colspan="4"></td></tr>
<tr><td>贷款金额（万元）</td><td colspan="2"></td><td colspan="2">贷款余额（万元）</td><td></td><td>发放时间</td><td></td></tr>
<tr><td rowspan="2">贷款形态</td><td>正常□</td><td colspan="2"></td><td colspan="2"></td><td rowspan="2">检查方式</td><td></td></tr>
<tr><td>违约□</td><td colspan="2">违约期数（月）</td><td colspan="2"></td><td></td></tr>
<tr><td colspan="8">贷款人及贷款重大变化情况：
1□借款人有违法违纪等不良贷款行为，受到法律、信用证、经济制裁或处罚；
2□借款人职业处于不稳定状态，收入明显下降；
3□借款人健康状况恶化或遭受重大人身伤害，丧失或部分丧失劳动能力；
4□借款人死亡，宣告死亡或丧失民事行为能力，且无合法继承人、受遗赠人或法定继承人、受遗赠人拒绝履行合同；
5□借款人有套取银行资金的行为；
6□借款人或抵押人未经贷款人同意，擅自将设定抵押权或质权的财产或权益拆迁、出租、出售、转让或重复抵押；
7□借款人拒绝贷款人的贷后检查或提供虚假材料、信息；
8□借款人居所核联系方式变动，贷款人不能有效判断借款人及贷款有关情况；
9□因抵押物贬值、抵押物趋于或低于贷款金额及抵押权益受到损害；
10□期房项目未按正常进度完工或未在约定时间内办妥房地产权证；
11□保证人资格及能力出现问题；
12□新法律、法规实施使借款合同及相关合同存在法律方面的缺陷和问题；
13□贷款手续及信贷档案不齐全，重要文件或凭证遗失，对债权时限有实质性影响；
14□贷款人已要求履行保证、保险责任及诉诸法律的借款案由；
15□其他____。</td></tr>
<tr><td colspan="8">贷后管理员意见：
签名：
年　月　日</td></tr>
<tr><td colspan="8">信贷科长意见：
签名：
年　月　日</td></tr>
</table>

案例

借款购车后未按约还贷 银行要求解除合同提前还款

余某因个人购车向工商银行某支行借款 107 万元，某服饰公司为余某担保。工商银行与余某、服饰公司签订汽车类个人借款（担保）合同，约定：借款期限 3 年，每月归还本息 32 304 元；如借款人连续两个还款期或累计三个还款期未按时偿还贷款本息，贷款人有权宣布合同提前到期，并要求借款人清偿全部贷款本息。合同签订后，工商银行将 107 万元款项汇入余某指定的汽车公司银行账户，余某通过按揭贷款从汽车公司购得宝马 735Li 一辆，但名义上的提车人和车主是胡某（余某朋友）。1 年 2 个月以后，余某不再归还借款本息，服饰公司也未履行担保义务。工商银行起诉余某和其配偶张某以及服饰公司，要求解除合同并归还借款本金及利息。

解析

余某辩称：签订借款合同是事实，但实际上的借款人是胡某，宝马车事实上也由胡某购得，借款应当由胡某归还。但余某未能提供借款关系实际上是工商银行与胡某的充分证据。张某辩称：不清楚余某借款和购车事宜，不应当承担责任。服饰公司辩称：余某实际上未借到款项，不承担担保责任。

请分析：借款合同有效吗？工商银行是否有权要求提前归还全部借款？服饰公司是否应当承担担保责任？

业务操作四　贷款到期处理

（参照项目十模块一业务一业务操作四）

业务操作五　个人信贷登记与档案管理

一、信贷登记

（1）信贷管理系统登记。贷款形态变化（如收回、展期或逾期等）要及时在中国人民银行及贷款行信贷管理系统进行登记、调整。

（2）信贷台账登记。客户经理要逐户建立台账，监督贷款收回、贷后检查、贷款质量监测、不良贷款催收等贷后管理工作。

二、档案整理

为全面掌握贷款企业情况，经办行要对个人贷款建立贷款档案，主要内容如下。

（1）合作机构及其项目资料：与我行个人信贷业务发展建立合作关系的房地产开发企业、经销商、经纪公司、评估机构、担保公司、保险公司等机构的基本资料及房地产开发项目的基本资料。

（2）贷款资料：我行在办理个人贷款过程中，由客户提交或形成的各类贷款要件。

（3）权证资料：采用抵押、质押担保方式的个人信贷业务，能够证明对抵押物、质物享有所有权和处置权的要件。

（4）贷后资料：贷款后续资料和贷后管理资料。

（5）授信审批资料：个人信贷业务授信、审查、审批过程中形成的资料（见表 10－9）。

表 10－9　　**个人信贷业务档案卷内文件目录**

借款人：　　　　　　　　身份证号：　　　　　　　　借款合同号：

合作机构名称：　　　　　　项目名称：　　　　　　　　合作协议编号：

<table>
<tr><td>序号</td><td colspan="2">资料内容</td><td>文件形成时间</td><td>起止页码</td><td>是否原件</td><td>备注</td></tr>
<tr><td></td><td colspan="2"></td><td></td><td></td><td></td><td></td></tr>
<tr><td></td><td colspan="2"></td><td></td><td></td><td></td><td></td></tr>
<tr><td></td><td colspan="2"></td><td></td><td></td><td></td><td></td></tr>
<tr><td></td><td colspan="2"></td><td></td><td></td><td></td><td></td></tr>
<tr><td></td><td colspan="2"></td><td></td><td></td><td></td><td></td></tr>
<tr><td></td><td colspan="2"></td><td></td><td></td><td></td><td></td></tr>
<tr><td>信贷员</td><td></td><td>贷后监督员</td><td></td><td>档案管理员</td><td colspan="2"></td></tr>
<tr><td>日　　期</td><td></td><td>日　　期</td><td></td><td>日　　期</td><td colspan="2"></td></tr>
</table>

三、档案移交

客户经理将整理好的档案（纸质、电子档案）在规定的工作日内，移交档案管理部门（见表 10－10）。

表 10－10　　**个人信贷业务档案移交清单**

<table>
<tr><td>序号</td><td>借款人（或合作机构名称）</td><td>合同号（或合作协议号）</td><td>资料内容</td><td>形成时间</td><td>页数</td><td>是否原件</td><td>备注</td></tr>
<tr><td></td><td></td><td></td><td></td><td></td><td></td><td></td><td></td></tr>
<tr><td></td><td></td><td></td><td></td><td></td><td></td><td></td><td></td></tr>
<tr><td></td><td></td><td></td><td></td><td></td><td></td><td></td><td></td></tr>
<tr><td colspan="2">移交人</td><td></td><td>接收人</td><td></td><td colspan="2" rowspan="2">移交日期</td><td rowspan="2"></td></tr>
<tr><td colspan="2">移交部门负责人</td><td></td><td>接收部门负责人</td><td></td></tr>
</table>

知识要点

1. 了解公司客户及个人客户贷后检查内容。
2. 掌握公司客户及个人客户贷款到期处理方法。

操作要点

通过贷后检查，发现潜在风险并提出合理的防范化解方案。

推荐阅读

推荐阅读

解析

问题讨论

加强贷后管理是贷款“三查”制度的最后一个环节。但由于主客观尤其是信贷管理人员主观方面的原因，“重贷轻管，贷后管理不到位”现象比比皆是。当借款人出现问题时，信贷人员不能及时发现其经营中发生的风险预警信号，错过了贷款收回的最佳时机，使贷后管理在贷款风险控制中的重要作用不能充分发挥。

请分析讨论，贷后管理有哪些重要的意义？

实训

1. 根据有关信贷业务及风险管理模拟软件系统提示，选择“信贷风险管理”项下“贷后调查”业务，启动“企业常规调查”，选择页面显示所建的上市公司名称；再点击左栏“贷后调查业务”，双击右页面显示的“调查受理”，按照提示分别完成“信贷资产检查报告”与“贷后客户调查报告附件”，按照“查看流程图”程序操作至状态栏显示“完成”。

2. 根据有关信贷业务及风险管理模拟系统提示，选择“信贷风险管理”项下“不良贷款催收”，选择“催收认定业务”，完成“催收逾期贷款通知书”；再选择左栏“催收回执管理”，双击右页面“预览”，完成后再双击“进入维护”，完成督促还款模拟任务。

模块二
不良贷款处置

业务一　公司客户不良贷款分类与处置

PPT：个人客户不良贷款分类与处置

任务描述

1. 了解公司客户贷款风险分类的标准。
2. 了解不良贷款各种处置方法的适用情况。

业务描述

1. 根据分类标准，判断公司客户贷款是否属于不良贷款。
2. 能够按照合适的方法处置不良贷款。

业务操作一　公司客户不良贷款分类及认定

不良贷款管理是指银行在贷款发放后，应该按照资产回收风险程度大小将各类信贷资产划分为不同的等级，以便采取相应措施，加快不良贷款处置速度，防止不良贷款价值贬损。

一、贷款分类目标

（1）揭示贷款的实际价值和风险程度，真实、全面、动态地反映贷款质量。

（2）及时发现信贷管理过程中存在的问题，加强贷款管理。

（3）为判断贷款损失准备金是否充足提供依据。

二、贷款分类遵循原则

（1）真实性原则。分类应真实客观地反映贷款的风险状况。

（2）及时性原则。应及时、动态地根据借款人经营管理等状况的变化调整分类结果。

（3）重要性原则。对影响贷款分类的诸多因素，要根据核心定义确定关键因素进行评估和分类。

（4）审慎性原则。对难以准确判断借款人还款能力的贷款，应适度下调其分类等级。

三、分类标准

以评估借款人的还款能力为核心，把借款人的正常营业收入作为贷款的主要还款来源，贷款的担保作为次要还款来源。

借款人的还款能力包括借款人现金流量、财务状况、影响还款能力的非财务因素等。

四、信贷资产五级分类认定

按照银监会发布的《贷款风险分类指引》，商业银行应至少将贷款划分为正常、关注、次级、可疑和损失五个不同档次。其中后三类为不良贷款。

（一）正常贷款

1. 核心定义

借款人能够履行合同，没有足够理由怀疑贷款本息不能按时足额偿还。贷款损失的概率为0。

2. 下列情况划入正常类

（1）借款人生产经营活动正常，经营效益良好，财务管理规范，主要财务指标和现金流量结构合理；

（2）借款人还款意愿强，在银行和他行还本付息正常，信用记录良好；

（3）借款人没有出现重大预警信号；

（4）借款人的主要股东、高级管理人员、组织管理结构未发生不利于贷款偿还的变化；

（5）担保完整有效，保证人经营活动和财务状况正常，抵/质押物完好无损；

（6）信贷档案和重要文件保存完整；

（7）借款人结算往来正常。

（二）关注贷款

1. 核心定义

尽管借款人目前有能力偿还贷款本息，但存在一些可能对偿还产生不利影响的因素。如果这些因素继续存在，可能对借款人的还款能力产生影响，应引起注意。贷款损失的概率不会超过5%左右。

2. 有下列情况之一的划入关注类

（1）本金和利息虽尚未逾期，但借款人有利用兼并、重组、分立等形式恶意逃废银行债务的嫌疑；

（2）借新还旧类贷款，或者需通过其他融资方式偿还的贷款；

（3）借款人未按约定用途使用资金；

（4）借款人拖欠利息或/和本金、分期还款脱期、垫款；

（5）借款人在其他银行的债务已经不良；

（6）违反有关法律、法规或授信审批程序发放的贷款。

（三）次级贷款

1. 核心定义

借款人的还款能力出现明显问题，完全依靠其正常营业收入无法足额偿还贷款本息，需要通过处分资产或对外融资乃至执行抵押担保来还款付息。贷款损失的概率在20%~40%左右。

2. 有下列情况之一的一般划入次级类

（1）借款人拖欠利息或/和本金、分期还款脱期、垫款91天至1年（含）的贷款，其应收利息不再计入当期损益。

（2）借款人利用合并、分立等形式恶意逃废银行债务，本金或者利息已经逾期。

想一想

在其他条件相同的情况下，如果一个借款人的存货增加较多或应收账款回收期延长，销售收入不能及时实现，但这种情况不是长期的，借款人生产周期未发生质的变动。应属于哪类缺陷？借款人的贷款应属于哪种类型？

如果另一借款人存货继续增加，产品有积压，销售遇到较大困难，用生产周期理论已经不能解释，缺陷已经明显，并且还本付息已逾期90天以上，或已挂账停息。应属于哪类缺陷？借款人的贷款应属于哪种类型？

（四）可疑贷款

1. 核心定义

借款人无法足额偿还贷款本息，即使执行担保，也肯定要造成较大损失。只是因为存在借款人重组、兼并、合并、抵押物处理和未决诉讼等待定因素，损失金额的多少还不能确定，贷款损失的概率在40%以上。

2. 有下列情况之一的一般划入可疑类

（1）拖欠利息或/和本金、分期还款脱期、垫款1年以上；

（2）借款人已严重资不抵债，经营严重亏损，现金流量严重不足；

（3）贷款会发生较大损失，但由于存在借款人重组、兼并、抵（质）押物处理、未决诉讼或未终结执行等因素，损失金额尚不能确定。

（五）损失贷款

1. 核心定义

在采取所有可能的措施或一切必要的法律程序之后，本息仍然无法收回，或只能收回极少部分。从银行的角度看，也没有意义和必要再将其作为银行资产在账目上保留下来，对于这类贷款在履行了必要的法律程序之后应立即予以注销，其贷款损失的概率在

95%—100%。

2. 有下列情况之一的一般划入损失类

（1）借款人和担保人已经依法宣告破产，经法定清偿后，仍不能还清的贷款；

（2）借款人虽未终止法人资格，但生产经营活动已经停止，且借款人已经名存实亡，复工无望，经确认无法还清的贷款；

（3）借款人遭受重大自然灾害或意外事故，损失巨大且不能获得保险补偿，经确认无力偿还的部分或全部贷款，或者保险赔偿后仍未能还清的贷款；

（4）经国务院专案批准核销的逾期贷款；

（5）借款人被依法撤销、关闭、解散，并终止法人资格，经确认无法还清的贷款；

（6）借款人和担保人均无财产可供执行，法院裁定终结、终止或中止执行后，银行仍无法收回的贷款。

提示

损失类贷款，并不意味着绝对不能收回，只是这类贷款已不具备作为银行资产的价值，即使将来有部分贷款能够收回，也不值得推迟冲销这笔贷款，因此不应该还保留在银行的会计账簿上。贷款划分为损失类，只是账面上的处理，银行应继续催收。

小贴士

银监会要求各个商业银行应至少将贷款划分为五类，一些银行在此基础上将贷款进一步细分，如工商银行将其分为12类（见表10-11）。

表10-11　工商银行贷款分类表

风险分类		评级得分	核心定义
正常	正常1级	特优<20	借款人市场竞争能力极强现金流量非常充足，融资能力和还款能力极强，还款意愿很好，有非常充足的证据表明能够按期足额偿还债务本息。
	正常2级	优秀（20，30）	借款人市场竞争能力很强，现金流量充足，融资能力和还款能力很强，还款意愿很好，有足够证据表明能够按期足额偿还债务本息。
	正常3级	次优（30，40）	借款人市场竞争能力较强，现金流量充足，融资能力和还款能力较强，还款意愿良好，没有理由怀疑不能够按期足额偿还债务本息。
	正常4级	良好（40，50）	借款人还款能力较强，还款意愿良好，没有足够的理由怀疑不能按期足额偿还债务本息。
关注	关注1级	一般（50，60）	出现可能影响借款人还款能力的不利因素，但借款人还款能力尚可，还款意愿良好，担保合法、足值、有效，本笔债务未逾期，无欠息。
	关注2级	重点（60，70）	出现影响借款人还款的不利因素，借款人还款意愿一般，担保合法、足值、有效，本笔债务无逾期欠息或逾期欠息在90天（含）以内。
	关注3级	特别（70，80）	借款人还款能力出现一定问题，还款意愿较差，但银行认为通过追偿担保等手段能确保足额收回债务本息。

续表

风险分类		评级得分	核心定义
次级	次级1级	较差（80，90）	借款人还款困难，即使执行担保也会形成一定损失，本笔债务本息预计损失率在20%（含）以内。
	次级2级	差（90，100）	借款人还款出现较大困难，即使执行担保也会造成一定损失，本笔债务本息预计损失率在20%—40%（含）之间。
可疑	可疑1级	很差（100，110）	借款人无法足额还偿债务本息，即使执行担保，也会造成较大损失，本笔债务本息预计损失率在40%—60%（含）之间。
	可疑2级	极差（110，120）	借款人已无法偿还债务本息，即使执行担保，也会极大损失，本笔债务本息预计损失率在60%以上。
损失	损失级	≥120	符合总行规定的损失类特征的信贷资产，在采取所有可能的措施或一切必要的法律程序之后，贷款本息和其他债务仍然无法收回，或只能收回极少部分，应认定为损失级。

业务操作二　不良贷款处置

一、掌握常规催收方式

常规催收是指利用各种非诉讼的催收手段，督促债务人/担保人及其他还款义务人偿还债务的清收方式，主要包括协商还款、电话催收、媒体公告催收、信函（含公证送达）催收等方式（见表10－12、表10－13）。

表10－12　　中国××银行催收逾期贷款本息通知书

中国××银行催收逾期贷款本息通知书

编号：________

截至______年____月____日，贵单位共积欠我行贷款本息合计______万元，其中：本金____万元，利息____万元，请抓紧筹措资金，尽快偿还。否则，我行将采取下列相应措施：

1. 降低贵单位信用等级。
2. 停止受理贷款、银行承兑汇票等融资业务申请。
3. 报请人民银行列入信用不良企业名单，向社会公布。
4. 依法向法院申请支付令、申请强制执行或直接提起诉讼，追偿贷款本息。

借款合同号如下：

借款人公章：　　　　　　　　贷款人公章：

（或签收人签字）：

______年____月____日　　　　______年____月____日

注：本通知书一式两份：借款人签收后退贷款人一份作为回执。

表 10－13　　中国××银行督促履行保证责任通知书

中国××银行督促履行保证责任通知书

编号：________

贵单位____年____月____日为________________（借款人）从我行借款________万元提供连带责任保证，保证合同编号________________。该笔贷款现已逾期，经我行催收，截至______年____月____日尚欠贷款本金为______万元，利息______元。请尽快筹措资金履行保证责任，或督促借款人偿还我行贷款本息。我行保留依照有关法律和保证合同采取相应措施的权利。

保证人公章：　　　　　　　　贷款人公章：

（或签收人签字）：

______年____月____日　　　　　　______年____月____日

注：本通知书一式两份：保证人签收后退贷款人一份作为回执，保证人留存一份。

解析

想一想

当借款人、保证人的法定代表人、主要负责人或财务部门负责人等有关人员拒绝在催款通知书上签字盖章时，贷款行应怎么处理？

实务中，银行经常采取在报纸上刊登公告的方式催收到期贷款。采取这种方式，主要基于以下原因：一是债务人无法联系；二是债务人拒绝签收催收通知书；三是将若干债务人一并公告，降低催收成本。

请分析，用公告方式中断诉讼时效是否具有法律效力？

二、了解常规催收主要适用条件

（1）有较强的还款意愿。

（2）有效资产能完全覆盖其债务。

（3）负债结构简单，其他债权人未采取且预计在催收期内不会采取法律行动。

（4）能够按照商定的还款计划如期偿还债务。

（5）如采取法律诉讼将影响债务偿还。

（6）其他适合采取常规清收方式的情形。

三、欠息减免

贷款欠息减免适用条件：

（1）不良贷款账龄已经一年以上的次级、可疑损失类贷款或者已经核销贷款。

（2）减免息的适用范围为对公信贷资产（贷款）。

（3）借款人信用等级为 BB 级（含）以下，未评级借款人视为 BB 级以下。

（4）在采取直接催收、委托第三方催收等必要追偿程序后，借款人、担保人仍无法及时足额偿还。

（5）借款人具有还款诚意，财务状况、经营成果等信息透明度高（担保人或第三人申请代偿的除外)，但是暂不具备偿债能力。

(6) 借款人、担保人或者第三方能够按照贷款欠息减免协议约定还款。

(7) 综合考虑债权收回时间、催收追偿成本等因素，实施贷款欠息减免优于其他债权回收方式，并可实现债权收回价值最大化。

四、以物抵债

以物抵债是指银行债权到期，借款人无法用现金偿还债务；或债权虽未到期，但借款人已出现严重经营等问题，借款人无法按时足额用现金偿还债务，担保人也无力以现金偿还债务，经银行与借款人、担保人或第三人协商同意，或经人民法院、仲裁机构依法裁决，借款人、担保人或第三人以实物资产或财产性权利作价抵偿银行部分或全部债权的行为。

(一) 了解适用条件

借款人出现下列情况之一的，无力以货币资金偿还银行债权，担保人也无力以货币资金代偿的，可以实施以物抵债：

(1) 生产经营已中止或建设项目处于停建状态。

(2) 生产经营陷入困境，财务状况日益恶化，处于关、停、并、转状态。

(3) 债务人已宣告破产，银行有破产分配受偿权。

(4) 经对债务人强制执行，无法执行到现金资产，且执行实物资产或财产权利按司法惯例降价处置仍无法成交。

(5) 只有通过以物抵债才能最大限度保全银行债权的其他情况。

(二) 掌握不得抵债的资产类型

(1) 法律规定的禁止流通物。

(2) 抵债资产欠缴和应缴的各种税收和费用已经接近、等于或高于该资产价值的。

(3) 权属不明或有争议的资产。

(4) 伪劣、变质、残损或储存、保管期限很短的资产。

(5) 资产已抵押或质押给第三人，且抵押或质押价值没有剩余的。

(6) 依法被查封、扣押、监管或者依法被以其他形式限制的转让的资产（银行有优先受偿权的资产除外)。

(7) 公益性质的生活设施、教育设施、医疗卫生设施等。

(8) 法律禁止转让和转让成本高的集体所有土地使用权。

(9) 已确定要被无偿征用的土地使用权。

(10) 其他无法变现的资产。

五、混合性债务重组

混合性债务重组项目是指既涉及授信条件变更（例如变更担保条件，追加保证人）又涉及以物抵债、减免息、削债等资产处置的不良授信债务重组项目。

提示

与其他清收方式相比，混合性债务重组倾向于对债务人债务偿还期限的调整、对担保品的重置和补充，而不是对债务人资产的处置。

通过贷款重组，银行可能收回贷款，并可能因此而密切银行同借款人的关系，提升银行形象。因此银行通常愿意采用贷款重组方式。

（一）了解适用条件

（1）混合性债务重组的对象原则上应为尚能正常经营，但一次性全部偿还银行贷款本息存在困难的企业。

（2）在重组后的还款期间内，可预测企业具有正常的经营性现金流入，扣除成本后具有偿还银行贷款本息的能力。

（3）企业自身具有一定的成长性或存在有实力的战略投资者。

（二）掌握重组方式

1. 贷款展期

贷款展期是最常用、最简单的办法。但是单笔贷款原则上只能展期一次。根据《贷款通则》的有关规定，短期贷款展期期限累计不得超过原贷款期限；中期贷款展期期限累计不得超过原贷款期限的一半；长期贷款展期期限累计不得超过3年。国家另有规定者除外。贷款展期协议见表10－14。

表10－14　　贷款展期协议

合同编号：______年______字第______号

借款展期协议

借款人（甲方）：______________________________

住所（地址）：______________________________

法定代表人：______________________________

贷款人（乙方）：中国工商银行______________________________

住所（地址）：______________________________

负责人：______________________________

担保人（丙方）：______________________________

住所（地址）：______________________________

法定代表人：______________________________

签订时间：______年______月______日

签订地点：______________________

鉴于

甲方因故不能按期偿还与乙方签订的______年______字第______号借款合同（下称原借款合同）项下的借款。甲方已于______年______月______日向乙方提交了借款展期书面申请。

丙方作为甲方的担保人，同意就甲方的展期借款事项，继续提供乙、丙双方签订的______年______字第______号保证/抵押/质押合同（下称原担保合同）所约定之担保。

续表

乙方表示同意就甲、乙双方原合同项下的借款进行展期。为明确在借款展期期间甲、乙、丙各方权利义务，经三方协商一致，在原借款合同和原担保合同有效的前提下，特订立此展期协议。

第一条　原借款合同项下借款金额为______（大写：________）万______（货币单位，下同），已偿还________（大写：________）万________，展期金额______（大写：______）万______。

第二条　原借款合同项下借款期限为______年______月______日至______年____月______日。展期期限为______年______月______日至______年______月______日。

第三条　本合同协议项下的借款利率按下列第______种方式确定：

3.1　年利率为______%（或月利率为______‰）的固定利率。

3.2　年利率为______%（或月利率为______‰），但合同期内甲乙双方协商可按______（月/季/年）对合同期内的借款利率进行调整。

3.3　由甲乙双方根据乙方公布的外汇贷款基准利率，每______（1/3/6）个月协商确定一次，第一个利息期的年利率为______%。

3.4　__________（3个月/6个月）的LIBOR+______%的利差组成的浮动贷款利率。

如遇中国人民银行调整利率或利率确定方法，则按中国人民银行的有关规定办理。

第四条　本协议项下的展期金额按下列第______种方式偿还：

4.1　展期到期一次性偿还。

4.2　按照下列日期和金额分次偿还。

4.2.1 ________________________；

4.2.2 ________________________；

4.2.3 ________________________；

4.2.4 ________________________。

第五条　甲方未按本协议的约定按期偿还借款本息的，乙方有权在原利率基础上加收______作为罚息利率，对甲方逾期贷款自逾期之日起按罚息利率计收利息，并对未按时支付的利息计收复利。

第六条　丙方应按下列第______项之约定承担担保责任：

6.1　丙方为保证人，丙方愿按与乙方签订的______年______字第______号担保合同的约定继续对甲方在原借款合同和本借款展期协议项下的全部债务承担连带保证责任，但保证期间为自本协议确定的借款到期之次日起两年。乙方根据原借款合同约定宣布借款提前到期的，则保证期间为自乙方向借款人通知的还款日之次日起两年。

6.2　丙方为抵押人，丙方愿按与乙方签订的______年______字第______号担保合同的约定继续对甲方在原借款合同和本借款展期协议项下的全部债务承担抵押担保。

6.3　丙方为出质人，丙方愿按与乙方签订的______年______字第______号担保合同的约定继续对甲方在原借款合同和本借款展期协议项下的全部债务提供质押担保。

第七条　除本协议另有规定外，原借款合同和担保合同仍然有效。未尽事宜，由原借款合同和担保合同调整和解释。

第八条　本协议附件是本协议不可分割的组成部分，本协议的附件包括：

8.1　______________________________________；

8.2　______________________________________；

8.3　______________________________________。

第九条　本协议在下列第______项的规定的条件满足时生效，至本协议和原借款合同项下所有应付款项全部清偿之日止。

9.1　丙方如为保证人，则本协议在甲、乙、丙三方签章之日起生效；

9.2　丙方如为抵押人，则本协议经甲、乙、丙三方签章后，自有关登记部门办理完毕抵押变更登记手续之日生效；

9.3　丙方如为动产出质人，则本协议在甲、乙、丙三方签章并且质物移交于乙方占有时生效；

9.4　丙方如为权利出质人，则本协议经甲、乙、丙三方签章，自________之日起生效。

第十条　本协议正本一式______份，甲方、乙方、丙方三方各执一份，具有同等的法律效力。

第十一条　其他约定事项：____

续表

甲方：__________（公章）
法定代表人（授权代理人）：__________
签字日期：_____年_____月_____日
乙方：中国工商银行______________（公章）
负责人（授权代理人）：__________
签字日期：_____年_____月_____日
丙方：__________（公章）
法定代表人（授权代理人）：__________
签字日期：_____年_____月_____日

2. 借新还旧

借新还旧又称为“以贷还贷”，是指借款人在旧的贷款尚未清偿的情况下，银行再次为其办理一次全新的贷款，用以清偿旧的贷款。当银行认为企业还有生存能力，只是临时性资金困难时，可以采用此种方案。

提示

出现以下情况之一者，一般不能给予追加新贷款：①贷款被挤占挪用；②贷款项目或产品属重复建设，市场同类产品已经出现供大于求现象；③借款企业经营管理混乱，效率低下；④借款企业亏损严重；⑤原贷款已展期，或已追加过新贷款，但借款人财务状况仍无明显改善，不能按时还本付息；⑥借款企业属于产业结构调整中需压缩、调整、归并或近期可能发生被兼并、收购的企业；⑦银行自身资金情况不允许，或违反银行信贷政策；⑧违反中央银行或有关管理部门的规定。总之，追加新贷款是为了在不违反有关政策规定的前提下减少银行债权的损失或增加银行的收益，倘若与这一目的相违背，银行一般不考虑追加新贷款。

3. 调整利率——减息

4. 变更担保条件

（1）追加担保品，确保抵押权益。

（2）追加保证人。

六、呆账核销

呆账是指已过偿付期限，经催讨尚不能收回，长期处于呆滞状态，有可能成为坏账的应收款项。

呆账核销是将符合呆账认定条件的债权，按照规定的程序和要求报批并进行相应核销处理的行为。

根据呆账核销管理办法，呆账核销必须遵循严格认定条件、提供确凿证据，逐级上报、审核和审批，对外保密，账销案存的原则。

提示

银行发生的呆账经逐级上报，由总行审批核销。对于小额呆账，可授权一级分行审批，并上报总行备案。总行对一级分行的具体授权额度根据内部管理水平确定，报主管财政机关备案。一级分行不得再向分支机构转授权。

1. 一般债权呆账认定条件及核销所需相关材料

经采取必要的措施和实施必要的程序之后，借款人（含共同借款人）和担保人符合下列认定标准之一的一般债权可以认定为呆账（见表10－15）。

表10－15　一般债权呆账认定条件及核销

序号	核销类型	认定标准	核销所需相关材料
1	破产类、关闭类、解散类、撤销类	借款人依法宣告破产、关闭、解散或者撤销，相关程序已经终结，本行对借款人财产进行清偿，并对担保人进行追偿后，仍未能收回的剩余债权；法院依法宣告借款人破产后一年以上仍未终结破产程序的，本行对借款人和担保人进行追偿后，经法院或破产管理人出具证明或内部清收报告，仍未能收回的剩余债权	破产、关闭、解散证明、撤销决定文件和财产清偿证明、财产追偿证明。法院宣告的破产裁定书
2	死亡或者失踪类、丧失民事行为或者劳动能力类	借款人死亡，或者按照民法相关规定宣告失踪或死亡，或者丧失完全民事行为能力或劳动能力，本行依法对其财产或者遗产进行追偿，并对担保人进行追偿后，仍未能收回的剩余债权	死亡或者失踪证明、司法部门或者县级以上医院出具的借款人丧失完全民事行为能力或者劳动能力的证明和财产追偿证明或内部证据
3	灾害事故类	借款人遭受重大自然灾害或者意外事故，损失不能获得保险赔偿，或者以保险赔偿后，确实无力偿还部分或者全部债务，本行对其财产进行清偿，并对担保人进行追偿后，仍未能收回的剩余债权	自然灾害或者意外事故证明、保险赔偿证明和财产清偿证明、财产追偿证明或内部证据
4	停止经营类、下落不明类	借款人已完全停止经营活动，被县级及县级以上工商行政管理部门依法注销、吊销营业执照，本行对借款人和担保人进行追偿后，仍未能收回的剩余债权	县级及县级以上工商行政管理部门注销、吊销证明和财产追偿证明或内部证据
5	超过3年未履行企业年度报告公示义务	借款人已完全停止经营活动或者下落不明，超过3年未履行企业年度报告公示义务，本行对借款人和担保人进行追偿后，仍未能收回的剩余债权	县级及县级以上工商行政管理部门查询证明和财产追偿证明或内部证据
6	触犯刑律类	借款人触犯刑法，依法被判处刑罚，导致其丧失还款能力，其财产不足归还所借债务，又无其他债务承担者，本行经追偿后，仍未能收回的剩余债权	法院裁定证明和财产清偿证明、财产追偿证明或内部证据

续表

序号	核销类型	认定标准	核销所需相关材料
7	执行一年以上类、虽有财产难以执行类、执行终止类、执行终结类	由于借款人和担保人不能偿还到期债务，本行诉诸法律，借款人和担保人虽有财产，但对借款人和担保人强制执行超过一年以上仍未能收回的剩余债权；或者借款人和担保人虽有财产，但进入强制执行程序后，由于执行困难等原因，经法院裁定终结（中止）执行或者终结本次执行程序的债权；或者借款人和担保人无财产可执行，法院裁定终结（中止）执行或者终结本次执行程序的债权	强制执行证明或者法院裁定证明、财产追偿证明或内部证据
8	破产和解散类、破产重整类	本行对借款人和担保人诉诸法律后，借款人和担保人按照《破产法》相关规定进入重整或者和解程序后，破产重整协议或者破产和解协议经法院裁定通过，根据重整协议或和解协议，本行对剩余债权向担保人进行追偿后，仍未能收回的剩余债权	法院裁定证明、本行与借款人和担保人签订的重整协议或者和解协议和内部证据
9	法律不予支持类	按照《破产法》相关规定进入重整或者和解程序后，重整协议或者和解协议经法院裁定通过，根据重整协议或者和解协议，本行无法追偿的剩余债权	调解书、执行笔录或者和解协议和内部证据
10	法院驳回类；或者超过诉讼时效，经追偿后，仍未能收回剩余债权类	本行对借款人和担保人诉诸法律后，因借款人和担保人主体资格不符或者消亡等原因，被法院驳回起诉或者判决借款人和担保人不承担（或者部分承担）责任；或者因借款合同、担保合同等权利凭证遗失或者超过诉讼时效，本行经追偿后，仍未能收回的剩余债权	法院驳回起诉证明或判决书、裁定书、民事调解书、仲裁裁决书或仲裁调解书；因权利凭证遗失无法诉诸法律的，提交台账、贷款审批单等旁证材料、追索记录、情况说明以及本行法律事务部门或聘请的律师事务所出具的法律意见书；因超过诉讼时效无法诉诸法律的，提交本行法律事务部门出具的法律意见书
11	追偿后仍未能收回的剩余债权类	依法取得抵债资产，对抵债金额小于贷款本息的差额，符合上述1至10项原因，经追偿后仍未能收回的剩余债权	抵债资产接收证明、抵债金额确定证明和上述1至10项的相关证明
12	垫款类	开立信用证、办理承兑汇票、开具保函等发生垫款时，凡业务申请人和保证人由于上述1至11项原因，无法偿还垫款，本行经追偿后，仍无法收回的垫款	垫款证明和上述1至11项的相关证明
13	市场手段处置类	本行采取打包出售、公开拍卖、转让、债务减免、债转股、信贷资产证券化等市场手段处置债权或者股权后，根据转让协议或者债务减免协议，其处置回收资金与债权或股权余额的差额	资产处置方案、出售转让合同（或协议）、贷款减免协议、成交及入账证明和资产余额清单

续表

序号	核销类型	认定标准	核销所需相关材料
14	法人客户追索类	对于单户贷款余额在500万元及以下（农村信用社、村镇银行为50万元及以下）的对公贷款，经追索一年以上，仍未能收回的剩余债权	追索记录，包括电话追索、信函追索和上门追索等原始记录，并由经办人和负责人共同签章确认
15	案件类	因借款人、担保人或者其法定代表人、实际控制人涉嫌违法犯罪，或者因本行内部案件，经公安机关或者检察机关正式立案侦查1年以上，本行对借款人、担保人或者其他还款义务人进行追偿后，仍未能收回的剩余债权	公检法部门出具的法律证明材料，财产追偿证明、内部清收报告或法律意见书
16	中小企业和涉农贷款追索类	本行对单户贷款余额在3 000万元及以下的，经追索180天以上，仍无法收回的中小企业贷款和涉农贷款，可按照账销案存的原则自主核销；对于单户余额在5万元及以下的农户贷款，可以采用清单方式进行核销。其中，中小企业贷款是指本行对年销售额和资产总额均不超过2亿元的企业的贷款，涉农贷款是按《中国人民银行 中国银行业监督管理委员会关于建立〈涉农贷款专项统计制度〉的通知》（银发〔2007〕246号，以后变化从其规定）规定的农户贷款和农村企业及各类组织贷款	中小企业贷款、涉农贷款分类证明，追索记录，对于符合条件的小额农户贷款由经办人和负责人共同签章确认，可以采用提供客户清单方式经有权人审批同意后核销
17	个人经营贷款追索类	本行对单户贷款余额在500万元及以下的，经追索180天以上，仍无法收回的个人经营贷款，可按照账销案存的原则自主核销。个人经营贷款是指本行按照《个人贷款管理暂行办法》（银监会令2010年第2号）发放的，并且本行能有效监控资金流向、证明贷款符合合同约定用途的生产经营贷款	个人经营贷款分类证明，个人经营贷款用途证明材料，追索记录
18	国务院特批类	经国务院专案批准核销的债权	国务院批准文件

2. 银行卡透支款项呆账认定标准

经采取必要的措施和实施必要的程序之后，持卡人和担保人符合下列认定标准之一的银行卡透支款项以及透支利息、手续费、超限费、滞纳金可以认定为呆账（见表10－16）。

表10－16 银行卡透支项呆账认定条件及核销所需相关材料

序号	核销类型	认定标准	核销所需相关材料
1	破产类	持卡人依法破产，金融企业对其财产进行清偿，并对担保人进行追偿后，仍无法收回的剩余款项	法院破产证明和财产追偿证明
2	死亡失踪类、丧失民事行为能力或者劳动能力类	持卡人死亡，或者按照《中国人民共和国民法通则》的规定宣告失踪或者死亡，或者丧失完全民事行为能力或劳动能力，金融企业对其财产或者遗产进行追偿，并对担保人进行追偿后，仍无法收回的剩余款项	死亡或者失踪证明、司法部门或者县级以上医院出具的借款人丧失完全民事行为能力或者劳动能力的证明和财产追偿证明

续表

序号	核销类型	认定标准	核销所需相关材料
3	灾害事故类	持卡人遭受重大自然灾害或者意外事故，损失巨大且不能获得保险赔偿，或者以保险赔偿后，确实无力偿还部分或者全部债务，金融企业对其财产进行清偿，并对担保人进行追偿后，仍无法收回的剩余款项	重大自然灾害或者意外事故证明、保险赔偿证明和财产清偿证明、财产追偿证明
4	注销营业执照类、吊销营业执照类	持卡人因经营管理不善、资不抵债，经有关部门批准关闭，被县级及县级以上工商行政管理部门依法注销、吊销营业执照，金融企业对持卡人和担保人进行追偿后，仍无法收回的剩余款项	有关管理部门批准持卡人关闭的文件和工商行政管理部门注销、吊销持卡人营业执照的证明和财产清偿证明、财产追偿证明
5	触犯刑律类	持卡人触犯刑法，依法被判处刑罚，导致其丧失还款能力，其财产不足归还所透支款项，又无其他债务承担者，金融企业经追偿后，仍无法收回的剩余款项	法院裁定证明和财产清偿证明、财产追偿证明
6	执行一年以上类，虽有财产难以执行类、执行终止类、执行终结类	对持卡人和担保人诉诸法律，经法院判决或者仲裁并经强制执行程序后，仍无法收回的透支款项；经法院调解达成和解协议，按和解协议无法追偿的剩余款项	诉讼判决书或者冲裁书、强制执行书、和解协议
7	法律不予支持类	对持卡人和担保人诉诸法律后，因持卡人和担保人主体资格不符或者消亡等原因，被法院驳回起诉或裁定免除（或部分免除）债务人责任；或者因借款合同、担保合同等权利凭证遗失或者丧失诉讼时效，金融企业经追偿后，仍无法收回的剩余部分	法院驳回起诉的证明，或裁定免除（或部分免除）债务人责任的判决书、裁定书或民事调解书；因权利凭证遗失无法诉诸法律的，提交相关旁证材料、追索记录、情况说明以及金融企业法律事务部门出具的法律意见书；因丧失诉讼时效无法诉诸法律的，提交金融企业法律事务部门出具的法律意见书
8	涉嫌诈骗类	涉嫌信用卡诈骗（不包括商户诈骗），经公安机关或者监察机关正式立案侦察1年以上，仍无法收回的剩余款项	公检法部门出具的法律证明材料。确实无法取得公检法部门证明材料的，可提交金融企业法律事务部门出具的法律意见书
9	银行卡透支追索类	单户贷款本金在5万元及以下的，逾期后经追索1年以上，并且不少于6次追索，仍无法收回的剩余款项	追索记录，包括电话追索、信件追索和上门追索等原始记录，并由经办人和负责人共同签章确认
10	银行卡透支小额追索类	单户贷款本金在2万元及以下的，逾期后经追索180天以上，并且不少于6次追索，仍无法收回的剩余款项	追索记录，包括电话追索、信件追索和上门追索等原始记录，并由经办人和负责人共同签章确认，并可以采用提供客户清单方式经有权人审批同意后核销

提示

下列债权或者股权不得作为呆账核销：

（1）借款人或者担保人有经济偿还能力，金融企业未按本办法规定，履行所有可能的措施和实施必要的程序追偿的债权。

（2）违反法律、法规的规定，以各种形式逃废或者悬空的金融企业债权。

（3）因行政干预造成逃废或者造成悬空的金融企业债权。

（4）金融企业未向借款人和担保人追偿的债权。

（5）其他不应当核销的金融企业债权或者股权。

七、批量转让

批量转让是指银行对一定规模的不良资产进行组包，定向转让给资产管理公司的行为，该项工作由总行同一组织开展。

1. 转让范围

（1）按规定程序和标准认定为次级、可疑、损失类的贷款。

（2）已核销的账销案存资产。

（3）抵债资产。

（4）其他不良资产。

2. 下列不良资产不可批量转让

（1）债务人或担保人为国家机关。

（2）债务人或担保人经国务院批准列入全国企业政策性关闭破产计划。

（3）国防军工等涉及国家安全和敏感信息的资产。

（4）个人贷款（包括向个人发放的购房贷款、购车贷款、教育助学贷款、信用卡透支、其他消费贷款等以个人为借款主体的各类贷款）。

（5）在借款合同或担保合同中有限制转让条款的资产。

（6）国家法律法规限制转让的其他资产。

八、借助社会力量

（1）利用行政办法。行政办法收贷，就是加强与债务人的上级主管单位或上级政府的沟通和联系，运用行政干预增强企业的还贷意识和法律意识主动还款，或者是强制企业还款，或者是代替企业还款。

（2）通过人民银行、银行同业公会和新闻媒体，采取包括联合制裁、内部发布黑名单、公告催债、公开曝光等方式清收。

（3）委托行外机构、人员代理清收。

> **案例**
>
> 从2002年8月6日到8月8日，义乌信用联社在当地影响最大的两张报纸《义乌日报》和《小商品世界报》上，连续4天刊登了义乌不良贷款催收清单，其中详细列明了欠款人的姓名、身份证号、借款时间、借款金额、担保人情况等，有的还列出了借款人所在公司名称，共计两百余位借款人。
>
> 此举果然奏效。从公告日到8月8日，义乌信用联社已经收到40多户借款人所还近200万元欠款。

九、依法收贷

依法收贷是指银行就到期未受清偿的债权，依法向管辖法院（或仲裁机构）提交诉讼、仲裁、申请支付令或执行公证债权文书等，通过管辖法院（或仲裁机构）的判决（或裁决）、裁定，确立债权的合法性，依据判决书或裁定书回收债权，或者依靠强制执行程序（含和解）收回债权的清收处置方式。

（一）收贷方式

1. 民事诉讼

民事诉讼指向人民法院提起诉讼，人民法院立案受理，在双方当事人和其他诉讼参与人的参加下，经人民法院审理和解决民事、经济纠纷等案件的制度。

2. 民商事仲裁

民商事仲裁指当事人根据订立的仲裁协议或仲裁条款，自愿将其合同纠纷和其他财产权益纠纷提交由非官方身份的仲裁员组成的仲裁庭进行裁判，并受该裁判约束的一种制度。

3. 民事督促（支付令）

民事督促（支付令）指人民法院根据债权人的给付现金和有价证券的申请，以支付令的形式，催促债务人限期履行义务的一种特殊法律程序。

4. 执行公证债权文书

执行公证债权文书指当债务人不履行或不适当履行经公证的以给付为内容并载明债务人愿意接受强制执行的承诺的债权文书时，债权人可以向原公证机关申请执行证书，并凭原公证书及执行证书依法向有管辖权的人民法院申请执行。管辖法院经审查该公证债权文书无误的，依法启动强制执行程序的清收处置方式。

5. 直接向法院申请实现担保物权

为快速实现担保物权，债权人（担保物权人）可以向担保财产所在地或者担保物权登记地基层人民法院提出直接申请实现担保物权，请求人民法院拍卖或者变卖担保物权。

（二）适用条件

1. 普遍的适用条件

（1）债务人无力清偿到期债务。

（2）债务虽未到期，但债务人/担保人生产经营陷入困境，财务状况严重恶化。

（3）债务人/担保人已停止经营，处于关、停、并、转状态，或实际控制人下落不明。

（4）债务人/担保人还款意愿差，且不配合签署催收文件。

（5）债务人/担保人有明显转移资产或逃废债务的行为。

（6）债务人/担保人涉及其他诉讼，可能影响到我行债权安全。

（7）债务人/担保人的实际控制人涉及刑事案件。

（8）债务人/担保人法人代表外逃、死亡或失踪。

（9）其他适合采取诉讼方式的情形。

2. 适用民事诉讼的条件

（1）签署协议的争议解决条款中，未约定提交仲裁裁决或约定不明。

（2）当地基层法院不支持申请支付令。

（3）未对债权文书实施赋予强制执行效力的公证的，或虽有相关的公证，但公证机关拒绝签发执行证书。

3. 适用民商事仲裁的条件

（1）当事各方自愿达成仲裁协议。

（2）仲裁协议合法有效。

4. 适用民事督促（支付令）的条件

（1）请求给付现金或汇票、本票、支票以及股票、债券、国库券、可转让的存款单等有价证券。

（2）请求给付的现金或者有价证券已到期且数额确定，并写明了请求所根据的事实、证据。

（3）债权人没有对等给付义务。

（4）支付令能够送达债务人。

（5）债权人与债务人没有其他债务纠纷的。

5. 适用执行公证债权文书的条件

（1）各方当事人签署的符合法律规定可通过公证方式赋予强制执行效力的债权文书。

（2）经公证机关依法公证并已赋予该债权文书强制执行效力。

（3）债务人不履行或不完全履行公证机关赋予强制执行效力的债权文书。

（4）债权人向原公证机关申请，经审查后获得签发的执行证书。

6. 适用直接申请法院实现担保物权的条件

（1）法定债务人到期不履行债务或当事人另行约定实现担保物权的事由出现。

（2）债权债务关系清晰，抵押合法有效，相关手续材料齐备。

业务二　个人客户不良贷款分类与处置

任务描述

1. 了解个人客户贷款风险分类的标准。
2. 了解不良贷款各种处置方法的特点及适用情况。

PPT：公司不良贷款分类与处置

☞ 业务描述

1. 根据分类标准，判断个人贷款是否属于不良贷款。
2. 能够按照合适的方法处置不良贷款。

业务操作一　个人客户信贷资产五级分类及认定

一、正常贷款

1. 核心定义

借款人还款能力充足，不存在影响贷款本息按时足额偿还的不利因素。

2. 同时满足以下条件的个人贷款，可认定为正常贷款

（1）贷款无违约本金和利息；

（2）借款主体、借款行为依法合规、真实有效；

（3）有担保，贷款担保合法、有效、充足；

（4）不存在其他影响贷款本息按时足额偿还的风险隐患。

二、关注贷款

1. 核心定义

借款人已出现违约或虽能还本付息但已存在影响贷款本息按时偿还的不利因素。

2. 符合以下条件之一的个人贷款，可认定为关注贷款

（1）贷款违约 3 个月（含）以内；

（2）借款人累计违约月数与贷款已到期月数之比超过 30%；

（3）借款人为我行特别关注客户信息系统中“禁入”类客户；

（4）应办未办抵押登记或质押冻结手续，或保证人保证能力明显下降的贷款；

（5）按揭项目停工 6 个月（含）以上的贷款；

（6）房地产开发商、汽车经销商和二手房中介等批量代替借款人偿还的贷款；

（7）经认定，尚未出现违约的假按揭贷款；

（8）其他需要认定为关注的情况。

三、次级贷款

1. 核心定义

借款人还款能力已不能保证按时足额偿还贷款本息，需通过追索保证人、保险人责任或处理抵（质）押物等方式才可能偿还全部贷款本息。

2. 符合以下条件之一，可认定为次级贷款

（1）贷款违约 3 个月至 6 个月（含）；

（2）经认定，违约3个月（含）以内的假按揭贷款；

（3）借款人在我行或其他商业银行曾有诈骗银行贷款的行为；

（4）借款人涉及刑事或民事案件，并已影响到借款人还款意愿及能力；

（5）贷款担保被认定无效，形成事实上的信用贷款；

（6）其他需要认定为次级贷款的情况。

四、可疑贷款

1. 核心定义

借款人还款能力明显不足，即使通过追索保证人、保险人责任，或处理抵（质）押物等方式，贷款也会发生一定损失。

2. 符合以下条件之一，认定为可疑贷款

（1）贷款违约6个月以上；

（2）已经提起诉讼但法院尚未出具终结（中止）裁定，且采取多种追偿手段后仍不能清偿的贷款；

（3）贷款形态为次级，抵（质）押物已出现价值贬损或保证人保证能力明显下降，且借款人不予配合补足担保的贷款。

五、损失贷款

1. 核心定义

借款人已丧失还款能力，在采取所有可能的措施或一切必要的法律程序后，仍未能清偿的贷款。

2. 符合以下条件之一的个人贷款，可认定为损失贷款

（1）借款人死亡，或者依照《中华人民共和国民法通则》宣告失踪或死亡，或丧失完全民事行为能力或劳动能力，贷款经办行以其财产或者遗产进行清偿，并对担保人进行追偿后，未能收回的债权；

（2）借款人遭受重大自然灾害或者意外事故，损失巨大且不能获得保险补偿，或者以保险补偿后，确实无力偿还部分或者全部债务，贷款经办行以其财产进行清偿，并对担保人进行追偿后，未能收回的债权；

（3）借款人触犯刑律，依法受到制裁，其财产不足以偿还全部或者部分债务，又无其他债务承担者，贷款经办行经追偿后仍未收回的债权；

（4）借款人或担保人涉嫌违法犯罪，被公安或检察机关立案侦查，贷款经办行为实现债权向法院对借款人和担保人提起诉讼或申请强制执行，经法院予以驳回或裁定终结、终止或中止执行，未能收回的债权；

（5）借款人和担保人不能偿还到期贷款本息，贷款经办行诉诸法律，申请法院对借款人和担保人强制执行，借款人和担保人均无财产可执行，或其财产执行后不足以偿还全部或者部分债务的，或其财产无法强制执行的，经法院裁定终结、终止或中止执行后，贷款经办行仍未收回的债权；

（6）对借款人和担保人提起诉讼后，因借款人和担保人主体资格问题，被法院驳回起诉或裁定免除（或部分免除）债务人责任；或因借款合同、担保合同等权利凭证

遗失或丧失诉讼时效，法院不予受理或不予支持，贷款经办行经追偿后仍无法收回的贷款；或我行虽未起诉、但能取得他行有关法院裁定借款人已无财产可供执行的证明文件的贷款；

（7）由于借款人不能偿还到期债务，贷款经办行依法取得抵债资产，抵债金额小于贷款本息的差额，经追偿后仍无法收回的贷款；

（8）经测算清收成本大于预期收回额的小额贷款。

业务操作二　不良贷款处置

一、常规催收

贷款行需通过账单、短信、电子邮件、电话或信函、上门催收、发律师函催收和公正催收等方式向借款人进行还款提示（见表 10－17、表 10－18）。

表 10－17　　中国××银行个人贷款逾期催收通知书（借款人）

________先生/女士（借款人）：

您于________年____月____日向我行申请贷款并与我行签订了《中国××银行个人借款合同》（编号：________）。我行依合同约定向您发放了贷款____________元。您至____年____月____日，已连续____期未依合同约定还款，共拖欠我行贷款本息____________元。

您的行为已经严重违反了借款合同的约定，我行有权采取包括依法处分担保物在内的法律措施向您追偿，您有可能被列为金融机构不良信用客户，影响您在我行和其他银行所能享有的金融服务，并承担发生的银行费用及费率费用，导致您时间、精力和经济损失进一步扩大。

请您接到本函之日起 5 日内，清偿全部欠款（具体金额以我行会计部门计算为准）。否则，我行将通过法律途径予以解决。

联系人________联系电话________

联系地址________________

中国××银行________________支行

（盖章）：

________年____月____日

回执

中国××银行　　　　　　　　支行：

我收到本催收函，经认真阅读，已知悉本函内容。

借款人（签字）：

________年____月____日

表 10－18　　中国××银行个人贷款逾期催收通知书（保证人）

__________（保证人）：

________（以下简称借款人）与我行签订了《中国××银行个人借款合同》（编号：________）。按合同约定，贵公司/您为借款人在该合同项下的借款本金、利息及其他有关费用承担连带保证责任。我行已依约向借款人发放了贷款，而借款人至______年____月____日，已连续____期未按约定还款，共拖欠我行贷款本息________元。请贵公司/您在收到本函后督促借款人还款或承担连带保证责任。否则，我行将通过法律途径予以解决。

联系人________联系电话______

联系地址________________

中国××银行________支行

（盖章）：

________年____月____日

回执

中国××银行　　　　　　　　　支行：

我公司/本人收到本催收函，经认真阅读，已知悉本函内容。

法人保证人（公章）：　　　　　　　　　　自然人保证人（签字）：

法人代表（签字）：

________年____月____日

二、呆账核销

经采取一切可能的措施和实施必要的程序之后，符合下列认定标准之一的助学贷款（含无担保国家助学贷款）可认定为呆账（见表 10－19）。

表 10－19　　助学贷款呆账认定标准及核销所需相关材料

序号	核销类型	认定标准	核销所需相关材料
1	死亡失踪类、丧失民事行为能力或者劳动能力类	借款人死亡，或按照《中华人民共和国民法通则》的规定宣告失踪或宣告死亡，或丧失完全民事行为能力或劳动能力，无继承人或受遗赠人，在依法处置其助学贷款抵押物（质押物）及借款人的私有财产，并向担保人追索连带责任后，仍未能归还的贷款。	借款人的死亡或者失踪证明，司法部门或者县级以上医院出具的借款人完全丧失民事行为能力或者劳动能力的证明，对助学贷款抵（质）押物处置情况和对担保人的追索记录
2	死亡或者失踪类、丧失民事行为或者劳动能力类	借款人经诉讼并经强制执行程序后，在依法处置其助学贷款抵押物（质押物），并向担保人追索连带责任后，仍无法收回的贷款。	申报行起诉书、法院判决书或者调解书或仲裁裁决书，进入强制执行程序的法律文书，法院在案件无法继续执行时做出的终结或终止执行裁定书，对助学贷款抵（质）押物处置情况和对担保人的追索记录
3	灾害事故类	贷款逾期后，在银行确定的有效追索期限内，对于有抵押物（质押物）以及担保人的贷款，银行依法处置助学贷款抵押物（质押物）和向担保人追索连带责任后，仍无法收回的贷款；对于无抵押物（质押物）以及担保人的贷款，银行依法追索后，仍无法收回的贷款。	抵（质）押物处置情况和对担保人的追索记录

案例

关于汶川地震呆账贷款核销的有关规定

中国银监会2008年5月23日就银行业金融机构做好汶川大地震造成的呆账贷款核销工作发出紧急通知。

通知指出，各银行业金融机构要根据《金融企业呆账核销管理办法(2008年修订版)》的规定，对于借款人因本次地震造成巨大损失且不能获得保险补偿，或者以保险赔偿、担保追偿后仍不能偿还的债务，应认定为呆账并及时予以核销；对于银行卡透支款项，持卡人和担保人已经在本次灾害中死亡或下落不明，且没有其他财产可偿还的债务，应认定为呆账并及时予以核销。

三、其他处置办法（参照模块二业务一）

案例分析

张某于2015年6月15日向某银行借款10万元，借款期限一年。约定以张某所有的房屋及其占有范围内的土地使用权作抵押，并办理了抵押登记手续。借款期限届满后，张某一直未向银行归还借款，银行也未主张权利。2018年10月15日，银行向法院提起诉讼，请求法院判令张某归还借款本金及相应利息，并判令银行对张某的抵押物折价或者拍卖收入享有优先受偿权。

请分析裁判结果。

知识要点

1. 不良贷款分类标准
2. 不良贷款各种处置方法的适用情况

操作要点

1. 常规催收。
2. 呆账核销。
3. 剥离不良贷款。
4. 行使代位权。
5. 行使撤销权。
6. 借助社会力量。
7. 依法收贷。

推荐阅读

问题讨论

解析

根据下面资料，分析银行对不良贷款采取了哪些处置办法？

（1）A公司经营及贷款情况

2014年7月，A公司所属集团与B县政府签订合作协议，A公司所属集团将投资100亿元，用地4 500亩，建设A信息产业园，并于同年8月在信息产业园所在B县域经济开发区注册A咨询有限公司，注册资金1亿元，主营计算机软、硬件及外附设备、网络产品的研发、生产、销售以及手机的生产、销售。A公司成立后，着力于产业园区的开发建设，累计投入资金2亿多元，共建设道路10公里、绿化600亩、桥梁3座，在建工程建筑面积约49 418平方米，其中服务中心、学校教学楼及学生宿舍已投入使用，标准厂房已出租，已有一家电脑公司落户并开始生产经营，数家电子、IT企业已签定投资协议书。

农业银行B县域所在C支行于2014年9月对A公司发放首笔保证贷款4 000万元，之后最高贷款余额达1.48亿元，2017年年末开始逐步下降，至2018年3月贷款余额降至9 990万元，全部划为不良贷款，一直保持到诉讼日。

（2）不良贷款形成原因分析

A公司的贷款风险形成的原因主要有两方面：一是A公司所属集团自身经营的原因；二是A公司为四川分公司担保的原因。

①A公司所属集团总公司经营不善。A公司所属集团近年投资战线过长（在全国投资了27个软件园），且长期投资居多，无后续实业支撑，内部管理跟不上，再加上与媒体关系处理不善，几家媒体频繁对该集团及其子公司进行负面报道，导致政府、银行产生恐慌心理，部分银行开始对该集团收贷，甚至采取法律措施。A公司也因集团企业的裙带关系，受到集团经营不善及媒体关系处理不好的影响，埋下了潜在的风险。

②A公司担保受牵连。A公司为四川分公司公司担保，对方公司贷款引发诉讼，是A公司贷款风险产生的直接诱因。2018年2月12日，四川省高院查封、冻结了四川分公司的土地使用权及银行账户，标的总额达1.56亿元，致使A公司经营陷入困境，基本停止。

A公司经营陷入困境时，A公司所在地贷款行农业银行C支行的贷款存量9 990万元，全部因此成为不良贷款。

（3）不良贷款清收成功的实践

2019年5月24日，A公司所在地贷款行农业银行C支行成功收回了A公司的全部贷款9 990万元，贷款利息583.5万元，诉讼费用等210.5万元，合计达10 784万元。也正是在多方的共同努力下，成功清收才成为现实。

①银行的上下周旋

a. 逐步减少信用额度。2017年下半年起，A公司所属集团的风险就初露端倪，A公司所在地贷款行农行C支行意识到这个问题，及时发出风险预警，减少信用额度，2017年下半年减少3 000万元，2018年3月又减少了1 800万元，截至诉讼日信用贷款余额降至9 990万元。

b. 及时将股权质押转换为土地抵押。在农行C支行贷款的发放过程中，曾经有6 000万元的上市公司股权质押贷款，在后期的信贷管理中，C支行要求企业书面承诺将剩余土地抵押给该行，并选择适当时机及时把股权转换成土地抵押。事实证明，这一举措为后期的完整清收创造了前提条件，因为随着A公司所属集团经营的恶化，其流通股也仅值1元每股，法人股更不值钱，质押股权大幅贬值，而抵押的土地则由抵押时的每亩7万元升到处置时的10万元左右。

c. 积极与A公司联系共同寻求妥善解决的办法。2018年2月12日A公司账户及资产被冻结后，农行C支行积极与A公司高层沟通，商讨贷款处置方案，一方面要求企业落实三个月的贷款利息以减少损失，同时督促企业加强与四川法院的沟通，争取尽早对封冻财产采取解冻措施，以实现农行对抵押资产的处置，取得了案件处理的主动权。

②政府的积极支持。省、市、县三级政府领导对整个案件的处理给予了高度的关注。2018年12月，A公司所在地省委省政府领导做出重要批示，要求处理好A公司的有关问题。A公司所在地县政府也始终保持较为积极的态度，为加快土地的解冻及开发，防止土地抛荒，多次与银行沟通、磋商，并与法院一起赶赴四川，同四川高院及有关当事人进行谈判，争取尽快拍卖处理。

③社会的多方配合。不良贷款的清收需要社会多方特别是法院的支持和配合。A公司所在地市中级人民法院对A公司案件的处理力度非常大，整个案件从起诉到浸入执行阶段仅用了75天，浸入执行阶段后，A公司所在地中院派出了一名副院长亲自负责案件的执行，两次赶赴四川，与四川高院协商案件的处理方案，加速了案件的执行进度。

实训

1. 根据五级贷款分类法的规定及操作要求，对下面的企业贷款分类

解析

相关资料如下：

红星农资公司是供销社集团下属的一家大型集体所有制企业，成立于2011年，注册资金3 358万元，下辖14个分公司，2个参股公司以及3个农资专用仓库。公司主营化肥、农药、农膜、农机具及其他生产资料。

成立初期，经营状况良好。随着农资商品进货渠道繁多，货源充足，竞争激烈，价格逐步下滑，利润空间逐步缩小，加上企业自身经营体制不顺，产权不清，市场竞争反应不快，经营思路未得到有效、及时地调整，致使公司资金周转速度减缓，可用资金被拖入层层债务链，经营举步维艰，亏损严重，资不抵债，仅经国务院复查小组审计认可的政策性亏损就达1.43亿元。2018年6月下旬出现贷款利息无法足额清偿的状况，其占用的信贷资金风险度提高。

为谋求出路，农资公司报请供销社同意，着手改革，并于2019年4月开始实施。依据公司现状制定了具体改革方案：一是成立了一个股份有限公司。新公司注册资金1 620万元，其中原农资公司出资600万元（货币）占37%，供销社出资300万（货币）占18.50%，90个职工集资720万元（货币）占44.50%。新公司组建了13家子公司，销售化肥、农药、农膜、农机具及其他农业生产资料。新公司承接了原公司在A行的已办抵押的3 000万元债务，并重新签订了抵押借款合同和借据、办理了新的抵押登记。二是理顺劳动关系。对原有职工378人进行了妥善安置，分流127人自谋职业，90人置换身份后带资入股新公司，161名离退休（含内退）职工留原农资公司。但公司员工对分流方案意见较大，有的职工上访告状。三是原农资公司的名称、性质、管理体制维持不变，主要承担原有的行政管理职能，协调关系，争取政策，承担和清理债权债务，经营管理固定资产，管理离退休人员，管理对外投资等，不再从事农资经营活动。

经过会计师事务所审计，截止到2019年7月31日，该公司财务状况如下（单位：万元）

流动资产	27 214	流动负债	21 907
其中：货币资金	234	其中：短期借款	3 000
待处理损失	9 217	长期负债	26 975
存货	735	负债总计	48 882
长期投资	1 580	所有者权益	－12637
固定资产	7 298	其中：实收资本	3 863
无形及递延资产	153	未分配利润	－17 397
资产总计	36 245	负债与权益总计	36 245

2. 根据五级贷款分类法的规定及操作要求，对下面的个人贷款分类

相关资料如下：

（1）借款人：张某，男，水头村农民，42岁，文化程度初中。丧偶，育有一子在读高中。种植水稻面积120亩、饲养肉鸡2 000只，年纯收入20万元，在当地属种粮大户，去年被县政府评为种粮状元，被当地农信社评为信用一级户。当年购买农用车1辆、小型收割机1台，价值10万元。2013年自建农房1栋，面积200平方米，造价12万元。农忙时种植、收割粮食主要采取雇工方式和租用大型农机具进行作业，机械化程度较高。2014年当地发生假稻种坑农事件，张某深受其害，粮食亩产减半，这一事件已引起当地政府及新闻媒体的广泛关注，受害种粮农户已联合把种子公司告上法庭，此案正在审理当中。同年当地虽未发现禽流感疫情，但受其他地区禽流感的影响，养殖户损失较大。

担保人：刘某，男，水头村农民，40岁，文化程度初中。家庭人口4人，女儿（在读学生，无经济收入），儿子在深圳打工，每年向家里汇款1万元，种植经济作物10亩，年获纯收入4万元，另饲养肉鸡1 000只。2012年自建农房1栋，面积200平方米，造价12万元。摩托车1辆，价值4 000元。

借款情况：2018年3月8日至2019年10月7日，购买鸡苗及饲料等，贷款金额10万元。

担保方式：保证担保。

还款来源：种粮及养鸡收入。

本息逾期情况：本息均已逾期。

（2）借款人：张某，张家村农民，现年35岁，家庭人口3人，责任田4亩，妻子在家种田，自己主要从事农田车运输。2018年用自家宅基地上新建的住房做抵押（未办登记手续），在信用社办理贷款15万元，用于购买新农用运输车一辆。

贷款情况：2017年4月10日办理抵押贷款15万元，购买农用运输车，期限一年，2018年4月10日到期，按季交息，贷款到期后，因故办理了借新还旧手续。新的贷款约期为2018年4月8日至2019年4月8日。至2019年3月贷款分类时，贷款未逾期，没有结欠利息。

（3）借款人：许某，某公司员工，28岁，未婚，月收入8 000元，年底有公司奖金分红等收入，去年年底购置一辆8万元轿车。借款人所在公司为某大型民营制药企业，在同行业中规模较大，是国内较大的某类非处方药品生产销售企业，年销售额20亿元以上，该公司目前准备开发新型处方药，发展潜力非常大，预计该公司今后几年将快速发展。许某在该公司从事销售工作，与全国各地药品经销商均有业务往来，年底能够获得丰厚的销售提成，去年许某年收入总计6万元。

许某的母亲年初被医院确诊为肾炎，急需进行换肾手术，手术及其他治疗费用近30万元。许某母亲没有正式工作，又未参加医疗保险，治疗

费用只能自筹，为了母亲治病许某已向亲朋举债款 20 余万元，汽车变卖 6 万元。为了照顾母亲，许某已申请由销售岗位调至其他部门，预计今年收入将有所下降。

借款情况：2018 年 4 月 8 日至 2019 年 4 月 7 日，住房按揭贷款 40 万元，还款方式为等额本息还款，月供每月 4 800 元。

担保方式：所购买 100 平方米二手房抵押。该抵押房产处于市郊区，为 2011 年所建，有正规的小区规划和物业管理，许某购买后进行一般装修，花费 20 万元，并购置了相应的电器。办理按揭贷款时，同时办理了房屋意外保险。据评估公司评估，该房屋每平方米单价 6 400 元（但受近期宏观因素影响市场价格小幅下降），抵押率 60%。

还款来源：个人工资收入。

本息逾期情况：已连续四期未归还贷款。

参考文献

1. 宾爱琪．商业银行信贷法律风险精析［M］．北京：中国金融出版社，2011

2. 立金银行培训中心．商业银行对公授信培训［M］．北京：中国金融出版社，2011

3. 屈建国，龙小宝．新信贷 银行客户经理业务手册［M］．北京：北京大学出版社，2009

4. 孙建林．优秀信贷客户经理基础知识［M］．北京：中国金融出版社，2009

5. 庄毓敏．商业银行业务与经营［M］．北京：中国人民大学出版社，2008

6. 张金鳌．二十一世纪商业银行资产负债管理［M］．北京：中国金融出版社，2002

7. 章彰．商业银行信用风险管理［M］．北京：中国人民大学出版社，2002

8. 李扬．银行信贷风险管理［M］．北京：经济管理出版社．2003

9. 丁俊峰．商业银行业务实验教程［M］．北京：中国金融出版社，2006

10. 邹宏．金融风险管理［M］．四川：西南财经大学出版社．2005

11. 乔治·H. 汉普尔．银行管理——教程与案例［M］．北京：中国人民大学出版社，2002

12. 乔治·E. 鲁斯．贷款管理［M］．北京：中国计划出版社，2001

13. 中国银行业从业人员资格认证考试教材——公司信贷［M］．北京：中国金融出版社，2013

14. 中国银行业从业人员资格认证考试教材——个人贷款［M］．北京：中国金融出版社，2013